功能农业：
理论与实践

The Principles and Practices
of Functional Agriculture

赵其国　尹雪斌　主编

科学出版社

北 京

内 容 简 介

功能农业是一个新兴的农业交叉学科，从理论到实践也具有较大跨度。为便于读者阅读，本书共分为三篇，第一篇功能农业理论概述，第二篇富硒功能农业研究进展，第三篇全国功能农业实践案例。第一篇包括第1～5章，涵盖功能农业的基本理论，并阐述了功能农业的发展趋势以及市场情况。由于硒是人体必需的微量营养元素，也是我国功能农业体系中研究基础最好、最成熟的方向之一，对其综合阐述有助于读者对功能农业方向的研究方法、发展路径和实践重点加以了解，因此本书设计了第二篇，包括第6～10章。第三篇包括第11～19章，本篇重点阐述山西、广西、宁夏、河南、陕西、湖北、江西等成效显著的功能农业实践地区，并对全国功能农业的发展做了展望。

本书可供功能农业研究者、高等院校师生和功能农业产业工作者参考使用。

图书在版编目(CIP)数据

功能农业：理论与实践/赵其国，尹雪斌主编. —北京：科学出版社，2024.3
ISBN 978-7-03-075039-6

Ⅰ.①功⋯　Ⅱ.①赵⋯②尹⋯　Ⅲ.①农业发展–研究–中国　Ⅳ.①F323

中国国家版本馆 CIP 数据核字(2023)第036624号

责任编辑：周　丹　曾佳佳/责任校对：郝璐璐
责任印制：张　伟/封面设计：许　瑞

科　学　出　版　社 出版
北京东黄城根北街 16 号
邮政编码：100717
http://www.sciencep.com

北京中石油彩色印刷有限责任公司印刷
科学出版社发行　各地新华书店经销
*
2024 年 3 月第　一　版　　开本：720×1000　1/16
2024 年 3 月第一次印刷　　印张：18 3/4
字数：380 000
定价：169.00 元
(如有印装质量问题，我社负责调换)

作者名单

第1章： 尹雪斌、宋佳平、牛珊珊、林锦钰、王晓丽、张泽洲、陈清清、王张民、臧华伟、贾维肖、李丹阳

第2章： 尹雪斌、宋佳平、牛珊珊、林锦钰、王晓丽、张泽洲、陈清清、王张民、臧华伟、贾维肖、黄瑞林

第3章： 陈清清、刘志奎、王张民、尹雪斌

第4章： 王立君

第5章： 张宁、尹雪斌

第6章： 代晓霞、熊咏民、李娜、张迪

第7章： 张琳、徐加英、王波、秦立强

第8章： 龙泽东、袁林喜、尹雪斌

第9章： 梁东丽、王敏、任蕊、周菲、齐明星、翟辉、刘娜娜、刘杨

第10章： 张湜溪、倪润祥、雒昆利

第11章： 刘志奎、尹雪斌

第12章： 孙敏、王创云、李永虎、贺烨、王美霞、张丽光、席瑞珍
（孙敏、王创云同等贡献）

第13章： 刘永贤、刘明沛、尹雪斌、陆思思、何礼新、甘海燕
（刘永贤、刘明沛同等贡献）

第14章： 王彬、袁林喜、许兴、唐玙璠、郑国琦、尹雪斌
（王彬、袁林喜同等贡献）

第15章： 尹国红、郝浩浩、成东梅、李秀启、贾宝华

第16章： 赵昆、王华尧

第17章： 程水源、王璋倩、丛欣、蔡杰、李丽、金伟平、李康乐

第18章： 张宁、陈清清、尹雪斌、陈友桃

第19章： 赵其国、尹雪斌、陈清清、王张民

致　　谢

在此，谨向本专著出版中给予资助与帮助的下列单位，表示衷心感谢！

➢　国家功能农业科技创新联盟
➢　国家功能粮油科技创新联盟
➢　"一带一路"国际功能农业科技创新院（iFAST）
➢　南京恒宝田功能农业产业研究院
➢　安徽科技学院长三角功能农业研究院
➢　功能农业与功能食品安徽省重点实验室（安徽科技学院）
➢　山西农业大学山西功能农业研究院
➢　广西富硒农业研究中心

序

功能农业是我于 2008 年在中国科学院负责编纂的《中国至 2050 年农业科技发展路线图》中首次提出的概念。当时，通过与全国 300 多位农业专家们的交流，我认为，未来农产品应该要走向"营养化""功能化"，为人们"吃出健康"提供科技支撑。正是这一判断，才有了今天的功能农业（functional agriculture）。

功能农业概念自提出之后，到今天已经走过了 13 年。大家对这一概念的了解越来越多，理解越来越深，共识也越来越广泛。对这一概念的认识，既不能过于狭隘，比如，它所涉及的功能物质，至少涵盖 22 种对人体有益的矿物质，还包括维生素、叶酸、抗性淀粉、多不饱和脂肪酸、类黄酮等众多植物化学物质（phytochemicals）；在研究和实践中，也不宜过于泛化，应该将重点放在区别于普通食物饱腹功能以外的功能上。一个重要的量度是，是否能围绕该功能成分制定标准，是否有建立某种量效关系的可能性。只有能够制定标准，建立量效关系，才能在功能农业基础上，开发功能食品，发挥其真正的健康改善功能。

功能农业自提出以来，也面临过一些质疑。其中，比较常见的疑问是"什么食物没有功能"。的确，每一种食物都有其功能，比如提供蛋白质、能量等。所以说，功能农业研究应该要适当聚焦，重点关注有别于这些普遍性功能的物质，以及相对不易觉察的某些功能，比如说，矿物质的缺乏问题。矿物质硒、锌、钙等的缺乏由于不易被人们觉察，所以被称为"隐性饥饿"。功能农业所研究、生产的食品，就是要解决这些问题。因此，功能农业这一农业生产方式，需要做特殊的量化研究，需要应用特殊的强化技术，是有别于普通农业生产的新的生产方式。

对一个新兴学科而言，十几年时间是非常短暂的，未来还有很长的路要走。在总结过去研究成果、思考当前认识时，我们能感觉到尚存在很多不足。但总的来说，功能农业实现了从 0 到 1 的突破，具有了初步的框架、边界和方向。未来，针对功能物质从岩石到食品、从种子到食品的研究，还有着很多的空白需要填补，很多的理论、机制需要深化和探索。应用实践中，各重点地区之间应该互相取长补短、扬长避短，这样功能农业理论研究一定能够越来越好、越来越清晰，功能农业实践也一定能够越来越成功、越来越壮大！

最后，在全国喜迎建党 100 周年的时刻，祝愿功能农业这一研究，在全体同志的共同努力下，能够走向全国、走向世界，早日实现"来自中国，服务世界"（From China, Serve the World）的目标！

中国科学院院士

赵其国

2021 年 7 月 1 日

目　　录

第二篇　富硒功能农业研究进展

第三篇　全国功能农业实践案例 161

第一篇　功能农业理论概述

　　功能农业是指围绕农产品功能化的创新与实践。功能农业自提出以来，十五年间实现了从0到1的突破，具体体现在：其概念基本清晰，学科体系、技术体系和标准体系初步建立。本篇包含第1~5章，系统阐述了这些理论框架和认知的发展过程。面向未来，功能农业将与智慧农业深度融合、交叉创新，形成智慧功能农业，由此达到生产过程、健康评价、新品研发的智慧化。功能农业作为一个战略性新兴产业，本篇对其发展趋势和市场容量进行了分析。

　　因此，本篇总体上试图回答读者的这几个疑问：什么是功能农业？它是怎样提出来的？通过怎样的技术路线来实现？有什么标准？未来发展是什么样子？以及它有多大的市场容量？

第1章　功能农业的基本理论

功能农业是什么？针对这一问题，本章给出了一幅素描图，介绍了功能农业的定义、关注的物质、常用的技术路径以及发展基础，同时阐述了功能农业的提出过程和发展目的。通过本章，读者将对功能农业有一个初步认识。

1.1　功能农业的基本原理

1.1.1　功能农业的定义

功能农业（functional agriculture）是 2008 年由赵其国院士率先提出的农业新概念。它是指在天然富含有益成分的土壤、环境中生长或通过生物营养强化技术及其他生物技术培育农副产品，基于人类健康需求，实现农副产品中一种或多种有益健康成分（如矿物质、生物化合物）标准化、优化的生产实践。我们称这些有益健康成分为**功能成分**或**功能物质**。目前，功能农业的科学研究围绕创新链"岩石—土壤—作物（动物）—食品—人类"（图 1-1）各个节点及中间过程进行全方位多角度探索。医学学科是面向未来功能农产品及功能农业深加工制成品的指挥棒，功能农产品及深加工产品在未来有望成为辅助治疗某些疾病，特别是慢性疾病的重要补充。譬如，富硒、富锌食品有助于维持免疫系统正常功能，通过对患病及亚健康人群进行营养干预，改善他们的健康状态和生活质量。

图 1-1　功能农业创新链

1.1.2 功能农业的目的

"民以食为天"，农业的发展史，也是人类饮食的进步史。功能农业作为农业发展的新阶段，支撑了农业的生态高值目标，开启了"吃"的新时代，实现了"缺啥补啥，啥高调啥"，关系到世界农业发展和人类健康福祉。

功能农业是农业发展的新方向，是继高产农业、绿色农业之后的第三个发展阶段（图 1-2）。高产农业解决了人们"吃得饱"的问题，绿色农业解决了人们"吃得安全"的问题，功能农业则希望解决人们"吃得健康"的问题。功能农业就是要获得富含营养物质的农产品，其使命是解决人们的"隐性饥饿"（hidden hunger）。什么是"隐性饥饿"呢？这种饥饿通常不容易被觉察到，相比蛋白质、脂肪、糖类等主要营养的缺乏，这类矿物质等微量营养物的缺乏更具隐蔽性，也称为"第二种饥饿"（the second hunger）。

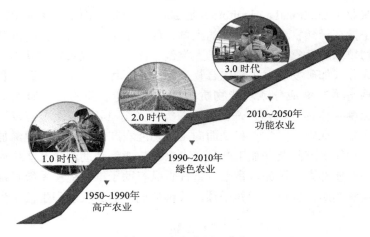

图 1-2　农业发展三阶段

功能农产品是功能农业生产的产品，通常应具有补充特定功能性营养的作用，可达到改善健康的目的，如富硒食品能够补充硒元素，提高消费者免疫力，使其不易患病。它还包括其他营养素，如锌、钙、铁、碘等矿物质，以及维生素、多不饱和脂肪酸、叶酸、胡萝卜素等已明确为人体健康所需的植物化学物质。

功能农产品除了需要具有改善健康的价值外，还需要满足两个重要条件：一个是能让消费者在宏观感觉或者微观指标上感受到有促进改善健康的价值，比如，血硒水平提高、免疫活性增强；另一个是能够标准化生产。只有具备了这两个条件，消费者才能够从持续消费合格的功能农产品中获得切实的好处。

1.1.3　功能农业的提出与发展

功能农业从提出到确立方向经历了四个标志性发展阶段（图 1-3）。功能农业是 2008 年由赵其国院士在《中国至 2050 年农业科技发展路线图》中首次提出。它是指通过生物营养强化技术生产出具有健康改善功能的农产品（如富硒、富锌及富含植物化学物质的功能农产品）。简单地说，就是要种植出具有保健功能的农产品，使命是消除"隐性饥饿"，以"吃"来改善人体健康。根据《中国至 2050 年农业科技发展路线图》，功能农业在产业发展实践中，将优先发展矿物质强化技术，如人体必需的多种微量元素硒、锌、钙、铁、碘等。

图 1-3　功能农业相关书籍

赵其国院士在此后的《科技发展新态势与面向 2020 年的战略选择》中指出，功能农业是我国"十二五""十三五"最有希望取得突破的农业新领域。在其主编的《生态高值农业：理论与实践》中又进一步明确，在我国构建生态高值农业产业体系的战略中，功能农业是其支撑性技术。

2016 年初，赵其国院士、尹雪斌博士合著的《功能农业》由科学出版社出版。这是专注功能农业方向的首部著作，全面阐释了功能农业的概念提出历程、科技创新发展、产业发展历史、未来发展展望，并提出了对政府、科技界、产业界和社会公众的九点呼吁。

1.2　功能农业体系建设

1.2.1　功能农业的学科体系

功能农业作为一个新兴学科，其研究和产业链条从岩石、土壤、肥料，到植物、动物，并延伸到产品的加工，以及后续的有效性、安全性等方面。功能农业的研究及产业链条涉及面广泛，与大量的基础学科交叉，其交叉情况详见 1.3 节。

1.2.2　功能农业的目标营养素

功能农业确定的目标营养素，均来自营养学界推荐的有益人体健康的成分，如硒、锌、钙等 22 种矿物质，以及有益植物化学物质（phytochemicals），如维生素、叶酸、抗性淀粉、限制性氨基酸、多不饱和脂肪酸及其他生物功效成分等。

1.2.3　功能农业的标准体系

功能农业标准体系的建立涉及三个方面，分别是：功能农业的产品标准体系、功能农业的检测标准体系、功能农业的产品认证标准体系。

1）功能农业的产品标准体系

功能农业的产品标准体系需要从三个方面逐步建立，依次是：功能农产品的功能物质含量标准、基于吸收有效性的矿物质摄入量标准、功能农业的操作规范标准。功能农产品的功能物质含量标准，是基于消费者吃多少可以满足其适宜补充量。标准的制定需要在国家相关部门的指导下，由功能农业技术企业联合农业企业、食品企业、科研机构共同研究制定。这部分标准中产品所含功能物质含量是否达标是消费者需要知晓的，但是具体的物质含量与基于吸收有效性的矿物质摄入量标准，是专业人士需要重点关注和明确的细节。功能农业的操作规范标准对生产企业是最重要的标准，主要规定功能农产品应该按照既定的操作规范生产出来。同时这个标准也为日后的追溯认证提供了最基本的素材和依据。此外，这一操作规范需要考虑两大因素：一个是如何稳定获得，并具有产业可操作性；另一个是如何保障生产过程安全、可控。

2）功能农业的检测标准体系

功能农业的检测标准体系应包括微量营养素、其他生物功效成分、营养标签标识等方面。通过实验数据与标准对比，对检测样本进行营养成分与品质评价。产品的营养成分测定与评价参考指标有哪些，如何借助仪器设备快速、高效地进行测定评价，如何以“量”化方式诠释“质”，是功能农业检测标准体系研究的主题。

3）功能农业的产品认证标准体系

功能农业的产品认证标准体系应包括两大部分：一个是依据功能农业的操作规范标准做产品的过程追溯认证；另一个是终端产品的功能物质含量达标检验。更长远地说，随着功能农业的深入发展，还将对功能农产品的功能进行验证性认证。功能农业的产品认证机构是由农业农村部及国家认证认可监督管理委员会批准开展有关认证服务，由公司制企业负责。认证所依据的标准应该包括：功能农业的操作规范标准，终端产品的功能物质含量标准。并通过可视化标识告知消费者该产品是否符合有关标准，即标识"功能农产品"需要认证其生产过程与最终产品目标物质含量。

1.2.4　功能农业的产业技术体系

功能农业是一个新兴且重大的产业机遇。功能农业产业技术体系将按照优势农产品区域布局规划，依托具有创新优势的国家和地方科研资源，以功能营养素为单元设立产业技术研发中心，并在主产区建立若干个功能农业产业技术综合服务站。主要职能是围绕产业发展需求，进行功能农业共性技术和关键技术研究、集成和示范；收集、分析功能农产品的产业及其技术发展动态与信息，为政府决策提供咨询，向社会提供信息服务，为用户开展技术示范和技术服务，为产业发展提供全面系统的技术支撑，包含功能农业的产业发展规划、功能农业的强化保障技术、功能农业的质量控制技术、功能农产品的加工技术、功能农业的健康评估技术和功能农业的大数据及应用。

1.2.5　功能农业的科技创新网络体系

功能农业代表农业新的发展阶段，正受到全世界科学家们的关注。为此，赵其国院士和尹雪斌博士联合呼吁创建 FAST Network（functional agriculture science and technology network），作为全球功能农业科技工作者交流合作网络，围绕功能农业科技创新问题，展开共赢合作，切实服务功能农业新认知的拓展和新技术的开发，让功能农业科技造福全人类。

中国引领的功能农业科技创新网络——FAST Network

（1）"一带一路"国际功能农业科技创新院（iFAST）

（2）国家功能农业科技创新联盟

（3）国家功能粮油科技创新联盟

（4）国家粮食产业（功能稻米）技术创新中心

（5）国际硒研究学会

（6）泰国科学院（TISTR）

（7）国家功能杂粮技术创新中心

（8）国家富硒农产品加工技术研发专业中心

（9）中国科学技术大学苏州研究院功能农业重点实验室

（10）中国（南方）富硒功能农业研究中心

（11）富硒生物食品开发与应用国家地方联合工程研究中心

（12）农业农村部富硒产品开发与质量控制重点实验室

（13）江苏省硒生物工程技术研究中心

（14）苏州/山西农业科学院功能农业院士工作站

（15）湖北省富硒产业技术研究院

（16）山西功能农业研究院

（17）广西富硒农业研究中心

（18）江西富硒产业研究院

（19）北部湾滨海富硒功能农业研究院

1.3 功能农业的学科体系

功能农业作为新兴交叉学科，它的学科体系是怎样的？与哪些学科有关？有着怎样的关系？本节试图绘制一张功能农业的学科关系谱，从大农业学科，如农业地质学、资源环境学、作物栽培学、生物育种技术，再到营养学、食品学、动物科学、流行病学，最后到人工智能（artificial intelligence，AI）等新兴学科（图 1-4）。

图 1-4 功能农业与多学科交叉

1.3.1 功能农业与农业地质学

农业地质学（agrogeology，或 agricultural geology）是地质科学与农业科学相结合衍生的边缘学科，是研究农作物（可延伸到各类栽培植物）的地域分布、合理种植、繁茂生长与地质构造、岩石性质关系的学科。由于不同的地质构造和岩石能形成不同的地形与土壤，而不同的岩石又含有不同的矿物质元素，其所形成的各种土壤含有的矿物质元素不同，适宜种植的农作物也不同。

功能农业的天然化、功能化的基础是因地制宜，因地制宜必然先要知"土地"，土地资源的背景是"地质"。所以说利用农业地质学可以促进功能农业的天然化、功能化生产和可持续发展。功能农业生产和发展与自然地理条件有着极其密切的关系。我国幅员辽阔，地质条件复杂，地形和气候条件多样，这对农业生产起决定性作用。因此，要重视地（土地）情对农业的影响，不能仅限于土壤，而忽视其他，如地质因素及其与功能农业生产和发展的相关性。地质背景包含在这些与大农业密切相关的地情中，所以只有掌握了"地质"，才算是真正认识了地情，也就是认识了我们赖以生存的土地的资源价值及其潜能。要发挥地质在功能农业中的作用，就要开展对各种与农业相关的地质因素，即功能农业地质的综合研究。这是地质应用于功能农业的基础和地质与功能农业相结合的必然途径。通过对功能农业相关地质体和地质营力作用的综合研究，找出自然物质、能量传输和转化规律与植（动）物生存环境的优劣关系，以及地质环境和各种地质作用对农、林、牧、副、渔生产和产品质量的影响规律等，从而实现利用和改造农业生态环境的目的。这对国土资源的综合区划和评价，农、林、牧的优化布局，以及土壤中矿物质营养的有效补偿等都有着十分重要的意义，由此还可能开辟地质应用于大农业的新领域。

农业地质背景是指农业生产和发展所依赖的所有地质条件的综合，包括：形成土壤的母岩、成土母质、区域地层、岩石和构造特点、地球化学特异性或异常区、地下水赋存及水文地质特征、风化壳和地形地貌发育情况、地表地质作用和潜在的地质灾害威胁及防治条件等。

农业地质背景在功能农业中的应用十分广泛，例如，土地资源调查、规划及功能农业区划方面的利用；土壤区划、改土及土壤学研究方面的应用；针对重要经济作物或名、优、特产品与地质背景的关系，查找作物生长优势区；作为施用有益矿物质元素肥料的科学依据和施用剂量的参考条件，为农用矿产的开发利用提供依据等。

1.3.2　功能农业与资源环境学

资源环境学（resource and environmental）是从生态观点出发，将资源的合理利用和环境保护运用到生产和环境建设领域的一门综合性学科。生态是指生物资源（动、植、微、农、林、牧）与环境（水、土、气、生、废、污）的相互依存关系，简单地说，就是生物在环境中的生存状态。

1）良好的资源环境是功能农业发展的基础

功能农业有着和传统农业相同的特征——生产过程是自然再生产与经济再生产的结合，功能农业的经济产出不能脱离其所依托的生态系统的自然再生产过程。

这一特征决定了由结构、功能健全的生态系统构成的良好的生态环境是农业生产及其他多种功能发挥的基础。

无论是在农业社会，还是在工业社会，农业都是养育人类、培育文明、支撑社会发展的基础产业。然而，一直到 20 世纪中期，人们对农业的利用方式还是利用其生产功能——为人类提供食物并为工业提供原料的功能。在食物还是人类生存与发展第一要素的发展阶段，相对于人类的需求，农产品的品质、营养、功能被人们所忽视，农业对资源环境造成的影响也是被忽略的。

2）功能农业发展促进资源环境保护

功能农业可以以促进生态与经济良性循环的方式参与农业生产。生产过程不仅能生产满足人类需求的经济产品且达到"高值"的目标，同时也是良好资源环境的再生产过程。良好的资源环境是功能农业发展的基础，因此，功能农业的各项生产步骤都与资源环境保护密切相关。例如，在有益矿物元素的生物营养强化过程中，矿物质在被作物吸收过程中会产生元素间的拮抗作用。又如，在硒生物营养强化过程中，土壤中充足的硒元素会与有害元素重金属镉相互结合，生成不可溶的化合物，进而起到钝化土壤中镉的作用（Zhang et al., 2019）。因此，发展功能农业可以与促进资源环境保护共赢。

1.3.3　功能农业与作物栽培学

作物栽培学（crop cultivation）是研究作物的生长发育、产量品质等因素的规律及其与环境条件的关系，通过探索生长调控、栽培管理和优化决策等途径，实现作物优质、高产、高效及可持续发展的理论、方法与技术（李向东等，2010）。作物栽培学是功能农业发展的重要基础支持，功能农业的目的是种植含有定量某种或某几种矿物质的保健性农产品，这需要作物栽培理论和技术的支持。

在过去的几个世纪，轮作、间作和施肥、灌溉等耕作方式在增加粮食产量方面发挥了重要作用。近年来，通过耕作方式的改变来提高粮食的营养价值受到了越来越多的关注。研究发现，增加施氮量可提高作物（如水稻、玉米、小麦）的蛋白质含量（王月福等，2002），而氮肥对作物矿物质含量的影响取决于施入氮肥的形式，例如铵态氮能刺激植物对锌、铜等营养素的吸收。不同耕作方式通过改变土壤物理、化学和营养特性，影响作物的生长发育，最后得到具有特定营养素的功能农产品。

矿物质形态及吸收是功能农业亟待解决的一个基础性问题。因矿物质在不同土壤条件下可能以不同的形态存在，这也可能会导致其对植物的可利用性不同。矿物质经根部被吸收至植物体内时以多种形态存在，不同形态的矿物质吸收效果差异很大，其中自由离子形态最易被吸收，通常可用唐南膜技术测定自由离子浓度；其他可溶性离子浓度用分级提取来测定，例如纯净水提取部分和模拟土壤盐分的盐溶液提取部分。同时，植物对矿物质吸收的选择性又取决于植物本身特性，例如不同种属的植物吸收矿物质差异巨大，相比于草本类植物，由于根部到植物体内的距离过远，高大的木本类植物吸收矿物质并向上运输更难，上部枝干矿物质含量较少，而草本类植物则更易积累矿物质。植物不同器官对矿物质的吸收遵循优先生长原则，籽粒、果实的矿物质较叶片含量高；植物在不同生长周期的矿物质吸收积累规律也有差别，比如水稻在分蘖期、灌浆期矿物质含量较高（赵其国等，2018）。此外，在植物吸收矿物质离子时，由于化学和植物生理方面的原因，不同矿物质还存在不同程度的协同或拮抗作用。因此对功能农产品来说，不仅要保证矿物质的形态与含量，还必须要保持矿物质间的吸收平衡，尽管矿物质溶解在土壤中，也不一定被植物根表皮细胞完全吸收。因此，有必要研究作物从土壤中吸收矿物质的规律，建立相应的吸收、累积模型（图 1-5）。

图 1-5　作物对土壤中矿物质的吸收、累积模型

1.3.4　功能农业与生物育种技术

生物育种是培育优良生物的生物学技术，生物育种是利用遗传学、细胞生物学、现代生物工程技术等方法原理培育生物新品种的过程。作物种质资源，即改

良农作物的基因资源，是作物新品种育种研究的重要来源。随着生物技术的飞速发展，研究各种优良基因的遗传特点，结合生物技术与种质资源的多样性，为新基因在育种中的利用提供了科学依据（董玉琛，1999）。如今，通过生物技术（如生物育种技术）生产富含某种营养素的功能农产品，已成为功能农业发展的另一途径。生物育种借助分子生物学技术，充分掌握生物基因资源，是培育高产优质、环境友好作物新品种的现代育种技术。

生物育种技术可以通过遗传变异来提高水稻中微量营养元素（铁、锌等）的含量而不影响其产量。水稻产量和矿物质含量可能呈正相关，特别在缺乏矿物质的土壤中施用矿物质肥料后，可以提高水稻的产量，改善水稻的品质。研究表明，辅加石膏，相比一次性施肥处理增产 18.5%（王玉峰，2007）。因不同基因型作物中矿物质含量存在显著差异，可以利用现有的种质资源，采用分子生物学技术，筛选出与铁、锌、硒等微量元素含量相关的基因的分子标记，得到控制微量元素含量的主效基因，为富集微量元素且受环境效应影响较小的优异种质育种奠定基础（孙明茂等，2006）。已通过生物育种方式筛选出了富铁和锌等微量元素的水稻品种以及高锌含量的多种基因型的小麦品种，譬如中国培育的"秦黑 1 号"，锌含量高达 135 mg/kg，为普通小麦的 4 倍以上。但是生物育种不仅受遗传因素的控制，还受气候、土壤、灌溉水和田间环境等综合因素的影响。

除了作物中重要微量营养元素含量低，还有一个问题不容忽视，即生物有效性很低，这是由于作物中含有的铁、锌等微量元素容易与植酸（一种普遍存在的有机酸，又名肌醇六磷酸）络合，形成的植酸盐不易被人体吸收（苏达等，2020）。研究发现，可通过分子生物技术降低作物的植酸含量来实现微量元素生物有效性的提高，比如水稻籽粒中的低含量植酸能提高铁、锌等微量元素的有效性（任学良和舒庆尧，2004）。Raboy 等（2001）在玉米中最早发现两个使种子具有低植酸表现型的基因位点。低植酸玉米的培育在国际上也有先例，但对作物产量影响较大，如何在不降低产量的前提下提高生物有效性仍需学者进一步研究。

1.3.5　功能农业与营养学

营养学（nutriology）是研究机体代谢与食物营养素之间的关系，以及营养成分在机体里分布、运输、消化、代谢等方面的学科。通过食用功能农产品，人们可以定量地补充人体所需的特定营养素以增强体质、保持健康。因而，营养与健康是功能农产品最重要的特征。目前全球 1/3 人群正面临"隐性饥饿"问题，即除大量营养素外，微量元素和维生素等营养物质摄入不足。功能农业正是立足于功能农产品的开发，生产出特定功能的食品，主要包括对矿物质、植物化学物质的定量强化，致力于解决"隐性饥饿"的问题。

功能农业的营养学研究意义主要包括两点：一是研究需要定量强化的营养物

质和合适的强化范围，以及何种形态的营养素具备功能价值，比如在提高人体免疫力方面，硒就以硒-甲基硒代半胱氨酸的形态为主；二是消费者在食用功能农产品后，体内营养元素的摄入量情况及对应的健康效应评估和不良效应反馈。由此看来，营养学在功能农业中起着指引作用，同时可衡量功能农业的价值和社会效益。

营养物质的补充，是人类健康长寿的重要基础。功能农业目前确定的营养物质，包括与人体健康有关的 22 种矿物质，例如硒、钙、铁、锌和碘等元素，以及维生素、叶酸、类胡萝卜素、多不饱和脂肪酸、多糖等植物化合物。人体内矿物质随人类年龄的增长流失速度加快，针对性地增加矿物质摄取量，是维持身体功能正常运转的重要保障。同时，随着城市的发展，空气、水质等环境污染加重，人类的健康遭遇更大的风险，很多人处于亚健康状态，有益的功能农产品能进一步优化身体营养供给，一定程度地解决"隐性饥饿"问题，改善人们的亚健康状态。现代医学表明，70%的慢性疾病都与营养元素的摄取不均衡有关，摄入功能食品对身体功能有促进作用，不仅可以补充足够的营养，还能改善人体健康状况，例如食用富硒、富锌食品能补充人体所需矿物质含量，提高人体免疫力。

1.3.6 功能农业与食品学

食品学（bromatology）是应用基础科学及工程知识来研究食品的物理、化学及生化性质及食品加工原理的一门科学。《中华人民共和国食品安全法》中将食品定义为：各种供人食用或者饮用的成品和原料以及按照传统既是食品又是中药材的物品，但是不包括以治疗为目的的物品。功能农产品是功能农业所生产的产品，它通常应具有补充特定功能性营养的作用，可达到改善健康的目的，即具有营养功能、感觉功能和调理生理活动功能的食品可以称为功能农产品（赵其国等，2018）。它的功能性包括：增强人体体质（增强免疫力，激活淋巴系统等）；有助于调节人体不正常反应（高血压、糖尿病、冠心病等）；参与人体生理功能（控制胆固醇、防止血小板聚集、调节造血功能等）；调节身体节律（神经中枢、神经末梢、摄取与吸收功能等）；等等。 食用补充特定营养素的功能农产品，可以改善消费者的健康状况。例如适当食用补锌食品，可以增强免疫力、促进伤口愈合、改善维生素 A 的代谢等。

目前功能农业主要目的是实现对农产品中某一种或某几种人体必需营养素的定量提高，特别是硒、锌等矿物质。现在已实现市场规模化推广的是富硒农产品，行业头部企业专注于通过硒生物强化技术研发功能农产品，在大米、面粉、玉米粉等主粮领域和蔬菜、水果、茶等特产领域都推出了标准化的富硒农产品。

1.3.7　功能农业与动物科学

动物科学（animal science）是指通过学习了解并掌握动物的遗传变异、生长发育、繁殖代谢、行为语言等生命规律的科学，旨在满足人们日益增加的动物性食物消费的需求，为人类提供更加高质量的动物性食物产品（侯文菲等，2011）。动物科学专业属于农学，是农学的一大分支。一定程度上，功能农业目标的实现可以通过动物科学手段，得到富含一种或多种有益健康成分的肉、蛋、奶等动物产品，从而满足人们健康消费的需求。同时，在功能农业的营养素强化研究中，在饲料中添加的部分营养素对动物本身的生长发育和繁殖代谢也有着促进作用。

Yuan 等（2018）在培育富硒大闸蟹的研究中发现，通过喂食天然的富硒玉米，可以增强大闸蟹体内的碱性磷酸酶（AKP）、溶菌酶（LZM）、谷胱甘肽过氧化物酶（GSH-Px）以及超氧化物歧化酶（SOD）的活性，提高必需氨基酸和甜味氨基酸的含量，得到高质量富硒大闸蟹。齐志国等（2019）发现在饲料中添加酵母硒之后，实验组鸡的生产性能、鸡蛋的品质及鸡蛋硒含量都要优于亚硒酸钠组和对照组。但在一项地方猪的动物研究中，利用酵母硒、蛋白锌、蛋白铁、蛋白铜、氨基酸金属螯合物和蛋白粉等制成的功能性添加剂喂养杜洛克猪与广东小耳花猪二元杂交育肥猪时，实验组猪的蛋白和钙养分的消化吸收效率显著提高，而生长性能和肉质性能指标上没有得到显著性提高（李闯等，2019）。除了动物性食物产品的研究以外，动物科学的研究范围还包括众多营养素的功能性研究。如陈康（2017）发现磷元素具有增强鱼类体内细胞结构完整性的功能，可以提高鱼类的抗氧化能力，降低氧化损伤。在饲料中添加适量的锌能够增强老年小鼠的免疫功能，提高其体内巨噬细胞的吞噬能力（吴学敏和金艳书，2008）。这一系列的动物科学研究在一定程度上促进了功能农业的发展，让人们更加深刻地了解了各类营养素在动物体中所发挥的作用，提高了人们对富有一种或多种有益健康成分的高质量动物性产品的需求。同时功能农业的发展，也迫切需求与动物科学的有机结合，进行更深入的科学研究，得到更高质量的动物性产品。

1.3.8　功能农业与流行病学

流行病学（epidemiology）是指研究特定人群的健康和疾病状况的分布情况，探求其影响因素，为防治疾病、促进健康提供理论基础并进一步提出策略和措施的科学（职心乐等，2015）。很多疾病，如恶性肿瘤、糖尿病、甲状腺肿大、克山病和大骨节病等，其产生都与当地环境中一种或多种有益健康成分缺失密切相关（罗程等，2017）。而功能农业则是通过达到农副产品中一种或多种有益健康成分标准化以实现其满足人类健康的需求的目的，这与流行病学的最终研究目的基本一致，两学科的发展相互促进、相得益彰。将功能农业与流行病学有机地结合起来，通过食用富有一种或多种有益健康成分的农副产品获得所必需的营养物质，有利于降低当地居民患病风险。

在流行病学研究中，发现硒与克山病、大骨节病、肿瘤、心血管疾病和 2 型糖尿病等疾病的发病率密切相关。硒是一种人体所必需的微量元素，2013 年出版的《中国居民膳食营养素参考摄入量》推荐成人的每日硒摄入量为 60～400μg，安全摄入范围窄，过高和过低的摄入都将影响人群健康水平。对上海男性队列和女性队列进行每日硒摄入量与肿瘤、心血管疾病死亡率之间的关系研究结果显示，硒摄入量与全因和心血管疾病的死亡率有着显著的负相关关系，男性的硒摄入量最高的五分位组相较最低组的风险比值（risk ratio, RR）为 0.79 和 0.66，女性为 0.79 和 0.80（孙江伟等，2015）。阿尔茨海默病是一种常见于老年人的疾病，表现为记忆力下降，出现认知障碍等。流行病学的调查中发现维生素 D 具有保护人体中枢神经的作用，阿尔茨海默病患者体内的维生素 D 水平显著低于正常人，维生素 D 与阿尔茨海默病的发病率有着密切关系（崔恒菁等，2020）。花青素，作为一种人体有益物质，通常与食物结合被人体消化吸收。近些年，由于不均衡的饮食和运动量少等原因，人群过度肥胖和患结肠癌的概率上升。而花青素具有抑制肿瘤细胞增殖、促进肿瘤细胞凋亡的作用。流行病学的研究显示，摄入花青素的人群体内血清丙二醛水平下降，谷胱甘肽过氧化物酶（GSH-Px）和超氧化物歧化酶均有升高（董姜慧等，2019）。随着越来越多的流行病学的调查发现，居民膳食中营养素的缺乏与各种疾病的患病率之间的关系受到越来越多的关注，功能农业的发展将有助于提高当地居民的健康水平。

1.3.9　功能农业与检测技术

功能农产品是指经由功能农业产出的带有健康改善价值的农产品，其中一个重要作用是消除"隐性饥饿"。由于矿物质等微量营养素的缺乏相比蛋白质、脂肪、糖类等主营养素的缺乏更具隐蔽性，因此，世界卫生组织将矿物质的缺乏称为"隐性饥饿"。能让隐性饥饿"显形"的工具就是检测技术。

矿物质等微量元素被植物吸收转化的效率不仅取决于土壤中该元素的全量，还受控于土壤中该元素的生物有效态含量。因此，土壤是否缺乏微量元素，通常通过土壤中该元素的生物有效态检测来判别。准确地检测土壤中元素生物有效态含量是功能农业微量元素生物营养强化和重金属元素污染风险评价的基础。但常用的化学连续提取易产生二次吸附和再分配的情况，且提取条件不统一，使得结果间缺乏可比性。而薄膜扩散梯度技术（diffusive gradients in thin films technique，DGT）是近年来发展起来的提取土壤矿物质元素有效态含量最有效的技术之一。该技术在测量元素的土壤生物有效性方面有着不同于其他化学分析方法的优势，在土壤动力学研究方面有着很大的应用空间。使用该技术便于探讨土壤各种动态过程对植物吸收微量元素的影响，能更好地研究土壤中各个元素的生物有效性。并且，DGT 技术可以获得各个元素的土壤生物有效态含量信息，并和生态毒理学的研究手段相结合，能更好地确定土壤环境质量基准值。同时可以通过深入研究探索 DGT 成为一种标准监测方法的可行性。

对农产品中矿物质的无机化学形态，已经有相对成熟的检测技术。但这些矿物质被植物吸收后，会转化为多种新形态。这些形态与它们最终的生物可利用性以及具体的功能效果直接关联，所以厘清它们的具体形态意义重大。矿物质元素的形态分析需求在近十年呈现飞速的增长。大量研究表明，一种元素的生理、毒理影响及环境行为、生物利用度和迁移程度主要取决于它的形态，特定的元素只有在一定的形态和特定的浓度范围下才能对生物体和生命系统发挥作用。因此，仅仅检测元素的总量远远不能满足我们对功能农业领域研究的需要，农作物中矿物质元素形态检测技术是功能农业有待突破的十大科学问题之一。尤其是天然条件下农作物中的元素形态一直是近年来的技术重点和难点，目前基于液相色谱-紫外-原子荧光光谱联用仪（liquid chromatography-ultraviolet-atomic fluorescence spectrometer，LC-UV-AFS）的硒形态分析方法只能适用于总硒含量大于 1 mg/kg 的样品，而大部分天然富硒农产品的总硒含量均低于这个值，限制了天然富硒农作物中硒形态分布特征的探索及其标准的制定。而高效液相色谱-电感耦合等离子体质谱联用仪（high performance liquid chromatography-inductively coupled plasma mass spectrometry，HPLC-ICP-MS）（图 1-6）利用各种色谱分离柱对同种类样品分析物进行分离，并以 ICP-MS 担任信号检出设备，具有灵敏度高、线性范围宽、检测限低和元素专一性强等特点。因此，优化并搭建以 HPLC-ICP-MS 为检测平台的元素形态检测方法，是目前研究首先要解决的问题。

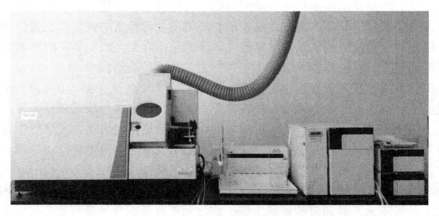

图 1-6　高效液相色谱-电感耦合等离子体质谱联用技术装置

1.3.10　功能农业与人工智能

人工智能（artificial intelligence，AI）是研究、开发用于模拟、延伸和扩展人的智能的理论、方法、技术及应用系统的一门新的技术科学。现代农业的发展已经离不开信息技术的支持，原本用于保障作物良好生长的植物营养学、智能农业、精准农业技术，同样也适用于对功能农业的实施支持。人工智能作为当今科技的前沿技术已经逐渐深入各行各业之中，农业当然也不例外。

人工智能技术可以贯穿整个农业生产活动，从产前至产后甚至是销售阶段。比如，利用图像分析及神经网络方法可对种子品种进行鉴别和筛选，有助于根据土壤、水源、气候条件选择适宜的种子；对作物及杂草进行鉴别和杂草喷雾控制；利用机器人代替人工进行播种、采摘和搬运工作；利用专家系统来帮助农业生产技术人员针对生长情况作出实时的对策，以便生产出符合标准且营养价值高的农产品（刘现等，2013）。

韩兵和许张衡（2021）通过向量机等人工智能算法，对果蔬生长过程中的环境参数进行跟踪和分析，动态选取策略子项进行组合，运用各种环境数据训练多类别、分类回归器和相邻模型的一致性的方法，实现温室大棚果蔬的种植环境的优化。该方法能够有效提升果蔬的成熟质量和有效控制果蔬的生长周期，对果蔬的种植方法有较好的改进。

中国科学技术大学苏州高等研究院团队在长三角基地开展了木本果树硒定量强化应用研究，以经济作物葡萄为代表，通过滴灌技术和墒情（土壤含水率）监控技术，达到了调控液体营养及时补充的效果，使经营养强化的果品（葡萄）具有良好的品质且硒含量稳定（赵其国等，2018）。

信息技术的飞速发展表明其在功能农业领域的应用也将越来越广泛。在现有的基础上，可以研发出一套完整的农用智能系统，在播种前测试土壤成分及性质并对土壤理化性质进行智能调节，以达到目标作物种子的最佳生长条件；在生长期间实时监测土壤含水率、pH、总有机碳含量（total organic carbon，TOC）、营养元素含量等参数，根据实际变化自动进行灌溉、施肥、除虫、除草等，通过及时调控实现维持长期稳定的最佳生长条件，从而产出高品质、高价值的功能农产品。

参 考 文 献

陈康. 2017. 磷对生长中期草鱼生产性能、肠道、鳃和机体健康以及肉质的作用及其机制. 成都: 四川农业大学.

崔恒菁, 许倍铭, 卞晓岚. 2020. 维生素 D 治疗阿尔茨海默病作用机制的研究进展. 中国新药与临床杂志, 39(5): 262-267.

董姜慧, 谢羽, 何刚, 等. 2019. 花青素抗消化道肿瘤的作用机制研究进展. 生命科学, 31(1): 93-98.

董玉琛. 1999. 我国作物种质资源研究的现状与展望. 中国农业科技导报, 1(2): 36-40.

韩兵, 许张衡. 2021. 人工智能果蔬精准化种植技术的研究. 计算机时代, (2): 1-3, 7.

侯文菲, 潘薇, 徐伟. 2011. 国内外农学动物科学专业教材比较研究. 安徽农业科学, 39(34): 21531-21533.

李闯, 董俊良, 张紫微, 等. 2019. 功能性添加剂对杜×花育肥猪生长性能、养分表观消化率和胴体及肉质性状的影响. 饲料研究, 42(5): 27-29.

李向东, 孙学振, 贺明荣, 等. 2010. 作物栽培学教学方法改革探讨. 中国成人教育, (1): 134-135.

刘现, 郑回勇, 施能强, 等. 2013. 人工智能在农业生产中的应用进展. 福建农业学报, 28(6): 609-614.

罗程, 陈梁凯, 王晓倩, 等. 2017. 硒与疾病的流行病学研究及展望. 生物技术进展, 7(5): 493-499.

齐志国, 张铁鹰, 付瑶, 等. 2019. 不同高硒饲粮对北京油鸡蛋鸡生产性能、蛋品质、蛋硒含量和抗氧化能力的影响. 动物营养学报, 31(10): 4537-4544.

任学良, 舒庆尧. 2004. 低植酸作物的研究进展及展望. 核农学报, 18(6): 438-442.

苏达, 吴良泉, Rasmussen S, 等. 2020. 磷营养对水稻籽粒锌生物有效性的影响及其与植酸等磷酸肌醇谱含量的关系. 作物学报, 46(2): 228-237.

孙江伟, Shu X O, 李泓澜, 等. 2015. 硒摄入量与全死因、肿瘤和心血管病死因关系的前瞻性队列研究//中国抗癌协会肿瘤病因学专业委员会, 中国抗癌协会. 全国肿瘤流行病学和肿瘤病因学学术会议论文集: 182.

孙明茂, 洪夏铁, 李圭星, 等. 2006. 水稻籽粒微量元素含量的遗传研究进展. 中国农业科学, 39(10): 1947-1955.

王玉峰. 2007. 不同矿物质对水稻氮素吸收和生长的影响. 中国农学通报, 23(5): 254-257.

王月福, 于振文, 李尚霞, 等. 2002. 施氮量对小麦籽粒蛋白质组分含量及加工品质的影响. 中国农业科学, 35(9): 1071-1078.

吴学敏, 金艳书. 2008. 微量元素锌影响老年小鼠免疫功能的实验研究. 现代预防医学, 35(1): 191-192.

赵其国, 尹雪斌, 孙敏, 等. 2018. 2008—2018 年功能农业的理论发展与实践. 土壤, 50(6): 1061-1071.

职心乐, 谢娟, 朱红, 等. 2015. 留学研究生流行病学教材与教学理念的探讨. 科技创新导报, 12(9): 104-105.

Raboy V, Young K A, Dorsch J A, et al. 2001. Genetics and breeding of seed phosphorus and phytic acid. Journal of Plant Physiology, 158(4): 489-497.

Yuan L X, Zhang R, Ma X Z, et al. 2018. Selenium accumulation, antioxidant enzyme levels, and amino acids composition in Chinese mitten crab (*Eriocheir sinensis*) fed selenium-biofortified corn. Nutrients, 10(3): 318.

Zhang Z Z, Yuan L X, Qi S H, et al. 2019. The threshold effect between the soil bioavailable molar Se: Cd ratio and the accumulation of Cd in corn (*Zea mays* L.) from natural Se-Cd rich soils. Science of the Total Environment, 688: 1228-1235.

第 2 章 功能农业目标营养素及营养强化技术

2.1 功能农业的目标营养素

功能农业的功能来自功能性成分，在功能农业发展的过程中，不断挖掘功能性成分，了解功能农业关注的功能成分及其生理功能，有助于明确功能农业发展的方向。功能农业确定的目标营养物质，均来自营养学界推荐的有益人体健康成分如硒、锌、钙等 22 种矿物质，以及有益植物化学物质如维生素、叶酸、抗性淀粉、限制性氨基酸、多不饱和脂肪酸等。

2.1.1 矿物质

人体中含有的各种元素，除了碳、氧、氢、氮等主要以有机物的形式存在以外，其余的 60 多种元素统称为矿物质（minerals）。人体中钙、镁、钾、钠、磷、硫、氯 7 种元素含量较多，约占矿物质总量的 60%～80%，称为宏量元素。其他元素如铁、铜、碘、锌、锰、钼、钴、铬、锡、钒、硅、镍、氟、硒共 14 种，含量极少，称为微量元素。矿物质是人体必需的 7 大营养素之一，是构成人体组织和维持正常生理功能不可缺少的成分。常见矿物质元素及其功能和来源可见表 2-1（赵其国和尹雪斌，2017）。

表 2-1 常见矿物质元素及其功能和来源

矿物质	生理功能	每日需要量	来源
钙	凝血因子，能降低神经、肌肉的兴奋性，是构成骨骼、牙齿的主要成分	0.6～1.2 g	绿色蔬菜、乳类、蛋类
铁	血红蛋白、肌红蛋白、细胞色素和其他酶系统的主要成分，协助血液氧气运输	15～18 mg	肝、蛋黄、血、瘦肉、绿色蔬菜、桃、杏、李
锌	数百种酶的构成成分，促进细胞分裂、生长和再生；调节脱氧核糖核酸（deoxyribonucleic acid，DNA）复制和核糖核酸（ribonucleic acid，RNA）转录，参与免疫有关酶的作用；促进身体和智力发育。缺乏锌，智力会下降，发育受阻，免疫力下降、食欲差	10～15 mg	初乳、鱼、蛋、肉、禽、全谷物、麦胚、豆、酵母等，动物性食物利用率高
硒	谷胱甘肽过氧化物酶（GSH–Px）的组分，防止营养不良，提高身体免疫力，多种金属的解毒剂	60～250 μg	芝麻、麦芽、黄芪、酵母、蛋类、海产类、肝脏、肾脏、大蒜、蘑菇

续表

矿物质	生理功能	每日需要量	来源
碘	为血清总三碘甲状腺原氨酸、血清总甲状腺素的主要成分，缺乏时引起单纯性甲状腺肿及地方性克汀病	90～120 μg	海产如海带、紫菜、海鱼等
磷	参与核酸代谢和能量代谢，维持细胞膜的完整性，参与糖与蛋白质代谢，维持体内酸碱平衡	0.4～1.2 g	乳、肉、豆、全谷物
铜	对制造红细胞、合成血红蛋白和铁的吸收有很大作用，与许多酶的形成关系密切，例如细胞色素酶、氧化酶等，存在于人体红细胞、脑、肝等组织内，缺乏时易引起贫血	0.5～0.8 mg	肝、肉、鱼、海蛎、全谷物、坚果、豆类
镁	激活糖代谢酶，与肌肉神经兴奋性有关，对所有细胞代谢过程都很重要，常与钙缺乏同时出现，导致手足抽筋	160～320 mg	全谷物、豆类、干果、乳类

矿物质在人体内不能自行合成，必须通过膳食摄入。而膳食中的矿物质主要来自土壤。土壤矿物质是岩石经风化作用形成的，是土壤固相的主体物质。土壤中的矿物质分布不均匀，会造成植物体内矿物质含量不均匀。人体内部分矿物质的生理需要量和中毒剂量范围狭窄，为了能够摄取适量的矿物质，同时保障人体安全，我们需要运用功能农业相关技术来改善植物矿物质积累量。

以硒元素为例，硒是一种典型的微量元素，其需求量和中毒剂量范围狭窄。除了表 2-1 列出的作用外，硒还具有保护肝脏、降低患病风险、抗氧化等特殊的生理功能（Combs，2001）。中国人群普遍存在缺硒现象，据报道，中国人均每日硒摄入量仅为 40 μg。因此，功能农业首先把硒列为重点研究对象，研发系列富硒产品，满足人们日常健康需求。运用的手段主要是改良土壤使土壤硒含量增加，进而安全地提高粮食作物硒含量。例如对大田水稻土壤施加 120 kg/hm^2 硒肥，显著增加了大米中的总硒、无机硒及有机硒的含量，并使有机硒比例增加了 16.6%，同时有效抑制了水稻穗部铬和镉的累积量（管文文等，2018）。利用富硒技术生产的富硒玉米被报道显著提高了中老年人群体（45～59 岁）的血硒含量和谷胱甘肽过氧化物酶（GSH-Px）活性，对人体健康产生有益影响（王波等，2015）。

2.1.2　维生素

维生素（vitamin）是维持人身体正常生命活动所需的一类有机化合物。这类物质在人体内既不是构成身体组织的原料，也不是能量的来源，而是一类调节物质，在人体物质代谢中起重要作用。这类物质虽然需求量很少，但人体内不能合成或合成量不足，因此必须经由食物供给。维生素 A（vitamin A），又称视黄醇（其醛衍生物视黄醛）或抗干眼症因子，是一个具有酯环的不饱和一元醇，包括动物性食物来源的维生素 A_1、A_2 两种，是一类具有视黄醇生物活性的物质。维生素 A_1 多存在于哺乳动物及咸水鱼的肝脏中，而维生素 A_2 常存在于淡水鱼的肝脏中。由于维生素 A_2 的活性比较低，通常所说的维生素 A 一般是指维生素 A_1。

维生素 A 属于脂溶性维生素，同属脂溶性维生素的还有维生素 D（又称钙化醇）、维生素 E（又称生育酚）和维生素 K（又称凝血维生素）；另一类是水溶性维生素，主要是 B 族维生素（主要包括 B_1、B_2、B_3、B_6、B_{12}）、维生素 C（又称抗坏血酸）、维生素 PP（又称尼克酸）、维生素 H（又称生物素）和维生素 M（又称叶酸）等。维生素在人体内主要起调节代谢的作用，不同维生素的作用和来源见表 2-2（赵其国和尹雪斌，2017）。

表 2-2　不同维生素的作用和来源

维生素	作用	食物来源
维生素 A	可以维持正常的视觉反应、骨骼发育和上皮组织的正常形态与功能	牛奶、鸡蛋、鱼肝油、动物肝脏、深绿色和深黄色蔬菜、水果等
维生素 B_1	缺乏维生素 B_1 会患感冒、胃炎、肌肉疲倦且容易焦虑或记忆力减退、脚气、神经失调	全谷物、瘦肉、牛奶、动物肝脏、酵母、豆类、牛肉等
维生素 B_2	缺乏维生素 B_2 会引发口腔炎、口角炎、眼睛充血、精神恍惚、皮肤干、头发大量脱落等	牛奶、动物肝脏、蛋类、瘦肉、麦胚、黄豆、花生等
维生素 B_6	与新陈代谢有关，需要量由蛋白质摄取量决定	麦胚、牛奶、酵母、荚豆类、动物肝脏等
维生素 C	促进"胶原"的形成，让细胞排列更为紧密	绿色蔬菜、水果等
维生素 D	促进钙质的吸收进而使骨质钙化，维持正常的骨骼形态	鱼肝油、动物肝脏、蛋黄、牛奶等
维生素 E	有良好的抗氧化性，降低细胞老化速度，缺乏维生素 E 容易不育	植物油、绿色蔬菜、动物肝脏、豆类、蛋黄、瓜果、瘦肉、花生等
维生素 K	与血液凝固有密切关系，缺乏维生素 K 易患血友病	绿色蔬菜

人体对维生素的需求量很小，日需量常以 mg 或 μg 计算，但一旦缺乏就会引发相应的维生素缺乏症，对人体健康造成损害，引起各种疾病。如维生素 C，中国营养学会建议的膳食参考摄入量（recommended nutrient intakes）为成年人 100 mg/d，摄入上限为 1000 mg/d。为了安全有效地利用维生素的生理功能，保护人体健康，精准控制农产品维生素种类和含量，通过食物补给获得足够的维生素摄入量，是功能农业未来发展的方向之一。已有的研究表明，对豌豆苗添加低浓度碘溶液培养后，豌豆苗生长加快，根系和菜苗增长，可食用部分游离氨基酸总量和维生素 C 含量显著提高（夏石头等，2002）。

2.1.3 叶酸

叶酸（folic acid）由蝶啶、对氨基苯甲酸和谷氨酸组成，也称蝶酰谷氨酸，是 B 族维生素的一种。它最初是从菠菜叶中提取纯化获得的，故而命名为叶酸，其化学结构式见图 2-1。

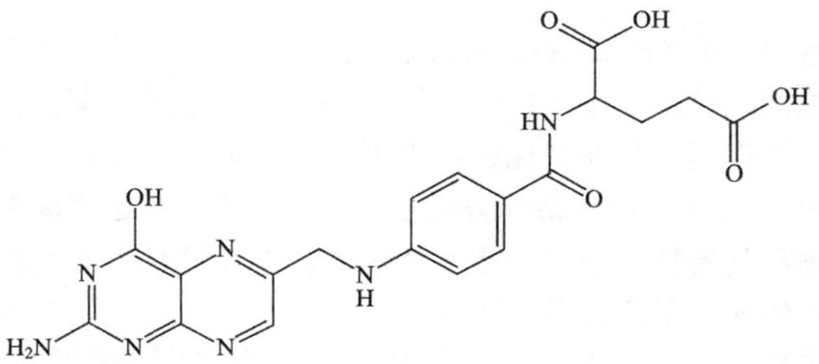

图 2-1 叶酸化学结构式

叶酸对蛋白质、核酸的合成及各种氨基酸的代谢有重要作用，它的生理功能包括以下四种：①作为体内生化反应中一碳单位转移酶系的辅酶，起着一碳单位传递体的作用；②参与嘌呤和胸腺嘧啶的合成，进一步合成 DNA 和 RNA；③参与氨基酸代谢，在甘氨酸与丝氨酸、组氨酸与谷氨酸、同型半胱氨酸与蛋氨酸之间的相互转化过程中充当一碳单位的载体；④参与血红蛋白及甲基化合物如肾上腺素、胆碱、肌酸等的合成。

孕期妇女在受孕的前后几周，需要额外补充叶酸，如果叶酸摄入不足，胎儿 DNA 合成受抑制，甲基化受阻，可能出现脊柱裂、脑脊膜膨出等神经管畸形（杨冬梅等，2016）。此外还有证据表明，叶酸在预防乳腺癌、大肠癌和心脏病的过程中有一定的作用（曹能和李璋，2003）。

据世界卫生组织的建议，每人每日叶酸的需求量为：婴儿 60 μg，儿童 100 μg，一般成人 200 μg，孕妇 400 μg，哺乳期妇女 300 μg。含叶酸的食物包括新鲜水果、蔬菜、肉类食品等，尤以酵母、动物肝脏及绿叶蔬菜中含量比较多。但由于天然的叶酸极不稳定，易受阳光、加热的影响而发生氧化，食物中的叶酸若经长时间烹煮可损失 50%~90%，所以人体真正能从食物中获得的叶酸并不多。全球叶酸缺乏的人群仍比较普遍，利用生物强化提高作物的叶酸含量是一个解决全球性叶酸缺乏问题的有效方法，对人类生存与健康具有重要意义。例如，在加强叶酸生物合成方面，de la Garza 等（2004）利用哺乳动物鸟苷三磷酸（guanosine triphosphate，GTP）环水解酶 I 的合成基因，使蝶啶在番茄内的含量增加。植物以蝶啶、对氨基苯甲酸和谷氨酸为原料合成叶酸，进而使得番茄内叶酸的平均含量提高了 1 倍。

2.1.4 抗性淀粉

抗性淀粉（resistant starch，RS）又称酶阻淀粉或抗消化淀粉，是不被健康人体小肠所吸收的淀粉及其降解物的总称。根据抗性淀粉的物理和化学性质，可将其分为四类：

（1）物理包埋淀粉（physically trapped starch，RS1）：这种类型的淀粉本身并不具有淀粉酶抗性，只是由于淀粉颗粒位于谷粒、种子或块茎上植物细胞壁中，这种物理性的屏障作用使其在消化过程中不能接触淀粉酶从而不被分解。

（2）抗性淀粉颗粒（resistant starch granules，RS2）：这类淀粉具有天然酶抗性是由于淀粉颗粒具有特殊的结构或晶体构象，但是这种天然淀粉颗粒抵抗酶解的作用会因食物的加工手段而发生改变。

（3）回生淀粉（retrograded starch，RS3）：这类淀粉是通过食品加工（加热）引起淀粉的化学结构、聚合度和晶体构象方面发生改变，在冷却中淀粉颗粒再聚集成晶体结构而形成的。食品加工的方式（加热、油炸等）能极大地改变食物中 RS3 的含量。

（4）化学改性淀粉（chemically modified starch，RS4）：主要指通过化学变性（如乙醚、酯类、磷酸盐等化学试剂）以及基因改造后，由于淀粉分子结构的改变以及一些化学官能团的引入而产生的抗酶解淀粉。

动物实验表明抗性淀粉能降低饮食后血液中葡萄糖的浓度，减少胰岛素分泌，并改善脂类物质的分布，因而对 2 型糖尿病人有益。She 等（1994）报道了抗性淀粉到达大肠后发酵产生丁酸盐，丁酸盐的增加使得结肠癌发病率降低。

抗性淀粉存在于某些天然食品如马铃薯、香蕉、大米等中。遵从功能农业发展方针，为获得富含抗性淀粉的产品，以我国高产水稻 R7954 为亲本，与源于美国稻的抗性淀粉含量高、米粒细长，但产量低、抗病性差的粳稻突变体 RS102 杂交，选育了功能性与高产优质兼顾的粳稻新品系，开发了"宜糖米"，其抗性淀粉含量是优质粳稻品种的 10 倍（张宁等，2011）。

2.1.5 限制性氨基酸

食物蛋白质中一种或几种必需氨基酸缺少或不足，就会使食物蛋白质合成为机体蛋白质这一过程受到限制。由于限制了此种蛋白质的营养价值，这类氨基酸就被称为限制性氨基酸。按其缺少数量的多少排列，分为第一限制性氨基酸、第二限制性氨基酸。

虽然有些食物蛋白质中含有种类齐全的必需氨基酸，但是其氨基酸模式和人体蛋白质氨基酸模式差异较大，会导致这些食物蛋白质不易被人体吸收，造成这些食物营养价值偏低（赵桂慎和郭岩彬，2020）。例如大米、小米、燕麦、玉米等的赖氨酸、蛋氨酸、苏氨酸和色氨酸含量一般较低，导致全谷物类蛋白质的营养价值相对较低。

赖氨酸是人体所必需的营养物质，与人体生长密切相关。赖氨酸在人体内的功能有：参与人体蛋白质如骨骼肌、酶和多肽激素的合成；是生酮氨基酸之一，当缺乏可利用的碳水化合物时，可参与酮体的生成和葡萄糖的代谢（在禁食情况下，是重要的能量来源之一）；维持人体内酸碱平衡；作为合成肉毒碱的前体物，参与脂肪代谢；可以提高机体抵抗应激的能力。缺乏赖氨酸的症状包括疲劳、虚弱、恶心、呕吐、头晕、没有食欲、发育迟缓和贫血等。但是人体不能自身合成赖氨酸，它必须通过日常饮食和营养补品获得。按照中国居民的饮食习惯，平时所摄入的食物蛋白质主要来自全谷物。然而全谷物中所含的赖氨酸较少，这样就限制了人体对其他几种氨基酸的利用。可以通过平衡饮食或提高食物中相应限制性氨基酸含量的方式有效提高人体限制性氨基酸的含量。例如一般可通过平衡食用全谷物和肉、禽、蛋、奶、鱼、虾、贝类等食物补充赖氨酸，也可通过基因工程育种技术研发高赖氨酸的作物品种。

2.1.6　多不饱和脂肪酸

多不饱和脂肪酸（polyunsaturated fatty acid，PUFA）指含有两个或两个以上双键且碳链长度为 18～22 个碳原子的直链脂肪酸。多不饱和脂肪酸对人体营养和健康作用显著，主要功效有：①调节免疫系统，保护肝细胞；②使胆固醇酯化，降低血中胆固醇和甘油三酯，预防胆结石；③降低血液黏稠度，使血液顺畅，改善高血压。

多不饱和脂肪酸主要存在于植物种子中，以胚芽中的含量最高，如玉米油、棉籽油、花生油、豆油、芝麻油、米糠油、葵花籽油、蓖麻油、夜来香油、橄榄油、亚麻油、紫苏油等。与人体健康密切相关的主要是以鱼油所含的二十碳五烯酸（eicosapentenoic acid，EPA）和二十二碳六烯酸（docosahexenoic acid，DHA）为代表的 ω-3 系列多不饱和脂肪酸、以植物油中所含的亚油酸为代表的 ω-6 系列多不饱和脂肪酸，生物活性很强的 α-亚麻酸亦属于 ω-3 系列（赵桂慎和郭岩彬，2020）。

其中，亚油酸和 α-亚麻酸属于必需脂肪酸，在人体内无法合成，只能通过膳食摄入。牡丹籽和亚麻籽都是富含 α-亚麻酸的天然植物，牡丹籽可制成油，多不饱和脂肪酸含量高达 90%、α-亚麻酸可达 45% 以上。亚油酸主要存在于植物油脂中，葵花籽油、核桃油中亚油酸含量丰富，玉米油、大豆油、芝麻油中也含有较多的亚油酸。蛋黄、肉、内脏等动物性油脂则含有丰富的 EPA；海藻、鱼虾、贝类等海产品含有 DHA 和 EPA。沙棘籽油是典型的多不饱和酸植物油，在所有植物油中其含有较多的不饱和酸种类及较高含量，同时富含天然稳定剂维生素 E，营养价值较高。

2.1.7 其他植物化学物质

植物性食品不仅含有大量的蛋白质、脂类、碳水化合物（膳食纤维）、维生素、无机盐和微量元素等营养素，还含有丰富的非营养素类生物活性物质（non-nutritional bioactive compounds），被称为植物化学物质（phytochemicals）（余小平，2011）或植物有益物质。

植物化学物质是近年来人类一大重要发现。植物化学物质被誉为"植物给予人类的礼物"，是人体必需的营养物，它们来源于植物，是植物中活跃且具有保健作用的物质，对人体健康极为重要。该发现的重要意义可与抗生素、维生素的发现相提并论，特别是在预防慢性病方面（Hamaker，2008）。

已有许多植物化学物质被纳入人类的健康宝库，这些植物化学物质包括萜类化合物、有机硫化合物、类黄酮、植物多糖等，其含量虽低却有着十分重要的作用（张田勘，2008）。这些植物化学物质有抗氧化、调节免疫力、调血脂等功能，普遍存在于全谷物、豆类、蔬菜和水果等植物中（延锦，2012）。

类黄酮是植物重要的一类次生代谢产物，它以结合态（黄酮苷）或自由态（黄酮苷元）形式存在于水果、蔬菜、豆类和茶叶等食源性植物中，是具有 C6-C3-C6 基本构造的酚类化合物，可分为黄酮、黄酮醇、异黄酮等。

（1）黄酮：在高等植物中分布十分普遍。如木犀草素，在金银花等植物中存在，具有抗菌、抗炎、调节血脂、祛痰等多种活性；又如芹菜素，在芹菜中存在，有利尿、调节血压、抗菌、消炎等方面的作用（Sharma et al.，2022）。

（2）黄酮醇：在高等植物中广泛分布，特别是木本植物。常见的有槲皮素、山柰酚、杨梅素等，有调节血糖、抗过敏等多方面的作用。黄酮醇存在于银杏、沙棘、蒲黄、甘蓝等植物中。其中，银杏具有改善血液循环、调节血脂等方面的作用；甘蓝具有改善胃溃疡、抗氧化等作用（Sharma et al.，2022）。

（3）异黄酮：一种弱的植物雌激素。植物雌激素可以促进人体甲状腺素分泌，促进胆汁排泄，在降低胆固醇时能降低低密度脂蛋白（low density lipoprotein，LDL），而不降低高密度脂蛋白（high density lipoprotein，HDL）。异黄酮类主要存在于豆科植物中，其中大豆中的含量最高，食用大豆是人类获得异黄酮最直接、最健康的方式（Sharma et al.，2022）。

天然蔬果中含有各类化学成分，多数的五谷及豆类食物中含有丰富的皂苷（saponin），可以间接降低胆固醇的含量（李晓波等，2021）。黄豆与全谷物中含有一种叫蛋白酶抑制剂（protease inhibitor）的物质，可以抑制促进癌细胞生长的酶的活性，使癌细胞生长趋于缓慢（梁馨之，2020）。植酸，主要存在全谷物中，可以与金属类物质结合，减少生成引发疾病的自由基（丁思源等，2021）。而全谷物中所含有的木质素（lignin）也被证实可以去除人体自由基、抑制胆固醇增生（刘秋艳等，2021）。此外，蒜头中的大蒜素（allicin）可以降低肝脏中胆固醇的合成，还具有强力的杀菌作用，是天然的抗生素，可以防止消化道的细菌感染（Sun et al.，2021）。茶叶中有效的成分主要是儿茶素，它在预防一些疾病的过程中存在一定的作用（刘仲华等，2021）。

植物化学物质种类繁多，迄今为止天然存在的植物化学物质的总量约为 6 万～10 万种，且具有广泛的生物活性作用和促进健康的作用（余小平，2011）。正因为如此，对植物化学物质的深入研究具有重大意义。

2.1.8 其他生物功效成分

膳食纤维是一种多糖，它既不能被胃肠道消化吸收，也不能产生能量。膳食纤维分为可溶性膳食纤维和不可溶性膳食纤维两大类，主要功效有：①抗腹泻，治疗便秘；②降低血液中胆固醇和甘油三酯；③降低成年糖尿病患者的血糖。

可溶性膳食纤维来源于果胶、藻胶、魔芋等。魔芋盛产于我国四川等地，其主要成分为葡甘露聚糖，是一种可溶性膳食纤维，能量低、吸水性强，具有降血脂、降血糖及良好的通便作用。可溶性膳食纤维在胃肠道内和淀粉等碳水化合物交织在一起，并延缓后者的吸收，故可以起到降低餐后血糖的作用。

不可溶性膳食纤维的最佳来源是全谷物粮食，其中包括麦麸、麦片、全麦粉及糙米、燕麦全谷物食物、豆类、蔬菜和水果等。不可溶性膳食纤维对人体的作用首先在于促进胃肠道蠕动，加快食物通过胃肠道，减少吸收；另外，不可溶性膳食纤维在大肠中吸收水分软化大便，可以起到防治便秘的作用。

2.2 功能农业的营养强化技术

功能农业最终需要服务我国农业生产，满足消费者健康消费的需求。功能农业对我国深入推进农业供给侧结构性改革，实施质量兴农、乡村振兴与健康中国战略都具有十分重大的意义。因此，如何将研究内容形成产业技术，并应用于生产实践，关系着功能农业的可持续、高质量发展。本节从产业规划出发，涉及生物营养强化技术、检测技术、加工技术，再到溯源技术、大数据应用，概要介绍了当前功能农业的产业技术体系。

新的历史条件下，必须坚定不移地依靠科技进步，我国农业才能实现新的突破。生物营养强化技术是功能农业发展的强大动力。高安全性和标准化是功能农业技术的核心内容。

2.2.1　定量生物营养强化技术

依附于生物营养强化的定量强化技术，是指通过向土壤中添加定量的微量元素矿物质营养剂，改良土壤的矿物质水平与作物根际环境，然后依靠作物自然的生长吸收过程，实现定量提高农产品中的微量矿物元素的含量水平的目的。矿物元素需要保证以最安全的植物有机结合态形式（如植物含硒蛋白质等）存在，最后这些富含定量微量矿物元素的农产品可以补充动物、人的矿物质摄入（图 2-2）。在矿物质定量强化过程中，基本要求是高安全性和标准化。在生物技术的基础上，结合纳米技术而研发的纳米矿物质强化肥，具有肥料利用率高、缓释效应显著、环境影响小等优点。功能农业研究小组依托于纳米矿物质强化肥，结合生物营养强化技术，开发了硒含量稳定、适宜正常人群和不同程度缺硒人群的富硒农产品，包括水稻、玉米、小麦等主粮作物以及蔬菜、水果、茶叶等 50 多个品种。

图 2-2　矿物质定量生物营养强化技术

2.2.2　高矿物质强化技术

矿物质定量强化技术目前只能推动普通富矿物质农产品走上餐桌，但是要实现其他食品（如牛奶、饼干、饮料等）富矿物质，还需依赖于高矿物质强化技术。以矿物质硒元素为例，通过硒的定量强化技术开发出更高硒含量的全谷物，通过高硒全谷物原料的添加，实现富硒功能食品的开发与延伸（图 2-3）。

目前，功能农业研究小组已经获取高硒玉米、高硒大豆、高硒小麦等高硒全谷物原料，这些高硒全谷物中的硒含量比普通的富硒全谷物高出 100 倍。国内众多龙头企业都对此很感兴趣，包括中粮集团有限公司、中国盐业集团有限公司、北大荒农垦集团有限公司、河北金沙河面业集团有限责任公司、光明米业（集团）有限公司、江苏省粮食集团和江苏三零面粉有限公司等。其中，以高硒玉米为原料加工形成的富硒玉米粉已经上市。

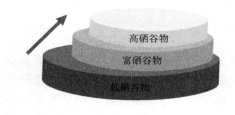

高硒全谷物原料:高硒玉米、高硒大豆、高硒小麦等

图 2-3　高硒全谷物强化技术

2.2.3　矿物质形态与定量分析技术

历经 10 多年的试验创新探索，尹雪斌功能农业团队首创了矿物质形态与定量分析的一整套体系，其中包括液相色谱–紫外–原子荧光光谱联用仪（liquid chromatography-ultraviolet-atomic fluorescence spectrometer，LC-UV-AFS）用于区分无机硒与有机硒（如氨基酸态硒）；高效液相色谱-电感耦合等离子体质谱联用仪（high performance liquid chromatography-inductively coupled plasma mass spectrometry，HPLC-ICP-MS）用于蛋白质与多肽的分析、鉴定；原子吸收光谱仪（atomic absorption spectroscopy，AAS）用于多种元素（如铁、锌、钙、碘等）含量的检测（图 2-4）。

图 2-4　完善的矿物质形态与定量分析体系

2.2.4　矿物质强化"九步法"过程控制保障

功能农产品的质量保障离不开对生产全链条的监控。以富硒功能农业为例，为使产品达到高安全标准化，需要根据客户实际情况针对性地提供原硒调查、产品背景硒含量检测、硒营养强化过程跟踪、产品包装设计、产品上市咨询等全链条富硒技术服务，以提升合作伙伴在富硒功能性产品应用推广中的专业素养。"九步法"是基于生物营养强化技术的路径而设计的（图 2-5），即原土检测、肥灌措施、功肥配方、实施指导、实地培训、中期预测、方案修订、产品鉴定、产品说明。

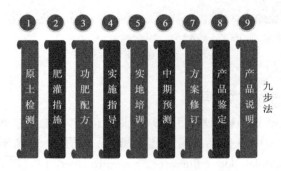

图 2-5　功能农业"九步法"保障图

功能农业领军团队已经通过上千次的试验，近十万个土壤、水、农产品不同部位的系统分析，积累了 30 余个大宗品种的定量强化技术规范，能够做到同区域、同品种、同地块矿物质元素含量达标且稳定，很好地实践了"九步法"规范。

2.2.5　功能农业相关育种技术

"农以种为先"，种子是农业产业发展的首要环节和重要载体，是国内外农业产业竞争的源头和焦点。通过生物育种，可提高作物中人体必需微量元素（钙、铁、锌、硒等）、人体必需氨基酸（赖氨酸、色氨酸等）、维生素（维生素 A、维生素 E、叶酸等）、抗氧化物质（花青素、多酚、类胡萝卜素等）等功能成分含量。因此，生物育种技术是实现农产品功能化的关键技术。

生物育种技术主要包括转基因育种、分子设计育种等（顾维圣，2019），这些育种方法被广泛应用于功能农业的产品生产源头。

基于在全国各个区域土壤的实地种植鉴定，由王汉中院士领衔的中国农业科学院油料作物研究所油菜遗传育种创新团队率先发现了"硒高效"的现象，并定义了"硒高效"油菜的概念，即在土壤 pH 为 4.5～6.0、硒含量大于 0.16 mg/kg

的非富硒土壤，或者在土壤 pH 为 6.0～8.5、硒含量大于 0.11 mg/kg 的非富硒土壤中，在不添加外源硒的环境下，生产出鲜重硒含量大于 0.01 mg/kg 的富硒油菜薹，为"硒高效"油菜。王汉中院士团队依托所发掘的优异种质资源，利用聚合杂交、小孢子培育、分子标记辅助选择等现代育种手段，成功育成全球首个"硒高效"蔬菜杂交种"硒滋圆 1 号"。在非富硒土壤条件下种植，油菜薹硒含量达到 0.01～0.07 mg/kg。富硒油菜薹具有显著增加雄性生殖能力的功效。通过培育小鼠睾丸支持细胞，发现富硒油菜薹对小鼠睾丸支持细胞的增殖效果最高达 76%。而在大鼠活体实验中，更是证明每天食用 50 mg 富硒油菜薹（相当于人体每天食用约 100 g 油菜薹），持续一月，可以使大鼠精子数量增加 35.2%。富硒油菜薹同时还具有治疗大鼠弱精症的功效，因每日 1.5 mg/kg 体质量镉染毒导致的大鼠弱精症（精子数量下降至正常组的 44.1%），每天喂养 50 mg 富硒油菜薹，持续一月可恢复大鼠精子数目至 92.7%（顿小玲，2019）。

中国生物强化（Harvest Plus-China，HPC）项目由美国康奈尔大学以及中国农业科学院承办，于 2004 年 5 月正式启动，该项目旨在通过传统育种与分子育种技术结合营养科学，培育、研发和推广中国的富含铁、锌、维生素 A 等微量营养素、叶酸和花青素等营养物质的作物新品种，继续改善中国农村和贫困地区人群营养健康状况，预防铁、锌营养不良及相关疾病，消除"隐性饥饿"和贫困的同时，加强对城市人群营养失衡的关注（张春义，2011）。中国生物强化项目的实施为中国新时期作物育种提出了新的育种方向，农作物育种不仅要关注作物的产量、品质和抗性，同时也需要关注关系到人体健康的微量营养素含量（维生素和矿物质）。项目第一期育成 16 个富含铁、锌和维生素 A 的作物新品种/系，并对这些生物强化品种进行了生物利用率检测和营养效力试验。张春义项目团队培育了 18 个富含微量营养素的作物新品种，包括高锌中铁小麦品种以及高 β-胡萝卜素甘薯。高 β-胡萝卜素甘薯的 β-胡萝卜素含量高达 231.1 μg/g 鲜重，研究显示生物强化高 β-胡萝卜素甘薯能明显改善缺乏维生素 A 儿童的营养状况，这可能成为解决儿童维生素 A 缺乏问题的有效途径（曾果等，2008）。

生物育种借助分子生物技术，充分掌握生物基因资源，但生物育种不仅受遗传因素的控制，还受气候、土壤和灌溉水等环境因素的影响，对此应加强试验研究。

2.2.6 功能农产品的加工技术

1）加工品的优势

农产品加工业是以人工生产的农业物料和野生动植物资源为原料进行工业生产活动的总和。广义的农产品加工业，是指以人工生产的农业物料和野生动植物资源及其加工品为原料所进行的工业生产活动；狭义的农产品加工业，是指以农、林、牧、渔产品及其加工品为原料所进行的工业生产活动。农产品初加工是指对农产品一次性的不涉及对农产品内在成分改变的加工；农产品精深加工是指对农产品二次以上的加工，主要是指对蛋白质资源、植物纤维资源、油脂资源、新营养资源及活性成分的提取和利用。初加工使农产品发生量的变化，精深加工使农产品发生质的变化。

农产品加工不但可以延长农产品保质期，而且可以进一步提高其营养保健价值和改善其风味，有利于提高产品附加值。发展农产品加工，促进农产品的商品化，对调整我国农村经济结构、增加农民收入有着重大意义。

2）功能农产品加工的注意事项

功能农产品在被制作成食物的过程中，会涉及水分的变化，氧化、还原位点的变化，温度的变化，以及粒度的变化，当然，也会带来酶的变化、微生物群落的变化等。这些变化会或多或少地影响矿物质的存在形态。比如温度可能带来一些挥发性损失，某些以易挥发的形态存在的矿物质会损失更多。温度还会使矿物质的形态发生转变,研究发现硒代氨基酸在蒸煮煎炸过程中形态会有显著的变化。大分子的蛋白质更易受到温度的影响，蛋白质的结构发生变化，使蛋白质变性。当然，这些物理化学变化不一定会对矿物质的吸收利用产生巨大影响，只是这些变化带来的影响需要进一步评估，以更好地制作功能食品。

3）加工农产品的种类

功能农业研究小组结合不同的食品加工工艺，开发富硒牛奶、叶黄素鸡蛋、富含花青素的黑玉米等。还借助快速蛋白纯化系统对与矿物质结合的特异性蛋白质进行纯化、分离，向特定的功能保健品、药品、化妆品和食品等提供高纯度的蛋白质结合态矿物质原料。

目前市场上加工农产品的种类主要有：①压片糖果，例如富硒西蓝花紫薯片、富硒苦瓜雪莲果精华片等；②酒水饮料，例如锌硒宝、天方硒茶等；③固体饮料，如富硒高钙谷物蛋白粉、富硒玉米粉、富硒灵芝孢子粉等；④干制品，是以新鲜富硒动物食品为原料，经过脱水、干燥而制成的干制品，例如富硒小鱼干等。

2.2.7 功能农产品的质量溯源管理技术

消费者对食品质量的要求不断提高，"绿色、安全、健康"已经成为共同期待。质量控制技术能够提高消费者对功能农产品的信心，也是高质量、高品质功能农产品的重要保障之一。农产品质量溯源管理机制，将信息技术手段运用于农业之中，通过互联网模式促进现代农业成长，为农产品质量保驾护航。溯源管理技术也逐渐运用在功能农业领域。

以富硒苦荞功能农产品溯源系统为例，富硒功能性苦荞的质量保障离不开对生产全过程的监控。为了生产出硒含量稳定的产品，需对土壤中营养元素和有害元素调查、产品背景营养素检测、硒营养强化过程监测、富硒苦荞仓储及加工过程追踪、产品包装、产品上市等过程进行全链条追溯，保障富硒苦荞达到相关标准要求。

　　具体来说，就是利用二维码溯源技术，通过为每个产品建立一个具有随机性、唯一性的二维码溯源标签，完成唯一身份信息的建立，然后将这个初始信息放入后台数据库中。当产品发生变化后，在每个环节之后，将这些变化的信息添加到后台数据库之中，比如苦荞熟了进行收割加工后，就把这些信息通过系统后台赋予"一物一码"功能农产品溯源二维码中，扫描二维码后，就会出现这条信息（图2-6）。

图 2-6　功能农产品 FAST Tracing 全过程溯源二维码界面示意图

当产品流通后，到达超市里，通过扫码等记录方式，就能将这些信息记录到后台中。当最终消费者查询时，后台数据库就会将这些收集来的信息反馈给消费者，这样就完成了一个产品的二维码溯源过程。

2.3　功能农业的健康评估技术

目前，功能农产品的健康评估技术主要有：体外胃肠模拟、动物活体实验技术、人群干预、毛发检测、血液检测、试剂盒检测和快速检测仪检测等。

体外胃肠模拟是通过配制人体的消化液如唾液、胃液、肠液等，模拟人体消化道的相关消化过程，对不同材料中的硒、锌、钙、铁、碘等矿物质进行有效性以及安全性的评估，为人体进行科学的矿物质补充提供参考。这种方法具有操作简单、耗时短、费用少、所需实验空间小和实验结果重复性好等优点，目前已成为研究生物可利用性的主要研究方法。

动物活体实验技术是一项通过利用活的动物来进行科学实验的功能农业健康评估技术，但研究时间长、费用高，且对人体进行活体实验存在一定的风险和伦理道德问题，目前此方面的研究较少进行。

人群干预是指干预人群经常出现于社区试验中，选择基本条件比较相近的社区作为研究现场，进行基线调查，然后分组确定，对实验组（某一人群）给予干预措施，对对照组（某一人群）不给予干预措施，进行干预的监测，随访观察比较两组人群效应出现的情况和差异，用于食品对人体健康影响的评价。例如，将碘统一添加到食用盐中，然后分发给研究地区的居民食用，以评价食盐加碘预防地方性甲状腺肿的效果。

毛发检测、血液检测是通过人体毛发、血液的采集，进行营养元素或者矿物质元素的检测，以评价人体的健康状况。比如发硒检测、血硒检测等常用于人体硒元素含量的检测中。

试剂盒是用于盛放检测某种化学成分、药物残留等化学试剂的盒子。试剂盒的使用，使实验人员能够摆脱繁重的试剂配制及优化过程，按照相应的使用说明书，不需或只需少量的优化即可得到满意的结果。

快速检测仪主要用于各种食品与农产品中残留农药、某些有害化合物、矿物质元素和重金属铅等快速定量测定。仪器由超高亮度发光二极管光源、比色池、高灵敏度集成光电池、微处理器、全汉字大屏幕液晶屏、嵌入式微型热敏打印机、无线传输模块和集成芯片构成，可直接在大屏幕液晶屏上显示出被测样品中相关指标的含量，并打印出分析结果。快速检测仪具有操作简单、速度快、自动化等特点。

2.4　功能农业与大数据

大数据是指一般的软件工具难以捕捉、管理和分析的大容量数据。通过对海量数据的交换、整合和分析，发现新的知识，创造新的价值，带来"大知识""大科技""大利润""大发展"。大数据具有催生社会变革的能量，但释放这种能量需要严谨的数据处理、富有洞见的数据分析和激发管理创新的环境。

物联网、移动互联网的迅速发展，使数据产生速度加快、规模加大，迫切需要运用大数据手段进行分析处理，提炼其中的有效信息。根据国际数据公司（IDC）的监测统计，2020 年全球数据总量已经达到 50.5 ZB，而这个数值还在以每两年翻一番的速度增长。

大数据分析的主要功能是实时分析、丰富的挖掘模型、可视化界面、预测分析、社交数据分析、云端分析和移动商务智能（business intelligence, BI），占比分别为 21.3%、18.0%、15.9%、13.1%、12.1%、11.7%和 7.90%。大数据的技术领域很广，涉及数据获取、整合、治理、分析、探索、汲取智慧等各方面。2015 年，大数据市场应用与趋势调研表明，对大数据技术的关注集中在 12 个技术领域，包括大数据分析（12.91%）、云数据库（11.82%）、海杜普（Hadoop）（11.73%）、内存数据库（11.64%）、数据安全（9.21%）、非关系型的数据库（not only structured query language，NoSQL）（8.21%）、数据仓库（8.21%）、数据集成（7.94%）、商业智能（7.13%）、列式数据库（5.96%）、大数据（数据库）一体机（3.52%），以及各种新的可扩展/高性能数据库（1.72%）。

功能农业是农业发展新概念，其大数据是全新的概念领域。大数据的整理、分析、应用有助于开启功能农业的全新模式，如精准功能农业模式、自动化功能农业模式和信息化功能农业模式等。精准功能农业模式即做到"精准匹配"以降低不利因素的影响。结合天气、温度、湿度等环境大数据以及作物生长大数据，精准控制作物生长各个阶段的施肥、灌溉等，达到经济、环境等效应的最大化。自动化功能农业模式是将大数据整合到信息网络系统和农业机械中，以达到最大程度减少劳动成本的目的。信息化功能农业模式即对功能产品产业链各个环节的数据进行收集、统计、分析，以便于从业人员调取使用来制定管理决策。

但是，目前大数据在功能农业领域的应用存在一定问题，尤其是功能农业领域产业链各个环节的数据源尚不清晰，数据匮乏；此外，数据来源单一。这些都限制了功能农业大数据的应用。解决这种困局的方法一方面是增加功能农业从业者数量并及时搜集相关数据，另一方面数据的挖掘与融合也是丰富功能农业大数据的重要手段。

参 考 文 献

曹能, 李璋. 2003. 叶酸在人体内作用的研究进展. 生物学通报, 38(2): 20-22.

丁思源, 徐涵, 曾思睿, 等. 2021. 全谷物中功能成分调控脂肪产热的研究进展. 粮油食品科技, 29(4): 93-100.

顿小玲. 2019. 我国育成全球首个硒高效蔬菜杂交种"硒滋圆 1 号". 粮食科技与经济, 44(12):12-13.

顾维圣. 2019. 解读我国生物技术育种现状与发展趋势. 农民致富之友, (7): 128.

管文文, 戴其根, 张洪程, 等. 2018. 硒肥对水稻生长及其重金属累积的影响. 土壤, 50(6): 1165-1169.

李晓波, 姜薇薇, 张广辉, 等. 2022. 珍稀中药资源金平人参的研究与利用. 中草药, 53(14): 4568-4581.

梁馨之. 2020. 黑色食品活性物质的分离纯化及功能研究. 长春: 吉林大学.

刘秋艳, 连欣悦, 容格清, 等. 2021. 膳食纤维生理功能研究进展. 粮食与食品工业, 28(4): 25-28.

刘仲华, 黄建安, 龚雨顺, 等. 2021. 茶叶功能成分的健康作用研究新进展. 中国茶叶, 43(9): 1-11.

王波, 蒋霞, 秦立强, 等. 2015. 富硒玉米对中老年血硒、空腹血糖及谷胱甘肽过氧化物酶的影响. 卫生研究, 44(3): 490-493.

夏石头, 彭克勤, 萧浪涛, 等. 2002. 碘对豌豆苗生长及其可食部分游离氨基酸和维生素 C 及纤维素含量的影响(英文). 湖南农业大学学报(自然科学版), 28(2): 118-121.

延锦. 2012. 植物化学物质: 营养素之外的"营养物质". 家庭医药(快乐养生), (11): 24-25.

杨冬梅, 李敏清, 庞丽红, 等. 2016. 孕前及孕早期补充小剂量叶酸对孕妇及胎儿的意义. 广西医科大学学报, 33(1): 96-97.

余小平. 2011. 植物化学物质的研究. 成都医学院学报, 6(3): 185.

曾果, 林黎, 刘祖阳, 等. 2008. 生物强化高 β-胡萝卜素甘薯对儿童维生素 A 营养干预研究. 营养学报, 30(6): 575-579.

张春义. 2011. 理性认识转基因促进生物育种技术健康发展. 科技创新与品牌, (3): 84-85.

张宁, 孙健, 熊海铮, 等. 2011. 高抗性淀粉含量糖尿病专用粳稻的选育及其特征特性. 中国稻米, 17(6): 63-65.

张田勘. 2008. 营养新概念: 植物化学物. 晚霞, (15): 28.

赵桂慎, 郭岩彬. 2020. 中国功能农业发展现状、问题与策略. 科技导报, 38(23): 9-16.

赵其国, 尹雪斌. 2017. 我们的未来农业——功能农业. 山西农业大学学报(自然科学版), 37(7): 457-468, 486, 452, 533.

Combs Jr G F. 2001. Selenium in global food systems. British Journal of Nutrition, 85(5): 517-547.

de la Garza R D, Quinlivan E P, Klaus S M J, et al. 2004. Folate biofortification in tomatoes by engineering the pteridine branch of folate synthesis. Proceedings of the National Academy of

Sciences of the United States of America, 101(38): 13720-13725.

Hamaker B R. 2008. Technology of Functional Cereal Products. Abington, UK: Woodhead Publishing.

Sharma V, Sehrawat N, Sharma A, et al. 2022. Multifaceted antiviral therapeutic potential of dietary flavonoids: emerging trends and future perspectives. Biotechnology and Applied Biochemistry, 69(5): 2028-2045.

She J X, Bui M M, Tian X H, et al. 1994. Additive susceptibility to insulin-dependent diabetes conferred by HLA-DQB1 and insulin genes. Autoimmunity, 18(3): 195-203.

Sun D S, Sun C, Qiu G C, et al. 2021. Allicin mitigates hepatic injury following cyclophosphamide administration via activation of Nrf2/ARE pathways and through inhibition of inflammatory and apoptotic machinery. Environmental Science and Pollution Research, 28(29): 39625-39636.

第3章 功能农业标准和认证体系

我国功能农业标准和认证体系是功能农业发展的"规矩"，也是功能农业领域亟待研究和发展的重点工作内容之一。标准和认证体系是保证功能农业学科逐步完善和功能农业产业健康有序发展的基础。本章概括性地描述了当前我国功能农业标准和认证体系的发展状态，并以行业标准《富硒农产品》（GH/T 1135—2017）为例，阐述了标准制定中需要思考的问题，最后提出了对功能农业标准和认证体系的发展构想。

3.1 我国关于标准的相关规定

标准既是学科发展的重要内容，也是一个行业规范发展、走向成熟的重要基础。2017年修订的《中华人民共和国标准化法》第二条规定："标准包括国家标准、行业标准、地方标准和团体标准、企业标准。国家标准分为强制性标准、推荐性标准，行业标准、地方标准是推荐性标准。"第十条规定："强制性国家标准由国务院批准发布或者授权批准发布。"第十一条规定："推荐性国家标准由国务院标准化行政主管部门制定。"第十二条规定："行业标准由国务院有关行政主管部门制定，报国务院标准化行政主管部门备案。"第十三条规定："地方标准由省、自治区、直辖市人民政府标准化行政主管部门制定。"第十八条规定："国家鼓励学会、协会、商会、联合会、产业技术联盟等社会团体协调相关市场主体共同制定满足市场和创新需要的团体标准，由本团体成员约定采用或者按照本团体的规定供社会自愿采用。国务院标准化行政主管部门会同国务院有关行政主管部门对团体标准的制定进行规范、引导和监督。"第十九条规定："企业可以根据需要自行制定企业标准，或者与其他企业联合制定企业标准。"

按照《中华人民共和国标准化法》第五条规定："国务院标准化行政主管部门统一管理全国标准化工作。国务院有关行政主管部门分工管理本部门、本行业的标准化工作。县级以上地方人民政府标准化行政主管部门统一管理本行政区域内的标准化工作。县级以上地方人民政府有关行政主管部门分工管理本行政区域内本部门、本行业的标准化工作。"第二十一条规定："推荐性国家标准、行业标准、地方标准、团体标准、企业标准的技术要求不得低于强制性国家标准的相关技术要求。国家鼓励社会团体、企业制定高于推荐性标准相关技术要求的团体标准、企业标准。"

　　标准的制定是指对需要制定标准的项目，编制制定计划、组织草拟、审批、编号、批准发布、出版等活动。制定标准是一项涉及面广，技术性、政策性很强的工作，必须以科学的态度，按照规定的程序进行。

　　目前，我国制定标准的程序为：①制定标准制修订项目计划；②组织标准制定工作组，调查研究、编制工作方案；③提出标准草案征求意见稿；④征求意见，提出标准草案送审稿；⑤对送审稿进行审查，提出标准草案报批稿；⑥主管部门审批、发布；⑦正式标准出版。

　　国家标准《国家标准制定程序的阶段划分及代码》（GB/T 16733—1997）明确了我国标准制定程序的阶段划分。该标准是以世界贸易组织（World Trade Organization，WTO）关于标准制定阶段划分的要求为基础，参考国际标准化组织（International Organization for Standardization，ISO）和国际电工委员会（International Electrotechnical Commission，IEC）的《ISO/IEC 导则 第 1 部分：技术工作程序》（1995 年版）提出的。具体程序包括九个阶段：①预阶段；②立项阶段；③起草阶段；④征求意见阶段；⑤审查阶段；⑥批准阶段；⑦出版阶段；⑧复审阶段；⑨废止阶段。

　　我国《采用快速程序制定国家标准的管理规定》第一条规定："为了缩短标准制定周期，以适应企业对市场经济快速反应的需要，规范采用快速程序制定国家标准的工作，特制定本规定。"因此，制定标准可以采用快速程序。快速程序是在正常制定程序的基础上省略起草阶段或省略起草阶段和征求意见阶段的简化程序。

3.2　功能农业标准体系

　　功能农业是由我国率先提出的现代新型农业技术。目前，我国市场上功能产品名目繁多，且同种功能产品功能成分含量范围不一致，"含"和"富"概念混淆。对于矿物质，产品中直接添加无机成分等不规范的商业行为，导致食品在安全方面的不确定性增加。同时，对于功能产品、特色土壤资源的认识和发展程度的不同，使各地功能产品的监督规范进程也存在很大的差别，如石台县虽然已经建立起较完整的硒产业标准体系（图 3-1），但其中很多标准仍以借用其他行业标准为主，因此仍存在很多问题需要解决，如标准所覆盖的产品不够全面、科技支撑力度不够、标准化程度不高、一时一地的实用性不高等（王立平等，2017）。为促进功能农业产业健康发展，企业首先要增强自律，与此同时必须加快国家标准、行业标准的统一和细化。功能产品标准体系的建立有助于规范生产、加工、销售过程，加强市场监管，维护市场秩序，促进我国功能农业产业的发展壮大。

　　在此背景下，功能农业领域专家已制定了多项标准，规范了功能农业产业发展，我国功能农业标准体系尤其是功能农业技术体系已形成一定的规模（图 3-2），但相关标准并不统一，标准体系仍不健全，这些都是我国功能农产品面临的和亟须解决的问题。

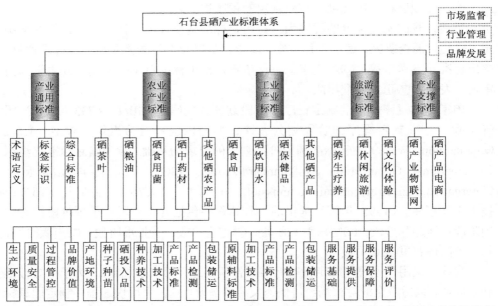

图 3-1　石台县硒产业标准体系结构图（石台县富硒办委托安徽省质量和标准化研究院提供）

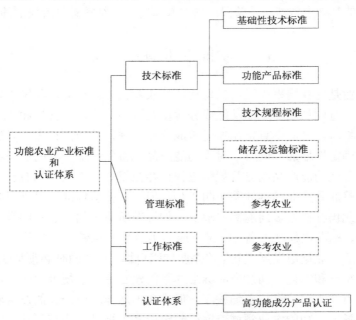

图 3-2　功能农业产业标准和认证体系

实线为已有标准，虚线为待补充完善的标准

3.2.1　功能成分国家标准

中国农业标准网中与功能农业相关的标准（表 3-1），包括了限制性氨基酸、矿物质、维生素、叶酸等，其中关于维生素的标准达到了 408 条，这些标准构建了我国部分功能成分的标准体系，用于指导、规范功能农业高质量发展。

表 3-1　我国常见功能成分相关标准统计（截至 2019 年）

功能成分	标准条数
限制性氨基酸——赖氨酸	20
限制性氨基酸——苏氨酸	4
限制性氨基酸——蛋氨酸	28
限制性氨基酸——色氨酸	6
限制性氨基酸——缬氨酸	6
矿物质——硒	56
矿物质——锌	192
矿物质——铁	42
维生素	408
胡萝卜素	20
类胡萝卜素	4
叶酸	35
姜黄素	4
大蒜素	1
大豆异黄酮	1
植物甾醇	1
抗性淀粉	1
膳食纤维	4

功能农业技术体系已形成包含功能农业基础性技术体系、产品体系和技术规程等一系列的标准，也涵盖了国家标准、行业标准、地方标准和团体标准各个层面。以富硒功能农业为例，国家标准中已经取消了将硒作为污染物质，现在将其作为人体必需营养物质，并在《食品安全国家标准　食品营养强化剂使用标准》（GB 14880—2012）、《食品安全国家标准　食品营养强化剂》（GB 1903—2015）和《食品安全国家标准　预包装食品营养标签通则》（GB 28050—2011）明确了硒的营养功能、营养声称及与之相称的含量范围（表 3-2）。

表 3-2　功能农业国家标准

序号	国家标准	备注
1	《食品安全国家标准 食品营养强化剂使用标准》（GB 14880—2012）	规定了硒、锌营养强化剂的要求和可强化食品类别、用量
2	《食品安全国家标准 食品营养强化剂》（GB 1903—2015）	规定了营养强化剂的范围和技术要求
3	《食品安全国家标准 预包装食品营养标签通则》（GB 28050—2011）	规定了富硒、锌营养声称的硒、锌含量要求、误差范围和功能声称标准用语
4	《富硒稻谷》（GB/T 22499—2008）	规定了富硒稻谷的硒含量要求

3.2.2　功能农业基础性技术体系

　　检验标准是指检验机构从事检验工作在实体和程序方面所遵循的尺度和准则，是评定检验对象是否符合规定要求的准则，检测标准是检验标准的一个重要构成。为了解功能农产品中功能成分及其含量，需依赖功能成分的检测方法及相关检测体系。通过功能农业及功能农产品检测体系，可提高功能农产品的安全水平。以硒元素为例，硒的相关检测方法标准较多（表 3-3），相关检测体系的搭建已经达到定量、可控的水平，对标准化功能农业生产实践及功能农产品加工过程起到重要指导作用，相关农业及食品检验检测机构依据相应标准对行业进行约束和监管，从而保障食品安全，也增强了消费者对相关功能农产品的信心。

表 3-3　硒相关检测方法标准统计

检测方法	灵敏度		引用标准
	检出限/（ng/mL）	定量限/线性范围/（ng/mL）	
原子荧光光谱法（atomic fluorescence spectrometry, AFS）	0.25		GB 11902—1989 水质硒的测定 2,3-二氨基萘荧光法
		0.32	GB/T 13883—2008 饲料中硒的测定
	0.01	0.03	GB 5009.93—2017 食品安全国家标准 食品中硒的测定
	0.15		NY/T 1104—2006 土壤中全硒的测定
			AOAC Official Method 996.16 Selenium in Feeds and Premixes

续表

检测方法	灵敏度		引用标准
	检出限 / (ng/mL)	定量限/线性范围 / (ng/mL)	
氢化物发生-原子荧光光谱法（hydride generation atomic fluorescence spectrometry, HG-AFS）		0.16	GB/T 13883—2008 饲料中硒的测定
	2	6	GB 5009.93—2017 食品安全国家标准 食品中硒的测定
	0.05		NY/T 1104—2006 土壤中全硒的测定
	0.2	1～100	NY/T 1945—2010 饲料中硒的测定 微波消解-原子荧光光谱法
			NY/T 1972—2010 水溶肥料钠、硒、硅含量的测定
	1		GBZ/T 300.53—2017 工作场所空气有毒物质测定 第 53 部分：硒及其化合物
	1	4	HJ 680—2013 土壤和沉积物 汞、砷、硒、铋、锑的测定 微波消解/原子荧光法
	0.4	1.6	HJ 694—2014 水质 汞、砷、硒、铋和锑的测定 原子荧光法
	0.3		SL 327.3—2005 水质 硒的测定 原子荧光光度法
	10		SN/T 4526—2016 出口水产品中有机硒和无机硒的测定 氢化物发生原子荧光光谱法
		0.02～100	ISO/TS 17379-1:2013 Water quality—Determination of selenium—Part 1: Method using hydride generation atomic fluorescence spectrometry (HG-AFS)
石墨炉原子吸收光谱法（graphite furnace atomic absorption spectrometry, GFAAS）			GB 5009.93—2017 食品安全国家标准 食品中硒的测定
	3	15～200	GB/T 15505—1995 水质 硒的测定 石墨炉原子吸收分光光度法
		2～100	ASTM D3859—08 Standard Test Methods for Selenium in Water
氢化物发生-原子吸收光谱法（hydride generation atomic absorption spectroscopy, HG-AAS）	0.7		WS/T 109—1999 血清中硒的氢化物发生-原子吸收光谱测定方法
	0.07		NY/T 1104—2006 土壤中全硒的测定
		0.5～20	ISO/TS 17379-2:2013 Water quality—Determination of selenium—Part 2: Method using hydride generation atomic absorption spectrometry (HG-AAS)
		1～20	ASTM D3859—08 Standard Test Methods for Selenium in Water
			AOAC Official Method 996.16 Selenium in Feeds and Premixes
电感耦合等离子体-质谱法（inductively coupled plasma mass spectrometry, ICP-MS）	0.01/0.003	0.03/0.01	GB 5009.268—2016 食品安全国家标准 食品中多元素的测定

　　然而随着检测技术的进步，某些安全性更高的功能农产品技术指标的检测方法并没有形成相应的检测标准，如有机硒或硒代氨基酸（硒代蛋氨酸、硒-甲基硒代半胱氨酸、硒代胱氨酸等），因此，有必要加快推动更完善的功能农业检测标准体系建设。

3.2.3　功能产品标准体系

1）功能食品标准体系

　　国际组织和许多国家都非常重视食品功能性标签，国际食品法典委员会（Codex Alimentarius Commission，CAC）先后制定了多个与营养标签相关的标准和技术文件；世界卫生组织/联合国粮食及农业组织（World Health Organization，WHO/Food and Agriculture Organization of the United Nations，FAO）发布了关于"膳食、营养与慢性病预防"的报告；许多国家出台了关于推行食品营养标签制度和指导健康膳食方面的举措。

　　我国居民营养缺乏和营养过剩并存，为解决此问题，卫生部组织制定了《食品安全国家标准　预包装食品营养标签通则》（GB 28050—2011），于 2013 年 1 月 1 日起正式实施，并废止了 2007 年公布的《食品营养标签管理规范》，于 2021 年再次征求修订意见。该标准再次增加或删除营养物质的功能声称，同时，也通过一系列强制化的条款促使食品中营养物质含量达到功能成分声称的"富""含""低"等的相关要求。该标准规定了能量和 32 种营养成分的参考数值以及能量和营养成分含量声称的条件（表 3-4）。

表 3-4　能量和营养成分含量声称的要求和条件

项目	含量声称方式	含量要求 [a]	限制性条件
能量	无能量	≤17 kJ/100 g（固体）或 100 mL（液体）	其中脂肪提供的能量≤总能量的 50%
	低能量	≤170 kJ/100 g 固体 ≤80 kJ/100 mL 液体	
蛋白质	低蛋白质	来自蛋白质的能量≤总能量的 5 %	总能量指每 100 g/mL 或每份
	蛋白质来源，或含有蛋白质	每 100 g 的含量≥10 % NRV 每 100 mL 的含量≥5 % NRV 或者 每 420 kJ 的含量≥5 % NRV	
	高，或富含蛋白质	每 100 g 的含量≥20 % NRV 每 100 mL 的含量≥10 % NRV 或者 每 420 kJ 的含量≥10 % NRV	
脂肪	无或不含脂肪	≤0.5 g/100 g（固体）或 100 mL（液体）	
	低脂肪	≤3 g/100 g（固体）；≤1.5 g/100 mL（液体）	
	瘦	脂肪含量≤10 %	仅指畜肉类和禽肉类

续表

项目	含量声称方式	含量要求 a	限制性条件
脂肪	脱脂	液态奶和酸奶：脂肪含量≤0.5 %；乳粉：脂肪含量≤1.5 %	仅指乳品类
	无或不含饱和脂肪	≤0.1 g/100g（固体）或 100 mL（液体）	指饱和脂肪及反式脂肪的总和
	低饱和脂肪	≤1.5 g/100g 固体 ≤0.75 g/100mL 液体	1. 指饱和脂肪及反式脂肪的总和 2. 其提供的能量占食品总能量的 10 %以下
	无或不含反式脂肪酸	≤0.3 g/100g（固体）或 100 mL（液体）	
胆固醇	无或不含胆固醇	≤5 mg/100 g（固体）或 100 mL（液体）	应同时符合低饱和脂肪的声称含量要求和限制性条件
	低胆固醇	≤20 mg/100 g 固体 ≤10 mg/100 mL 液体	
碳水化合物（糖）	无或不含糖	≤0.5 g/100 g（固体）或 100 mL（液体）	
	低糖	≤5g/100g（固体）或 100 mL（液体）	
	低乳糖	乳糖含量≤2 g/100 g（mL）	仅指乳品类
	无乳糖	乳糖含量≤0.5 g/100 g（mL）	
膳食纤维	膳食纤维来源或含有膳食纤维	≥3 g/100 g（固体）≥1.5 g/100 mL（液体）或 ≥1.5 g/420kJ	膳食纤维总量符合其含量要求；或者可溶性膳食纤维、不溶性膳食纤维或单体成分任一项符合含量要求
	高或富含膳食纤维或良好来源	≥6 g/100g（固体）≥3 g/100 mL（液体）或 ≥3 g/420 kJ	
钠	无或不含钠	≤5 mg/100g 或 100 mL	符合"钠"声称的声称时，也可用"盐"字代替"钠"字，如"低盐""减少盐"等
	极低钠	≤40 mg/100g 或 100 mL	
	低钠	≤120 mg/100g 或 100 mL	
维生素	维生素×来源或含有维生素×	每 100 g 中≥15 %NRV 每 100 mL 中≥7.5 % NRV 或 每 420 kJ 中≥5% NRV	含有"多种维生素"指 3 种和（或）3 种以上维生素含量符合"含有"的声称要求
	高或富含维生素×	每 100 g 中≥30% NRV 每 100 mL 中≥15% NRV 或 每 420 kJ 中≥10% NRV	富含"多种维生素"指 3 种和（或）3 种以上维生素含量符合"富含"的声称要求
矿物质（不包括钠）	×来源，或含有×	每 100 g 中≥15% NRV 每 100 mL 中≥7.5% NRV 或 每 420 kJ 中≥5% NRV	含有"多种矿物质"指 3 种和（或）3 种以上矿物质含量符合"含有"的声称要求
	高，或富含×	每 100 g 中≥30% NRV 每 100 mL 中≥15% NRV 或 每 420 kJ 中≥10% NRV	富含"多种矿物质"指 3 种和（或）3 种以上矿物质含量符合"富含"的声称要求

注：a 用"份"作为食品计量单位时，也应符合 100 g（mL）的含量要求才可以进行声称。NRV 表示营养素参考值（nutrient reference values）。

同时，卫生健康委员会修订了《食品安全国家标准　食品添加剂使用标准》（GB 2760—2014）和《食品安全国家标准　食品营养强化剂使用标准》（GB 14880—2012）。前者规定了食品添加剂的使用原则、允许使用的食品添加剂品种、使用范围及最大使用量或残留量。后者增加了营养强化的主要目的、使用营养强化剂的要求、可强化食品类别的选择要求、部分营养成分的使用范围和使用量等内容，主要着力于改善人群微量营养素缺乏，并列入《"健康中国 2030"规划纲要》中。

2）功能农产品标准体系

功能农产品的功能物质含量标准，基于消费者吃多少可以满足其适宜补充量的需求，从消费者本身着手研究，是和消费者关系更为紧密的一项标准。标准的制定需要在国家相关部门的指导下，由功能农业科研机构、功能农业企业、功能食品企业共同研究制定。对于功能农产品功能物质含量标准，所含功能物质含量是否达标是消费者需要知晓的，但是对于具体的物质含量的标准，则是功能农产品生产企业或专业技术人士需要重点关注和明确的技术要素。以富硒功能农产品及其对硒含量要求的标准体系为例，按照产品类型分为粮食类、蔬菜类、水果、畜禽水产、鲜奶及奶制品、饮品等，具体又按类型和品类细化为数百类，每一细化品类的富硒农产品的依托标准也存在众多差异，对有机硒是否有要求也存在众多区别（表 3-5）。

表 3-5　各类富硒功能农产品中硒含量限值及依托标准

大类	类型	品类	硒含量 /（mg/kg）	依托标准	有机硒
粮食	谷物类	大米	0.06～0.30	DB46/T 239—2017 地理标志产品定安大米	—
		大米、玉米、小麦	0.2～0.5	DBS42/002—2022 食品安全地方标准富有机硒食品硒含量要求 湖北	大于 80%
		谷、黍类制品	≥0.1	DB42/211—2002 湖北省关于富硒食品地方标准	—
		丹寨硒锌米	0.07～0.20	DB52/T 553—2014 地理标志产品 丹寨硒锌米 贵州	—
		富硒稻谷	0.04～0.30	GB/T 22499—2008 富硒稻谷	—
		谷物类	0.1～0.5	GH/T 1135—2017 富硒农产品	大于 65%
		稻谷及制品	0.07～0.30	DB36/T 566—2017 富硒食品硒含量分类标准 江西	—
	豆类及制品	豆类及其制品	0.2～2.0	DBS42/002—2022 食品安全地方标准富有机硒食品硒含量要求 湖北	大于 80%
		豆类	0.02～0.30	DB6124.01—2010 富硒食品硒含量分类标准 安康	—

续表

大类	类型	品类	硒含量/（mg/kg）	依托标准	有机硒
粮食	豆类及制品	豆制品	0.005～0.300	DB6124.01—2010 富硒食品硒含量分类标准 安康	—
		豆类制品	≥0.1	DB42/211—2002 湖北省关于富硒食品地方标准	—
		豆类	0.1～1.0	GH/T 1135—2017 富硒农产品	大于65%
		豆类及其制品	0.07～0.30	DB36/T 566—2009 富硒食品硒含量分类标准 江西	—
	薯类	薯类及其制品	0.2～1	DBS42/002—2022 食品安全地方标准富有机硒食品硒含量要求 湖北	大于80%
		薯类（干重）	0.1～1	GH/T 1135—2017 富硒农产品	大于65%
	成品粮及制品	成品粮	0.02～0.30	DB6124.01—2010 富硒食品硒含量分类标准 安康	—
		粮食加工制品	0.005～0.300	DB6124.01—2010 富硒食品硒含量分类标准 安康	—
	淀粉及制品	淀粉	0.05～1.00	DB6124.01—2010 富硒食品硒含量分类标准 安康	—
		淀粉制品	0.005～1.000	DB6124.01—2010 富硒食品硒含量分类标准 安康	—
	其他	其他粮食类	0.2～1.0	DBS42/002—2022 食品安全地方标准富有机硒食品硒含量要求 湖北	大于80%
		粮食加工品	0.2～0.5	DBS42/002—2022 食品安全地方标准富有机硒食品硒含量要求 湖北	大于80%
蔬菜	蔬菜	鲜蔬菜（干基）	0.2～0.5	DBS42/002—2022 食品安全地方标准富有机硒食品硒含量要求 湖北	大于80%
		鲜蔬菜	0.01～0.10	DB6124.01—2010 富硒食品硒含量分类标准 安康	—
		蔬菜类（干重）	0.1～1.0	GH/T 1135—2017 富硒农产品	大于65%
		果蔬类（不含果蔬汁）	≥0.01	DB42/211—2002 湖北省关于富硒食品地方标准	—
		蔬菜及其制品	0.01～0.10	DB36/T 566—2017 富硒食品硒含量分类标准 江西	—
		笋类及制品	0.04～1.00	DB36/T 566—2017 富硒食品硒含量分类标准 江西	—
	食用菌	食用菌（干基）	0.2～1.0	DBS42/002—2022 食品安全地方标准富有机硒食品硒含量要求 湖北	大于80%
		干基	0.10～10.00	DB6124.01—2010 富硒食品硒含量分类标准 安康	—

大类	类型	品类	硒含量/（mg/kg）	依托标准	有机硒
蔬菜	食用菌	食用菌类干重	0.1～5.0	GH/T 1135—2017 富硒农产品	大于 65%
		湿基	0.05～5.00	DB6124.01—2010 富硒食品硒含量分类标准 安康	—
	其他蔬菜	大蒜、西蓝花、甘蓝	0.2～2.0	DBS42/002—2022 食品安全地方标准富有机硒食品硒含量要求 湖北	大于 80%
		富硒大蒜	0.03～0.30	NY/T 3115—2017 富硒大蒜	—
		富硒马铃薯	0.015～0.150	NY/T 3116—2017 富硒马铃薯	—
		其他蔬菜	0.2～0.5	DBS42/002—2022 食品安全地方标准富有机硒食品硒含量要求 湖北	大于 80%
	制品	蔬菜制品	0.02～2.00	DB6124.01—2010 富硒食品硒含量分类标准 安康	—
		干菜类（香菌、土耳、薇菜、黄花等）	0.15～1.00	DB42/211—2002 湖北省关于富硒食品地方标准	—
		咸菜类（生姜、大头菜、辣椒、萝卜等腌制品）	0.05～1.00	DB42/211—2002 湖北省关于富硒食品地方标准	—
水果	水果	鲜果（干基）	0.2～0.5	DBS42/002—2014 富有机硒食品硒含量要求 湖北	大于 80%
		水果	0.01～0.05	DB6124.01—2010 富硒食品硒含量分类标准 安康 DB36/T 566—2017 富硒食品硒含量分类标准 江西	—
		干果	0.2～1.0	DBS42/002—2022 食品安全地方标准富有机硒食品硒含量要求 湖北	大于 80%
	水果制品	果制品	0.2～0.50	DBS42/002—2022 食品安全地方标准富有机硒食品硒含量要求 湖北	大于 80%
		水果制品	0.005～0.050	DB6124.01—2010 富硒食品硒含量分类标准 安康	—
畜禽水产	肉类及制品	冷鲜肉	0.2～1.0	DBS42/002—2022 食品安全地方标准富有机硒食品硒含量要求 湖北	大于 80%
		鲜肉	0.02～0.50	DB6124.01—2010 富硒食品硒含量分类标准 安康	—
		鲜肉	0.2～0.5	DB36/T 566—2017 富硒食品硒含量分类标准 江西	—
		肉类	0.15～0.50	GH/T 1135—2017 富硒农产品	大于 70%
		肉制品	0.05～2.00	DB6124.01—2010 富硒食品硒含量分类标准 安康	—

续表

大类	类型	品类	硒含量 /（mg/kg）	依托标准	有机硒
畜禽水产	肉类及制品	肉类制品	0.2～1.0	DBS42/002—2022 食品安全地方标准富有机硒食品硒含量要求　湖北	大于80%
		肉类（畜禽、水产）	≥0.2	DB42/211—2002 湖北省关于富硒食品地方标准	—
		内脏	0.2～2.0	DBS42/002—2022 食品安全地方标准富有机硒食品硒含量要求　湖北	大于80%
	蛋类	蛋类及蛋制品	0.2～0.5	DBS42/002—2022 食品安全地方标准富有机硒食品硒含量要求　湖北	大于80%
		蛋类及制品	0.02～0.50	DB6124.01—2010 富硒食品硒含量分类标准　安康	—
		蛋类	≥0.2	DB42/211—2002 湖北省关于富硒食品地方标准	—
		蛋类及制品	0.2～0.5	DB36/T 566—2017 富硒食品硒含量分类标准　江西	—
		蛋类	0.15～0.50	GH/T 1135—2017 富硒农产品	大于70%
	水产	鲜水产（干基）	0.2～0.5	DBS42/002—2022 食品安全地方标准富有机硒食品硒含量要求　湖北	大于80%
		水产制品	0.2～1.0	DBS42/002—2022 食品安全地方标准富有机硒食品硒含量要求　湖北	大于80%
		水产及制品	0.02～1.00	DB6124.01—2010 富硒食品硒含量分类标准　安康	—
		水产及制品	0.05～1.00	DB36/T 566—2017 富硒食品硒含量分类标准　江西	—
鲜奶及奶制品	液态	液态	0.1～0.3	DBS42/002—2022 食品安全地方标准富有机硒食品硒含量要求　湖北	大于80%
		液态奶类	≥0.025	DB42/211—2002 湖北省关于富硒食品地方标准	—
	固态	固态	0.2～0.5	DBS42/002—2022 食品安全地方标准富有机硒食品硒含量要求　湖北	大于80%
		固态奶类	≥0.08	DB42/211—2002 湖北省关于富硒食品地方标准	—
饮品	茶叶	茶叶、代用茶、茶制品	0.2～5.0	DBS42/002—2022 食品安全地方标准富有机硒食品硒含量要求　湖北	大于80%
		茶叶、代用茶及含茶制品	0.05～5.00	DB6124.01—2010 富硒食品硒含量分类标准　安康	—
		茶叶	0.25～4.00	GH/T 1135—2017 富硒农产品	大于60%

大类	类型	品类	硒含量 /（mg/kg）	依托标准	有机硒
饮品	茶叶	茶叶	0.3～5.0	DB42/211—2002 湖北省关于富硒食品地方标准	—
		凤冈锌硒茶	0.03～4.00	DB52/T 489—2015 凤冈锌硒茶	—
		富硒茶	0.2～4.0	GH/T 1090—2014 富硒茶	—
		富硒茶	0.25～4.00	NY/T 600—2002 富硒茶	—
		石台富硒茶	0.25～4.00	DB34/T 1752—2012 地理标志产品 石台富硒茶	—
		绞股蓝	0.3～0.5	DB42/211—2002 湖北省关于富硒食品地方标准	—
	饮料	饮料类	0.01～0.05	DB6124.01—2010 富硒食品硒含量分类标准 安康	—
		饮料类	0.01～0.05	DB42/211—2002 湖北省关于富硒食品地方标准	—
	酒类	酒类	0.1～1.0	DBS42/002—2022 食品安全地方标准富有机硒食品硒含量要求 湖北	大于80%
		酒类	0.01～0.05	DB6124.01—2010 富硒食品硒含量分类标准 安康	—
		酒类	0.01～0.05	DB42/211—2002 湖北省关于富硒食品地方标准	—
其他	蜂产品	蜂蜜及其制品	0.2～2.0	DBS42/002—2022 食品安全地方标准富有机硒食品硒含量要求 湖北	大于80%
		蜂产品	0.01～0.50	DB6124.01—2010 富硒食品硒含量分类标准 安康	—
	食用油类	食用植物油	0.1～0.5	DBS42/002—2022 食品安全地方标准富有机硒食品硒含量要求 湖北	大于80%
		食用动、植物油	0.005～0.500	DB6124.01—2010 富硒食品硒含量分类标准 安康	—
		食用植物油	0.05～1.00	DB36/T 566—2017 富硒食品硒含量分类标准 江西	—
	糕点类	糕点	0.01～0.50	DB6124.01—2010 富硒食品硒含量分类标准 安康	—
	食品调料	固态	0.2～3.0	DBS42/002—2022 食品安全地方标准富有机硒食品硒含量要求 湖北	大于80%
		液态	0.1～2.0	DBS42/002—2022 食品安全地方标准富有机硒食品硒含量要求 湖北	大于80%
		调味品类	0.01～1.00	DB6124.01—2010 富硒食品硒含量分类标准 安康	—

续表

大类	类型	品类	硒含量 /（mg/kg）	依托标准	有机硒
其他	食品调料	酱油、食醋	0.005～0.500	DB6124.01—2010 富硒食品硒含量分类标准 安康	—
	魔芋制品	粉类	0.50～10.00	DB6124.01—2010 富硒食品硒含量分类标准 安康	—
		食品类	0.02～0.50	DB6124.01—2010 富硒食品硒含量分类标准 安康	—
	坚果类	炒货食品、坚果及制品	0.01～1.00	DB6124.01—2010 富硒食品硒含量分类标准 安康	—
		干果类（核桃、板栗等）	0.1～0.5	DB42/211—2002 湖北省关于富硒食品地方标准	—
		花生及制品	0.07～0.30	DB36/T 566—2017 富硒食品硒含量分类标准 江西	—

　　众多的硒产品标准对于富硒农业及农产品生产企业来说无疑是一种负担，基于某一地方标准合规的部分富硒农产品在流通至另一地区时，可能会因为标准的不一致导致产品不合格，影响企业发展速度及从业者的信心。对于消费者而言，也很容易买到不合规的富硒功能农产品。因此，需要能在全国层面上可以实行的标准来规范各类功能农产品及功能成分含量,如 2017 年中华全国供销合作总社发布的供销合作行业标准《富硒农产品》（GH/T 1135—2017）（图 3-3）。

图 3-3　《富硒农产品》

《富硒农产品》（GH/T 1135—2017）对谷物类、豆类、薯类、蔬菜类、食用菌类、肉类、蛋类、茶叶八个品系的农产品中的硒含量予以规范，而且对其中的硒代氨基酸的含量占比也进行了科学的规范（表3-6），一方面设定总硒含量标准以确保富硒农产品的食用安全，另一方面设定硒代氨基酸的含量标准以确保富硒农产品中硒的作物转化来源，防止造假，这是近十年来被广泛认可的国内对富硒农产品的硒含量和形态最科学、最完整的行业标准（王张民等，2018）。

表3-6　富硒农产品的硒含量和硒代氨基酸含量（占比）指标

农产品	总硒含量/（mg/kg）	硒代氨基酸含量[a]占总硒含量的百分比/%
谷物类	0.10 ～ 0.50	>65
豆类	0.10 ～ 1.00	>65
薯类（以干重计）	0.10 ～ 1.00	>65
蔬菜类（以干重计）	0.10 ～ 1.00	>65
食用菌类（以干重计）	0.10 ～ 5.00	>65
肉类	0.15 ～ 0.50	>80
蛋类	0.15 ～ 0.50	>80
茶叶	0.25 ～ 4.00	>60

注：a 硒代氨基酸含量是指硒代蛋氨酸、硒代胱氨酸和硒-甲基硒代半胱氨酸含量之和。

3）功能农产品标准制定原则

功能农产品标准的编制一般需以农产品功能成分含量背景值的调查结果、相关文献资料和经生物营养强化或其他技术手段调控后的试验数据为基本依据。标准编制遵循"科学、适度、可行"原则，既考虑标准的前瞻性，又顾及农户、厂商、消费者的实际利益，同时实现优质、安全、高效的目标，充分听取各方意见，确保标准可以作为政府部门监督、指导生产的依据，在实际应用中切实可行，保障产品质量安全，获取高质量的功能农产品。

如《富硒农产品》（GH/T 1135—2017），在国家卫生部门建立硒元素的安全摄入量范围的基础上，基于实际调查的样品硒含量的结果，综合考虑市场可实现性，最后制定了富硒功能农产品中硒含量及硒代氨基酸占比的要求。

按照中国营养学会推荐的每日膳食摄入量，谷物类 250 ～ 400 g、蔬菜类 300 ～ 500 g、畜禽肉类 40～75 g、水产品类 40～75 g、蛋类 40～50 g。按《富硒农产品》（GH/T 1135—2017）标准设定的下限值计算硒的摄入量为：谷物类 250 g（25 μg）+蔬菜类 300 g（4.5 μg，含水率按85%计算）+畜禽肉类 40 g（6 μg）+水产品类 40 g（6 μg）+蛋类 40 g（6 μg）= 47.5 μg。在正常膳食量的情况下，食用达到《富硒农产品》（GH/T 1135—2017）设定的硒含量下限值的农产品，日硒摄入量将接近世界卫生组织推荐健康成年人每天硒的摄入量的下限值（50 μg），但考虑到并不会都食用标准下限硒含量的农产品，因此硒的日摄入量可满足中国营养学会推荐的日硒摄入量下限值的要求（60 μg）。硒的摄入量上限设置：谷物类 400 g（200 μg）+蔬菜类 500 g（75 μg，含水率按 85%计算）+畜禽肉类 75 g（37.5 μg）+水产品类 75 g（37.5 μg）+蛋类 50 g（25 μg）=375 μg。硒含量上限设置主要考虑食物的安全性，按最大膳食量，硒的摄入量也会在最高安全摄入量（400 μg/d）之内，离最高界限的中毒剂量（800 μg/d）也保留了很大的安全空间（王张民等，2018）。

硒的最高安全剂量为 400 μg/d，但是在现实生活中通过正常饮食很难摄入这样高水平的硒。按江苏省硒生物工程技术研究中心目前的实践经验，富硒农产品的硒含量总体不会很高，在检测的 337 个农产品样品中，约 80%的农产品硒含量都在 0.50 mg/kg 以下，只有西蓝花、茶叶、食用菌、玉米、小麦等少数农产品的硒含量会超过 0.50 mg/kg（陈清清等，2020；王立平等，2017）。所以在现实生活中，除了过量食用富硒药品或保健品外，食用富硒农产品一般不会中毒。按一般膳食量摄入符合《富硒农产品》（GH/T 1135—2017）最高硒含量要求的富硒农产品时，所摄入的硒剂量将控制在"膳食硒安全摄入量"（400 μg/d）以内。长期食用经检验符合《富硒农产品》（GH/T 1135—2017）标准的富硒农产品，可建立合理的硒储备，能够有效改善人体硒营养水平和提高人体免疫力（王张民等，2018）。

3.3　功能产品技术规程标准

功能农业生产技术规程标准是关于功能农产品生产过程中的产地环境、栽培管理、科学施肥、档案管理等技术内容的标准文件，功能产品生产技术规程标准是规范功能产品、过程和服务应满足技术要求的标准文件，它可以是功能农产品生产过程中的一项技术形成的标准，也可以是一系列标准的集合。以富硒农产品生产技术规程为例，已有一系列地区制定了功能产品技术规程标准，这些功能产品包括富硒玉米、富硒小麦、富硒水稻、富硒茶叶、富硒西瓜等近 20 项，但是尚缺乏国家标准和行业标准来规范整个功能农业高质量的发展。

3.4　功能农业的产品认证标准体系

3.4.1　基本概念

认证，是一种信用保证形式。按照国际标准化组织和国际电工委员会的定义，认证是指由国家认可的认证机构证明一个组织的产品、服务、管理体系符合相关标准、技术规范（technical specification，TS）或其强制性要求的合格评定活动。

认证按强制程度分为自愿性认证和强制性认证两种，按认证对象分为体系认证和产品认证。体系认证一般的企业都可以申请，也就是一个让客户对自己的企业或公司放心的认证，比如说 ISO9001 质量管理体系认证；产品认证相对来说比较广泛，各种不同规格的产品认证的价格不一，当然它们的用途也不一样。

3.4.2　发展历程

全球最早的认证是 19 世纪末美国保险商实验室（Underwriters Laboratories Inc.，UL）等认证机构的产品安全认证。现代的第三方认证发源于 1903 年的英国标准协会（British Standards Institution，BSI）。1978 年，我国正式加入国际标准化组织，开始了解到认证是对产品质量进行评价、监督、管理的有效手段。1981年，我国加入国际电子元器件认证组织并成立了中国第一个产品认证机构——中国电子元器件认证委员会，这是我国开始正式借鉴国外认证制度的标志。

3.4.3　我国农产品认证体系

我国农产品认证体系包括农产品质量认证和农产品体系认证。

1）农产品质量认证

我国农产品质量认证为自愿性认证——"三品一标"。"三品一标"为自愿性认证，是我国现阶段安全优质农产品发展的基本类型，也是今后农产品生产和消费发展的基本方向。"三品一标"是由政府主导的安全优质农产品的公共品牌，我国已基本形成"以无公害产品为基础，以绿色食品为主导，以有机食品为补充""三位一体，整体推进"的发展格局。

2）农产品体系认证

近年来，国际上对农产品质量安全的要求从最终产品合格向种植养殖环节规范、安全、可靠等方面转变。我国也随之推行了几种生产管理和控制体系及相应的体系认证，在生产环节主要推行良好农业规范（good agricultural practices，GAP）管理体系，在加工环节推行良好生产规范（good manufacturing practice，GMP）的食品安全和质量保证体系。在体系认证过程中严格执行危害分析与关键控制点（hazard analysis and critical control point，HACCP）认证、中国良好农业规范（GAP）认证、良好生产规范（GMP）认证和 ISO9000 体系认证。

我国功能产品的认证处于萌芽阶段，根据《中华人民共和国认证认可条例》，功能产品认证现属于认证新领域，国家认证认可管理部门尚未制定统一的认证规则及认证标志，仅在一些功能农业较为发达的地区逐步建立了针对某一功能成分的认证体系，如富硒产品认证体系。广西、山东、陕西安康、湖北恩施和青海平安均开展了富硒产品认证工作，由各地富硒产品行业协会和政府部门牵头，以富硒产品的地方标准或技术规范为认证依据，认证合格的经营主体获得富硒认证证书并允许使用富硒认证标志（表 3-7）。截至 2018 年 7 月，有几家认证机构对富硒产品认证实施规则进行了备案，分别是中国质量认证中心、全球绿色联盟（北京）食品安全认证中心、重庆金质质量认证有限公司、新疆中信中联认证有限公司、上海英格尔认证有限公司、方圆标志认证集团有限公司、中标合信（北京）认证有限公司。

表 3-7　各地富硒产品认证体系（赵方慧等，2019）

地区/类别	认证范围及定义	认证依据	证书和标志	机构
广西	富硒农产品指非经外源添加，硒元素含量达到 DB45/T 1061—2014《富硒农产品硒含量分类要求》以及有关国家、行业标准规定的农产品及其初级加工品	DB45/T 1061—2014《富硒农产品硒含量分类要求》	《广西富硒农产品认定证书及专用标志管理细则》（试行）	广西富硒农产品协会
陕西安康	富硒食品，系天然富硒食品，人工补硒食品不在本办法调整范围，富硒产品，系指富硒饲料、富硒专用肥、富硒食用菌培养基、富硒烟叶等各类富硒产品	DB61/T 556—2018《富硒含硒食品与相关产品硒含量标准》；DB6124.01—2010《富硒食品硒含量分类标准》	《安康市富硒食品产品认证及专用标志管理办法》	安康市富硒食品产品专用标志监督管理委员会办公室
湖北恩施	硒产品指经检测证明含有微量元素硒的产品，包括直接种植（养殖）的农、林、牧、渔等农副产品以及以此为原料经过生产、加工的食品、保健品、化妆品、饲料、肥料等产品	GB 28050—2011《食品安全国家标准 预包装食品营养标签通则》；DBS42/002—2022《食品安全地方标准富有机硒食品硒含量要求》	《恩施土家族苗族自治州硒产品专用标志管理办法》	中国恩施硒产品专用标志管理办公室
青海平安	富硒农畜产品，系自然含硒的富硒农畜产品，人工补硒农畜产品不在本办法管理范围	DB63/T 1147—2012《东部农业区农畜产品硒含量分类标准》	《平安县富硒农畜产品专用标志管理办法》	平安县高原富硒现代农业示范园区管委会办公室

目前，功能产品认证体系中存在的问题较多：功能产品认证体系结构不完整、功能产品认证标准体系不健全、功能产品认证人员不足以及功能产品认证监管不足等。功能产品的认证体系有待在推广的过程中逐步完善。

3.5　功能农业的标准体系构想

如图 3-2 所示，功能农业已制定功能农业基础性技术标准、功能产品标准和技术规程标准等一系列的技术标准，已形成了具有一定规模的技术标准体系，但技术标准体系中尚缺乏功能农业储存及运输标准。此外，功能农业尚未开始研究、制定功能农业工作标准和功能农业管理标准，功能农业认证也才刚刚开始，尚未形成体系，这些都是功能农业高质量发展必须要完善的工作，在很长一段时期内也是功能农业研究工作的重要内容。

参 考 文 献

陈清清, 张泽洲, 袁林喜, 等. 2020. 富硒西兰花中硒的赋存形态及其抗氧化性. 宜春学院学报, 42(12): 90-95.

王立平, 刘永贤, 李秀杰, 等. 2017. 我国富硒农产品标准的现状、问题与对策. 农产品质量与安全, (5): 24-27.

王张民, 袁林喜, 朱元元, 等. 2018. 我国富硒农产品与土壤标准研究. 土壤, 50(6): 1080-1086.

赵方慧, 李大鹏, 汪聪, 等. 2019. 我国富硒产品认证发展现状与对策建议. 安徽农业科学, 47(3): 262-264, 267.

第4章 智慧农业技术在功能农业的应用及实现

将智慧农业技术应用到功能农业中，既能整合农业资源，节约并高效使用资源，增加农业附加值，促进功能农业的发展，又可对智慧农业的产业发展起到很好的促进作用。本章通过智能测土配方施肥技术的推广应用，从智慧农业大数据平台宏观调控与决策、种植与生产监管、智慧精耕细作、智慧灾变处理与预警等方面分析化肥的智能制造在智慧功能农业领域的应用和实践特点。

4.1 智慧农业、功能农业与化肥的服务型智能制造分析

4.1.1 智慧农业

如今信息技术不断发展，科技化、自动化、智能化逐渐渗透到农业生产的各个环节，物联网、大数据、云计算、远程监控、全程可追溯等科技化服务内容成为农业服务企业提供农业服务的必需手段，农业服务企业必须在信息技术方面加大投入和研发力度，通过科技化的方式来提供更加便捷、精准和专业的服务。

智慧农业是以信息和知识为核心要素，通过互联网、物联网、大数据、云计算、人工智能等现代信息技术与农业深度融合，实现农业信息感知、定量决策、智能控制、精准投入、个性化服务的全新农业生产方式，是农业信息化发展从数字化到网络化再到智能化的高级阶段。现代农业有三大科技要素：品种是核心，设施装备是支撑，信息技术是质量水平提升的手段。智慧农业完美融合了以上三大科技要素，对农业发展具有里程碑意义（赵春江，2019）。

4.1.2 功能农业

功能农业最早是由赵其国院士于 2008 年在《中国至 2050 年农业科技发展路线图》中首次提出的，是指通过生物营养强化技术，使农产品中硒、锌等有益人体健康的矿物质或其他功能物质定量提高的农业生产过程。在我国《轻工业发展规划（2016－2020 年）》有关主要行业发展方向中关于快速消费品领域食品加工内容曾提出："重点在粮食加工、油脂加工、肉类加工、水产品加工、乳制品加工、饮料制造、制糖、发酵、酒类生产、罐头食品制造、营养与保健食品制造、食品加工与技术装备制造等领域大力推进产业结构调整。"

2016 年，《中共中央 国务院关于深入推进农业供给侧结构性改革 加快培育

农业农村发展新动能的若干意见》文件首次出现关于功能农业的表述，其中第三部分"壮大新产业新业态，拓展农业产业链价值链"第 15 条明确提出："加强现代生物和营养强化技术研究，挖掘开发具有保健功能的食品。"赵其国院士也提出，作为高产农业、绿色农业之后的又一次农业革命，功能农业是第三个农业阶段，是面向未来的（赵其国和尹雪斌，2017）。以上都肯定了功能农业在农业供给侧结构性改革中的作用。

4.1.3 化肥服务型智能制造

1. 化肥智能制造的现状及发展

智能制造是一种由智能机器人和人类专家共同组成的人机一体化智能系统，在制造过程中能进行智能活动，如分析、推理、判断、构思和决策等，是智能化人机交互系统的分布式集成制造（孟俊焕等，2005）。智能制造领域的新机遇包括：①远程实时监控，无延迟；②通过随机过程规划和调度实现无缺陷加工；③对资产进行成本效益高、安全性好的预测维护；④对复杂供应链的整体规划和控制（Wang，2019）。世界各国都在积极采取行动，美国提出"先进制造业伙伴计划"，德国提出"工业 4.0 战略计划"，英国提出"英国工业 2050 战略"，法国提出"新工业法国计划"，日本提出"超智能社会 5.0 战略"，韩国提出"制造业创新 3.0 计划"，这些国家都将发展智能制造作为本国构建制造业竞争优势的关键举措（Zhou et al.，2018）。2015 年国务院正式发布《中国制造 2025》，中国制造的主攻方向定位为"智能制造"。国内先进制造企业陆续开始对智能制造进行深入探索。智能制造分为两种模式：第一种是传统智能制造模式，主要表现在智能调度、智能设计、智能加工、智能操作、智能控制、智能工艺规划、智能测量和诊断等方面；第二种是新一代智能制造模式，主要特点为物联网技术、移动宽带、云计算技术、信息物理系统及大数据的应用（周佳军等，2017）。

因此，在"工业 4.0"时代，智能制造的未来研究重心将在以下领域：智能制造的通用框架、数据驱动的智能制造模型、智能制造系统、人机协作以及智能制造的应用（Zhong et al.，2017）。

目前我国智能制造的研究热点包括：智能制造发展研究、智能制造技术研究、智能制造在企业中的有关研究。未来我国智能制造研究的趋势包括：智能制造技术研究、标准化研究、理论体系研究（陈海涛等，2018）。

在应用层面，美国通用电气公司的工业互联网、海尔的互联工厂、全球制造业在线市场（MFG.com）、红领集团的大数据时代个性化定制模式等，都是单纯从工业品方面进行实践和应用。而化肥产品是跨农业和工业的产品，对用户来说兼具消费品和投资品的双重属性，因此化肥产品的智能制造更加复杂。

我国的现代化肥工业从 2000 年左右开始，一直以来都是集成规模化生产，在施用端由用户按照各自的种植水平和经验进行应用。我国从 2005 年开始推广测土配方施肥技术，从施用端提高科学使用化肥的水平。由于植物营养学的专业性和化肥产品的多样性，使用者背景知识的差异，以及物流和信息不对称，导致区域化化肥产品组合的缺乏，在用户施用端仍未完全实现测土配方施肥技术的落地。2012 年开始我国放开了小型化肥智能制造设备的生产许可和肥料登记制度，为制造端实现化肥的大规模个性化定制提供政策基础；同时从 2005 年开始每年的大规模土壤检测也为制造端实现化肥的大规模个性化定制提供了基础性研究数据。大规模个性化定制是在产品生产之前通过大数据分析感知用户的情景信息，快速洞察用户需求及兴趣点，针对客户的个性化需求进行参数配置、优化和建模，从而精准地向用户提供制造服务的主动推荐、检查和建议（Zhang et al.，2015）。

另外，由于化肥产品属于大宗物资，物流成本占用户总成本的份额较高，因此集中制造模式将面临原材料二次物流成本的提升，利用 3D 打印制造技术将有效解决这个问题。3D 打印制造技术具有产品设计民主、无限满足个性化需求、单件或小批量制造、精确地点打印等特征，推动"大规模集中制造模式"向"单件或小批量分布式制造模式"变革。3D 打印分布式智能制造创新模式包括：3D 打印制造技术、云智能平台、分布式制造（孟炯和郭春霞等，2017）。

2. 某大型国企的化肥智能制造终端远程管理系统

科学的施肥需要通过测土、配方、生产、销售和施用几个环节实现，是一项复杂的系统性工程，需要各个环节的紧密配合。云南云天化农业科技股份有限公司通过自主研发的化肥智能制造终端远程管理系统平台，与具有自主知识产权的化肥智能制造设备相结合，通过物联网设备和视频监控设备在化肥智能制造设备上的应用，实现了系统平台的远程数据采集和对化肥智能制造设备的远程管控（图 4-1）。

化肥的智能制造终端远程管理系统平台通过九大功能模块，实现了对测土数据、农户数据、测土配肥、作物配肥、网络销售、查询统计、采购、设备状态、系统设置等功能的管理。

（1）测土数据管理：系统实现对测土名称、类别、地址等基础信息的管理，同时详细记录与土壤有关的各类氮磷钾指标、pH、有机质和有效值（mg/kg）等信息，并在后台建立测土数据库对测土数据进行管理，便于随时调用测土数据。

（2）农户数据管理：系统实现对农户名称、性别等基础信息管理的同时，也对农户土地面积、累计购买数量、累计购买金额等信息进行管理，在后台建立相应的农户信息数据库。

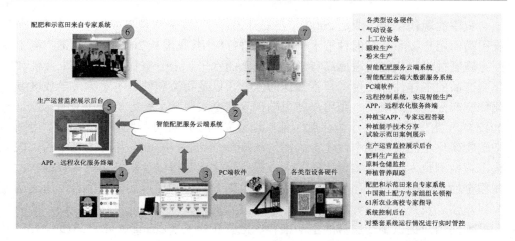

图 4-1　云南云天化农业科技股份有限公司的化肥智能制造终端远程管理系统

（3）测土配肥管理：系统在测土数据的基础上，通过在后台进行一系列的运算，可以得到当前土壤种植不同作物时不同的配肥比例。用户通过化肥的智能制造硬件选择需要种植的作物，系统将会自动生成最合适的化肥配比供用户参考，同时，系统也支持用户依据自己的需要以自定义配肥的方式来配比。在确定配肥方案之后，配肥指令将被发送至化肥智能制造设备的控制系统。一旦接收到这些指令，配肥机即开始生产。

（4）作物配肥管理：系统内已经整理出各种常见作物在不同地区的肥料配比，对于前期没有进行测土的用户，依据用户的需要，系统也支持按作物较为普遍和广泛的配比方式来进行配肥。同样将配肥指令发送至配肥机后，配肥机即开始生产。

（5）网络销售管理：用户在平台内配肥成功后，系统将自动生产相应的网络订单，显示用户配肥的结果和相关价格信息，指导化肥的智能制造硬件工作人员收取相应的费用，并对单据进行提交或撤回操作。

（6）查询统计管理：系统通过权限控制，支持不同权限的人员对销售记录、配肥记录等相关记录按时间节点进行查看、统计，并自动生成与其权限对应的报表信息。

（7）采购管理：系统支持化肥的智能制造硬件从中心店采购化肥原料。化肥的智能制造硬件在需要采购化肥原料时，可以通过系统提交采购订单，其上级中心店将会实时收到采购信息，并依据采购信息发货。

（8）设备状态管理：化肥的智能制造硬件通过与配肥机相连的电脑终端可以实时监测配肥机的运行状态，包括配肥机料斗的剩余肥料、当前配肥袋数等。云南云天化农业科技股份有限公司总部通过网络与所有化肥的智能制造硬件的电脑终端相连，也能实时监测到所有配肥机的工作状态和实时情况。

（9）系统设置管理：通过系统设置功能，在实现系统基本功能设置的同时，也能实现对配肥机部分工作参数的设置，包括对配肥袋重、料斗产品更换等功能的设置，极大简化和方便了对配肥机的管理。

3. 化肥智能制造对科学种植及农产品产业的重要意义

科学施肥不但可以提高作物的产量和品质，同时也更环保。缓解土壤连作障碍，是农业生产中关键的管理内容，化肥工业制造端的智能化生产技术将有效规避施用者的素质、土壤的性质碎片化及种植作物技术的专业化带来的科学施肥的障碍。物联网及通信技术将有助于专业农业服务的能力和范围大幅提升，种植过程的全程监控又形成农产品的种植溯源，不断和专业的服务人员交互、实现远程种植调整，最终解决"种不好"的技术问题。数字化生产过程是"数字化信息覆盖"的重要部分，而智能制造技术的数据具有不可篡改的优点，更加准确真实的种植数据会进一步提高农产品品质和产量的可信度，为最终的数字化营销奠定基础。同时，化肥智能制造也为实现特色农业的最终发展目标奠定了技术基础，具有重要的战略意义。

首先在实践中，我国已经在 2015 年把智能制造定位为国家制造的发展方向；其次，长期粗放的施肥方式已经导致土壤、环保和粮食安全问题愈演愈烈。在互联网经济发展驱动下，化肥的智能制造也迎来了历史机遇。2015 年以来，随着城镇化、土地流转、适度规模经济的调整，我国农业奠定了产业升级的条件和基础。特色农业已经成为多地战略发展的重要方向，急需技术革新和产业升级。

4.2　化肥的智能制造项目的案例分析

4.2.1　项目简介

通过化肥的智能制造项目，企业可以建立远程的农业综合服务网点，以推广测土配方施肥为基础，深度开发当地农业服务，从各地农业实际需求出发，充分运用当地农业、工业、地区、资源、人才等优势，采用测土配方施肥技术、生物营养强化技术、GIS 土壤状态监测技术、水肥一体化节水灌溉技术、作物生长状态智能监控技术、农产品追溯技术等发展当地农业，围绕产品辐射多种服务方式，强化当地农业信息化建设，形成安全、可溯源、可监管的信息体系，建成农业监测、管理、服务、培训、线上交易等一体化的特色农产品数字系统平台。

该项目以"化肥的智能制造硬件"为核心载体，实现了"基于大数据网络的精准农业服务平台"的建设，并通过大规模应用，以此来服务农民精准配肥施肥。

项目通过整合农资、农机和农技资源，再造化肥制造和销售流程，为种植户提供集测土配方施肥、电商、金融、物流等农化服务为一体的现代农业服务模式，促进"互联网+制造+服务"的制造服务模式在化肥生产及服务过程的应用，实现新型农业服务模式的探索和实践，全面服务我国农业农村市场。

4.2.2　主要建设内容

1. 精准农化公共服务平台的构建

1）基于大数据的农化公共服务平台的构建

依托以物联网化肥智能制造设备为核心的服务网络在全国范围内的布局，结合在各个乡镇进行的测土调研和配肥服务信息，建立了一套适应我国农业特点的大数据运行公共服务管理系统平台。通过资源整合，与政府机构及研究院校的合作，构建国家县域农业生产基础数据库，实现数据收集、整理和规范化存储。通过数据分析宏观把控全国县域尺度肥料历史消费及用肥量趋势预测，为农资及农作物产品生产、销售决策提供数据支撑，为相关部门提供我国县域土壤、作物信息统计分析查询，为用户提供其所关心区域的土壤养分信息，为农户提供相关农业数据、种植方案的查询服务。

农化公共服务平台包括针对土壤与作物、终端用户偏好、生产能力的三位一体的数据集群的建立。在土壤与作物方面，数据集群的建立需要对接、整合现有的政府资源和科研平台，对接农业农村部开发的测土配方施肥的基础数据库，这是因地制宜进行配方调整的基础。在政府"大"配方的基础上，不断完善并建立企业专有的测土数据库，作为对差异化客户提供定制化服务的核心信息源之一。在终端用户偏好方面，以化肥的智能制造站作为扎根在农村的信息搜集源，搜集用户的个人信息、土地信息、作物种植信息、农产品销售、金融保险等信息，并通过信息化手段对其进行整合与分析。在生产能力方面，数据集群的建立还需要对接生产企业在化肥的智能制造终端就近的原材料库存和供应情况，对接原材料物流和产成品配送的资源。

（1）基础管理应用系统建设。项目的一项重点就是实现原有应用系统的全面升级以及新的应用系统的开发，从而建立农化公共服务的全面应用系统架构群，在原有信息的基础上，实现智能化生产和管理的有机统一。整体应用系统通过面向服务架构（service-oriented architecture，SOA）模式实现应用组件的有效整合，完成应用系统的统一化管理与维护。

（2）应用数据资源采集。整体应用系统数据资源统一分为两类，即结构化数据资源和非结构化数据资源，项目实现了对这两类资源的有效采集和管理。对于非结构化资源，将通过相应的资源采集工具完成数据的统一管理与维护。对于结构化资源，将通过全面的接口管理体系进行相应资源采集模板的搭建，采集后的数据经过有效的资源审核和分析处理后进入数据交换平台进行有效管理。基于以上三位一体的数据集群，建立信息化的资源整合平台，汇集从投入品供应到产成品销售的全产业链信息资源，提供全方位、多角度、准确、及时的农业生产综合服务。

（3）数据分析与展现。采集完成的数据将通过有效的资源分析管理机制实现资源的有效管理与展现，具体包括对资源的查询、分析、统计、汇总、报表、预测、决策等功能模块的搭建，以构建我国农业大数据体系。

（4）数据应用。项目最终数据将通过内外网门户对外发布，企业内各个部门人员以及广大公众可以通过不同的权限登录不同门户进行相关资源的查询，从而有效提升整体应用服务质量。所建成的农业大数据信息系统包含县域农业生产、土壤信息、主要作物区域配肥、产品信息等基础数据库，可供系统后台管理、数据浏览、数据查询及决策支持，如图 4-2 所示。

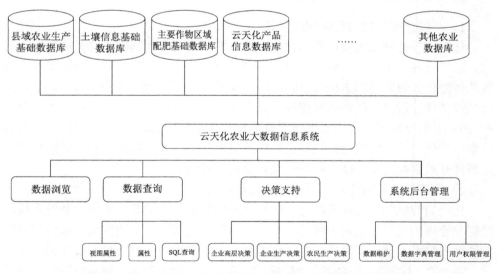

图 4-2　云南云天化农业科技股份有限公司农业大数据信息系统

2）植物营养大数据的扩充与完善

化肥的智能制造项目按照全国标准县域全覆盖的方式，逐步拓展，扩充与完善国内农业县区乡镇的标准土样数据和方差数据；完善 1000 个县以上的主要作物和配方、用量和施肥方案，形成每个县 1000 个以上的土样测试，并将这些数据纳入更完善的大数据系统中，扩大配方肥的施用范围，构建我国权威的植物营养大数据系统。

3）农化服务小程序的开发与推广

化肥的智能制造项目打造了一款以种植管理为核心、可分享种植经验的农化小程序（APP），为农民提供定制化农化服务，帮助农民了解作物可能缺少什么样的元素，在不同时期需要什么样的配方肥料，实现随时随地进行精准、科学的田间管理，包括示范田分享和土壤体检表等功能的应用，帮助农民快速获得专业科学的种植技能。

4）农银企合作系统的构建

化肥的智能制造项目与农村信用合作社等银行机构合作，开发农村信用合作社的支付单元嵌入下单系统和村级联系人下单系统，创新性地解决了农业金融直接服务于农户的实际落地难题。化肥的智能制造项目把金融机构引入投入和产出端，同时解决农民技术力量和短期资金不足的问题，农银企合作模式树立起我国农村金融创新的典范。

2. 化肥的智能制造系统的集成研发

1）开展远程化肥的智能制造机设备的集成研发

化肥的智能制造项目在第一代化肥的智能制造设备的基础上，开展研发的第二、三代设备（配备七个料斗，可装氮源、磷源、钾源、有机质、中微肥以及高效液体肥化肥的智能制造机），具备除湿、除尘、自动清仓、紧急清除等功能，并针对设备运行所出现的实际问题和不足之处（如粉尘过大、除尘系统崩溃、设备在–20℃的低温环境下反应速度慢及设备在空气湿度过大时除湿失灵等）进行设备改型和优化设计，持续进行设备的升级改造以及配套新产品的研发，对硬件易损元器件开展更换选型，使产品稳定性和适应性得到提高。

2）化肥的智能制造软件系统的优化与升级

化肥的智能制造软件系统是"远程化肥的智能制造设备"的中枢神经系统，控制和管理化肥的智能制造硬件的运行。系统将根据土壤检测情况，按科学的配方给用户配好大量元素氮磷钾、活化土壤需要的有机质、中微量元素（钙、镁、硫、铁、锌、锰等）、生物菌、腐殖酸等，确保土壤肥力增加，提高作物吸收养分的效率。系统通过互联网与云南云天化农业科技股份有限公司的云端后台数据库相连，现场输入农户的相关信息（如手机号码、农作物、土壤、产量、经济等信息），软件将调用测土配方数据库自动生成农户的产品配方，并现场生产配制所需的配方肥。

项目将持续优化和升级上位机管理软件功能并扩充基础数据，在现有软件系统的基础上，完善配肥终端远程管理系统。完成自动上料优化，柔性生产平台（全水溶）的颗粒状固体硝基、硫基、氯基、有机无机的模糊矩阵算法及前后台开发，断网记忆功能研发，对数据流进行实时监控，配备网络摄像头远程监控，从源头杜绝次品假货，使生产的产品具有二维码识别功能，同时拥有肥料生产溯源和使用说明。

3. 新型农化服务模式与体系的建设

1）农化服务体系建设

（1）在宣传体系建设方面：项目通过各媒体平台宣传报道国家测土配肥精准施肥的政策、化肥的智能制造建设，云南云天化农业科技股份有限公司专业技术人员为化肥的智能制造硬件的中心店、化肥的智能制造硬件组织策划宣传活动。

（2）在销售体系建设方面：项目完善已有的专业农化团队，并组织化肥的智能制造硬件等相关内容开展宣讲、授课等活动，邀请乡镇领导、农业专家现场指导。

（3）在培训体系建设方面：项目组织专家团队，结合云天化植物营养研究院的专家学者团队，长期在一线开展服务与培训，同时也进行专业团队培训。

2）农化服务团队及农化服务培训体系建设

以中国测土配方专家组组长等人为核心，持续整合了各大单位农化服务队伍，明确服务发展方向，在不同的服务地区建设多支专业型的农化服务队伍，形成由农化服务专职人员牵头组织的具备各地域特色、适合区域农业种植、有奉献精神、有专业服务技能的农化服务团队。

在农化服务培训体系的建设方面，项目通过量化培训指标、灵活培训形式、严格培训考核的方式，不断对农化服务人员进行培训。具体培训内容涉及宣讲农化服务工作的目的和意义，明确农化服务人员的主要任务、职责范围，开展农化服务的基本技能（包括土壤养分速测和其他农化服务相关知识），以及根据各地具体情况安排设立农化服务试验点和示范田，并持续根据工作需要定期或不定期组织培训工作。

3）农村电商平台搭建

化肥的智能制造项目与农村淘宝、京东、阿里巴巴、村村乐开展广泛合作，利用化肥的智能制造硬件联网系统，搭建服务农村的综合电子商务网络体系，共同推进线上线下电子商务（online to offline，O2O）直销模式，打通线上和线下支付平台，拓展农资、农产品的销售渠道。

4.3　智慧农业与功能农业合作的案例分析

4.3.1　智慧功能农业典型案例

化肥的智能制造项目于 2019 年 1 月在中卫市落地，是智慧农业与功能农业结合的典型案例。宁夏中卫市，地处干旱带地区，受沙漠气候的影响，降水少、阳光充足、昼夜温差大，又因当地沙砾中硒等稀有元素含量高，可以有效提高西瓜的糖分以及硒含量，因此硒砂瓜成为当地的标志性功能农产品。

但面临的问题是：土壤元素含量会逐年减少，不能无限制满足作物生产的需求；另外，如果农户为迎合市场需求，盲目滥用化肥，将导致土壤及水体污染严重，残留于农田的化肥致使土壤板结变硬，有机物弱化、微量元素失衡、作物病虫害等问题日趋严重。为了保护好硒砂瓜这一独特品牌，当地政府着力实施硒砂瓜品质品牌保护提升工程，包括肥料使用上的严格要求、种植过程中的严格监管、基地建设方面的标准化措施等。

化肥智能制造的应用为硒砂瓜种植提供精准的测土配方施肥，重点补充微量元素含量，同时做到一地一档上传农业大数据系统，对硒砂瓜从种苗到成熟阶段的种植过程进行严格溯源。以智慧农业的手段服务功能农业，第一，保证了硒砂瓜的产量和硒含量；第二，调理了耕地土壤的有效元素含量；第三，形成了种植过程的溯源监管；第四，形成了种植基地的科学化、信息化、标准化建设。

4.3.2　智慧功能农业案例分析

通过配肥过程实现各种功能微量元素的个性化添加，并保证过程可溯源，这是降低功能农业的材料和人工成本的有效方案。

农民常规购买的化肥产品由传统渠道商提供，价格约比通过配肥的成本高300～700 元/t，而配方肥添加硒的成本也是 300～700 元/t，通过配肥方式直接生产硒配方肥，农民一次性施肥不增加人工成本，且未增加投入品成本，而配方肥里面又添加了硒元素，这种零成本富硒的方案实现了典型的 1+1>2 的资源整合的效果。

若全国功能农业面积超过 1 亿亩（1 亩≈666.67 m^2），假设传统的富硒成本约600 元/亩，则利用智慧农业方案落地的功能农业将每年为农民节约 600 亿元。并且功能农业大数据系统一经形成，除了节约功能农业投入成本之外，整个模式对作物品质的保证及提升、功能成分添加检测过程的溯源、农业服务的提升等都将带来额外的社会和经济价值。

4.4　智慧功能农业的发展分析

经过多年的发展，目前化肥的智能制造农业体系已初具规模，遍布全国重要的农业产区，农业数据累计已达百万余条，但在高端的功能农业基地的推广力度依然不够，潜力仍待挖掘。有关单位将不断创新和总结，积累丰富的经验，并从多方面总结示范经验，为今后的推广提供参考和借鉴。

4.4.1　农业服务精细化的发展趋势

农户需求的不断转变和增加，促使了农业服务企业和相关制造企业的转变，不仅要求企业的服务内容更加细化，也促进了服务型企业快速增加。质量标准、融资担保、农民理财、信息中介、农产品认证、金融、物流等各式各样的农化服务都逐渐成为农化服务的工作重点，农化服务细化到了产前、产中、产后的各个环节。传统的单一设备销售和肥料销售已经远远不能满足广大农户的需求，这也要求了农业服务企业必须不断转型以扩展提升服务类型和提升服务质量，逐步往精细化服务的方向发展和进步。

4.4.2　农业服务科技化的发展趋势

随着信息技术与生物技术的不断发展，生产过程的自动化、智能化和农产品的功能化逐渐渗透到了农业生产的各个环节，科技化实现了对农业生产效率的提升与质量效益的提高。物联网、大数据、云计算、远程监控、全程可追溯等科技化服务内容，融合农产品的功能化技术，成为农业服务企业提供农业提质增效服务的必备手段，因此，科技化要求农业服务企业必须在信息技术和生物技术综合应用方面加大投入和研发力度。

4.4.3　农业服务创新化的发展趋势

随着农业服务市场的不断成熟，各类创新模式、创新方法、创新服务应运而生，管理培训、人才深造、成本控制、经营规划、种植咨询、品牌建设等高价值的创新服务内容也逐渐成为农业服务中的重要内容，为广大农户和农业企业提供决策支持信息服务。

4.4.4　智慧功能农业区域建设

积极发展智慧功能农业，建设好全国优先发展的智慧功能农业示范区域，构建微量元素土壤数据库，推进如富硒肥料本地化生产、富硒农产品品牌注册和培育等重点工作。

参 考 文 献

陈海涛, 陈皓, 周雪梅. 2018. 中国智能制造研究的文献计量分析. 情报科学, 36(11): 122-125.

孟炯, 郭春霞. 2017. 3D 打印分布式智能制造模式创新. 软科学, 31(1): 39-43.

孟俊焕, 孙汝军, 姚俊红, 等. 2005. 智能制造系统的现状与展望. 机械工程与自动化, (4): 114-116.

赵春江. 2019. 智慧农业发展现状及战略目标研究. 智慧农业, 1(1): 1-7.

赵其国, 尹雪斌. 2017. 我们的未来农业——功能农业. 山西农业大学学报(自然科学版), 37(7): 457-468, 486, 452, 533.

周佳军, 姚锡凡, 刘敏, 等. 2017. 几种新兴智能制造模式研究评述. 计算机集成制造系统, 23(3): 624-639.

Wang L H. 2019. From intelligence science to intelligent manufacturing. Engineering, 5(4): 615-618.

Zhang M, Qi Y N, Zhao X D, et al. 2015. Mass customisation systems: complementarities and performance consequences. International Journal of Logistics Research and Applications, 18(6): 459-475.

Zhong R Y, Xu X, Klotz E, et al. 2017. Intelligent manufacturing in the context of industry 4.0: a review. Engineering, 3(5): 616-630.

Zhou J, Li P G, Zhou Y H, et al. 2018. Toward new-generation intelligent manufacturing. Engineering, 4(1): 11-20.

第5章　功能农业的发展趋势与市场分析

功能农业的发展趋势取决于很多因素。比如，消费者的需求是否可以得到很好的满足；科学与技术方面，我们是否搞清楚某个功能性成分的利与弊及功能性成分含量与人体健康的关系；在产业规模化应用中，技术保障是否已经成熟。诸如这些因素，都决定着功能农业的发展趋势。此外，功能农业是基于大农业背景下的新概念，大农业及其相关产业的关系，也是牵引发展趋势的一股重要力量。从科学到技术，再到产业，支撑体系的设计都各有特色。功能农业的市场容量在发展趋势的带动下，正在一步步扩大，本章从时空角度作出了发展预测。

5.1　功能农业的发展趋势

功能农业在中国的兴起与发展，得益于中国人民温饱问题的解决。人们吃饱之后，就开始追求更高的品质，绿色有机带来了更高的安全保障，功能农业则带来了更多营养与功能。未来10年，功能农业将呈现以下六大趋势。

1. 功能农业更加普及

随着健康中国战略的深入实施，人们对健康日益重视，功能农业将在未来10年进入高速发展期。在功能农业概念提出初期，人们对功能农产品了解较少，消费市场不成熟，人们的消费观念也存在一定误区，易将功能农产品视作药品。功能农产品、功能食品的价格受产品质量、营养、口感、安全性、品牌、加工方式、生产区域等因素影响很大，人们不会为食品中的某一元素支付过高差价。对大多数消费者来说，谈"功能"者众，知其营养保健作用者寡。多数人只知硒、锌、铁、钾、维生素等有好处，但不知好处在哪，消费者对人体如何补充必需微量元素、补多少等基本常识认知十分模糊。

经过十几年的积淀与发展，功能农业形成的"10+1"应用格局，已使全国约1/3地区的民众接触并了解功能农业。未来10年，各地政府及相关科研单位将进一步加大功能农业的推广力度，发布更多功能农产品与人体健康关系的科学数据，增加人们对功能农业的了解，提高人们对功能产品的辨识能力。功能农业经营主体也将继续宣传人体必需微量元素的作用及正确的补充方式，通过开展专家讲座、主流媒体推广、网络商城宣传、功能农产品展销会等活动，使功能产品得到推广，获得更多消费者的认可。

2. 营养化走向功能化

简单地说，功能农业就是要种植出具有保健功能的农产品，具体表现为农产品的营养化、功能化（侯非凡等，2018）。功能农业从 2008 年发展至今，主要侧重于农产品的营养化，即让农产品中定量富含某种特定的营养素，如硒、锌、铁、钾、钙等矿物质，维生素、花青素、胡萝卜素等人体必需微量物质或者植物化学物质。

矿物质和维生素是人体必需的两类最基本微量营养元素。对于蛋白质、脂肪、糖类三大宏量营养素，我国居民平均每日摄入量分别达到 64.5 g、79.9 g、300.8 g，均超过营养素参考值，表明摄入量是充足的（姚滢秋，2014）。但对于人体必需微量营养素，它们的每日摄入量均在 1 g 以下，其中，硒、锌、钙、镁、钾、维生素 A、维生素 C、维生素 B_2 等每日摄入量均未达到推荐量（赵其国等，2018）。因人体不能靠自身合成矿物质和维生素，而且人体对矿物质和维生素的摄入与食物的生长环境有关，土壤中缺乏某种元素会导致食物链中该物质的缺乏，人们通过饮食将无法满足微量元素的补充。功能农业在这一时期，着重通过营养强化，来补齐这块"短板"，解决营养素缺乏的问题，提高人们的健康水平。

伴随着人们生活水平和对健康重视程度的提高，功能农业在未来 10 年的发展中，将步入第二个阶段——功能化。也就是说，人们将不再满足于缺乏矿物质或某一营养的简单补充，而是希望针对某一具体需求，如提高免疫力、延缓衰老、预防疾病、保护皮肤等。

功能农业生产的功能产品，不仅具有生理活性，可提供除基本营养素之外的人体必需微量营养素，还可以预防疾病的发生和促进人体康复。这一过程需要农学、食品学、营养学和医学的学者们联合研究，研究内容包括基于生物营养强化技术生产的功能产品中微量营养素的有效性如何，为消费者带来了哪些健康改善效应；如何制定合理的营养素配方；营养素的何种形态具备何种功能等，并以此指导功能农产品的开发。随着人们消费观念的不断成熟，提供功能明确、功能成分含量达标、口感均衡的定制功能产品是大势所趋，私人定制功能产品将会成为潮流。如针对参与人体生理功能，需要提供硒形态更多地表现为甲基-硒-半胱氨酸的作物；针对免疫力低下人群，需要提供定量含有硒、锌的食品；针对儿童，不仅要提供足量的含钙食品作为补充，还需要提供促进钙吸收的物质，如维生素 D 等。

农产品功能化的实现，需对单个功能性成分充分了解，还有赖于不同功能成分之间的相互协同作用。如此一来，餐桌上的食物就成为与我们每日相伴的"健康卫士"，使我们更加健康、更有活力。

3. 功能农产品品种倍增

功能农产品，是未来食品的发展方向。目前我国功能农业主要包括功能种植业、功能养殖业、功能农业加工业和新型功能产业（康养旅游服务业、功能农业智慧化、数字化等），其中，功能种植业和功能养殖业以富硒产品为主；功能农业加工业产品种类较多，以功能性制品和饮料为主；康养旅游服务业与功能农业的有效融合，已成为一种新型产业形态和消费业态（赵其国和尹雪斌，2017）。

功能农业高质量发展的"10+1"方阵中，已开发出富硒大米、富硒蔬菜、富硒食用菌、富硒玉米、富硒茶、富硒水果、富硒魔芋、硒锌营养蛋等 100 多种富硒农产品及果蔬制品。其中，宁夏中卫富硒硒砂瓜、富硒枸杞，江西宜春富硒大米，河北承德富硒马铃薯，湖北恩施和陕西安康富硒茶等 10 余个品种，获得全国"单品冠军"称号。截至 2018 年，通过对国家市场监督管理总局官网进行查询，我国有 216 家企业进行功能农产品生产，其中，有 204 家企业以富硒农产品为主，主要集中在富硒茶、富硒谷物制品、富硒酒、富硒豆制品、果蔬制品、调料品等。

功能农产品的品种在目前的发展中已经达到预期，预计在 2030 年，将增加至 300～350 种，种植面积在全国农业总面积中占比约 10%。未来的 10 年发展中，功能农产品将聚焦精品、打造高端（刘伊玲，2018）。

我国地大物博，生物资源非常丰富，拥有很多地方特色优势农产品，例如华北、西北的小米、杂粮、花生，宁夏的硒砂瓜、枸杞、滩羊，安徽的茶叶，江西的赣南脐橙、中药材、油茶，广西的罗汉果、柑橘，陕西、山东的苹果，新疆的哈密瓜、大枣和番茄等。充分利用这些具有地域性、独特性的农产品，结合功能农业技术，打造精品农产品，开发强化矿物质、维生素、胡萝卜素、多不饱和脂肪酸、核苷酸、低聚糖等功能农产品，以满足妊娠和哺乳期妇女、婴幼儿、学龄前儿童、青少年、老年等特定群体的营养需要。

4. 科技创新体系与社会化综合服务体系加速建立

随着功能农业被写入《国务院关于促进乡村产业振兴的指导意见》（国发〔2019〕12 号），功能农业的"星星之火"已有燎原之势。接下来的黄金 10 年，各地政府、企业需抢占先机，打造功能农业的产业高地、创新高地，具体表现为抢先打造"创新链"与"产业链"两大链条，即科技创新体系与社会化综合服务体系，支撑功能农业产业的高质量发展。

功能农业是一个新兴交叉学科，其科技创新体系建设以生物营养强化技术为核心，建立包括种植业、养殖业、食品加工业、人体营养与健康、医药及生态与环境等在内的多学科交叉融合的科学研究体系。考虑到支撑功能农业发展的服务特性与长期发展需求，各地方政府将大力支持农业部门联合功能农业科研机构、农林类高等院校在功能农业基础研究和应用技术研发等领域开展前沿性和创新性研究，使其成为地方功能农业技术创新和技术输出的主体平台。

社会化综合服务体系建设是解决功能农业科技服务问题的有效措施，也是深化农业农村改革、转变农业发展方式的重要抓手，这是功能农业在发展过程中的一个标志特征和趋势。功能农业社会化综合服务体系，是以龙头企业、合作社、家庭农场等为主体的联合乡镇农技、土肥等部门建设而成的，旨在为功能农业经营主体提供技术培训、农资供应、测土配方、统防统治、农机作业、信息服务、市场营销、金融服务等一站式、全链条社会化服务。比如对于测土配方，以社会化综合服务体系为载体，以功能农业智能配肥供肥为手段，为农民提供不同田块、不同作物的配肥供肥模式，有效满足功能农业土壤"缺啥补啥"的要求，同时减少肥料中间环节，达到减少成本、农民增收的目的。

5. 农业、旅游、康养一二三产融合度不断提升

前述表明了功能农业与"农旅养"三大产业发展的关系，所以我们应该打破单一要素、单一产业的局限，从"大农业"的角度来考虑和谋划产业发展，简单地说，就是将传统意义上的农业，即一产，与精深加工、旅游、康养等服务业有机结合起来。在功能农业走过的十几年路程中，这一模式已取得可借鉴推广的成果。以江西宜春为例，其依托丰富的硒养旅游资源，以高标准万亩富硒功能农业种养示范为基础，以富硒产业示范园为抓手，以健康养生综合体为龙头，精心串联"农旅养"产业，按照"以硒游吸引客流，以硒餐与硒食品服务客流，借客流消费传播硒品牌"的思路，以农为基础，以旅养为牵引，引领富硒功能农业的发展，已构建成富硒品牌突出、龙头企业带动明显、服务体系健全、三产融合发展的产业格局。

功能农业作为串起"农旅养"三大产业的金丝线，在接下来的 10 年发展中，将发挥更大的作用。党的十九大报告指出：我国社会主要矛盾已经转化为人民日益增长的美好生活需要和不平衡不充分的发展之间的矛盾。人民对美好生活需求的重要内容之一就是健康。功能农业就是从消费端的健康需求出发，生产具有独特价值的功能产品，即"吃得健康"，牵引驱动一产、二产和三产向健康产品转型升级，还会衍生出功能农业技术推广和服务等相关高端服务业。

所以，以功能农业为亮点串联起来的"农旅养"产业，会成为未来农业发展的一个方向，进一步推进一二三产融合发展。

6. 科技与产业协同日益紧密

农业是一个基础产业，也是一个弱势产业。功能农业作为未来农业的发展方

向，其产业化离不开科技的支撑与引领。当前，科技与产业的相互融合正在成为当代科技发展、技术创新、经济发展、生态文明和社会进步的大趋势，也是我国功能农业产业发展的内在需要。在未来的 10 年发展中，将建设开放一批功能农业科技创新平台，加快科技创新转化的速度，促进功能农业产业体系的发展。比如，国家功能杂粮技术创新中心、南方富硒研究院（宜春）等，在功能农业科技创新、功能农业与人体健康研究等领域开展研究，同时也在功能农业的标准化发展和规模化示范上发挥引导作用。这种协同所形成的合力，既符合市场经济的特点，又能发挥科技的内涵动力，是助推功能农业发展的核心力量。

功能农业产业发展在科技创新的支撑下，结合自身优势、资金投入，会加快布局、推动一个个"单品冠军"的培育。同时，我们也要注意，科技与功能农业产业的相互融合，不是单纯的科技成果转化，而是科技成果转化与人体健康、生态文明和经济发展对科技发展和技术创新需求的相辅相成，是我国功能农业产业高质量发展的引擎和内在动力。因此，需要政府部门、功能农业科技领军企业、高校、科研院所担当重任，成为未来我国功能农业产业高质量发展的领导者。

5.2　功能农业的市场容量与成长预测

5.2.1　功能农业的市场容量

按照规范产品与产业产值，富含矿物质的功能农产品是一个重要分支，目前又以富硒产品规模最大。我国富硒产品的市场已达 1000 亿元左右，其中，严格按照标准生产、销售的高质量部分约占 10%，还有一些则是来自富硒地区硒含量较高的食品。预计 2030 年，其产值可达 1 万亿元。

中医药属于功能农业的大范畴，特别地，药食同源食品是功能农业的重要组成部分。根据相关统计数据，美国以占全球功能性食品市场 50%以上的比重成为世界上最大的功能性食品生产地，并与欧洲、日本共同瓜分了 90%以上的全球市场。美国是功能性食品市场发展最为成熟和激烈的地区，功能性食品在其本土食品市场中占有 2%左右的份额。日本则可以说是现代功能性食品的起源地。1984年，日本文部省于"食品功能系统分析与发展"会议上，首次正式地提出了"功能食品"的概念。欧洲的药食同源食品主要集中在奶制品方面。

在功能农业关联的旅游和康养产业方面，有亮点、富有特色的旅游，结合功能食品的深度康养，都是市场容量巨大的新领域，2020 年，这一方面的市场容量约为 300 亿元。2030 年，这一数值仅在我国预计可达 3000 亿元。

5.2.2　功能农业的市场成长预测

对于功能农业的市场成长，站在农业升级的角度来看，从传统种植、养殖业走向关注其营养价值与功能，并且相关指标具有标准的功能农业，可为人体健康改善提供科学依据。从时间尺度上，预计 2025 年，我国功能农业占农业总体的比例约为 0.5%，2030 年，约可达到 3%。这一预测与 2016 年做出的预测相近。以上这些数据是按照如下方法折算得到的。2017 年，我国已勘测的富硒土壤面积超过 467 万 hm^2，其他矿物质丰富的土壤面积达约 200 万 hm^2，合计约 667 万 hm^2，占到 18 亿亩耕地的 5.55%，但其中仅有大约 1/5 得到不同程度的开发利用，严格按照标准生产的比例就更低。下一步，在未来 10 年，预计这些富含矿物质的特色耕地过半会得到开发。同时，通过循环农业、种养结合，功能农业面积效益等可以达到倍增的效果。所以说，2030 年，我国功能农业面积占耕地总面积比例可达 5%～8%，占全球耕地总面积比例预计为 1%。我国将成为功能农业产业化规模最大、科技水平最高、产业体系最为健全的国家之一，成为功能农业的领头羊。

从空间上来看，随着《国务院关于促进乡村产业振兴的指导意见》（国发〔2019〕12 号）的出台，功能农业已被列为产业振兴的重要支撑技术。因此，未来 10 年，在我国 34 个省（自治区、直辖市）功能农业将实现全覆盖。国际上，借助我国推动的"一带一路"倡议，更多国家将开展较大规模的功能农业实践。随着空间区域的扩大，功能农业品种有望达到上千品类，涵盖具有一定体量、健康效应突出的各个大类农产品。并且通过这些功能农产品与全球美食结合，人们不改变饮食习惯就可以做到"缺啥补啥"。

参 考 文 献

侯非凡, 孙敏, 高志强, 等. 2018. 山西功能农业的研究背景、进展与发展方向. 土壤, 50(6): 1087-1093.

刘伊玲. 2018. 硒谷科技: 助农振兴正当时. 中国经济信息, (4): 63.

姚滢秋. 2014. 中国营养学会发布《中国居民膳食营养素参考摄入量》2013 年修订版. 营养学报, 36(4): 308.

赵其国, 尹雪斌. 2017. 我们的未来农业——功能农业. 山西农业大学学报(自然科学版), 37(7): 457-468, 486, 452, 533.

赵其国, 尹雪斌, 孙敏, 等. 2018. 2008—2018 年功能农业的理论发展与实践. 土壤, 50(6): 1061-1071.

第二篇　富硒功能农业研究进展

　　功能农业主要是根据人体健康需求，对农产品中功能成分的标准化控制。在这些与人体健康有关的矿物质成分中，硒是我国学者研究历史最久、国际影响力最大的元素。同时，我国地质部门在过去二十多年时间里，调查发现了 5000 万亩富硒土地，这为富硒功能农业发展提供了天然的试验场，所以，至今我国富硒功能农业的科技与产业研究最为系统。本篇聚焦富硒功能农业科技与产业的研究进展，重点介绍了硒与克山病、肝脏等疾病的关系研究，以及天然硒生物营养强化国际合作计划（NBP）的研究进展，介绍了小麦富硒的研究进展，以及富硒标准的研制过程。

　　在这一篇章，希望让读者通过一个硒元素例子，了解从其具有的人体健康效应，到功能农业强化技术，再到标准制定的研究过程与当前进展。

第6章　微量元素硒及其与克山病的关系

硒，一种非金属化学元素。1817 年瑞典化学家约恩斯·雅各布·贝尔塞柳斯（瑞典语：Jöns Jakob Berzelius）从硫酸厂铅室底部的红色粉状物质中制得，根据古希腊神话中"月亮女神"Selene 一词将其取名为 selenium，后来中文将其译为硒。起初硒被认为是有毒元素，直到 1957 年一位美籍德国科学家施瓦茨（Klaus Schwarz）发现硒对大鼠肝坏死有保护作用，此后硒对人体的重要作用被一一揭示。1972 年科学家罗特鲁克（Rotruck）证实硒是谷胱甘肽过氧化物酶（glutathione peroxidase，GSH-Px）的活性成分，其是硒的第一个生物活性形式。1973 年，我国杨光圻、徐光禄等科学家首次提出硒与克山病的发生密切相关，证实了硒对人体的健康作用（徐光禄等，1981）。同年，世界卫生组织将硒明确列入"人体必需微量元素"。1988 年中国营养学会也将微量元素硒列为 15 种每日膳食营养素之一（张勇胜等，2018），此后，硒与人体健康关系的研究日益增多。我国作为世界上缺硒严重的国家之一，曾暴发和流行缺硒性疾病，如克山病、大骨节病等地方性疾病。本章将以缺硒性疾病——克山病为例，介绍硒对人体健康的生物学作用及相关机制。

6.1　硒在自然界中的分布

微量元素硒在自然界中广泛存在但分布不均，据世界卫生组织报道，我国是全球 40 多个缺硒国家之一。《中华人民共和国地方病与环境图集》显示，我国从东北至西南呈现一条状缺硒地质带，平均含硒量低于 0.125 mg/kg，包括黑龙江、辽宁、吉林、陕西、甘肃、四川、云南、西藏等 22 个省、自治区、直辖市（中华人民共和国地方病与环境图集编纂委员会，1989）。1982 年，中国科学院地理研究所环境与地方病研究组（1988）首次报道，我国 72%的地区属缺硒或低硒地区，其中 30%为严重缺硒地区，该地区的大部分食物硒含量低于 0.02 mg/kg，三分之二居住人口存在不同程度的硒摄入不足（程兆东和王喜东，2017），这些严重缺硒地区也是克山病、大骨节病等地方病的高发区域。

虽然微量元素硒在我国分布不均，但也有世界知名的富硒地区，如湖北恩施土壤硒的均值达 3.958 mg/kg，被誉为"世界硒都"（程兆东和王喜东，2017）。此外，江西丰城、浙江龙游、新疆天山北坡等地也均属我国的天然富硒地区。此外，美国、爱尔兰等国家土壤硒浓度也相对较高。

研究表明，我国硒分布的区带特征是由硒在环境中的迁移特性及生物学特性决定的，低硒带形成的基础是土壤低硒（杨海滨等，2014）。各个地区土壤不同，导致其土壤硒的含量也不同，土壤硒含量首先取决于成土母岩的硒含量，一般沉积岩的硒含量高于火成岩，后者硒含量较低（王美珠和章明奎，1996）。此外，土壤 pH 和氧化还原电位等亦可影响土壤中硒的化学形态，而化学形态决定了硒的生物有效性，可以影响土壤硒的溶解度。如在酸性土壤中，硒与含铁、铝的矿物质或有机质结合形成稳定化合物，从而降低硒的溶解度，即使土壤含硒量高，硒却不容易被植物吸收利用（杨海滨等，2014）。

6.2 硒的存在形式

硒（Se）是一种半金属元素，常以–2、0、+2、+4 和+6 价的氧化态存在，其中+6 氧化价态是无机硒盐最广泛的存在形式。硒化合物可分为无机硒和有机硒，无机硒主要包括硒、硒酸盐、亚硒酸盐（亚硒酸钠、亚硒酸锌等）、氧化硒、硫化硒、氯化硒及其他硒化物（硒化氢、硒化钠、硒化钾等）等；有机硒主要包括硒多糖（如硒酸酯多糖）、含硒蛋白质、硒氨基酸（如硒代蛋氨酸或硒代半胱氨酸）、硒核酸、硒酸、烷基硒、甲基硒酸、硒氰（如苄基硒氰化物、对苯二亚甲基硒腈）、硒醚[如二（喹唑啉-4-基）二硒醚]、硒醇、含硒杂环（如三苯基氯化硒、硒唑呋喃）以及嘧啶、嘌呤、胆碱、类固醇、辅酶 A 等硒的衍生物。硒在水中的可溶性形式主要为无机硒酸盐和亚硒酸盐离子。无机硒毒性较大，且不易被吸收利用，不适合人和动物使用。有机硒是硒在生物体内的主要存在形式，是硒通过生物转化与氨基酸结合形成的硒化物。有机硒的生物利用率高于无机硒，是人类和动物允许使用的硒源。根据硒与蛋白质结合的方式，有机硒可以分为两种：一种通过物理吸附或离子键与白蛋白非特异性结合，常见于细菌中；另一种以硒代半胱氨酸或硒代蛋氨酸等形式，通过共价键结合于蛋白质肽链（杜莹和刘晓丹，2007）。

硒代半胱氨酸是遗传密码中的第 21 个氨基酸，作为一种含硒氨基酸，存在于真核生物、古生菌、细菌和病毒中。终止密码子 UGA 可以编码硒代半胱氨酸，参与蛋白质的翻译。硒通过与硒蛋白结合在人体内发挥生理功能，调节机体硒营养状态（Labunskyy et al., 2014）。环境中的硒特别是无机硒通过高等植物的同化作用进入生命有机体，完成无机硒向有机硒的转化。植物有机硒是高生物有效性、绿色和优质的硒源，对于人类健康和富硒农业发展具有重要意义。

6.3 硒在人体中的分布、吸收与代谢

人体硒总量约为 14～20 mg。硒广泛存在于各种组织器官中，人体内硒主要

是通过血浆运输，吸收进入血液的硒与红细胞中的血红蛋白、血浆中的白蛋白或者 α 球蛋白结合，通过血浆运输至各组织器官。硒首先被运送到供血丰富的器官，随后按器官与硒的亲和力再行分配，主要分布于肝脏、肾及生殖腺，其次为血液、皮肤、心脏、肌肉、胰、肺、脑、骨及消化道（王磊等，2015）。在人体中，大部分硒主要以两种形式存在：一种是人体自身不能合成，以非调节性储存形式存在的来自膳食的硒代蛋氨酸；另一种是具有生物活性的硒蛋白中的硒代半胱氨酸。硒代半胱氨酸是最新发现的第 21 种组成机体蛋白质的氨基酸，是机体有机硒最主要的存在形式，可通过终止密码子 UGA 介导的特异性编码合成。因此，通常把以硒代半胱氨酸形式掺入多肽链的蛋白质称为硒蛋白（selenoprotein）（黄文峰，2020；Turanov et al.，2011），微量元素硒主要通过硒蛋白在人体内发挥生物学作用。目前已发现的哺乳动物体内有机硒化合物有 30 余种，包括谷胱甘肽过氧化物酶家族、碘化甲状腺原氨酸脱碘酶（iodothyronine deiodinase，ID）家族、硫氧还蛋白还原酶（thioredoxin reductase，TrxR）家族、硒代磷酸合成酶（selenophosphate synthetase，SPS）家族以及各种硒蛋白等（Bulteau and Chavatte, 2015）。

人体消化道、呼吸道及皮肤等器官均可吸收硒。硒主要在小肠中被吸收，其吸收率与硒的化学结构及溶解度有关。人体内硒的主要存在形式是硒代蛋氨酸和硒代半胱氨酸，在肠道中硒代蛋氨酸与硒代半胱氨酸可通过钠依赖转运系统（Schrauzer，2000）吸收。硒代蛋氨酸毒性低并具有较高的生物利用度，是一种理想的硒补充形式。硒酸盐是第一个进行广泛代谢研究的硒化合物，与氨基酸结合的硒化合物相比，硒酸盐的吸收速度较慢，且在机体内的保留时间较短（Thiry et al., 2013）。不同形式硒的吸收方式存在差异，有机硒比无机硒的吸收利用率更高。无机硒主要以 Se^{4+} 的形式被动扩散进入体内后，一部分被运输到肝脏，以供硒蛋白合成，另一部分经代谢转运到肾脏以尿液的形式排出体外。而有机硒则以氨基酸的形式被主动吸收进入体内，在血液中通过氨基酸运输机制被运输至肝脏合成硒蛋白，或被直接运输至机体组织合成硒蛋白。无机硒的吸收效率高于有机硒，但有机硒的生物利用率却明显高于无机硒（郑世杰等，2013）。

硒经代谢后大部分经尿液排出，少量从肠道排出，粪便中排出的硒大多为未吸收的硒，硒摄入过量时可在肝内通过甲基化生成挥发性的二甲基硒化物，从肺部呼出，极少量的硒也可从汗液和毛发中排出。此外，男性还可通过精液排出硒（潘利斌等，2017）。不同的硒在体内半衰期不同，一般硒的生物学半衰期为 11 天，因此硒在体内的代谢速度相对较快，成人每天大约排出 50 μg 硒，故对于缺硒人群需每天补硒才能达到人体硒营养健康状态（郭荣富等，2000）。人体内硒的代谢主要受摄入硒的化学结构和数量的影响，此外，硒的代谢也与硒化合物种类、摄入途径、饮食营养、年龄与性别、机体健康及生理状况、人体内重金属与维生素交互作用以及硒的甲基化状态相关。

6.4 硒的生物学作用

6.4.1 抗氧化作用

人体代谢时会产生大量的自由基，在正常生理状态下，机体内自由基的产生与清除处于一种动态平衡。硒是谷胱甘肽过氧化物酶的重要组成成分，谷胱甘肽过氧化物酶具有抗氧化作用，可以清除体内脂质过氧化物，阻断活性氧和自由基对机体的损伤作用。谷胱甘肽过氧化物酶可特异性催化还原谷胱甘肽，与体内过氧化氢、超氧阴离子及脂酰游离基等发生氧化还原反应，将过氧化物还原为羟化物，从而保护细胞膜及组织免受过氧化物损伤，维持细胞的正常功能。

当硒缺乏时，谷胱甘肽过氧化物酶活性降低，抗氧化能力下降，机体清除过氧化物速度下降，从而导致过氧化物升高而造成细胞损伤（汤小朋等，2019）。同样，当机体衰老时，清除自由基的能力下降，过多的自由基也可造成细胞损伤。此外，硫氧还蛋白还原酶家族也可直接或间接通过硫氧还蛋白发挥抗氧化作用。

6.4.2 增强免疫力

硒可通过选择性下调细胞因子和黏附分子，上调白介素-2受体表达，使淋巴细胞、自然杀伤细胞和淋巴因子激活杀伤细胞的活性增强（樊荟慧等，2018），通过提高机体细胞免疫、体液免疫和非特异性免疫水平，增强机体免疫力（彭耀湘和陈正法，2007）。实验研究表明缺硒会减弱免疫系统和其他刺激的反应（Arakawa et al., 2013）。动物试验提示硒缺乏可使其非特异性免疫功能明显减弱，缺硒动物体内中性粒细胞的趋化性移动能力受到严重抑制（仝宗喜等，2002）。人群流行病学调查发现硒缺乏地区的肿瘤发病率显著升高（苗政和李景南，2013），且有研究表明硒能减弱不良物质的致突变性，从而起到疾病预防及治疗的作用（陈奇言等，2017；许月明等，2018；Chen et al., 2013）。

6.4.3 对重金属的解毒作用

硒与重金属有较强的亲和力，带负电荷的硒可与带正电荷的有毒金属离子相结合，形成"金属–硒–蛋白质"复合物，促进有毒重金属排出体外，抑制重金属在体内蓄积，从而降低其毒性。另外，硒的抗氧化作用亦可拮抗重金属（如汞、镉、铅等）引起的氧化损伤，从而发挥解毒作用。有研究报道硒对砷的毒性具有较强拮抗作用，补硒可以减缓汞、镉、铅和砷等的毒性（张爱君，2008）。此外，硒和镉互为地球化学伴生元素，高硒区域易发生硒中毒或食物链中镉含量超标现象。

6.4.4　其他作用

硒能降低黄曲霉毒素 B1 的毒性，调节人体对维生素 A、维生素 C、维生素 E 和维生素 K 的吸收与利用。有研究表明，缺硒能引起神经性视觉损伤、白内障及视网膜病等疾病（韩真真等，2014）。部分硒蛋白参与激素调节，如碘化甲状腺原氨酸脱碘酶（ID）、谷胱甘肽过氧化物酶 5（glutathione peroxidase 5, GSH-Px5）等；有些硒蛋白在应激反应时明显升高，参与内质网应激反应，如硒蛋白 S、硒蛋白 N 及硒蛋白 K 等（Legrain et al., 2014）；有些硒蛋白则参与调节矿质元素，如硒蛋白 K、硒蛋白 T、硒蛋白 N 等（袁丽君等，2016）。研究报道 15 kDa 硒蛋白基因在人的恶性组织中表达水平降低（Gray et al., 1997），发现 15 kDa 硒蛋白可能参与了蛋白质折叠的调控（Korotkov et al., 2001）。此外，硒能调节蛋白质合成，缺硒可致动物发生营养不良（詹兴中，2017）。硒还可促进葡萄糖代谢，调节体内胰岛素水平，降低血糖和尿糖，改善糖尿病患者的症状（倪银星和张素华，2002）。

6.5　硒的缺乏与过量

国内外大量临床试验表明，缺硒可引起人体某些重要器官的功能失调，导致多种严重疾病发生，如克山病与地方性缺硒有关（徐光禄等，1981），缺硒还可以引起白内障、糖尿病、高血压及纤维瘤等疾病（周继昌和雷新根，2012）；反之，硒过量也会引发硒中毒，其是由于土壤中硒含量过高，致使作物中含大量的硒，居民从膳食中每天摄入过量硒从而导致地方性硒中毒。硒中毒可分为急性硒中毒和慢性硒中毒：急性硒中毒临床上较为罕见，多为工业污染所致，其症状主要表现为咳嗽、头昏、呕吐、腹痛、腹泻，严重者可因呼吸衰竭而亡；慢性硒中毒的症状主要表现为头发和指甲脱落、皮肤红疹、胃肠不适、四肢麻木、抽搐等，严重时可致人死亡。硒的毒性与其形态有关，亚硒酸钠的毒性大于硒酸钠，无机硒毒性大于有机硒（王立平等，2020）。

6.6　克　山　病

克山病（Keshan disease，KD）是一种病因未明的以心肌病变为主的疾病，亦称地方性心肌病。1935 年在黑龙江省克山县首次发现，故以克山病命名。克山病曾多次在我国发生，病死率高，是我国重点防治的地方病之一。临床上将克山病分为四种类型，包括急型、亚急型、慢型和潜在型。克山病的发生与低硒环境有关，其分布范围与我国自东北到西南的自然缺硒带相吻合，具有明显地方性流行病学特征（陈健，2019；相有章等，2012）。流行病学调查发现缺硒是克山病的重要环境危险因素之一，且补硒可明显改善病情。自我国 1990 年启动克山病病情监测以来，急型和亚急型克山病的发病率已大幅度下降。我国开展了多次大规模调查研究，近年来我国在克山病病因、流行病学特征及其防治方面均取得了重大进展。

6.6.1　克山病病因研究

半个多世纪以来学者们对克山病病因进行了大量研究，然而病因至今未明。主要的两大病因学说为生物病因学说（肠道病毒和真菌毒素感染）及非生物病因学说（硒缺乏、膳食营养缺乏等）。近年来，低硒环境下，膳食营养与生物感染等因素联合作用导致克山病已被广泛认同。

1. 低硒环境因素

研究表明克山病多分布于我国的自然缺硒地带，病区的土壤和粮食中硒含量均明显低于非病区，当地居民以低硒食物为主要营养来源，从而导致病区居民发硒、尿硒及血清硒水平均明显低于非病区居民（纪庆宪等，2004）。20 世纪 80 年代，一项调查显示病区居民每日硒摄入量约 25 μg，相邻非病区居民每日硒摄入量大于 30 μg，而城市居民每日硒摄入量则高达 84.1 μg，提示病区居民硒摄入量显著不足，体内硒含量明显偏低（中国科学院地理研究所环境与地方病研究组，1988）。中国医学科学院及原西安医科大学地方病防治所人员分别在陕西、四川和黑龙江等地进行了硒与克山病关系的探索性研究，同时进行大规模人群补硒实验，证实了硒对人体健康的作用，由此 1973 年我国杨光圻、徐光禄等科学家首次提出硒与克山病的发生密切相关。1977 年起，全国采用硒片、硒盐及硒肥等补硒措施，使克山病发病率明显下降（杨光圻等，1990），表明补硒具有预防急型和亚急型克山病的作用。中国医学科学院防治克山病研究组和原西安医学院克山病研究室首次揭示了硒与人类健康的关系，填补了国际硒人体研究的空白，受到了国际微量元素界的重视。1984 年，国际生物无机化学家协会为了表彰本项研究"在解决人类一个重大健康问题方面作出的卓越贡献"，为在生物微量元素研究中最优秀的开拓者——杨光圻教授和徐光禄教授及其团队颁发了"克劳斯·施瓦茨"奖。

近年来，尽管克山病病因尚未阐明，但随着防治实践和科学研究的深入发展，人民生活水平提高，膳食结构改变，居民硒营养缺乏得到改善，我国克山病发病率逐年下降，病情趋于稳定。目前已无急型、亚急型克山病的发生，慢型和潜在型的检出率也趋于下降。

2. 膳食营养失衡

研究报道除低硒外，克山病病区居民蛋白质、氨基酸、维生素 E 族以及钙、铁、锌等营养素也普遍低于非病区。如低硒和维生素 E 同时缺乏，机体抗氧化作用进一步降低，从而使病情加重；含硫氨基酸如蛋氨酸等必需氨基酸的缺乏，也可导致机体抗氧化能力下降；膳食钙在克山病致病机制中也具有重要作用，低钙可加重低硒引起的心肌损坏（颜超等，2017）。此外，富锰膳食会促进硒的排泄，低钙和富锰可使心肌损伤进一步加重（邹宁等，2003）。

3. 生物感染因素

研究发现急型、亚急型及慢型克山病尸检心肌标本中可检出柯萨奇 B 族病毒，且急型、亚急型克山病患者血清中柯萨奇 B 族病毒中和抗体效价明显高于正常人。用柯萨奇 B 族病毒转染低硒饲喂小鼠可致小鼠心肌坏死，表明柯萨奇 B 族病毒感染是克山病的重要危险因子之一（曹丹阳等，2002）。另有实验报道低硒可使病毒无毒株转化成有毒株（曹冬梅，2010），提示低硒可增强病毒的毒性。

另有报道真菌毒素感染也是影响克山病的重要因素之一，研究发现串珠镰刀菌素所产生的 T-2 毒素可使实验动物发生氧化损伤，导致心肌细胞变性（彭双清和杨进生，1994）。采用临床病例观察、流行病学调查、真菌学与真菌毒素学以及分析化学等方法进行调查，发现克山病病区粮食中黄绿青霉毒素含量高于非病区，实验动物被黄绿青霉毒素喂养后也可出现同样的心肌损伤（杨建伯，2012）。

6.6.2　克山病的流行病学特征

1. 空间分布

我国克山病的分布与缺硒地带吻合。克山病病区与自然地理条件关系十分密切，病区多为侵蚀性地貌，地表水流失严重，可溶性化学元素被过度冲刷而造成硒等元素含量降低。此外，土壤酸碱度低、腐殖质和含铁量高，均可降低植物对硒的利用率。克山病多分布于山区、丘陵及相邻平原地带，且多为温带、暖温带气候或半干旱、半湿润气候（郑达贤，1982）。克山病病区分布多呈灶状分布，各病区的病情轻重不一，重、中、轻型病区毗邻。

2. 时间分布

克山病年度发病率波动较大，有高发年、平年和低发年之分。高发年患者病死率高，高发年之间的时间间隔无明显周期性。20 世纪 50～80 年代克山病处于高发期，病区年发病率超过 0.05%，病死率超过 80%，对病区人民的生命与健康造成了极大威胁。1980 年后，该病呈散在发生，仅在局部地区流行，1990 年克山病发病率降至历史最低水平，截至 2019 年，94.2%的克山病病区已达到国家控制标准（孙殿军等，2019）。

不同地区急型、亚急型克山病的时间分布呈现季节性多发的特点，我国北方的克山病病区多为"冬季型"，发病集中于 11 月到翌年 2 月；西南部的克山病病区多为"夏季型"，发病集中于 6～9 月；而介于东北与西南之间的病区，如陕西、河南等病区多为"春季型"，发病集中于 4～5 月。

3. 人群分布

克山病多发于居住环境相对封闭的农业人口，病区非农业人口发病率明显低于农业人口。病区育龄妇女和儿童是高发人群，占发病人数的 3/4 以上。儿童克山病患者未见显著的性别差异。此外，克山病发病除明显的职业和年龄分布特征外，还有家庭聚集性现象。

近年来病区仅能检出潜在型及慢型克山病病例，但我们仍需关注高发年代遗留的病例。中国疾病预防控制中心地方病控制中心撰文指出，要继续加强地方病防治工作，持续消除克山病的危害，力争全国达到克山病消除标准。

6.6.3　克山病的病理改变

克山病的主要病理特征是心肌坏死，主要表现为心肌变性、坏死和瘢痕形成。现已证实在超微结构和分子水平上，克山病是一种以心肌线粒体损害为主要特征的原发性代谢性心肌疾病，核心病理机制是氧化损伤（李芳生等，1989），克山病主要病理改变如下所述。

1. 心脏的肉眼形态学观察

克山病患者心脏肉眼形态学观察主要为心脏扩张，体积增加，可达正常人心脏的 2～3 倍。严重者心脏呈球形，心前区隆起，胸廓变形，多见于慢型克山病患者。急型病人心脏扩张不明显，心肌色泽暗、弹性降低，心外膜及心内膜一般无异常。

2. 心肌光镜下的形态学改变

克山病患者心室壁光镜观察可见大小、形状不一的变性、坏死和纤维化相互交织的多发性病灶，一般多见于左心室和室间隔。心室病变程度高于心房，可累及心脏传导系统，诱发心律失常。光镜下可见心肌变性，肌纤维肿大，心肌纤维坏死。心肌细胞坏死包括两种方式，即液化性坏死和凝固性坏死，两种方式可混合存在。急型克山病以凝固性坏死为主，亚急型以液化性坏死为主并常伴有不同程度的继发性炎症反应（赵铁力等，1982）。

3. 心肌电镜下的形态学改变

电子显微镜下可见线粒体肿胀、变性和嵴分离，细胞核变形，核膜破裂和肌浆网扩张等。液化性坏死主要表现为心肌纤维肿胀，横纹模糊不清，线粒体高度肿胀形成多个小气泡，即心肌水泡变性或脂肪变性，导致心肌原纤维稀疏，胞核肿大，染色质边缘化，呈空泡状。凝固性坏死主要表现为染色质凝集，胞核固缩，线粒体结构紧密，可伴有不同程度的纤维修复瘢痕。组织化学分析发现此种病理改变与心肌细胞氧化还原系统障碍有关。

4. 其他脏器的病变

除心肌外，其他脏器也可受累，但病变程度较轻，多为淤血性改变，常见于骨骼肌、肺和胰腺等，儿童病例常伴有间质性肺炎。各脏器的淤血性改变及心脏代偿状态与克山病的病程有关。

6.6.4　克山病的临床表现

根据心功能的代偿状态将克山病分为急型、亚急型、慢型和潜在型四种类型，前三种为心功能失代偿型，潜在型为代偿型（王书建，1980）。

1. 急型克山病

多见于成人和大龄儿童，好发于冬天，多为原发性，也可在劳累、精神刺激等心脏负荷加重的诱因作用下发病。起病急，成人患者多表现为头晕、恶心和呕吐等，若救治得当及时，2/3 患者可以达到临床治愈，严重者多死于心源性休克、急性左心衰竭或严重的心律失常。若患者急性发病后出现水肿、肝肿大等体征，且 3 个月以上不消退者即由急型转为慢型。X 射线检查可见心脏向两侧扩大，肺纹理增粗。血常规检查可见白细胞计数增高，红细胞沉降率增快。心肌酶学检查可见血清中天冬氨酸转氨酶、磷酸肌酸激酶和乳酸脱氢酶活力均明显升高，且升高幅度与心肌损伤程度一致。

2. 亚急型克山病

亚急型克山病常见于 2～5 岁儿童，多发于夏秋季。患者临床表现为精神不振、面色苍白、发绀和呼吸急促。95%以上患儿心脏向两侧扩大，心动过速，舒张期奔马律，脉搏细弱，血压下降，尿量减少或无尿。亚急型克山病多在发病后 3 个月内恢复正常，超过 3 个月仍未缓解者转为慢型。少数患者可发生心源性休克，短期内发生急性心力衰竭，一般预后不良。X 射线检查可见心脏呈球状扩大，心底部增宽，血常规、心肌酶学和心电图检查与急型克山病基本相同，心电图检查多见 T 波改变，S-T 段抬高或压低等征象。

3. 慢型克山病

慢型克山病患者起病缓慢，可逐渐发病，小儿患者多由急型或亚急型转化而来。临床表现主要为慢性心功能不全，患者多表现为头晕、头疼、食欲不振、恶心呕吐、乏力、阵发性夜间呼吸困难、面部和下肢水肿。重症患者还可见全身水肿、肝脏淤血、颈静脉怒张、心包、胸腔及腹腔积液等。心尖部可闻及第一心音减弱和舒张期奔马律，心律失常以室性期前收缩及心房颤动最多见。X 射线检查可见心脏重度扩大，左侧可达左腋前线，右侧可达胸骨旁线。慢型克山病可急性发作，症状和体征与急型、亚急型基本相同，血常规、心肌酶学检查结果也与急型、亚急型结果相同，但若慢型克山病无急性发作，则血象、血沉和血清酶等指标显示正常或轻度异常，心电图检查可见房室传导阻滞、室性早搏及心房颤动等。

4. 潜在型克山病

潜在型克山病患者心肌病变较轻，心脏代偿功能良好，一般可参加劳动。多数起病即为潜在型，或由急型、亚急型及慢型转化而来。患者多无明显自觉症状，心脏正常或轻度增大。听诊心尖部可闻及第一心音减弱，心电图检查可见偶发性室性期前收缩或完全性右束支传导阻滞，或 T 波和 S-T 波改变。根据临床表现和心电图改变可将潜在型克山病分为稳定潜在型和不稳定潜在型两种类型，起病时即表现为潜在状态，为稳定潜在型，预后良好，由其他克山病类型转化而来的则为不稳定潜在型，预后较差。

6.6.5　克山病的诊断及鉴别诊断

目前克山病诊断尚无特异性诊断方法，可以结合流行病学特征、临床表现、X 射线及心电图等检查结果，排除其他疾病后综合诊断。流行病学特征是克山病区别于其他扩张型心肌病的主要依据。克山病患者多为病区农业人口中的育龄妇女和儿童，非病区人口移居至病区三个月以上发病者方可诊断。潜在型克山病因临床表现不明显，漏诊率较高。因此，克山病病区居民需定期进行心电图监测，以便及时诊断，真正做到早预防、早诊断和早治疗。

应注意将急型克山病与急性心肌炎、心肌梗死、感染、心源性休克以及中毒性休克等相鉴别。亚急型和慢型克山病应与扩张型心肌病、慢性心包炎、风湿性心瓣膜病及冠状动脉粥样硬化性心脏病等相鉴别。潜在型需与局灶性心肌炎、非梗阻性肥厚型心肌病等相鉴别。

6.6.6　克山病的治疗

1. 急型克山病

坚持早发现、早诊断、"就地治疗"的治疗原则，救治关键在于纠正心源性休克，处理急性肺水肿，缓解心律失常。大量临床实践证明，大剂量维生素 C 静脉注射可改善心肌营养代谢，改善心肌组织氧化应激状态，增强心肌收缩力，从而缓解休克，纠正心律失常。其次，配合使用其他药物，控制病情。病情控制后一个月内不可参加体力劳动，三个月后复查，防止急型转化为慢型。若急型转化为慢型后，应按慢型克山病进行后续治疗。

2. 亚急型、慢型克山病

亚急型、慢型克山病的临床表现均为充血性心力衰竭，因此，两者治疗原则基本一致。针对充血性心力衰竭可长期服用洋地黄或 β 受体阻断剂，同时限制钠盐摄入，还可配合使用利尿剂，预防感染、劳累和精神刺激等诱因，减轻心脏负担。对于有心律失常或其他临床症状的患者，可合理用药对症治疗。

3. 潜在型克山病

潜在型克山病一般心脏代偿性良好，无须治疗。应加强对患者的生活指导，预防各种发病诱因。对于不稳定潜在型患者应定期体检，发现异常及时处理，必要时可对症治疗。

6.6.7　克山病的预防措施

1. 建立健全三级预防网络

在病区建立健全防治机构，培训医务人员，大力宣传克山病防治知识，长期开展疾病监测、监督和疫情报告，做到早发现、早诊断、早治疗，对病情不稳定者定期随访观察。

2. 改善低硒环境

克山病是由生物地球化学因素、生产生活方式等原因共同导致的地方性疾病，需控制和消除诱发克山病的关键环节。因此，一则应改善生态环境，加强水土保持，控制土壤环境中硒元素流失，使用硒肥等措施，提高环境硒水平（李日邦等，1999）；二则促进乡村振兴，实现农村经济增长。

3. 预防诱发因素

劳累、感染及精神刺激等均为克山病的诱发因素。应开展健康教育，加强病区居民的健康生活意识，避免过度劳累，减少感染，合理解压，避免精神压力过大，维护健康的心功能状态。

4. 改善膳食结构

合理膳食，尽量摄入高硒食品，并且注意同时补充钙、碘、维生素 E 等营养因子，预防克山病的发生。

6.7　硒的营养学评价

6.7.1　生化检测

测定人全血、血浆、红细胞、发、尿、指（趾）甲等组织的硒含量均可评价人体营养状况。一般来说全血硒测定值高于血浆或血清硒值，血浆和血清硒含量测定结果近似。人体硒营养状态评定良好时血硒含量为 100~400 μg/L，且当人体血浆硒浓度低于 80 μg/L 时，出现硒缺乏状态，血硒值因各地区食物及环境含硒量的不同以及人们生活习惯的不同存在差异，老年人血硒值低于青壮年。另外，血浆硒可反映近期膳食硒摄入情况，红细胞硒则反映远期膳食硒摄入情况，发硒和指（趾）甲硒与血硒有良好的相关性，能反映较远期的硒状态，且采集样品方便，而尿硒则因采样不方便、影响因素多而很少使用。

6.7.2　谷胱甘肽过氧化物酶活性测定

硒是谷胱甘肽过氧化物酶的重要组成部分，谷胱甘肽过氧化物酶是硒在体内的活性形式。红细胞中谷胱甘肽过氧化物酶活性占全血谷胱甘肽过氧化物酶活性的 90% 以上，因此可用红细胞谷胱甘肽过氧化物酶活性表示机体硒营养状况，但是此法只适用于低硒营养人群，因当血硒含量达 0.1 mg/L 时，谷胱甘肽过氧化物酶的活性会达到饱和状态，不再随硒含量升高而升高。

6.7.3　其他营养学评价指标

血浆硒蛋白酶 P、某些组织的硒蛋白酶 W、硫氧还蛋白还原酶等也可作为人体硒营养的评价指标。

6.8　合理补硒

膳食营养素推荐供给量（recommended dietary allowance，RDA）定义了平均每日摄入量，并满足 97.5%健康人群的需求，是合理补硒的最常用指标。1989 年世界卫生组织确定硒的膳食营养素推荐供给量，女性为 50 μg，男性为 70 μg。2000年美国国立卫生研究院（National Institutes of Health，NIH）建议，成人硒的膳食营养素推荐供给量为 55 μg；北欧国家推荐女性 50 μg，男性 60 μg；德国、澳大利亚推荐女性 60 μg，男性 70 μg；英国推荐女性 60 μg，男性 75 μg；日本推荐女性 25 μg，男性 30 μg。2018 年颁布的《中国居民膳食营养素参考摄入量　第 3 部分：微量元素》（WS/T 578.3—2017）中指出成人每天硒平均需要量为 50 μg，推荐摄入量为 60 μg。

研究人员对各类食品的硒含量进行了大量调查，结果表明肉类食品中含硒量高于植物性食品（喻大松，2015；高婧，2010），其中海产品和动物内脏的硒含量最高，如鱼子酱、海参、猪肾等，而蔬菜、水果含硒量较低。人体所需的硒大多来自食物（王磊等，2015），因此可以通过改变膳食结构，合理膳食补硒，也可通过其他方法补充硒。目前常采用的补硒方式有：① 增加食物多样性，多食用鱼类、肉类、蛋类等富硒食物；② 摄入硒生物营养强化的补硒产品（包括天然硒生物营养强化、农艺措施硒生物营养强化和育种或基因技术硒生物营养强化）；③ 通过补硒剂补充人体硒；④ 通过膳食补充剂摄入硒。

半个多世纪以来，我国克山病科研人员艰苦奋斗，攻坚克难，在防治危害人民健康重大疾病——克山病中创造出了举世瞩目的研究成果，受到国际微量元素界的重视，挽救了大量患者生命，实现了克山病预防和治疗的重大突破，同时也揭开了硒与人体健康关系研究的新篇章。

参 考 文 献

曹丹阳, 周令望, 曾宪惠, 等. 2002. 柯萨奇病毒 B4′致低硒鼠心肌损伤的实验研究. 中国地方病学杂志, 21(2): 100-102.

曹冬梅. 2010. 硒和维生素 E 对病毒致病性的影响. 中国畜牧杂志, 46(10): 62-63, 67.

陈健. 2019. 克山病病情现状和病因学进展. 临床医药文献电子杂志, 6(28): 191, 194.

陈奇言, 马思佳, 陈锦瑶, 等. 2017. 体内 Pig-a 基因突变试验检测亚硒酸钠的致突变作用. 现代预防医学, 44(15): 2797-2801.

程兆东, 王喜东. 2017. 硒的自然分布及植物对硒的吸收转运转化机制研究进展. 江西农业, (13): 71-73.

杜莹, 刘晓丹. 2007. 微量元素硒的研究进展. 微量元素与健康研究, 24(3): 56-58.

樊荟慧, 宾石玉, 蒋桂韬. 2018. 硒蛋白生理功能及其在畜禽生产中的应用. 饲料广角, (4): 36-38.

高婧. 2010. 中国典型高硒与硒缺乏区硒营养摄入规律研究. 合肥: 中国科学技术大学.

郭荣富, 张曦, 陈克嶙. 2000. 微量元素硒代谢及硒蛋白基因表达调控最新研究进展. 微量元素与健康研究, 17(1): 62-65.

韩真真, 李楠, 郭丽丽, 等. 2014. 两种黄芩苷眼用制剂防治硒性白内障作用研究. 天津中医药大学学报, 33(3): 164-167.

黄文峰. 2020. 硒和硒蛋白对动物免疫作用的研究进展. 饲料研究, 43(5): 103-105.

纪庆宪, 刘源, 王林, 等. 2004. 山东省部分克山病病区与非病区外环境硒水平检测分析. 预防医学文献信息, 10(3): 295.

李芳生, 关金阳, 邹黎明, 等. 1989. 克山病心肌线粒体膜氧化损伤的实验研究及其发病学意义. 中国地方病学杂志, 8(5): 278-285.

李日邦, 谭见安, 王五一, 等. 1999. 提高食物链硒通量防治大骨节病和克山病示范研究. 地理学报, 54(2): 158-164.

苗政, 李景南. 2013. 硒: 遏制肿瘤, 多途径、多机制. 大众医学, (8): 47.

倪银星, 张素华. 2002. 硒与糖尿病. 重庆医科大学学报, 27(3): 366-368.

潘利斌, 范辉政, 蒋建东, 等. 2017. 微量元素硒的体内过程及生物学效应研究进展. 药学学报, 52(12): 1849-1858.

彭双清, 杨进生. 1994. 串珠镰刀菌素对心肌细胞动作电位的影响及硒的保护作用. 卫生毒理学杂志, (4): 291.

彭耀湘, 陈正法. 2007. 硒的生理功能及富硒水果的开发利用. 农业现代化研究, 28(3): 381-384.

孙殿军, 高彦辉, 刘辉. 2019. 中国 70 年地方病防治成效及展望. 中国公共卫生, 35(7): 793-796.

汤小朋, 陈磊, 熊康宁, 等. 2019. 硒蛋白—哺乳动物谷胱甘肽过氧化物酶家族研究进展. 生命的化学, 39(6): 1076-1081.

仝宗喜, 康世良, 武瑞. 2002. 硒及硒蛋白生物学作用的研究进展. 动物医学进展, 23(6): 17-19.

王磊, 杜菲, 孙卉, 等. 2015. 人体硒代谢与硒营养研究进展. 生物技术进展, 5(4): 285-290.

王立平, 唐德剑, 沈亚美, 等. 2020. 硒的营养缺乏现状及补充方式. 食品工业, 41(1): 339-343.

王美珠, 章明奎. 1996. 我国部分高硒低硒土壤的成因初探. 浙江农业大学学报, 22(1): 89-93.

王书建. 1980. 克山病的临床表现及分型. 河南赤脚医生, (2): 17-18.

相有章, 王秀红, 张文静, 等. 2012. 克山病发病相关因素对病区居民患病情况的影响. 中国地方病防治杂志, 27(2): 97-100.

徐光禄, 程静毅, 洪善扬, 等. 1981. 陕西省克山病与动物缺硒病分布关系的调查. 中华预防医学杂志, 15(3): 136-139.

许月明, 张爽, 许凌凌, 等. 2018. 硒与人体健康. 科技视界, (14): 135-136.

颜超, 方位, 李小平, 等. 2017. 克山病病情现状和病因学进展. 心血管病学进展, 38(2): 225-229.

杨光圻, 荫士安, 顾履珍, 等. 1990. 硒的人体最大安全摄入量研究 六、硒的最高界限摄入量和最大安全摄入量. 卫生研究, 19(5): 25-29, 56.

杨海滨, 邓敏, 盛中雷, 等. 2014. 土壤中硒元素研究进展. 南方农业, 8(22): 36-39, 44.

杨建伯. 2012. 克山病发生的原因、条件和相关因素. 中国地方病学杂志, 31(5): 499-505.

喻大松. 2015. 陕西紫阳和青海平安富硒环境中硒分布特征及其对人体健康的影响. 杨凌: 西北农林科技大学.

袁丽君, 袁林喜, 尹雪斌, 等. 2016. 硒的生理功能、摄入现状与对策研究进展. 生物技术进展, 6(6): 396-405.

詹兴中. 2017. 羊硒缺乏症的发病原因、临床表现及防治措施. 现代畜牧科技, (7): 120.

张爱君. 2008. 硒对砷毒性的拮抗作用. 中国地方病防治杂志, 23(1): 32-34.

张勇胜, 李仁兰, 刘妍, 等. 2018. 硒对人体健康作用的研究进展. 内科, 13(4): 623-625, 662.

赵铁力, 崔玉兰, 孙建纯, 等. 1982. 克山病病理及发病机制研究的进展. 中国地方病学杂志, (3): 52-53, 51.

郑达贤. 1982. 我国克山病的气候流行病学特征. 中国地方病学杂志, 1(1): 13-18.

郑世杰, 余日安, 刘小立, 等. 2013. 硒吸收和转运机制研究进展. 中国职业医学, 40(5): 456-460.

中国科学院地理研究所环境与地方病研究组. 1988. 我国低硒带和克山病、大骨节病病因研究. 中国科学院院刊, 3(1): 54-60.

中华人民共和国地方病与环境图集编纂委员会. 1989. 中华人民共和国地方病与环境图集. 北京: 科学出版社.

周继昌, 雷新根. 2012. 硒、硒蛋白及其与糖尿病、血脂异常的最新进展. 生命科学, 24(8): 881-891.

邹宁, 万汇涓, 刘红, 等. 2003. 硒、维生素 E、锌与低硒、富锰引起大鼠心肌损伤的关系. 中国地方病学杂志, 22(2): 126-127.

Arakawa T, Deguchi T, Sakazaki F, et al. 2013. Supplementary seleno-L-methionine suppresses active cutaneous anaphylaxis reaction. Biological and Pharmaceutical Bulletin, 36(12): 1969-1974.

Bulteau A L, Chavatte L. 2015. Update on selenoprotein biosynthesis. Antioxidants & Redox Signaling, 23(10): 775-794.

Chen Y C, Prabhu K S, Das A, et al. 2013. Dietary selenium supplementation modifies breast tumor growth and metastasis. International Journal of Cancer, 133(9): 2054-2064.

Gray P C, Tibbs V C, Catterall W A, et al. 1997. Identification of a 15-kDa cAMP-dependent protein kinase-anchoring protein associated with skeletal muscle L-type calcium channels. Journal of Biological Chemistry, 272(10): 6297-6302.

Korotkov K V, Kumaraswamy E, Zhou Y, et al. 2001. Association between the 15-kDa selenoprotein and UDP-glucose: glycoprotein glucosyltransferase in the endoplasmic reticulum of mammalian cells. Journal of Biological Chemistry, 276(18): 15330-15336.

Labunskyy V M, Hatfield D L, Gladyshev V N. 2014. Selenoproteins: molecular pathways and physiological roles. Physiological Reviews, 94(3): 739-777.

Legrain Y, Touat-Hamici Z, Chavatte L. 2014. Interplay between selenium levels, selenoprotein expression, and replicative senescence in WI-38 human fibroblasts. Journal of Biological Chemistry, 289(9): 6299-6310.

Schrauzer G N. 2000. Selenomethionine: a review of its nutritional significance, metabolism and toxicity. The Journal of Nutrition, 130(7): 1653-1656.

Thiry C, Ruttens A, Pussemier L, et al. 2013. An in vitro investigation of species-dependent intestinal transport of selenium and the impact of this process on selenium bioavailability. British Journal of Nutrition, 109(12): 2126-2134.

Turanov A A, Xu X M, Carlson B A, et al. 2011. Biosynthesis of selenocysteine, the 21st amino acid in the genetic code, and a novel pathway for cysteine biosynthesis. Advances in Nutrition, 2(2): 122-128.

第 7 章 硒与肝脏疾病

硒具有广泛的生物学作用，包括抗氧化、抗衰老、抗病毒、抗菌、免疫调控、缓解重金属毒性、提高 DNA 修复能力、提高红细胞携氧能力、保护肝脏、促进生长、保护视力等。硒还参与辅酶 Q 的生物合成，促进丙酮酸脱羟，加强 α-酮戊二酸氧化酶系统的活性，促进三羟酸循环，调节机体的生长发育和物质能量代谢（Smyth and Duntas, 2020）。因此，缺硒与多种疾病相关，硒缺乏能导致克山病、大骨节病等地方病；硒缺乏还与抗氧化功能相关的疾病、激素调节相关的疾病以及炎症性疾病等有关（Rayman, 2020）。肝脏是体内重要的代谢器官，容易受到外界各种刺激而损伤，本章重点探讨硒对肝损伤的保护作用。

7.1 硒在肝脏中的转运与代谢

硒化合物的生物活性通过其代谢物发挥作用。硒经肠道被吸收后，进入血液，与白蛋白结合并从门静脉进入肝脏被进一步代谢或者合成硒蛋白。肝脏是体内硒平衡的关键器官，也是人体硒含量最丰富的器官。肝脏中合成的硒蛋白 P 分泌后进入血液，输送到周围组织。硒充足时肝脏主要通过合成硒蛋白 P 来保留硒，因此硒蛋白 P 是需求量最大的硒蛋白（Hill et al., 2012）。在不同组织中硒蛋白的表达具有明显差异（Rayman, 2012）。大多数硒蛋白发挥抗氧化作用，参与氧化还原调节或甲状腺激素代谢。很多组织中谷胱甘肽过氧化酶1（glutathione peroxidase 1，GPx1）比谷胱甘肽过氧化酶 2（glutathione peroxidase 2，GPx2）对低浓度硒更敏感；硒缺乏时，肝脏中谷胱甘肽过氧化酶 4（glutathione peroxidase 4，GPx4）比心脏中谷胱甘肽过氧化酶 4（GPx4）敏感；脱碘酶在肝脏中比在甲状腺中对硒缺乏更敏感（Méplan and Hesketh, 2014）。

7.2 硒缓解重金属引起的肝中毒

尽管铜、铁、锌等重金属是生命活动所需要的微量元素，但有些重金属并非生命活动所必需，而且所有重金属超过一定浓度都对人体有害。重金属中毒主要伤害肝脏、肾脏和心脏，大部分毒性反应为急性期的恶心、呕吐、腹痛和其他胃肠道症状。并发症包括低血压、昏迷、溶血、急性肾衰竭和抽搐。慢性中毒主要是慢性器官损伤。

六价铬 [Cr（Ⅵ）] 具有明显的肝毒性。Wang 等（2017）给肉鸡口服六价铬以及不同剂量的亚硒酸钠，六周后发现六价铬单独处理组肉鸡丙二醛（malondialdehyde，MDA）含量增加，谷胱甘肽（glutathione，GSH）、总超氧化物歧化酶（total superoxide dismutase，T-SOD）活性、Ca^{2+}-ATP（三磷酸腺苷）酶活性以及线粒体膜电位降低，不同剂量的亚硒酸钠干预则明显改善了上述指标。此外，组织病理学检查也显示六价铬可引起肝损伤，补硒可抑制肝损伤。在 Liu 等（2018）的实验中，重铬酸钾（$K_2Cr_2O_7$）单独处理五周后肉鸡肝组织有明显的促凋亡，肉鸡饲喂同时添加了纳米硒的饲料使肝脏 BCL2-Associated X 的蛋白质（Bax）和含半胱氨酸的天冬氨酸蛋白水解酶-3（cysteinyl aspartate specific proteinase-3，Caspase-3）mRNA 表达水平显著降低、B 淋巴细胞瘤-2（B-cell lymphoma，Bcl-2）mRNA 表达水平显著升高。蛋白质印迹法（western blot）分析进一步证实了实时反转录定量聚合酶链反应（real-time quantitative polymerase chain reaction，RT-qPCR）结果。因此，纳米硒可以减缓六价铬引起的肝细胞凋亡和肝损伤，是一种重要的细胞凋亡保护剂。Luo 等（2019）的实验同样证明了纳米硒可以通过降低鸡肝脏中上调基因脂肪酸合酶 FASN（fatty acid synthase）的表达，增强下调基因酰基辅酶 A 氧化酶 1 ACOX1（acyl-coenzyme A oxidase 1）的表达，减轻六价铬诱导的鸡肝脏脂肪酸代谢异常。

El-Boshy 等（2015）的研究发现，给予大鼠含镉饮用水 30 天后大鼠血清中白细胞介素（interleukin, IL）-1β、肿瘤坏死因子（tumor necrosis factor, TNF）-α、白细胞介素-6（IL-6）和白细胞介素-10（IL-10）含量显著增加，此外，谷胱甘肽水平、过氧化氢酶（catalase, CAT）、超氧化物歧化酶（superoxide dismutase，SOD）和谷胱甘肽过氧化物酶（glutathione peroxidase, GSH-Px）活性均显著降低，而脂质过氧化物丙二醛活性升高。肝、肾损伤标志物——天冬氨酸转氨酶（aspartate aminotransferase, AST）、丙氨酸转氨酶（alanine aminotransferase, ALT）、尿素及肌酐活性显著升高，血浆总蛋白、白蛋白活性显著降低。另外，亚硒酸钠处理组大鼠的谷胱甘肽、过氧化氢酶、谷胱甘肽过氧化物酶活性明显升高，淋巴细胞计数下降，白细胞介素-10 下降。因此硒具有对抗镉所致大鼠免疫抑制及肝肾氧化损伤的作用，具有良好的抗镉毒性作用。镉通过线粒体凋亡通路诱导了一氧化氮介导的凋亡。Zhang 等（2017）单独或一起给予母鸡氯化镉和亚硒酸钠三个月，发现镉处理显著提高了肝脏一氧化氮水平和诱导型一氧化氮合酶（inducible nitric oxide synthase，iNOS）活性，启动了线粒体凋亡途径。同时硒干预则降低了肝脏一氧化氮水平和诱导型一氧化氮合酶活性，并下调了诱导型一氧化氮合酶，半胱氨酸天冬氨酸蛋白水解酶-3（Caspase-3），Bax 以及细胞色素 C（cytochrome C，Cyt-C）基因和蛋白表达水平，从而显著缓解了肝脏的毒性作用。Wang 等（2020）用富硒酵母和（或）氯化镉饲料喂养肉鸡四个月，镉导致的肝损伤被富硒酵母所

缓解，表现为调节氧化应激、免疫反应和热休克蛋白的表达。Abu-El-Zahab 等
（2019）的研究也表明连续 30 天经口给予左旋肉碱和氯化硒，均能降低氯化镉诱
导的丙氨酸转移酶（ALT）和天冬氨酸转氨酶（AST）水平升高和改善氧化应激，
而且具有协同作用，因此左旋肉碱和氯化硒均能抑制小鼠肝脏损伤，改善氧化还
原状态。

　　砷是一种有毒有害的类金属元素，氧化应激是无机砷中毒的主要机制。硒除
了通过抗氧化酶发挥其抗砷毒性的作用外，还能通过激活在细胞抗氧化防御机制
中发挥关键作用的转录因子——核因子 E2 相关因子 2（nuclear factor-erythroid
2-related factor 2，Nrf2）通路减轻砷毒性（Zwolak，2020）。大鼠经口染毒亚砷酸
钠三周肝脏明显受损，表现为显著升高血丙氨酸转移酶、天冬氨酸转氨酶、丙二
醛、晚期氧化蛋白产物、一氧化氮和白细胞介素-6，并降低了硫氧还蛋白还原酶
活性、总抗氧化能力和核因子 E2 相关因子 2 的基因表达，同时给予亚硒酸钠则
显著改善了以上指标（Shafik and El Batch，2016）。Krohn 等（2016）用 0.2 mg/L
砷饮水诱导 ApoE$^{-/-}$ 小鼠动脉粥样硬化，并分别喂饲硒缺乏（0.009 mg/kg）、硒充
足（0.16 mg/kg）和硒强化（0.3 mg/kg）扁豆饲料，13 周后硒强化明显减少了动
脉窦的斑块，硒充足和硒强化的扁豆显著降低肝脏还原性谷胱甘肽和升高氧化性
谷胱甘肽，因此硒在逆转砷致肝脏氧化应激反应中起到重要作用。

　　汞也能导致肝中毒。Joshi 等（2014）研究发现，急性氯化汞腹腔注射引起
SD 大鼠（大鼠的一个品系）肝损伤，肝脏和肾脏的汞含量也明显升高，丙二醛
水平显著升高，谷胱甘肽、超氧化物歧化酶和过氧化氢酶活性降低。硒和（或）
N-乙酰半胱氨酸可防止生物膜氧化损伤，使肝脏免受金属介导的自由基攻击。在
Jihen 等（2008）的实验中，亚硒酸钠和氯化锌对镉诱导的雄性 Wistar 白化大鼠
（大鼠的一个品系）肝脏结构损伤有协同保护作用，但对肾脏结构损伤无协同保
护作用。

7.3　硒对非酒精性脂肪性肝病的影响

　　非酒精性脂肪性肝病（non-alcoholic fatty liver disease，NAFLD）是指除酒精
和其他明确的损肝因素所致的肝实质细胞内脂肪过度沉积为主要特征的临床病理
综合征。随着肥胖、胰岛素抵抗及其相关代谢综合征流行趋势全球化，非酒精性
脂肪性肝病已成为世界范围内最突出的慢性肝病之一，影响着全球超过 5 亿的人
口，是严重的全球公共卫生问题。

　　在 Mousavi 等（2018）和 Shidfar 等（2018）的动物实验中，雄性 SD 大鼠每
日灌胃硫酸锌和亚硒酸钠溶液 20 周，可改善血清脂质状况，减少肝脏脂质积累，
从而可改善非酒精性脂肪性肝病。Liu 等（2015）用四氯化碳诱导的肝纤维化模

型，富硒益生菌喂饲 7 周可以通过减轻小鼠的肝氧化应激、抑制肝炎症和诱导肝星状细胞凋亡，从而保护肝纤维化。Wang 等（2014）发现，在 2 型糖尿病组小鼠饲料中添加硒酸盐干预 9 周可以通过增加胰岛素分泌来降低高血糖。然而，长期高胰岛素血症最终导致抗氧化防御能力下降，从而加剧脂肪肝的恶化。因此补充硒酸盐可显著增加 2 型糖尿病组小鼠的肝脂积累。Zhao 等（2016）给猪饲喂添加了富硒酵母的玉米豆粕基础饲料，干预 11 周后发现，含硒量为 3.0 mg/kg 的饲粮较含硒量为 0.3 mg/kg 的饲粮更能提高猪的肝脏脂质浓度。Chadio 等（2015）采用含硒代蛋氨酸锌配合物（ZnSeMet）的饲料饲喂肉鸡 6 周，含硒代蛋氨酸锌配合物组能量摄入增加，但不影响肉鸡生长速度和甲状腺激素代谢，但肝脏脂肪酸含量和谷胱甘肽过氧化物酶活性增加。

目前尚缺少高质量的硒与非酒精性脂肪性肝病关系的人群研究资料（Polyzos et al., 2020）。Guo 等（2013）比较了有无非酒精性脂肪性肝病的丙肝患者的血生化指标，发现非酒精性脂肪性肝病的丙肝患者血浆 Se、Zn 和 Cu 等微量元素更低。Yang 等（2016）收集了 8550 名年龄大于 40 岁的上海人群数据，对其血浆硒水平进行 4 分位，与血硒最低组比较，最高组的非酒精性脂肪性肝病患病率显著增加（比值比（odd ratio, OR）= 1.54，95%置信区间（confidence interval, CI）1.13～2.18）。Wu 等（2020）分析了 5436 名体检人群的资料，用膳食频率法调查硒摄入量并进行 5 分位，调整混杂因素后发现最高摄入组的非酒精性脂肪性肝病患病率显著上升（OR = 2.45, 95% CI 1.90～3.15），并且硒摄入量与非酒精性脂肪性肝病患病率具有剂量反应关系。以上两个中国人群的研究均为横断面设计，不能得到硒水平和非酒精性脂肪性肝病之间的因果关系。另外，Yang 等（2016）的研究没有进行膳食调查，因此无法评估膳食硒和血浆硒的关系。而 Wu 等（2020）的膳食调查没有考虑膳食补充剂中硒的贡献，对结果也造成影响。来自美国国家健康与营养调查（The National Health and Nutrition Examination Survey，NHANES）2011～2016 年的横断面研究则发现，血清硒> 130 μg/L 的人群，硒水平与非酒精性脂肪性肝病呈正相关，血清硒< 130 μg/L 的人群中两者没有关联（Wang et al., 2021）。把非酒精性脂肪性肝病 III 期人群中非酒精性脂肪性肝病患者 4 分位，与血硒最低组比较，最高组的晚期肝纤维化患病率显著降低（OR = 0.55, 95% CI 0.32～0.94）（Reja et al., 2020）。

7.4　硒对其他肝脏疾病的保护作用

在一定剂量下，酒精、化疗药物、除草剂等都会引起不同程度的肝毒性。González-Reimers 等（2013）用 Lieber-DeCarli 酒精液体饲料（含 36%乙醇）喂养大鼠 5 周后，发现其肝细胞面积和脂肪积累增加。而饮用水中添加硒代蛋氨酸使血清和肝硒含量显著增加，同时提高了谷胱甘肽过氧化物酶活性，降低了肝细胞面积和肝脂肪量，因此以硒代蛋氨酸的形式添加到大鼠饮食中的硒可以防止乙醇介导的肝损伤早期迹象的出现。Fu 等（2018）用富硒螺旋藻干预经酒精处理的人正常肝脏细胞（HL-7702），发现富硒螺旋藻能显著提高细胞存活率，降低 *p53*（一种肿瘤抑制基因，tumor suppressor gene）、半胱氨酸天冬氨酸蛋白水解酶-3（Caspase-3）、微管相关蛋白 1 轻链 3（microtubule associated protein 1 light chain 3，LC3）和半胱氨酸天冬氨酸蛋白水解酶-1（Caspase-1）表达，提高 p70S6 激酶（p70S6 kinase，p70S6K）表达，调节自噬和凋亡；动物实验也验证富硒螺旋藻逆转了酒精所致小鼠肝脏谷胱甘肽过氧化物酶和超氧化物歧化酶活性，改善了肝功能。Adali 等（2019）研究发现，与单纯酒精干预组相比，臭氧和（或）硒干预降低了天冬氨酸转氨酶水平，改善了血清和组织中总氧化剂和抗氧化剂水平，根据组织病理学也证实臭氧和（或）硒干预可以减少肝脏损伤。

化疗药物环磷酰胺通过氧化应激诱导肝细胞坏死，Li 等（2020）研究发现亚硒酸钠可能通过提高雄性马岗鹅抗氧化酶的活性，降低活性氧（reactive oxygen species，ROS）的含量，抑制化疗药物环磷酰胺诱导的氧化应激，从而抑制肝细胞坏死、染色体畸变、微核形成和 DNA 损伤。痤疮治疗药物异维 A 酸易引起肝脏氧化应激，Saied 和 Hamza（2014）用异维 A 酸和（或）Se 灌胃大鼠 4 周，发现硒减低了异维 A 酸引起血清天冬氨酸转氨酶、丙氨酸转移酶及碱性磷酸酶（alkaline phosphatase，ALP）水平的升高，并改善了氧化应激状态。Goda 等（2019）用正常日粮和缺硒日粮饲喂大鼠，经 4 周预喂养后在缺硒日粮饲喂的大鼠饮水中添加丁硫氨酸-亚砜亚胺，建立正常大鼠和 Se/GSH$^{(-)}$大鼠，丁硫氨酸-亚砜亚胺治疗两天后连续给予氟他胺五天诱导药物性肝损伤，第 5 周发现 Se/GSH$^{(-)}$大鼠血浆丙氨酸转移酶、总胆红素及谷氨酸脱氢酶显著升高，肝脏谷胱甘肽过氧化酶 1 及谷胱甘肽显著降低，间接说明硒在保护药物性肝损伤方面起到重要作用。

2,4-二氯苯氧乙酸（2,4-D）是一种人工合成的植物生长激素，是主要除草剂品种之一，但其肝肾毒性不容忽视。Tichati 等（2020）连续 4 周用 2,4-D 灌胃导致大鼠肝功能标志物（天冬氨酸转氨酶、丙氨酸转移酶、碱性磷酸酶）的表达水平升高，肝脏抗氧化酶[谷胱甘肽、谷胱甘肽 S 移换酶（glutathione S-transferase，GST）、过氧化氢酶、超氧化物歧化酶、谷胱甘肽过氧化物酶]含量显著降低，饮水中同时给予亚硒酸钠则显著改善了以上指标，说明硒可通过有效抗自由基的作用降低 2,4-D 所致的肝毒性。Jebur 等（2014）用氟氯氰菊酯诱导肝脏氧化损伤，随后用亚硒酸钠干预 30 天后改善了肝脏氧化损伤，肝脏天冬氨酸转氨酶、丙氨酸转移酶、碱性磷酸酶和乳酸脱氢酶水平甚至恢复正常。Milošević 等（2018）也发现亚硒酸钠和维生素 C 联合干预 4 周能显著缓解杀螟松诱导的大鼠肝脏氧化应激的损伤。Jia 等（2019）还发现富硒萝卜芽能显著改善四氯化碳所致肝损伤，表现为提高抗氧化能力、降低炎症反应和细胞凋亡。

7.5　总结与展望

动物研究显示硒对六价铬、镉、酒精、某些药物和除草剂引起的肝损伤具有一定的保护作用。但是在干预手段上，以亚硒酸钠居多，建议关注有机硒在各种肝损伤中的作用。在硒和非酒精性脂肪性肝关系上，动物实验没有得出一致的结论，人群横断面研究显示血硒水平和食物硒摄入量高增加了患病率，因此需要进一步的队列研究和随机对照研究加以验证。

参 考 文 献

Abu-El-Zahab H S H, Hamza R Z, Montaser M M, et al. 2019. Antioxidant, antiapoptotic, antigenotoxic, and hepatic ameliorative effects of L-carnitine and selenium on cadmium-induced hepatotoxicity and alterations in liver cell structure in male mice. Ecotoxicology and Environmental Safety, 173: 419-428.

Adali Y, Eroğlu H A, Makav M, et al. 2019. Efficacy of ozone and selenium therapy for alcoholic liver injury: an experimental model. In Vivo, 33(3): 763-769.

Chadio S E, Pappas A C, Papanastasatos A, et al. 2015. Effects of high selenium and fat supplementation on growth performance and thyroid hormones concentration of broilers. Journal of Trace Elements in Medicine and Biology, 29: 202-207.

El-Boshy M E, Risha E F, Abdelhamid F M, et al. 2015. Protective effects of selenium against cadmium induced hematological disturbances, immunosuppressive, oxidative stress and hepatorenal damage in rats. Journal of Trace Elements in Medicine and Biology, 29: 104-110.

Fu X, Zhong Z W, Hu F, et al. 2018. The protective effects of selenium-enriched Spirulina platensis on chronic alcohol-induced liver injury in mice. Food & Function, 9(6): 3155-3165.

Goda K, Muta K, Yasui Y, et al. 2019.Selenium and glutathione-depleted rats as a sensitive animal model to predict drug-induced liver injury in humans. International Journal of Molecular Sciences, 20(13): 3141.

González-Reimers E, Monedero-Prieto M J, González-Pérez J M, et al. 2013. Relative and combined effects of selenium, protein deficiency and ethanol on hepatocyte ballooning and liver steatosis. Biological Trace Element Research, 154(2): 281-287.

Guo C H, Chen P C, Ko W S. 2013. Status of essential trace minerals and oxidative stress in viral hepatitis C patients with nonalcoholic fatty liver disease. International Journal of Medical Sciences, 10(6): 730-737.

Hill K E, Wu S, Motley A K, et al. 2012. Production of selenoprotein P(Sepp1) by hepatocytes is central to selenium homeostasis. Journal of Biological Chemistry, 287(48): 40414-40424.

Jebur A B, Nasr H M, El-Demerdash F M. 2014. Selenium modulates β-cyfluthrin-induced liver oxidative toxicity in rats. Environmental Toxicology, 29(11): 1323-1329.

Jia L, Wang T, Sun Y, et al. 2019. Protective effect of selenium-enriched red radish sprouts on carbon tetrachloride-induced liver injury in mice. Journal of Food Science, 84(10): 3027-3036.

Jihen E H, Imed M, Fatima H, et al. 2008. Protective effects of selenium(Se)and zinc(Zn)on cadmium(Cd)toxicity in the liver and kidney of the rat: Histology and Cd accumulation. Food and Chemical Toxicology, 46(11): 3522-3527.

Joshi D, Mittal D K, Shukla S, et al. 2014. N-acetyl cysteine and selenium protects mercuric chloride-induced oxidative stress and antioxidant defense system in liver and kidney of rats: a histopathological approach. Journal of Trace Elements in Medicine and Biology, 28(2): 218-226.

Krohn R M, Lemaire M, Negro Silva L F, et al. 2016. High-selenium lentil diet protects against arsenic-induced atherosclerosis in a mouse model. The Journal of Nutritional Biochemistry, 27: 9-15.

Li B X, Li W Y, Tian Y B, et al. 2020. Selenium-alleviated hepatocyte necrosis and dna damage in cyclophosphamide-treated geese by mitigating oxidative stress. Biological Trace Element Research, 193(2):508-516.

Liu X T, Rehman M U, Mehmood K, et al. 2018. Ameliorative effects of nano-elemental selenium against hexavalent chromium-induced apoptosis in broiler liver. Environmental Science & Pollution Research, 25(16): 15609-15615.

Liu Y H, Liu Q, Ye G P, et al. 2015. Protective effects of selenium-enriched probiotics on carbon tetrachloride-induced liver fibrosis in rats. Journal of Agricultural and Food Chemistry, 63(1): 242-249.

Luo M, Huang S C, Zhang J L, et al. 2019. Effect of selenium nanoparticles against abnormal fatty acid metabolism induced by hexavalent chromium in chicken's liver. Environmental Science and Pollution Research, 26(21): 21828-21834.

Méplan C, Hesketh J. 2014. Selenium and cancer: a story that should not be forgotten-insights from genomics. Cancer Treatment and Research, 159: 145-166.

Milošević M D, Paunović M G, Matić M M, et al. 2018. Role of selenium and vitamin C in mitigating oxidative stress induced by fenitrothion in rat liver. Biomedicine & Pharmacotherapy, 106: 232-238.

Mousavi S N, Faghihi A, Motaghinejad M, et al. 2018. Zinc and selenium co-supplementation reduces some lipid peroxidation and angiogenesis markers in a rat model of NAFLD-fed high fat diet. Biological Trace Element Research, 181(2): 288-295.

Polyzos S A, Kountouras J, Goulas A, et al. 2020. Selenium and selenoprotein P in nonalcoholic fatty liver disease. Hormones, 19(1): 61-72.

Rayman M P. 2012. Selenium and human health. The Lancet, 379(9822): 1256-1268.

Rayman M P. 2020. Selenium intake, status, and health: a complex relationship. Hormones, 19(1): 9-14.

Reja M, Makar M, Visaria A, et al. 2020. Increased serum selenium levels are associated with reduced risk of advanced liver fibrosis and all-cause mortality in NAFLD patients: National Health and Nutrition Examination Survey(NHANES)III. Annals of Hepatology, 19(6): 635-640.

Saied N M, Hamza A A. 2014. Selenium ameliorates isotretinoin-induced liver injury and dyslipidemia via antioxidant effect in rats. Toxicology Mechanisms and Methods, 24(6):433-437.

Shafik N M, El Batsh M M. 2016. Protective effects of combined selenium and *Punica granatum* treatment on some inflammatory and oxidative stress markers in arsenic-induced hepatotoxicity in rats. Biological Trace Element Research, 169(1): 121-128.

Shidfar F, Faghihi A, Amiri H L, et al. 2018. Regression of nonalcoholic fatty liver disease with zinc and selenium co-supplementation after disease progression in rats. Iranian Journal of Medical Sciences, 43(1): 26-31.

Smyth P P A, Duntas L H. 2020. 50 years of the ETA: "the selenium connection". Hormones, 19(1): 3-7.

Tichati L, Trea F, Ouali K. 2020. Potential role of selenium against hepatotoxicity induced by 2, 4-dichlorophenoxyacetic acid in albino wistar rats. Biological Trace Element Research, 194(1): 228-236.

Wang C Q, Yang S L, Zhang N B, et al. 2014. Long-term supranutritional supplementation with selenate decreases hyperglycemia and promotes fatty liver degeneration by inducing hyperinsulinemia in diabetic db/db mice. PLoS One, 9(7): e101315.

Wang X, Seo Y A, Park S K. 2021. Serum selenium and non-alcoholic fatty liver disease(NAFLD)in U.S. adults: national Health and Nutrition Examination Survey (NHANES) 2011—2016. Environmental Research, 197: 111190.

Wang Y, Liu J F, Chen R, et al. 2020. The antagonistic effects of selenium yeast(SeY)on cadmium-induced inflammatory factors and the heat shock protein expression levels in chicken livers. Biological Trace Element Research, 198(1): 260-268.

Wang Y, Liu Y X, Wan H Y, et al. 2017. Moderate selenium dosing inhibited chromium(Ⅵ)toxicity in chicken liver. Journal of Biochemical and Molecular Toxicology, 31(8): e21916.

Wu J, Zeng C, Yang Z D, et al. 2020. Association between dietary selenium intake and the prevalence of nonalcoholic fatty liver disease: a cross-sectional study. Journal of the American College of Nutrition, 39(2): 103-111.

Yang Z, Yan C H, Liu G, et al. 2016. Plasma selenium levels and nonalcoholic fatty liver disease in Chinese adults: a cross-sectional analysis. Scientific Reports, 6: 37288.

Zhang R X, Yi R, Bi Y J, et al. 2017. The effect of selenium on the Cd-induced apoptosis via NO-mediated mitochondrial apoptosis pathway in chicken liver. Biological Trace Element Research, 178(2): 310-319.

Zhao Z P, Barcus M, Kim J, et al. 2016. High dietary selenium intake alters lipid metabolism and protein synthesis in liver and muscle of pigs. The Journal of Nutrition, 146(9): 1625-1633.

Zwolak I. 2020. The role of selenium in arsenic and cadmium toxicity: an updated review of scientific literature. Biological Trace Element Research, 193(1): 44-63.

第8章　天然硒生物营养强化国际合作计划

天然硒生物营养强化国际合作计划（Natural Selenium Biofortification Program，NBP），是由国际硒研究学会联合中国硒研究团队提出的硒"土壤—作物—人体"传输规律及对人体健康影响的科研项目。项目计划依托中国独有的广泛天然富硒区土壤和国际硒研究学会的丰富专家资源，重点关注正在兴起的富硒农产品/食品和硒营养健康产业等天然硒生物营养强化的食物链过程及其风险，研究硒与人体健康之间的实证关系以及膳食硒摄入量的安全范围，探索硒与人体健康的关系。

2015年，《中国耕地地球化学调查报告（2015年）》指出中国有349.6万公顷绿色富硒耕地，主要分布在闽粤琼区、西南区、湘鄂皖赣区、苏浙沪区、晋豫区及西北区。中国是典型的土壤硒资源分布不均的国家，缺硒带横跨东北到西南呈"马鞍形"。公开报道的天然富硒区有："世界硒都"湖北恩施、"中国硒谷"陕西安康、"中国硒乡"湖南桃源、"中国硒港"广西贵港、"中国生态硒谷"江西丰城、"中国塞上硒都"宁夏吴忠、"中国塞上硒谷"宁夏中卫。中国缺硒地带大量人群硒摄入量不足（低于60 μg/d），导致潜在的健康风险。此外，为追求高产，农民大量施用化肥，农作物对土壤中硒的转化率降低，农产品中硒含量降低，因此，居民硒摄入量逐年降低。基于此，众多的优秀科技团队借助优质的科技平台，联合攻关土壤硒资源高效安全利用的相关研究、研发与产业化成为紧迫需求。NBP项目以天然富硒区为研究区域，开展实证性研究。国际硒研究学会推动地方政府联合中国科学技术大学苏州高等研究院、南京大学高新技术产业园在安徽石台、湖北恩施、江西宜春建立首批NBP研究基地，开展硒在"土壤—作物—人体"传输规律及影响的研究，最终服务于健康中国战略。

NBP项目具体的研究内容如下：

（1）对重点高硒区、中硒区、低硒区的土壤硒、重金属含量和形态及影响因素进行研究和建立土壤硒、重金属含量和形态的数据库与图谱。

（2）对重点高硒区、中硒区、低硒区的居民动物膳食来源中的硒含量与硒形态及其与重金属的相互作用关系进行研究，了解硒的动物食物链传输规律和作用，建立自然硒强化动物的硒含量与硒形态数据库与图谱。

（3）对重点高硒区、中硒区、低硒区的常住居民开展膳食营养调查，准确计算日硒膳食摄入量；并监测常住居民头发和血液硒含量、血液谷胱甘肽过氧化物酶、血常规、甲胎蛋白、癌细胞抗原等健康指标，建立评价人体硒状态的指标系统。

（4）对重点高硒区、中硒区、低硒区的植物膳食来源、动物膳食来源等开展人工胃肠模拟研究，建立膳食硒的吸收利用评价指标体系。

（5）基于获得的膳食硒含量、硒形态、硒的吸收利用参数，评估人体膳食硒摄入量的安全范围和健康效应。

NBP 项目已在中国取得了一些阶段性的科研成果，包括土壤中硒的含量特征、硒的超积累植物、居民硒的每日摄入量以及硒与重金属相互作用等方面，主要成果如下所述。

8.1　土壤中硒的含量特征

中国环境中的硒分布是极其不均匀的。中国的缺硒面积比例从之前的 72% 降到了 51%（Tan, 1989; Dinh et al., 2018），中国的缺硒地区主要分布在从东北到西南的缺硒地质带上，其土壤中硒含量低于 0.125 mg/kg（Dinh et al., 2018）。同时中国也存在着很多富硒地区，包括湖北恩施、陕西紫阳、广西壮族自治区等。NBP 研究团队在中国不同地区采集了土壤样品，分析了土壤中硒的含量特征，并探究了土壤中硒的分布特征和影响因素。

2018 年 3 月，中国科学技术大学团队前往广西钦州市浦北县考察、采样。浦北县享有"世界长寿之乡"称号，是继巴马、乐业之后的广西第三个"世界长寿之乡"。此次采样地点覆盖浦北县每个乡镇、超过 60 个村庄，样品主要为耕作土壤、大米，并了解当地的文化风俗和饮食习惯。分析结果显示：浦北 90% 以上的土地均达到了国家富硒标准（0.4 mg/kg），属于名副其实的富硒之乡，适宜开展 NBP 项目研究。

2018 年 5 月中国科学技术大学、中国科学院南京土壤研究所以及广西农业科学院农业资源与环境研究所团队共 11 人赴广西桂平市开展为期一周的采样工作（图 8-1）。桂平市，别名浔州，位于广西东南部，黔江、郁江、浔江三江在此交汇，是农业重镇，耕地面积 101.7 万亩（1 亩 ≈ 666.67 m²），其中水田面积 77 万亩，是广西第一人口大县，是广西最大的粮食生产基地，也是核心土壤富硒区。采样区域涵盖了桂平市 23 个乡镇、100 余个村庄，几乎涵盖了整个桂平市。样品包括水稻、玉米、淮山、荔枝、花生、甘蔗等桂平市主要农作物，同时采集了作物对应的根际土壤，采集样品数量达到 1000 个。样品分析指标包括土壤理化性质、土壤微生物指标、土壤微量元素含量、农作物微量元素等多项指标，探讨硒在土壤、农作物以及人体中存在形式、迁移和对环境的影响。采集的样品中，水稻土壤总硒含量在 0.1～0.9 mg/kg 范围内，平均值为 0.36 mg/kg。土壤有效硒含量在 1.24～43.86 µg/kg 范围内，平均值为 17.39 µg/kg。随着硒含量的增加，土壤内的细菌、霉菌、酵母菌以及放线菌数量呈现不规则的变化。成熟度指数、富集指数及通道指数与硒含量无显著相关性，结构指数与硒含量呈显著负相关。线虫的相关指标中，线虫总密度和土壤硒呈正相关。结果显示硒含量的增加会改变线虫的群落结构，使土壤食物网结构变简单。线虫可能成为指示土壤硒污染水平的有效工具，微生物的指示作用需要进一步研究，相关理论将为评价、管理及修复土壤环境提供基础。

图 8-1　广西桂平市样品采集

8.2　硒的超积累植物——壶瓶碎米荠

富硒超积累植物——壶瓶碎米荠（*Cardamine hupingshanensis*）是 NBP 项目执行过程的重要成果之一，该植物与已发现的其他超积累植物双钩黄芪（*Astragalus bisulcatus*）和沙漠王羽（*Stanleya pinnata*）硒的富集形态有很大的区别。

2013 年 6 月著名期刊 *PLoS One* 在线刊发江苏省硒生物工程技术研究中心的研究成果 A novel selenocystine-accumulating plant in selenium-mine drainage area in Enshi, China（中国恩施硒矿排水区新型富硒植物）（Yuan et al., 2013）。在湖北恩施硒矿区进行多次科学考察后，发现一种新型硒的超积累植物——壶瓶碎米荠，其根系硒累积含量可高达 8000 μg/kg（干重），叶中硒累积含量高达 3000 μg/kg（干重），可与双钩黄芪和沙漠王羽相媲美。特别的是，中国恩施所发现的壶瓶碎米荠积累的硒是以硒代胱氨酸（90%以上）的形态存在的，显著与双钩黄芪和沙漠王羽中的硒-甲基硒代半胱氨酸（80%以上）的形态不同。这表明很可能存在一种新型的硒代谢机制，值得进一步研究。该发现对于将硒矿区的硒定量、高效转化为硒代胱氨酸（SeCys2），从而作为硒缺乏人群的硒补充来源具有重要的意义。

2014 年 11 月 *The Scientific World Journal* 期刊刊发 Characterization of a selenium-tolerant rhizosphere strain from a novel Se-hyperaccumulating plant *Cardamine hupingshanensis*（Tong et al., 2014）。研究团队从壶瓶碎米荠根际原位分离一株耐寒短杆菌，可以在 15 mg/L 的硒浓度下存活。而且，在不超过 1.5 mg/L 的硒浓度培养条件下，其几乎可以将亚硒酸钠完全代谢为硒代胱氨酸，从而表明壶瓶碎米荠的根际微生物可能在其硒的超积累过程中扮演了重要角色。

2017 年 9 月，专刊《生物技术进展——纪念硒发现 200 周年专刊》正式出版。其中《硒超积累植物壶瓶碎米荠的根际微生物特征研究》（袁林喜和张影，2017）系统开展了壶瓶碎米荠的根际微生物特征研究，结果显示：根际微生物相较于非根际土壤微生物具有更高的丰度和更低的复杂度，而且主要由 α-变形菌纲（15%～22%）、β-变形菌纲（10%～16%）、放线菌纲（10%～18%）、酸杆菌纲（8%～15%）、γ-变形菌纲（5%～16%）等组成；此外，根际微生物还存在很多特异性微生物，如硝化螺旋菌纲（2%～5%）、芽单胞菌纲（2%～5%）、疣微菌纲（2%～4%）、浮霉菌纲（1%～2%）以及其他微生物（丰佑菌纲、鞘脂杆菌纲、芽孢杆菌纲、梭菌纲）（3%～4%）。尤以代表性的根际微生物 α-变形菌纲和硝化螺旋菌纲可能在壶瓶碎米荠对硒的吸收、积累过程中扮演了重要的作用。

2018 年 2 月，《一株耐硒壶瓶碎米荠内生菌分离、鉴定及其体外硒代谢研究》（张如等，2018）发表，该研究首次从壶瓶碎米荠的内生微生物的角度研究其超积累硒的机制。从壶瓶碎米荠的叶面内获得一株耐硒内生菌 CSN-1，被鉴定为甲基营养型芽孢杆菌（*Bacillus methylotrophicus*）。当培养液中硒含量低（1.5 mg/kg）时，其吸光度较对照组高；当硒含量高（10 mg/kg）时，其吸光度较对照组低。而且代谢后的上清液中硒主要以 Se^{4+} 存在，而菌体中硒主要是硒代胱氨酸。这表明硒超积累植物壶瓶碎米荠叶片体内存在甲基营养型芽孢杆菌 CSN-1，具有将亚硒酸钠转化为硒代胱氨酸的能力，低浓度的硒对该内生菌的生长具有一定的促进作用，而高浓度的硒则会抑制该内生菌的生长。

8.3　居民硒的每日摄入量

人体硒水平过低或者过高都会带来一系列的健康问题，但是通过对硒状态的评估可以客观确定由于硒缺乏或过量所带来的健康风险，可以评估硒对心血管疾病、抗炎症和抗病毒等相关疾病的抵抗能力，从而可以有效防止与硒过量或不足相关的不良反应。膳食硒的每日摄入量是常用的一个用来评估人体硒营养水平的指标。NBP 项目团队针对居民硒的每日安全摄入量范围的相关问题，在湖北恩施、安徽石台等地区开展一系列研究。

2013 年 3 月，期刊 *Nutrients* 在线刊发中国科学技术大学苏州高等研究院功能农业重点实验室与美国农业部农业研究所、南伊利诺伊大学环境系联合完成的论文 Daily dietary selenium intake in a high selenium area of Enshi, China（中国恩施高硒区每日膳食硒摄入量）（Huang et al., 2013）。研究揭示：在湖北恩施沙地村的居民当时的日硒摄入量高达（550±307）µg/d，而且，男性头发中的硒含量高达（3.13±1.91）mg/kg（样品量 n=122），女性头发中的硒含量高达（2.21±1.14）mg/kg（样品量 n=122），表明沙地村居民具有潜在的硒中毒风险。

2017 年 11 月，中国科学技术大学团队前往恩施州开展 NBP 预采样工作。此次采样筛选了曾经发生克山病的长坪村、硒适宜区三岔村、硒中毒区渔塘坝村（矿区内、矿区外），采集了三个区域的土壤、主要农作物、居民主要膳食、头发样品。同时与恩施州硒资源保护和开发中心、湖北省富硒产业技术研究院讨论 NBP 协议内容落实细节，并提出了 NBP 协议执行具体方案（讨论稿）。预研究分析结果显示，筛选的三个区域无论是土壤还是膳食均体现了硒含量上的显著变化，但是头发硒含量差异不显著，仍然表明硒缺乏区长坪村、硒适宜区三岔村、硒中毒区渔塘坝村可以作为开展 NBP 项目的核心研究区域。2018 年 9 月在袁林喜博士带领下，NBP 项目团队前往恩施州长坪村、三岔村、渔塘坝村进行详细采样工作，采集样品包括土壤、农作物、居民主要膳食、头发、血液，进行问卷调查（基本信息、疾病史、饮食习惯等）。这次采样工作得到了恩施州硒资源保护和开发中心、恩施州卫生和计划生育委员会、恩施州中心医院等多家单位的大力支持。

除了在湖北恩施土家族苗族自治州开展工作以外，2014 年 11 月在安徽石台正式开展天然富硒区样品采集，样品包括土壤、蔬菜、饮用水、鸡蛋、肉、人体头发等，并开展入户调查问卷，以期研究从位于海拔 411 m 的天然富硒大山村到海拔 64 m 的石台县城的范围内（大山村、仙寓镇、永福村、源头村、石台县城），在人群生活习惯、气候环境没有显著变化的情况下，硒摄入量的变化特征及其与人群寿命、健康状况之间的实证关系。之后，2015 年 10 月，在第四届国际硒与环境和人体健康大会期间（图 8-2），Gary Bañuelos 主席做了题为 Environmental pathways and dietary intake of selenium in a selenium rich rural community in China: A natural biofortification case study（中国富硒农村地区硒的环境途径和膳食摄入量：天然生物强化案例研究）的主题报告，介绍了在安徽石台发现的天然富硒区条件下，人体硒摄入量、发硒以及人群寿命之间可能存在相关性的案例，并基于此研究结果，正式提出"天然硒生物营养强化国际合作计划"（Natural Selenium Biofortification Program，NBP）倡议，引起了积极反响。

图 8-2　　第四届国际硒与环境和人体健康大会参会代表

　　2016 年 12 月，中国科学技术大学和苏州大学医学部公共卫生学院团队赶赴安徽石台开展第二次详细调查与采样。这次采样筛选了两个封闭自然村，一个位于富硒区（大山村），其日硒摄入量达到 100 μg/d 以上，另一个位于缺硒区（库山村），其日硒摄入量仅为 25 μg/d 左右。然后招募两个自然村本地居民（居住 5 年以上）各 60 名（共 120 名），对当地村民展开问卷调查，包括人口学基本特征、生活方式、膳食情况等调查。收集了土壤、水、植物样品、血液、头发样品，其中血液检测指标包括血常规指标、血硒浓度、谷胱甘肽过氧化物酶、超氧化物歧化酶、肝癌特异性指标（甲胎蛋白）等。最后通过膳食、生物样本中微量元素以及参与对象的健康状况进行相关分析，建立石台县人体健康模型，分析影响人体健康的主要和次要因素。2017 年 8 月 13～17 日，第五届国际硒与环境和人体健康大会与第十一届硒与生物学和医学国际研讨会在瑞典首都斯德哥尔摩举行（图 8-3），隆重纪念硒元素发现 200 周年。会议期间，NBP 项目团队成员、中国科学技术大学地球和空间科学学院博士生龙泽东做了题为 Selenium intakes in Se-rich village and Se-deficiency village from Shitai county, Anhui 的汇报，介绍了石台天然富硒村大山村人群硒摄入显著高于周边缺硒村库山村，并发现两村居民的血液谷胱甘肽过氧化物酶、超氧化物歧化酶等含量存在显著差异，很可能为研究膳食硒摄入与人体健康提供实证案例。

　　2018 年 5 月中国科学技术大学和苏州大学医学部公共卫生学院团队前往安徽石台县大山村和库山村进行进一步的跟踪调查，以考察硒摄入量季节性差异及其带来的健康效应差异。本次采样内容和方式与 2016 年 12 月一样，本次采样的对象也依然包括对当地村民展开问卷调查，对其人口学基本特征、生活方式、膳食情况进行调查收集。同时采集了大量的土壤、水、植物样品、血液、头发样品，共计 400 份。

图 8-3　第五届国际硒与环境和人体健康大会参会代表

2018 年 6 月，石台县 NBP 项目的成果 Spatial variations in soil selenium and residential dietary selenium intake in a selenium-rich county, Shitai, Anhui, China 成功在 *Journal of Trace Elements in Medicine and Biology* 期刊发表（Long et al., 2018）。本研究从石台市区和附近 4 个村镇（大山、仙寓、永福、源头）随机采集了 33 份土壤样本、66 份食品样本和 82 份头发样本。研究结果如图 8-4 所示，表明土壤平均总硒含量为大山 1607 μg/kg、仙寓 1149 μg/kg、永福 521 μg /kg、源头 363 μg/kg。大山村土壤生物可利用硒（可溶性和交换性硒）含量最高（14.98%），其次是仙寓（13.69%）、永福（13.18%）和源头（9.38%）。估算大山居民每日硒摄入量达到 298.4 μg/d，约是中国推荐营养摄入量（60 μg/d）的 5 倍，相当于 6～10 倍于仙寓（47.6 μg/d）、源头（46.1 μg/d）、永福（40.0 μg/d）和石台市区（30.0 μg/d）。虽然大山居民的头发硒含量（男：709.2 μg/kg；女：589.2 μg/kg）明显高于其他研究地区，但每日硒摄入量和发硒之间没有明显的相关性。本研究表明，石台县土壤、食物、居民膳食摄入量和头发中硒含量存在显著差异，可作为研究硒与人体健康的实证关系的天然实验室。

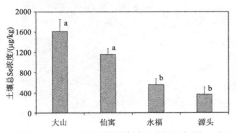
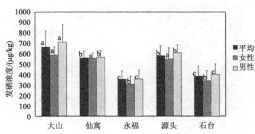

图 8-4　石台县不同村镇土壤硒含量（左）、村民发硒含量（右）（引自 Long et al., 2018）

a, b, c 表示不同分组间存在显著差异（$p<0.05$）

8.4　硒与重金属相互作用研究

土壤中各有益成分之间和有益成分与有害成分之间存在相互作用关系，在植物吸收矿物质时，阳离子之间大多存在一定的竞争关系。NBP 项目针对硒与重金属之间的相互关系展开了一系列研究，如硒-碘和硒-镉的相互作用研究。

2015 年 9 月，中国科学技术大学与中国地质大学（武汉）团队赴贵州省威宁县乌蒙山小海—双龙地区开展天然条件下的硒-镉互作研究预采样工作，以期为开发利用富/高硒高镉土壤资源提供科学参考。在贵州省地质调查院开展的多目标区域地球化学调查结果的基础上，根据研究区的地球化学特征，选取了土壤中硒-镉含量不同的 4 个采样区域：低硒低镉、低硒高镉、高硒低镉、高硒高镉，选定当地主要作物玉米为主要研究作物，采集根系土壤及生长正常的成熟期玉米植株样品。

该团队发表的最新论文 The threshold effect between the soil bioavailable molar Se∶Cd ratio and the accumulation of Cd in corn（*Zea mays* L.）from natural Se-Cd rich soils（Zhang et al., 2019），报道贵州乌蒙山地区土壤硒含量资源丰富，虽然自然条件下的硒强化可获得天然富硒农产品，但是部分地区仍存在镉含量超标的风险。如图 8-5 所示，存在某种硒镉拮抗机制使玉米作物组织内镉含量分布特征出现阈值效应；当土壤硒镉生物可利用摩尔比值小于 0.7，玉米各组织内镉含量与该

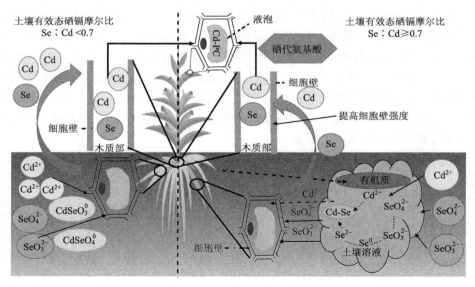

图 8-5　可能存在于土壤-植物系统中硒与镉相互作用机制（Zhang et al., 2019）

比值呈正相关，当该比值大于 0.7 时，玉米各组织内镉含量与该比值呈负相关。利用高效液相色谱-电感耦合等离子体质谱联用技术，对玉米样品进行硒和镉的元素形态检测。结果发现，硒与镉在同一保留时间内共同出峰，这证明在玉米组织内确实存在某种硒-镉化合物。

8.5　小　　结

　　NBP 项目已在土壤中硒的含量特征、硒的超积累植物、居民硒每日摄入量和矿物质相互作用等方面取得了众多宝贵的科研成果，推动了中国乃至全世界功能农业的发展。NBP 项目将加大研究深度和广度，增加动物实验和人群干预实验等，深入研究硒的健康效应。在今后，将会有更多的研究团队加入 NBP 项目组，从事硒在天然条件下的分布特征和健康效应的科研工作，产出更多更优秀的科研成果，服务健康中国战略。

参 考 文 献

袁林喜, 张影. 2017. 硒超积累植物壶瓶碎米荠的根际微生物特征研究. 生物技术进展, 7(5): 395-401.

张如, 樊霆, 李淼, 等. 2018. 一株耐硒壶瓶碎米荠内生菌分离、鉴定及其体外硒代谢研究. 微生物学通报, 45(2): 314-321.

Dinh Q T, Cui Z W, Huang J, et al. 2018. Selenium distribution in the Chinese environment and its relationship with human health: a review. Environment International, 112: 294-309.

Huang Y, Wang Q X, Gao J, et al. 2013. Daily dietary selenium intake in a high selenium area of Enshi, China. Nutrients, 5(3): 700-710.

Long Z D, Yuan L X, Hou Y Z, et al. 2018. Spatial variations in soil selenium and residential dietary selenium intake in a selenium-rich county, Shitai, Anhui, China. Journal of Trace Elements in Medicine and Biology, 50: 111-116.

Tan J A. 1989. The Atlas of Endemic Diseases and Their Environments in the People's Republic of China. Beijing: Science Press.

Tong X Z, Yuan L X, Luo L, et al. 2014. Characterization of a selenium-tolerant rhizosphere strain from a novel Se-hyperaccumulating plant *Cardamine hupingshanensis*. The Scientific World Journal, 2014: 108562.

Yuan L X, Zhu Y Y, Lin Z Q, et al. 2013. A novel selenocystine-accumulating plant in selenium-mine drainage area in Enshi, China. PLoS One, 8(6): e65615.

Zhang Z Z, Yuan L X, Qi S H, et al. 2019. The threshold effect between the soil bioavailable molar Se∶Cd ratio and the accumulation of Cd in corn (*Zea mays* L.) from natural Se-Cd rich soils. Science of the Total Environment, 688: 1228-1235.

第9章 小麦硒生物强化研究进展

众所周知，硒是哺乳动物必需的微量元素。但我国 39%～61%的居民日常硒摄入量仍低于世界卫生组织/联合国粮食及农业组织的推荐量（55 μg/d）。小麦是谷类作物中富硒能力较强的主粮作物，但由于土壤硒含量低或硒有效性低导致籽粒硒含量普遍较低，小麦硒生物强化也因此受到多学科的关注，近二三十年来开展了大量的工作。鉴于此，本章作者通过综述 2000～2020 年国内外与小麦硒生物强化相关的文献，以归一法整理总结分析了小麦硒生物强化方面的研究进展，旨在为通过小麦合理补硒提高国民日常硒摄入水平提供理论依据。

9.1 国内外研究进展

硒是动物和人类生活必需的微量元素之一，也是多种抗氧化酶（如硫氧还蛋白还原酶和谷胱甘肽过氧化物酶）的重要组分（Newman et al., 2019; Schiavon and Pilon-Smits, 2017）。硒普遍存在于蓝藻（Schiavon and Pilon-Smits, 2017）和植物中，对保持植物水分、抵御自由基伤害、提高抗逆能力、延缓衰老等生理代谢过程具有重要作用（D'Amato et al., 2020; 王晓芳等, 2014）。由于硒对人类的双刃剑作用（必需与毒害作用）（Pandey and Gupta, 2015），且其营养范围（40～400 μg/d）比其他微量元素更窄（Winkel et al., 2012），硒的研究受到多学科专家的关注。

全世界约有 5 亿～10 亿人（Jones et al., 2017）的日常硒摄入水平低于世界卫生组织推荐量（50～200 μg/d）（D'Amato et al., 2018），中国仍有约 51%的地区土壤缺硒（Dinh et al., 2018）。人体硒摄入不足可能导致骨关节炎（大骨节病）等疾病（Chauhan et al., 2019; Yin et al., 2019）。食物是人体硒最重要和最安全的来源，因此，通过硒生物强化技术获得生物有效性和安全性较高的富硒功能产品已成为当下提高人们日常硒摄入水平的有效和可持续战略，也是全球相关研究者关注的热点之一（Dinh et al., 2019; Zhou et al., 2018）。

硒生物强化是通过选育作物品种、施用外源硒肥、调控农艺管理措施及采用现代生物工程等技术措施来增加植物中硒含量及其有效性的方法（Gupta and Gupta, 2017），以便更好地改善人类日常硒摄入水平，进而推动现代农业的发展（AL-Ghumaiz et al., 2020）。硒生物强化主要包括传统农艺生物强化、基因生物强化和改性生物强化（微生物协同生物强化和通过有机物循环的硒生物强化）等（图9-1）（AL-Ghumaiz et al., 2020; Gupta and Gupta, 2017），其中农艺生物强化发展历史最长且应用最普遍。

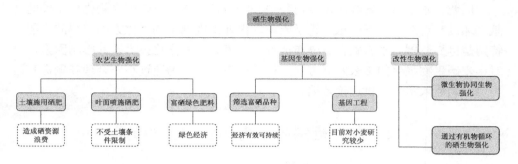

图 9-1　硒生物强化的分类和特点

农艺生物强化是指通过外源施肥来提高作物可食部位特定的微量营养元素、维生素 A 或类胡萝卜素等含量的方式（Zulfiqar et al., 2020）。硒生物强化过程中常用的外源硒肥有无机硒酸盐（SeO_4^{2-}）和亚硒酸盐（SeO_3^{2-}）（Boldrin et al., 2013; Li et al., 2018; Yin et al., 2019），硒酸盐的有效性相对较高（Eiche et al., 2015; Schiavon and Pilon-Smits, 2017; Wang et al., 2020）。作物的施硒方式主要有：叶面施硒、土壤施硒、拌种、浸种、水培施硒和种子包衣等（Wang et al., 2013, 2019a），其中土壤施硒和叶面喷施是生产实践中普遍采用的施硒方式（Dinh et al., 2019）。此外，作物对硒的吸收也会受到如作物种类（Boldrin et al., 2018）、土壤硒含量水平（Yin et al., 2019）、硒肥浓度（Wang et al., 2019b）、施硒时间（Deng et al., 2017）、农艺措施等诸多要素的影响，因此进行硒生物强化时应该综合考虑各个因素。

迄今，研究者已经在经济作物如胡萝卜（Kápolna et al., 2009）、香菇（Zhou et al., 2018）、土豆（Zhang et al., 2019）、洋葱（Kápolna et al., 2012）和蓝莓（Li et al., 2018），谷类作物如玉米（Wang et al., 2013）、荞麦（Smrkolj et al., 2006）、小麦（Nawaz et al., 2017）和水稻（Boldrin et al., 2013）上进行了广泛的硒生物强化研究。小麦是世界 1/3 以上人口的主粮作物之一（Boldrin et al., 2016, 2018），与稻谷、玉米等作物相比，其是富硒能力更强的谷类（Dinh et al., 2018; Gupta and Gupta, 2017）。此外，约 63% 的外源硒被小麦吸收后会分布在其可食部位（籽粒）（Valdez Barillas et al., 2012），且籽粒中有机硒约占总硒量的 90% 以上（Wang et al., 2020; 陈泊宁, 2019），显示了小麦巨大的富硒潜力，可以作为人类重要的硒的饮食源。澳大利亚（Lyons et al., 2003）、俄罗斯（Golubkina and Alfthan, 1999）、英国（Rayman, 2000）的居民饮食中硒来源与小麦硒含量密切相关，而我国 63% 地区生长的小麦普遍缺硒，其籽粒硒含量的平均水平仅为 64.6 μg/kg，远远无法满足人体健康对硒的需要（刘慧等, 2016）。由此可见，系统地整理总结有关小麦硒生物强化的研究进展，对我国发展富硒小麦产业、推进功能农业具有重要参考价值。

因此，本章节内容综述了国内外 2000～2020 年与小麦硒生物强化相关的文献，通过整理总结以归一法分析了当前国内外小麦硒生物强化方面取得的进展，特别是世界范围内小麦硒含量分布情况、小麦硒生物强化技术及其影响因素，并对小麦硒生物强化的未来发展方向进行了展望，旨在为通过小麦合理补硒提高国民日常硒摄入水平提供理论依据。

9.2 世界范围内小麦硒含量分布情况

全球小麦籽粒硒含量水平差异较大，其含量范围为 18～760 μg/kg（表 9-1），且 47%地区的小麦硒含量主要为 32～78 μg/kg，美国、澳大利亚、希腊、意大利等国家的小麦硒含量相对较高，而丹麦、芬兰、新西兰、英国和瑞典等国家的小麦硒含量整体偏低，基本处于缺硒或低硒水平[低于 25 μg/kg（Tan，1989）或50 μg/kg（WHO，2004）]。其中，丹麦和加拿大分别是小麦硒含量分布最低（18 μg/kg）和最高（760 μg/kg）的国家。

表 9-1 国内外不同地区的小麦籽粒硒含量现状

	国家或地区	样本数	范围/（μg/kg）	均值/（μg/kg）	参考文献
	丹麦	328		18	Gissel-Nielsen（1975）
	西欧和新西兰			28	FAO/WHO（2001）
	英国	452	6～858	32	Adams 等（2002）
	瑞典	72	4～46		Lindberg 和 Bingefors（1970）
	阿尔及利亚		21～153	52	Beladel 等（2013）
	德国柏林		4～303	55	de Temmerman 等（2014）
	葡萄牙			30～55	Rodrigo 等（2015）
	墨西哥	100		56	Lyons 等（2005）
国外	西班牙			30～60	Poblaciones 等（2014）
	沙特阿拉伯	52		78	Al-Saleh 和 Al-Doush（1997）
	澳大利亚	170	5～720	155	Lyons 等（2005）
	匈牙利	29	5～235		Alfthan 等（1992）
	意大利	749	7～245		Spadoni 等（2007）
	印度北部	238	107～272		Yadav 等（2008）
	希腊		120～290		Bratakos 等（1988）
	美国	290	10～5300	160～370	Wolnik 等（1983）
	加拿大			760	Boila 等（1993）

续表

国家或地区		样本数	范围/（μg/kg）	均值/（μg/kg）	参考文献
	黑龙江齐齐哈尔	23		5.2	刘慧等（2016）
	黑龙江泰来	6		7	Tan 和 Huang（1991）
	陕西彬州市	5		9	王金达等（2000）
	内蒙古扎兰屯市	11		12	Tan 和 Huang（1991）
	安徽蒙城	23		12	刘慧等（2016）
	云南楚雄	21		13	Wang 等（2016）
	四川剑阁			21	曹静祥等（2007）
	江苏苏州	21	16~32	21	Gao 等（2011）
	福建			25.43	金玉铃和沙纪辉（1997）
	山东高密			26	曹静祥等（2007）
	山东德州	23		27	刘慧等（2016）
	山东淄川	273	22~194	29	翟乃耀等（2008）
	北京周口店	401		34	Li 等（2007）
	四川双流	57	16~72	44	鲁璐等（2010）
	上海	40		39	瞿建国等（1998）
	新疆富硒地区			42	张栋等（2017）
国内	东部（冬小麦）	299	0~672.7	59.5	刘慧等（2016）
	东北（春小麦）	23	0~102.9	35.9	刘慧等（2016）
	西南（冬小麦）	79	0~342.9	50.6	刘慧等（2016）
	西北（春小麦）	25	0~634.4	97.8	刘慧等（2016）
	西北（冬小麦）	16	25~378.4	119.8	刘慧等（2016）
	南部（冬小麦）	89	0~473.7	45.5	刘慧等（2016）
	北部（春小麦）	25	0~253.2	66.1	刘慧等（2016）
	中部（冬小麦）	99	0~564.9	47.7	刘慧等（2016）
	广州广东	22		51	余光辉等（2007）
	陕西小麦主产区	522	0.1~795	56	黄杰（2018）
	湖北京山	30		58	杨飞等（2016）
	贵州黔中	51	21.6~110.7	59	严俊等（2011）
	宁夏	21		60	韩高德等（1993）
	重庆三峡库区	225	1~240	65.7	李前勇等（2006）
	河北	120	10~222	70	唐玉霞等（2011）
	山西太原	5		70	张晓燕（1992）
	贵州毕节	51	48.4~131.8	79	严俊等（2011）
	山东莱芜	30		80	孟智磊（2016）
	贵州安顺	51	65.4~131.8	94.2	严俊等（2011）

续表

国家或地区		样本数	范围/（μg/kg）	均值/（μg/kg）	参考文献
国内	河南南阳	12		120	Gao 等（2011）
	河南郑州	20	70～194	123	高向阳等（2011）
	河南焦作	60		130	朱玲（2007）
	河南巩义	60		130	朱玲（2007）
	湖北武汉	12		140	马芳宇（2012）
	唐山开滦矿区	16		169	张秀芝等（2012）
	河北唐山	16		170	张秀芝等（2012）
	长江三角洲	150	14～1380	288	Wang 等（2017a）
	山西	30		290	王建武等（2014）

我国小麦的籽粒硒含量为 5.2～290 μg/kg，且不同省份的小麦籽粒硒平均含量变化幅度较大，小麦籽粒硒含量较低的地区主要位于黑龙江齐齐哈尔市、泰来县、陕西彬州市、内蒙古扎兰屯市、安徽蒙城、云南楚雄等地。此外，我国小麦籽粒硒含量分布整体呈现北部和西部地区较高、南部和东部地区较低的规律。我国春小麦籽粒硒水平均值为 67.5 μg/kg，自西向东整体籽粒硒含量呈现逐渐降低的趋势，以西北地区最高（0～634.4 μg/kg），东北地区最低（0～102.9 μg/kg）。我国冬小麦籽粒硒含量平均为 64.2 μg/kg，以西北地区最高（119.8 μg/kg），其次是东部地区（59.5 μg/kg），西南、中部、南部地区最低，平均分别为 50.6 μg/kg、47.7 μg/kg 和 45.5 μg/kg，硒含量较缺乏（刘慧等，2016）。我国小麦籽粒硒含量除西部和北部地区较高（整体上位于硒中等水平）外，其他地区多数小麦籽粒硒浓度均低于缺硒阈值[25 μg/kg（Tan，1989）或 50 μg/kg（WHO，2004）]。因此我国小麦富硒生物强化战略势在必行。

9.3　硒生物强化技术

当土壤中硒含量水平较低时，通常会通过向植物或土壤施用硒酸盐或亚硒酸盐来提高作物中的硒含量（Dinh et al., 2018）。芬兰是首个在全球范围内通过土壤补硒的国家（向复合肥料中添加无机硒酸钠），从 1984 年起施行硒生物强化战略，到 1995 年当地各种作物的硒含量平均增加了 10～30 倍，人均硒摄入量增加到 124 μg/d，人体血清中硒含量也从 1.04（0.62～1.35）μmol/L 提高到了 1.30（0.87～1.72）μmol/L（Broadley et al., 2006; Keskinen et al., 2011）。此外，英国（Broadley et al., 2006; Lyons, 2010）、澳大利亚和新西兰（Curtin et al., 2006）都成功实施了农艺硒生物强化战略。

9.3.1　硒肥种类

小麦硒生物强化的常用硒肥种类主要有无机硒肥、有机硒肥、富硒矿粉和纳米硒肥等（Dinh et al., 2018; Wang et al., 2007; 邢丹英等, 2010）。纳米硒是呈明亮的红色、可溶、稳定、纳米颗粒大小的元素态硒（Wang et al., 2007），其在改善人类健康和降低中毒风险等方面具有潜在价值。据报道，相比于亚硒酸盐和硒代蛋氨酸，施用纳米硒能够调高作物酶活性并减轻毒性（Wang et al., 2007），但 Wang 等（2017a）通过对小麦喷施不同种类硒肥发现，纳米硒处理的小麦籽粒中硒含量和累积量最低，且转运率也较低，无机硒和有机硒相较于纳米硒对作物的富硒效果更好。此外，与亚硒酸盐相比，富硒复混肥和富硒矿粉的后效更好，但富硒效果取决于其施硒浓度，高硒含量的富硒复混肥和富硒矿粉优于低硒含量的富硒复混肥（邢丹英等, 2010）。尽管有机硒的生物有效性较高，但有机硒如硒代蛋氨酸在提高作物硒含量所需的施用量远高于无机硒（Eich-Greatorex et al., 2007），再加上价格昂贵、有机硒的分解作用等，有机硒肥并不适用于大范围的生产实践应用。

Kikkert 和 Berkelaar（2013）发现小麦对有机硒的吸收效率高于对无机硒肥的，其约为硒酸盐的 100 倍，但硒酸盐经植物吸收后，在植物体内的移动性更强，再加上无机硒相对有机硒成本低和回收率高，因此，硒生物强化战略中施用无机硒比有机硒更有实际意义（Dinh et al., 2018）。常用的无机硒肥包括硒酸钠（Na_2SeO_4）和亚硒酸钠（Na_2SeO_3），它们均属于矿物硒肥，且均是小麦富硒生物强化的主要外源硒肥种类（Wang et al., 2020）。已有的研究均表明，土施亚硒酸盐处理小麦各部位硒含量显著低于对应浓度的硒酸盐处理（Ali et al., 2017; Eiche et al., 2015; Winkel et al., 2015），小麦各部位硒含量的差异与小麦根际土壤中硒形态的差异有关（Ali et al., 2017），也与两种无机外源硒从土壤向小麦根系中的吸收迁移能力不同有关（Ramos et al., 2010）。植物吸收亚硒酸盐后会将其转化为硒代蛋氨酸、硒代蛋氨酸氧化物（SeOMet）、甲基硒代半胱氨酸（MeSeCys）等有机硒，并大部分都保留在其根部（Li et al., 2008）。相反，植物吸收硒酸盐后会迅速通过共质体途径转运至地上部，因此木质部的硒主要是硒酸盐，也有少量的硒代蛋氨酸和硒代蛋氨酸氧化物（SeOMet）（Li et al., 2008），同时在小麦叶片中硒仍以无机硒酸盐的形式积累，后者首先被还原为亚硒酸盐，再进一步转化为有机硒化合物，由韧皮部转运并分配到植物的其他组织（Li et al., 2008; 王晓芳等, 2014）。最近，Wang 等（2020）通过叶面喷施外源硒也印证了小麦对硒酸盐的吸收能力较高，比亚硒酸盐高约 3 倍，且硒酸盐处理的硒在小麦籽粒中分布更多。

9.3.2　施硒方式

常用的硒肥施用方式主要有：土壤施硒、叶面施硒、浸种、拌种、水培施硒和种子包衣等（Wang et al., 2019a, 2020；孙发宇等，2017）。水培施硒可以通过控制营养液中硒的浓度，避免直接添加到土壤中硒的淋溶对环境可能造成的潜在污染（Newman et al., 2019）或者因土壤对外源硒的固持作用而导致有效性的下降，但水培施硒难以在大田作物中广泛应用，仅蔬菜硒生物强化中多采用水培种植（Wang et al., 2019b）。拌种虽然可以增加植物硒含量，但不易操作，且硒肥用量过大（拌种硒肥用量比叶面施硒多 20 倍左右）（许凌凌，2016）。而种子包衣由于硒直接接触种子，所以在硒的用量和种类等方面都受到限制，且小麦种子相对较小，外源施硒用量过多不利于出苗，用量过少则强化效果不明显（孙发宇等，2017）。因此，作物富硒生物强化中最直接、最有效也是最普遍的方式是土壤施硒和叶面施硒（Dinh et al., 2018; Li et al., 2018; Wang et al., 2013；孙发宇等，2017）。

1. 土壤施硒

一般来说，土壤施硒可以通过增加土壤中总硒和有效硒含量（Broadley et al., 2010；陈泊宁，2019；许凌凌，2016）进而提高小麦的硒含量（Bañuelos and Lin, 2008）；但与叶面施硒相比，其很难使硒在土壤中分布均匀，从而影响作物富硒强化的效果。小麦籽粒的硒含量随外源硒浓度的增大而增加（Ali et al., 2017; Liang et al., 2020）（图 9-2），而硒酸盐处理的小麦籽粒硒含量是对应的亚硒酸盐处理的 10 倍多（图 9-2），这与亚硒酸盐易被土壤有机质和矿物质吸附有关（Dinh et al., 2018）。先前的研究均已证实在土壤施硒的条件下，硒酸盐处理的小麦籽粒硒含量更高（Ali et al., 2017; Nawaz et al., 2017; Wang et al., 2019b）。田间试验表明，施用 1 g/hm^2 硒酸盐后小麦籽粒硒含量增加了 0.031 mg/kg（Ning et al., 2016）。Kaur 和 Sharma（2018）发现土施 2 mg/kg 硒酸盐后小麦籽粒硒含量是对应亚硒酸盐处理的 60 倍多，并推荐土壤施用硒酸盐的浓度以低于 2 mg/kg 为宜。也有田间试验发现土施 0～150 g/hm^2 硒酸盐能够提高小麦各部位硒含量，且未在小麦植株上发现任何毒害或抑制小麦生长发育的现象；也有施用 20 g/hm^2 硒酸盐可使小麦籽粒硒含量达到富硒标准的报道（Wang et al., 2019b；陈泊宁，2019；刘庆等，2016）。这些不同试验中施硒量的差异与不同土壤本身的硒含量、理化性质及小麦品种的吸收能力差异等有关。

土壤施硒还可以通过改善小麦籽粒的氨基酸组成，进而提高籽粒硒含量，并改善其营养品质（于丽敏等，2015），施硒后小麦的营养价值提高，籽粒中第一限制性氨基酸（赖氨酸）含量提高了 15.6%（孙崇延等，1995）。但土壤施硒时籽粒和秸秆硒的总回收率较低（20%～35%），残余在土壤中的硒可能被土壤微生物利用、挥发，或以植物不可利用的形式保留在土壤中（Broadley et al., 2010）。与叶面施硒相比，施入土壤中硒的持续可利用时间长，这可能是由于土壤施硒的残留效应所致（El-Ramady et al., 2016）。Stroud 等（2010）发现在施入 10 g/hm^2 和 20 g/hm^2

硒酸盐后第一年小麦籽粒硒回收率分别为 80.5%和 96.5%，而第二年达到 124.2%和 122.1%。由此可见，土壤中残留的硒肥虽然有限，但可能是后续作物潜在的硒源（Wang et al., 2017b）。

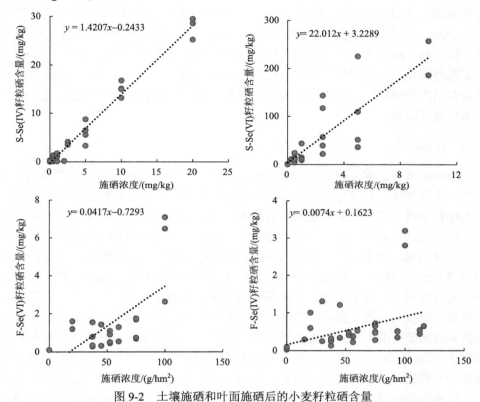

图 9-2　土壤施硒和叶面施硒后的小麦籽粒硒含量

S-Se（IV）表示土壤施用亚硒酸盐；S-Se（VI）表示土壤施用硒酸盐；F-Se（VI）表示叶面施硒酸盐；F-Se（IV）表示叶面喷施亚硒酸盐

2. 叶面施硒

叶面施硒能够降低因土壤吸附和化学过程或微生物转化而导致的有效硒比例的下降（Boldrin et al., 2013; Wang et al., 2013），从而提高植物对外源硒的吸收利用效率（Wang et al., 2019b; 陈泊宁, 2019）。小麦吸收的硒肥一般富集在作物的地上可食用部分，因此叶面施硒更具有针对性和时效性（Deng et al., 2017）。但由于植物对外源硒酸盐和亚硒酸盐的吸收机制不同（王晓芳等, 2014），植物对两种无机硒的吸收富集能力亦不同。此外，与土壤施硒相比，叶面施硒需要较少的施硒量（Wang et al., 2017a），但肥效时间相对也较短，据报道，小麦叶面施硒能维持 1 周左右（孙发宇等, 2017）。在已有的田间叶面施硒试验中，施硒浓度主要集中在 5 ～120 g/hm^2。小麦籽粒硒含量随着施硒浓度的增大呈线性增加，且硒酸盐的有效性大于亚硒酸盐（2 倍左右）（图 9-2）。但不同的研究得到的最佳施用硒浓度不尽相同，Lara 等（2019）报道施用 100 g/hm^2 硒酸盐可使小麦籽粒硒含量达到富硒标准，但姬玉梅和闵照永（2019）报道在田间试验中施硒的最佳浓度为52.5 g/hm^2，另外也有喷施 20 g/hm^2 和 100 g/hm^2 的硒酸盐使得小麦籽粒中硒含量分别达 1.59 mg/kg 和 6.82 mg/kg（Wang et al., 2020）和施硒浓度为 37.5 g/hm^2 时小麦对外源硒的吸收利用效率最高的报道（刘庆等，2016）。这些类似试验的不同结果与不同的喷施时间和土壤本身的硒含量有关，因此在小麦硒生物强化中应综合考虑这些因素。

9.3.3　施硒时期

　　Curtin 等（2006）研究表明在降水量较多的冬季，可溶性硒酸盐的淋溶量会增加，进而导致其生物有效性降低，因此要避免在降水量过多的时期施硒。此外，小麦籽粒中硒含量往往随着硒施入时间的延长而下降。因此，在小麦整个生长期内，单次施硒可能无法提供充足的硒含量（Loganathan and Hedley, 2006）。

　　研究表明，植物吸收积累硒的能力随其生育期的变化而变化（Deng et al., 2017; Li et al., 2018），因此，施硒时期对小麦籽粒硒含量有显著的影响。小麦的整个生育期可以分为出苗期、分蘖期、越冬期、返青期、起身拔节期、挑旗期、抽穗期、开花期、灌浆期和成熟期（陈玉鹏等，2017; 刘庆等，2016），而外源施硒的效果因施硒时间而异。与播种前期施硒相比，出苗期施硒能显著增加小麦籽粒硒含量（Curtin et al., 2006）。起身拔节期喷施硒后小麦籽粒硒平均含量显著低于抽穗期喷施硒（de Vita et al., 2017），亦即小麦生育后期（开花期至灌浆期）施硒优于早期或播种期（Govasmark et al., 2008）。因此，小麦生育后期施硒较生育前期施硒能更有效地提高籽粒硒含量。

　　叶面施硒试验也表明返青期和起身拔节期喷施硒后小麦籽粒硒含量低于开花期（Chu et al., 2013）（表 9-2）。在同一施硒水平下，灌浆前期喷施外源硒的小麦籽粒无论总硒、有机硒或硒利用率均优于抽穗期喷施效果（唐玉霞等，2011）。董石峰等（2019）研究也证实了开花期喷施低浓度（8 mg/L）亚硒酸钠提高了硒向籽粒的转运能力，使有机态硒含量及其占总硒的比例增加，并降低了无机硒含量及其占总硒的比例。刘庆等（2016）通过对不同生育期小麦喷施亚硒酸盐的试验发现，灌浆前期单次喷施优于抽穗期和灌浆前期混合喷施及孕穗期单次施硒。Wang 等（2020）通过对小麦灌浆前期和开花前期喷施不同浓度硒酸盐和亚硒酸盐比较后发现，灌浆前期喷施硒较开花前期喷施硒小麦籽粒的硒含量分别提高了55%和4%。可见，小麦生育后期是提高小麦硒含量的最佳喷施时期。

表 9-2　不同施硒方式对小麦硒生物强化的影响

施硒条件	硒肥种类	施硒时期	施硒浓度	籽粒硒/（mg/kg）	参考文献
盆栽试验	土壤施硒	亚硒酸盐		0、0.5、1、2.5、5 和 10 mg/kg	1.49～15.52	Ali 等（2017）
	土壤施硒	硒酸盐			23.6～257.5	
	土壤施硒	硒酸盐		0、5 和 10 mg/kg	1.4 和 2.4	Liang 等（2020）
	叶面施硒	硒酸盐	起身拔节期	11.5 和 23 mg/L	2.1 和 6.8	Liang 等（2020）
	土壤施硒	硒酸盐和亚硒酸盐		2～4 mg/kg		Kaur 和 Sharma（2018）
	土壤施硒	硒矿粉		850 mg/kg	根部>籽粒、茎秆>颖壳	陈泊宁（2019）
	土壤施硒	亚硒酸盐		0 和 5 mg/kg	0 和 5.55	李鸣凤等（2017）
	土壤施硒	硒酸盐		0 和 5 mg/kg	0 和 36.07	
	土壤施硒	五水亚硒酸钠（Na₂SeO₃·5H₂O）		0、0.5（最佳）、1.0、5.0 和 10.0 mg/kg		刘红恩等（2017）
	土壤施硒	亚硒酸盐		0、0.5、1 和 2 mg/kg	0.081～0.146	樊文华等（2013）
田间试验	土壤施硒	硒酸盐		0、10、15、20、50 和 100 g/hm²	0.25～2.8	Hart 等（2011）
	土壤施硒	硒酸盐		100 g/hm²	1.064	Galinha 等（2015）
	叶面施硒	亚硒酸盐和硒酸盐	起身拔节期、灌浆期	100 g/hm²	1 和 2.09	Galinha 等（2015）
	叶面施硒	硒酸盐	营养生长期（种子萌发至幼穗分化开始阶段）、成熟期	0、12、21、38、68 和 120 g/hm²	0.2～2.86	Lara 等（2019）
	叶面施硒	亚硒酸盐和硒酸盐	分蘖期	10、20 和 40 g/hm²	0.668～2.417	Poblaciones 等（2014）
	叶面施硒	无机硒肥和有机硒肥	开花期	30 g/hm²	0.015～0.297	Wang 等（2017）
	土壤施硒	亚硒酸盐和硒酸盐		0、20 和 100 g/hm²	0～3.8	Wang 等（2019）
	叶面施硒	硒酸钠和亚硒酸钠	开花前期、灌浆前期	20 和 100 g/hm²	0.12～6.82	Wang 等（2020）
	叶面施硒	硒酸钠、亚硒酸钠	齐穗期（80%植株抽穗时候）、开花期	45 g/hm²	0.029 和 0.027	陈泊宁（2019）
	叶面施硒	硒酸钠、亚硒酸钠、富硒有机肥	灌浆期	0、37.5、45.0、52.5（最佳）、60.0 和 75.0 g/hm²	0.028～0.75	姬玉梅和闵照永（2019）

施硒条件	硒肥种类	施硒时期	施硒浓度	籽粒硒/（mg/kg）	参考文献
田间试验	叶面施硒	亚硒酸钠	抽穗期、抽穗和灌浆前期、灌浆前期	0、37.5（硒利用率最高）、75.0 和 150.0 g/hm²	1～2.5	刘庆等（2016）
	叶面施硒	亚硒酸钠	起身拔节期、抽穗期	750 kg/hm²	1.81～2.52	张平平等（2019）
	叶面施硒	纳米硒肥、有机硒肥、无机硒肥（亚硒酸钠）	开花期	0 和 30 g/hm²	0.05～0.28	卢鹏飞等（2020）
	叶面施硒	亚硒酸钠	起身拔节期、开花期	0、15、30 和 45 g/hm²	0.1～1.3	蒋方山等（2018）
	叶面施硒	亚硒酸钠	开花期	0、37.5、56.25、75、93.75 和 112.5 g/hm²	0.02～0.54	夏清（2019）

9.4　影响小麦硒生物强化的因素

9.4.1　小麦品种

在硒生物强化中，筛选富硒或耐硒的小麦品种是提高小麦富硒能力的关键所在。多数研究均表明，小麦对硒的耐受性因其基因型而异，因为不同的小麦品种影响其对外源硒的吸收（Boldrin et al., 2018; 姬玉梅和闵照永，2019; 兰敏等，2018; 马凤霞等，2020）。通过归一化法将富硒小麦品种和对照进行对比发现，BRS210（Boldrin et al., 2018）、生选 6 号（张平平等，2019）、X325（扬辐麦 9698 系选）、淮麦 18、扬麦 15 号、淮 9440 和扬麦 11（杨亮等，2018）是典型的耐硒小麦品种。同时，耐硒小麦品种即籽粒硒含量较高的小麦品种在生育后期由于其抗早衰，所以相对于籽粒中硒含量低的小麦品种晚熟(李韬和兰国防，2012)（表 9-3）。此外，付冬冬（2011）于拔节期和灌浆期对 6 个小麦品种叶面喷施外源硒后发现西农 889 和远丰 175 对外源硒的耐受性较强（无论硒酸盐或亚硒酸盐），而西农 979、陕 715 和陕 142 的籽粒硒含量则处于中间水平，籽粒硒含量最低的小麦品种为小偃 22。因此，在小麦的硒生物强化中作物品种是必须要考虑的因素之一。

黑粒小麦（蓝粒和紫粒小麦，也称作彩色小麦）的籽粒硒含量明显高于普通粒色小麦（于丽敏等，2015）。黑粒小麦由于籽粒中蛋白质含量丰富，其中赖氨酸等必需氨基酸含量均高于普通小麦，且其含有较高的异黄酮及微量元素硒，具有保健功效（李甜，2016）。我国培育的黑粒小麦有漯珍 1 号、黑粒小麦 76、冬黑 10 号、河东乌麦 526、农大 3659、新春 36 和宛麦 20 等多个品种（宋印明等，2012）。鲁晋秀等（2018）发现黑粒小麦较普通小麦营养物质（如氮和磷等）含量更为丰富，且硒含量较普通小麦高 65.5%，其可作为富硒食品源。普通紫麦的硒含量也较普通小麦高 23%（高向阳等，2011）。蓝、紫等黑粒小麦籽粒的抗氧化能力高于白粒和红粒小麦，且其清除自由基能力远大于普通小麦，而这可能与其籽粒中较高的硒蛋白含量有关（宗学凤等，2006）。李甜（2016）发现新春 36 号黑小麦中富硒蛋白占总蛋白含量的 91%以上，其主要分布依次为碱溶性蛋白>水溶性蛋白>醇溶性蛋白>盐溶性蛋白。但也有研究表明，冬小麦的农艺生物强化可以有效提高籽粒硒含量，且其效率取决于外源硒的施用量、施用方式和当地的环境条件，而不同品种间无显著差异（Manojlović et al.，2019）。

表 9-3　不同小麦品种的籽粒硒含量

富硒品种	硒肥种类	施硒方式	施硒时期	施硒浓度	硒含量/（mg/kg）	高于对照（其他）/%	参考文献
西农 979	硒酸钠和亚硒酸钠	叶面施硒	开花期结束	$0\sim75\ g/hm^2$	0.8	高于对照 87.5%	姬玉梅和闵照永（2019）
京冬 17 和舜麦 1718	亚硒酸钠	叶面施硒		$20\sim60\ mg/L$			兰敏等（2018）
江麦 816	硒酸钠	叶面施硒	抽穗期	300 mg/L	18.85	高于对照 89%	孙发宇等（2017）
生选 6 号	亚硒酸钠	叶面施硒	起身拔节期和抽穗期	$750\ kg/m^2$	$1.8\sim2.5$	高于对照 97%	张平平等（2019）
西农 889							
运丰 139							
LS6045（山东系）	亚硒酸钠	叶面施硒	抽穗后期	0.08 g/L	$1.59\sim2.21$		马凤霞等（2020）
中优 9507							
西农 213							
X325（扬辐麦 9698 系选）					105	高于对照 98%	
淮麦 18					180	高于对照 99%	
扬麦 15 号	硒酸钠	土壤施硒	起身拔节期	120 mg/L	97	高于对照 98%	杨亮等（2018）
淮 9440					140	高于对照 99%	
扬麦 11					160	高于对照 99%	

续表

富硒品种	硒肥种类	施硒方式	施硒时期	施硒浓度	硒含量 / （mg/kg）	高于对照（其他） /%	参考文献
西农 979 小偃 22 鲁麦 23	硒酸钠和亚硒酸钠	土壤施硒		0～10 mg/L	10.1 7.6 9		缪树寅等（2013）
BRS 210	硒酸钠	土壤施硒		13 μmol/L	26～30	高于对照98%	Boldrin 等（2018）
黑小麦（农大3753）					0.052	高于对照64.68%	宋印明等（2012）
黑小麦（临黑131）	富硒土壤				0.239	高于其他65.5%	鲁晋秀等（2018）
黑小麦（冀紫496）	有机硒	叶面施硒	开花期	15 g/hm²	0.258	高于对照32%	白雪等（2020）
普通紫麦					0.138	高于其他23%	高向阳等（2011）
阿波	亚硒酸钠	叶面施硒	出苗期和灌浆期	3.6 g/hm²	0.154	高于对照90.12%	张洋（2012）
PBW621	硒酸钠和亚硒酸钠	土壤施硒		2～4 mg/kg	叶片 17.1～1034.1		Kaur 和 Sharma（2018）
Simonida	硒酸钠	土壤施硒/叶面施硒		5～10 g/hm²	0.4	高于对照75%	Manojlović 等（2019）
紫麦（202W17）	亚硒酸钠	土壤施硒/叶面施硒		37.5 g/hm²	0.3	高于对照41.1%	Xia 等（2020）

9.4.2　施用其他肥料

小麦硒生物强化的研究不仅仅局限于单施外源硒肥，不同学者对小麦配施营养元素氮、磷、硫和钾等也分别开展了研究（Nie et al., 2020; Ramkissoon et al., 2019）。不同的元素因为在土壤中或在小麦根系吸收中与硒的相互作用方式不同，对小麦硒生物强化的影响也不尽相同。

1. 氮肥

氮肥是农业生产中应用最广泛、施用量最大的肥料。施用氮肥可以提高小麦的氮素积累和籽粒蛋白质含量，也会通过影响小麦对硒的吸收直接影响其产量和品质（冯金凤等，2013）。研究表明，小麦根系对亚硒酸盐与磷酸盐和砷酸盐（AsO_5^{3-}）的吸收机制相似（Li et al., 2008; Zhang et al., 2014），而氮对小麦中磷和砷的吸收和转运有较大的影响（Yao et al., 2013），硒的化学性质与磷和砷相似（Li et al., 2008），因此，施用氮肥可以调节硒的生物有效性。Govasmark 等（2008）发现在营养生长期对植物补施氮肥可以提高植物茎叶中的硒含量，为硒向籽粒的转运提供更多的载体。陈玉鹏等（2016）也证实，与低氮处理（100 mg/kg）相比，高氮处理（200 mg/kg）提高了小麦籽粒产量，对低硒处理的促进作用大于对高硒处理的。高氮低硒和高氮高硒处理的籽粒产量分别较对应的低氮处理提高了21.7%和13.7%。这主要是由于：①以硝酸根离子（NO_3^-）形式存在于土壤颗粒表面的氮肥和硒阴离子的竞争性吸附增加了土壤溶液中无机硒酸盐的浓度，从而提高了植物对硒酸盐的吸收效率（陈玉鹏等，2016）；②硒酸盐和氮肥可能在土壤颗粒表面反应形成硒脲，进而提高根系对硒的吸收（Kirkby and Mengel, 1967）；③提高氮素水平可以增加根系分泌物，从而增加根际微生物的数量，促进植物吸收（de Souza et al., 1999）。增加氮素水平也能提高籽粒产量（袁继超等，2006），这与增加氮素供应量能增强叶片、籽粒的硝酸还原酶及籽粒的谷氨酰胺合成酶活性（李春喜等，1995），促进氮素同化及蛋白质合成有关（冯金凤等，2013）。因此，氮硒配施能促进小麦籽粒硒的累积，在缺硒地区合理施用氮肥能提高小麦产量和籽粒硒含量。

2. 磷肥

磷是作物生长必需的第二大元素，被广泛应用于农业生产中以提高作物产量（Guerrero et al., 2014; Nie et al., 2020）。磷和硒之间的相互作用将直接影响硒在环境中的迁移、转化、吸收、积累和生物有效性（Li et al., 2008）。硒与磷在土壤中的形态和化学行为相似，且土壤中磷和硒之间存在竞争吸附，而土壤对磷的吸附能力大于硒，因此施用磷肥会降低土壤对硒的吸附，使得小麦籽粒硒含量增加（安军妹等，2019）。研究表明，施用磷酸氢二铵 [（NH_4）$_2HPO_4$] 和磷酸二氢铵（$NH_4H_2PO_4$）均会降低土壤中有效性较低的硒形态占总硒的比例（如铁锰氧化物结合态硒和有机结合态硒），提高有效性较高的硒形态占比，从而提高小麦各部位硒的吸收（安军妹等，2019）。由于阴离子交换作用，磷酸二氢根（$H_2PO_4^-$）可取代被土壤固相表面吸附的无机硒酸盐，因此外源施用磷肥可以调节土壤硒的有效性（赵文龙等，2013a, 2013b）。也有学者认为外源施磷后，植物蒸腾作用的增强及对植物根系吸收的促进作用会间接地提高植物对外源硒的吸收（陈思杨等，2011）。

由于磷酸盐与硒酸盐具有相似的化学性质，当土壤中磷酸盐浓度较低时，两者表现为拮抗作用，但当土壤中磷酸盐浓度较高时则相反，即两者间存在协同作用。所以，硒与磷之间既存在拮抗作用又存在协同作用，这主要因磷酸盐浓度而异。由于土壤中磷酸盐与亚硒酸盐间存在竞争吸附，因此磷酸盐促使土壤溶液解析出更多的硒而被植物吸收。另外，磷能促进植物生长，从而提高其根系对外源硒的吸收能力（李金峰等，2016）。聂兆君等（2019）关于冬小麦幼苗的研究同样也证实了磷与硒之间存在协同和拮抗作用，这与磷和硒的施用浓度有关，高磷（31 mg/L）条件下施硒可以提高小麦对磷的吸收率，但在低硒（0.1 mg/L）和高硒（1 mg/L）条件下施磷会显著降低小麦的硒迁移系数。值得注意的是，Guerrero等（2014）发现施用外源硒会降低小麦的磷和镁的含量。而 Liu 等（2018）发现随着磷浓度的增加，小麦各部位的硒浓度显著降低，施磷显著抑制了细胞壁中硒的积累，但却增加了在细胞器和可溶性组分（液泡）中分布的硒，表明施用磷显著抑制了硒从根部向地上部位的转运。有关施磷对外源硒有效性的影响及其机制还有待进一步的研究。

3. 硫

由于硒和硫元素具有一定的相似性（Li et al., 2008；Liu et al., 2015），因此它们在植物体内的运输途径相同，硫酸盐和硒酸盐主要通过硫酸盐转运子（SULTR1;1 和 SULTR1;2）被植物根系吸收进而转运至植物地上部分（Shibagaki et al., 2002）。而作物对硫酸盐具有更高的亲和力（White et al., 2004），所以溶液中过多的硫酸盐会显著降低植物对硒酸盐的吸收。但目前已有的有关硒与硫之间的相互作用研究的结果不尽相同，水培试验表明硫酸盐对小麦硒酸盐的吸收和转运无显著影响（Li et al., 2008; Liu et al., 2015），但 Stroud 等（2010）报道施用硫肥可以促进小麦对硒酸盐的吸收，并将此归因于硫酸盐会抑制微生物对硒酸盐的利用，进而提高土壤硒酸盐的有效性（Dowdle and Oremland, 1998）。但仅在土壤硫含量较高时观察到硫酸盐对小麦硒的吸收有促进作用（Stroud et al., 2010），因此，当土壤本身的硫含量较高时可以通过施用硒肥来提高小麦对硒的吸收。

一般来说，在缺硫土壤或者不富含硫的土壤中，施硫均会显著降低小麦的硒含量（Liu et al., 2015; Stroud et al., 2010）。刘新伟等（2015a）发现对小麦施用 0.1 mmol/L 硫酸盐后其对硒酸盐的吸收潜力（V_{max} 值）和亲和力（$1/K_m$ 值）分别下降了约26%和91%，证明了硫与硒之间存在一定拮抗作用。另外，施用 150 mg/kg 硫酸镁能够显著降低小麦地上部分（62%）和根部（56%）硒含量，这与外源施硫后土壤 pH 下降、有机质含量增加有关，与此同时其也使得土壤硒形态从有效态硒（水溶态硒）向其他稳定硒形态（铁锰氧化物结合态硒、有机结合态硒及残渣态硒）转化，进而降低了小麦对外源硒的吸收（刘新伟等，2015b）。因此，在缺硫土壤中应该减少施硫以避免其对小麦硒吸收的抑制作用。

综上所述，在硒生物强化实践中，硒的施用一定要考虑土壤中的磷、硫含量，也要考虑硒与氮、磷、硫元素之间的交互作用。

9.5　小麦硒生物强化未来研究方向

本章主要整理了近 20 年来国内外在小麦硒生物强化方面的研究进展,包括世界范围内小麦硒含量的分布情况、小麦硒生物强化技术（如硒肥种类、施硒方式、施硒时期等）及其影响因素（如小麦品种和其他因素）等。虽然近些年关于小麦硒生物强化的研究有很大的进展，但仍有一些问题亟待深入研究。

当前我国 51%的地区仍处于缺硒状况,除西北地区小麦籽粒硒含量相对较高,基本处于中等硒水平外，其他地区的小麦籽粒中硒含量均较低，我国多数地区小麦籽粒硒含量均低于缺硒阈值。因此，查明各小麦产地土壤硒含量水平及其有效性，并采取针对性的农艺措施[如调节土壤理化性质（pH、土壤有机质含量（OM）等）或降低竞争离子（如硫等）含量或有效性等]来调控小麦籽粒硒含量，才能从根本上提高硒缺乏地区或降低硒中毒地区居民每日硒摄入量，从根本上保护国民健康。

由于叶面施硒相对土壤施硒的高效性和针对性，叶面喷施外源硒是当前施硒的主要方式。不同学者开展研究的试验条件具有一定差异，因此目前仍缺乏对于施硒时间、施硒量和外源硒肥种类等不同施硒条件对小麦硒强化的系统研究。因此通过将小麦品种、土壤条件、农艺措施系统结合起来研究，针对性地提出最佳硒肥种类、浓度及施硒时间对小麦硒生物强化具有重要的意义。

当前对于小麦硒生物强化的研究多集中于单施硒或硒与氮、磷、硫元素等配施，仍缺乏某种元素和硒之间交互作用的系统研究，也有少数研究涉及小麦多种微量元素的共同生物强化，如硒、铁、碘和锌等，其研究有效地提高了目标微量元素的含量。而微量营养元素（铁、锌、硒）的缺乏目前仍是全球性问题，因此，未来小麦硒生物强化研究应致力于通过多种微量营养元素配施来实现多目标元素的生物强化。

通过研究筛选出综合品性优良、富硒能力较强的品种（系），或通过基因工程（定位和调控与小麦硒吸收、转运和代谢相关的基因）等技术，从作物本身入手，培育富硒能力强的作物品种。通过控制硒转运子或转运通道，从而提高作物对硒的富集能力也是未来需要开展的工作之一。

参 考 文 献

安军妹, 张栋, 冶军, 等. 2019. 不同磷源对土壤硒形态及小麦硒吸收转运的影响. 江苏农业科学, 47(16): 119-122.

白雪, 孙敏, 董石峰, 等. 2020. 富硒区补硒对黑小麦植株硒积累的影响. 河北农业大学学报, 43(2): 34-39, 46.

曹静祥, 刘源, Shen J Z, 等. 2007. 山东与四川省的四个地区硒水平的调查与分析. 中华预防医学杂志, 41(5): 419-421.

陈泊宁. 2019. 冬小麦施硒技术及施硒效果探究. 武汉: 华中农业大学.

陈思杨, 江荣风, 李花粉. 2011. 苗期小麦和水稻对硒酸盐/亚硒酸盐的吸收及转运机制. 环境科学, 32(1): 284-289.

陈玉鹏, 梁东丽, 宋卫卫, 等. 2016. 氮素对不同生育期小麦植株累积硒的影响. 植物营养与肥料学报, 22(2): 395-402.

陈玉鹏, 彭琴, 梁东丽, 等. 2017. 施氮对小麦硒(Ⅵ)吸收、转运和分配的影响. 环境科学, 38(2): 825-831.

董石峰, 孙敏, 赵剑敏, 等. 2019. 花期喷施亚硒酸钠对小麦生长特性及硒积累的影响. 山西农业大学学报(自然科学版), 39(6): 13-18.

樊文华, 李霞, 杨静文. 2013. 硒钴配施对冬小麦产量品质及籽粒中硒、钴含量的影响. 水土保持学报, 27(2): 145-149.

冯金凤, 赵广才, 张保军, 等. 2013. 氮肥追施比例对冬小麦产量和蛋白质组分及生理指标的影响. 植物营养与肥料学报, 19(4): 824-831.

付冬冬. 2011. 不同外源硒对冬小麦硒吸收、分配和转运的影响. 杨凌: 西北农林科技大学.

高向阳, 张平安, 宫安晶, 等. 2011. 南阳彩色小麦及其土壤中微量硒的相关性研究. 云南农业大学学报(自然科学版), 26(1): 139-143.

韩高德, 王月兰, 陈桂荣, 等. 1993. 宁夏食品中硒的含量及居民硒摄入量的调查分析. 中国食品卫生杂志, 5(1): 10-13.

黄杰. 2018. 陕西主要小麦产区土壤—小麦中硒的空间分布特征. 杨凌: 西北农林科技大学.

姬玉梅, 闵照永. 2019. 灌浆期喷施不同硒肥对小麦产量及籽粒硒含量的影响. 粮食问题研究, (6): 15-20.

蒋方山, 张海军, 吕连杰, 等. 2018. 叶面喷施亚硒酸钠对黑粒小麦籽粒硒含量、产量及品质的影响. 麦类作物学报, 38(12): 1496-1503.

金玉铃, 沙纪辉. 1997. 日常食物中硒含量的测定与分析. 福建医科大学学报, (3): 101-102.

兰敏, 尹美强, 芦文杰, 等. 2018. 干旱胁迫下外源硒对小麦幼苗抗旱性的影响. 土壤, 50(6): 1182-1189.

李春喜, 张根发, 石惠恩, 等. 1995. 氮肥对小麦硝酸还原酶活性和籽粒蛋白质含量变化动态的影响. 西北植物学报, 15(4): 276-281.

李金峰, 聂兆君, 赵鹏, 等. 2016. 土壤—植物系统中硒营养的研究进展. 南方农业学报, 47(5): 649-656.

李鸣凤, 邓小芳, 付小丽, 等. 2017. 不同硒源对小麦生长、硒吸收利用以及玉米后效的影响. 农业环境科学学报, 36(1): 1-7.

李前勇, 王健, 李奇林, 等. 2006. 对三峡库区土壤、粮食、饮水中微量元素含量的分析. 四川畜牧兽医, (3): 30-32.

李韬, 兰国防. 2012. 植物硒代谢机理及其以小麦为载体进行补硒的策略. 麦类作物学报, 32(1): 173-177.

李甜. 2016. 新春 36 号黑小麦中硒的分布、富硒蛋白的制备及抗氧化活性研究. 石河子: 石河子大学.

刘红恩, 李金峰, 赵鹏, 等. 2017. 施硒对冬小麦产量及硒吸收转运的影响. 麦类作物学报, 37(5): 694-699.

刘慧, 杨月娥, 王朝辉, 等. 2016. 中国不同麦区小麦籽粒硒的含量及调控. 中国农业科学, 49(9): 1715-1728.

刘庆, 田侠, 史衍玺. 2016. 施硒对小麦籽粒硒富集、转化及蛋白质与矿质元素含量的影响. 作物学报, 42(5): 778-783.

刘新伟, 段碧辉, 夏全杰, 等. 2015a. 硫酸盐对两种硒形态处理下小麦硒吸收和转运的影响. 环境科学学报, 35(4): 1190-1197.

刘新伟, 段碧辉, 赵小虎, 等. 2015b. 外源四价硒条件下硫对小麦硒吸收的影响机制. 中国农业科学, 48(2): 241-250.

卢鹏飞, 高志强, 孙敏, 等. 2020. 外源硒肥对小麦籽粒产量及植株硒元素积累的影响. 河北农业大学学报, 43(3): 17-22.

鲁晋秀, 闫秋艳, 杨峰, 等. 2018. 土壤硒含量显著影响黑小麦与普通小麦的硒吸收. 生态环境学报, 27(10): 1966-1971.

鲁璐, 季英苗, 李莉蓉, 等. 2010. 不同地区、不同品种(系)小麦锌、铁和硒含量分析. 应用与环境生物学报, 16(5): 646-649.

马芳宇. 2012. 江汉平原富硒土壤与农产品质量初探. 资源环境与工程, 26(2): 194-200.

马凤霞, 王沛, 张敏, 等. 2020. 叶面喷施硒肥对不同品种小麦产量及籽粒硒含量的影响. 山东农业大学学报(自然科学版), 51(1): 25-30.

孟智磊. 2016. 山东省典型地区土壤及农产品中硒等元素的地球化学特征. 北京: 中国地质大学.

缪树寅, 梁东丽, 赵文龙, 等. 2013. 硒酸盐和亚硒酸盐对 7 种不同基因型小麦种子萌发和幼苗生长的影响. 农业环境科学学报, 32(10): 1934-1940.

聂兆君, 李金峰, 赵鹏, 等. 2019. 磷硒配施对冬小麦幼苗磷硒吸收和转运的影响. 西南农业学报, 32(1): 122-127.

瞿建国, 徐伯兴, 龚书椿. 1998. 氢化物发生-无色散原子荧光光度法测定土壤中有效态硒和总硒. 土壤通报, 29(1): 47-53.

宋印明, 倪中福, 李保云, 等. 2012. 富硒强筋紫粒小麦品种——农大 3753 的培育. 农业生物技术学报, 20(4): 451-454.

孙崇延, 李德安, 冯杰, 等. 1995. 施加硒化肥对麦粒的化学元素及氨基酸含量的影响. 微量元素与健康研究, 12(3): 39-40, 45.

孙发宇, 李长成, 王安, 等. 2017. 叶面喷施硒酸钠对不同小麦品种(系)籽粒硒及其他矿质元素含量的影响. 麦类作物学报, 37(4): 559-564.

唐玉霞, 王慧敏, 杨军方, 等. 2011. 河北省冬小麦硒的含量及其富硒技术研究. 麦类作物学报, 31(2): 347-351.

王建武, 杨永亮, 刘新花. 2014. 山西省主要粮食作物微量元素特征. 微量元素与健康研究,

31(2): 44-45.

王金达, 于君宝, 张学林. 2000. 黄土高原土壤中硒等元素的地球化学特征. 地理科学, 20(5): 469-473.

王晓芳, 陈思杨, 罗章, 等. 2014. 植物对硒的吸收转运和形态转化机制. 农业资源与环境学报, 31(6): 539-544.

夏清. 2019. 不同粒色小麦籽粒产量及品质对外源硒的响应. 晋中: 山西农业大学.

邢丹英, 许少华, 高剑华, 等. 2010. 不同硒源后效应对小麦农艺性状与富硒量的影响. 湖北农业科学, 49(12): 3009-3010, 3014.

许凌凌. 2016. 植物硒的研究进展. 安徽农学通报, 22(12): 14-16.

严俊, 张翠炫, 薛文韬, 等. 2011. 贵州栽培小麦籽粒硒含量分析. 种子, 30(2): 101-103.

杨飞, 蒋之飞, 方洁, 等. 2016. 湖北省京山县钱场——新市地区土壤硒元素地球化学特征及分布规律研讨. 资源环境与工程, 30(6): 856-861.

杨亮, 孙发宇, 李磊, 等. 2018. 小麦硒敏感性的基因型差异分析. 土壤, 50(6): 1190-1197.

于丽敏, 薛艳芳, 高华鑫, 等. 2015. 小麦富硒研究进展. 山东农业科学, 47(6): 137-144.

余光辉, 温琰茂, 张磊, 等. 2007. 广州市蔬菜中硒含量特征分析. 农业环境科学学报, 26(3): 1045-1048.

袁继超, 刘丛军, 俄胜哲, 等. 2006. 施氮量和穗粒肥比例对稻米营养品质及中微量元素含量的影响. 植物营养与肥料学报, 12(2): 183-187, 200.

翟乃耀, 曹在洪, 高玉梅, 等. 2008. 山东省淄川区内外环境硒水平检测分析. 中国地方病防治杂志, 23(4): 305-306.

张栋, 翟勇, 张妮, 等. 2017. 新疆水稻主产区土壤硒含量与水稻籽粒硒含量的相关性. 中国土壤与肥料, (1): 139-143.

张平平, 马鸿翔, 姚金保, 等. 2019. 叶面喷施硒肥对小麦籽粒及面粉硒含量的影响. 核农学报, 33(11): 2254-2260.

张晓燕, 柳黄, 李秀花. 1992. 太原市食物硒含量及居民硒摄入量的评价. 中国公共卫生学报, 11(1): 29-31.

张秀芝, 马忠社, 王荫楠, 等. 2012. 唐山开滦煤矿区土壤及地表水中 Se 元素赋存状态及其生态效应研究. 环境科学, 33(10): 3404-3410.

张洋. 2012. 喷施硒、锌肥对不同品种春小麦产量及硒吸收积累特性的影响. 南方农业学报, 43(5): 626-629.

赵文龙, 胡斌, 王嘉薇, 等. 2013a. 磷与四价硒的共存对小白菜磷、硒吸收及转运的影响. 环境科学学报, 33(7): 2020-2026.

赵文龙, 梁东丽, 石美, 等. 2013b. 磷酸盐与硒酸盐相互作用对小白菜磷和硒吸收的影响. 农业环境科学学报, 32(12): 2331-2338.

朱玲. 2007. 不同品种小麦中硒含量的测定及其与生长土壤中硒水平的相关性研究. 郑州: 河南农业大学.

宗学凤, 张建奎, 李帮秀, 等. 2006. 小麦籽粒颜色与抗氧化作用. 作物学报, 32(2): 237-242.

Adams M L, Lombi E, Zhao F J, et al. 2002. Evidence of low selenium concentrations in UK bread-making wheat grain. Journal of the Science of Food and Agriculture, 82(10): 1160-1165.

Al-Saleh I A, Al-Doush I. 1997. Selenium levels in wheat grains grown in Saudi Arabia. Bulletin of Environmental Contamination and Toxicology, 59: 590-594.

Alfthan G, Bogye G, Aro A, et al. 1992. The human selenium status in Hungary. Journal of Trace Elements and Electrolytes in Health and Disease, 6(4): 233-238.

AL-Ghumaiz N S, Motawei M I, Abd-Elmoniem E M, et al. 2020. Selenium and zinc concentrations in spring wheat (*Triticum aestivum*) genotypes under organic and inorganic fertilization. Journal of Plant Nutrition, 43(13): 1980-1987.

Ali F, Peng Q, Wang D, et al. 2017. Effects of selenite and selenate application on distribution and transformation of selenium fractions in soil and its bioavailability for wheat (*Triticum aestivum* L.). Environmental Science and Pollution Research, 24(9): 8315-8325.

Bañuelos G S, Lin Z Q. 2008. Development and Uses of Biofortified Agricultural Products. Boca Raton, FL: CRC Press.

Beladel B, Nedjimi B, Mansouri A, et al. 2013. Selenium content in wheat and estimation of the selenium daily intake in different regions of Algeria. Applied Radiation and Isotopes: Including Data, Instrumentation and Methods for Use in Agriculture, Industry and Medicine, 71(1): 7-10.

Boila R J, Stothers S C, Campbell L D. 1993. The concentration of selenium in the grain from wheat, barley and oats grown at selected locations throughout Manitoba. Canadian Journal of Animal Science, 73(1): 217-221.

Boldrin P F, de Figueiredo M A, Yang Y, et al. 2016. Selenium promotes sulfur accumulation and plant growth in wheat (*Triticum aestivum*). Physiologia Plantarum, 158(1): 80-91.

Boldrin P F, Faquin V, Clemente A D C S, et al. 2018. Genotypic variation and biofortification with selenium in Brazilian wheat cultivars. Journal of Environmental Quality, 47(6): 1371-1379.

Boldrin P F, Faquin V, Ramos S J, et al. 2013. Soil and foliar application of selenium in rice biofortification. Journal of Food Composition and Analysis, 31(2): 238-244.

Bratakos M S, Zafiropoulos T F, Siskos P A, et al. 1988. Selenium losses on cooking Greek foods. International Journal of Food Science & Technology, 23(6): 585-590.

Broadley M R, Alcock J, Alford J, et al. 2010. Selenium biofortification of high-yielding winter wheat(Triticum aestivum L.)by liquid or granular Se fertilisation. Plant and Soil, 332: 5-18.

Broadley M R, White P J, Bryson R J, et al. 2006. Biofortification of UK food crops with selenium. Proceedings of the Nutrition Society, 65(2): 169-181.

Chauhan R, Awasthi S, Srivastava S, et al. 2019. Understanding selenium metabolism in plants and its role as a beneficial element. Critical Reviews in Environmental Science and Technology, 49(21): 1937-1958.

Chu J Z, Yao X Q, Yue Z W, et al. 2013. The effects of selenium on physiological traits, grain selenium content and yield of winter wheat at different development stages. Biological Trace Element Research, 151(3): 434-440.

Curtin D, Hanson R, Lindley T N, et al. 2006. Selenium concentration in wheat (*Triticum aestivum*) grain as influenced by method, rate, and timing of sodium selenate application. New Zealand Journal of Crop and Horticultural Science, 34(4): 329-339.

D'Amato R, Fontanella M C, Falcinelli B, et al. 2018. Selenium biofortification in rice (*Oryza sativa* L.)sprouting: effects on Se yield and nutritional traits with focus on phenolic acid profile. Journal of Agricultural and Food Chemistry, 66(16): 4082-4090.

D'Amato R, Regni L, Falcinelli B, et al. 2020. Current knowledge on selenium biofortification to improve nutraceutical profile of food: a comprehensive review. Journal of Agricultural and Food Chemistry, 68(14): 4075-4097.

de Souza M P, Chu D, Zhao M, et al. 1999. Rhizosphere bacteria enhance selenium accumulation and volatilization by Indian mustard. Plant Physiology, 119(2): 565-574.

de Temmerman L, Waegeneers N, Thiry C, et al. 2014. Selenium content of Belgian cultivated soils and its uptake by field crops and vegetables. Science of the Total Environment, 468-469: 77-82.

de Vita P, Platani C, Fragasso M, et al. 2017. Selenium-enriched durum wheat improves the nutritional profile of pasta without altering its organoleptic properties. Food Chemistry, 214: 374-382.

Deng X F, Liu K Z, Li M F, et al. 2017. Difference of selenium uptake and distribution in the plant and selenium form in the grains of rice with foliar spray of selenite or selenate at different stages. Field Crops Research, 211: 165-171.

Dinh Q T, Cui Z W, Huang J, et al. 2018. Selenium distribution in the Chinese environment and its relationship with human health: a review. Environment International, 112: 294-309.

Dinh Q T, Wang M K, Tran T A T, et al. 2019. Bioavailability of selenium in soil-plant system and a regulatory approach. Critical Reviews in Environmental Science and Technology, 49(6): 443-517.

Dowdle P R, Oremland R S. 1998. Microbial oxidation of elemental selenium in soil slurries and bacterial cultures. Environmental Science & Technology, 32: 3749-3755.

Eiche E, Bardelli F, Nothstein A K, et al. 2015. Selenium distribution and speciation in plant parts of wheat (*Triticum aestivum*) and Indian mustard (*Brassica juncea*) from a seleniferous area of Punjab, India. Science of the Total Environment, 505: 952-961.

Eich-Greatorex S, Sogn T A, Øgaard A F, et al. 2007. Plant availability of inorganic and organic selenium fertiliser as influenced by soil organic matter content and pH. Nutrient Cycling in Agroecosystems, 79(3): 221-231.

El-Ramady H, Abdalla N, Taha H S, et al. 2016. Selenium and nano-selenium in plant nutrition. Environmental Chemistry Letters, 14: 123-147.

FAO/WHO. 2001. Human vitamin and mineral requirements. Report of a Joint FAO/WHO Expert Consultation. Bangkok, Thailand, 235-247.

Galinha C, Sánchez-Martínez M, Pacheco A M G, et al. 2015. Characterization of selenium-enriched wheat by agronomic biofortification. Journal of Food Science and Technology, 52(7): 4236-4245.

Gao J, Liu Y, Huang Y, et al. 2011. Daily selenium intake in a moderate selenium deficiency area of Suzhou, China. Food Chemistry, 126(3): 1088-1093.

Gissel-Nielsen G. 1975. Selenium concentration in Danish forage crops. Acta Agriculturae Scandinavica, 25(3): 216-220.

Golubkina N A, Alfthan G V. 1999. The human selenium status in 27 regions of Russia. Journal of Trace Elements in Medicine and Biology, 13(1-2): 15-20.

Govasmark E, Singh B R, MacLeod J A, et al. 2008. Selenium concentration in spring wheat and leaching water as influenced by application times of selenium and nitrogen. Journal of Plant Nutrition, 31(2): 193-203.

Guerrero B, Llugany M, Palacios O, et al. 2014. Dual effects of different selenium species on wheat. Plant Physiology and Biochemistry, 83: 300-307.

Gupta M, Gupta S. 2017. An overview of selenium uptake, metabolism, and toxicity in plants. Frontiers in Plant Science, 7: 2074.

Hart D J, Fairweather-Tait S J, Broadley M R, et al. 2011. Selenium concentration and speciation in biofortified flour and bread: retention of selenium during grain biofortification, processing and production of Se-enriched food. Food Chemistry, 126(4): 1771-1778.

Jones G D, Droz B, Greve P, et al. 2017. Selenium deficiency risk predicted to increase under future climate change. Proceedings of the National Academy of Sciences, 114(11): 2848-2853.

Kápolna E, Hillestrøm P R, Laursen K H, et al. 2009. Effect of foliar application of selenium on its uptake and speciation in carrot. Food Chemistry, 115(4): 1357-1363.

Kápolna E, Laursen K H, Husted S, et al. 2012. Bio-fortification and isotopic labelling of Se metabolites in onions and carrots following foliar application of Se and ^{77}Se. Food Chemistry, 133(3): 650-657.

Kaur M, Sharma S. 2018. Influence of selenite and selenate on growth, leaf physiology and antioxidant defense system in wheat (*Triticum aestivum* L.). Journal of the Science of Food and Agriculture, 98(15): 5700-5710.

Keskinen R, Räty M, Yli-Halla M. 2011. Selenium fractions in selenate-fertilized field soils of Finland. Nutrient Cycling in Agroecosystems, 91(1): 17-29.

Kikkert J, Berkelaar E. 2013. Plant uptake and translocation of inorganic and organic forms of selenium. Archives of Environmental Contamination and Toxicology, 65(3): 458-465.

Kirkby E A, Mengel K. 1967. Ionic balance in different tissues of the tomato plant in relation to nitrate, urea, or ammonium nutrition. Plant Physiology, 42(1): 6-14.

Lara T S, de Lima Lessa J H, de Souza K R D, et al. 2019. Selenium biofortification of wheat grain via foliar application and its effect on plant metabolism. Journal of Food Composition and Analysis, 81: 10-18.

Li H F, McGrath S P, Zhao F J. 2008. Selenium uptake, translocation and speciation in wheat supplied with selenate or selenite. New Phytologist, 178(1): 92-102.

Li M F, Zhao Z Q, Zhou J J, et al. 2018. Effects of a foliar spray of selenite or selenate at different growth stages on selenium distribution and quality of blueberries. Journal of the Science of Food and Agriculture, 98(12): 4700-4706.

Li N, Gao Z D, Luo D G, et al. 2007. Selenium level in the environment and the population of Zhoukoudian area, Beijing, China. Science of the Total Environment, 381(1-3): 105-111.

Liang Y, Chen Y X, Liu D, et al. 2020. Effects of different selenium application methods on wheat (*Triticum aestivum* L.)biofortification and nutritional quality. Phyton-International Journal of Experimental Botany, 89(2): 423-435.

Lindberg P, Bingefors S. 1970. Selenium levels of forages and soils in different regions of Sweden. Acta Agriculturae Scandinavica, 20(2): 133-136.

Liu H E, Shi Z W, Li J F, et al. 2018. The impact of phosphorus supply on selenium uptake during hydroponics experiment of winter wheat (*Triticum aestivum*) in China. Frontiers in Plant Science, 9: 373.

Liu X W, Zhao Z Q, Duan B H, et al. 2015. Effect of applied sulphur on the uptake by wheat of selenium applied as selenite. Plant and Soil, 386(1-2): 35-45.

Loganathan P, Hedley M J. 2006. Spatial and time-dependent patterns of selenium(Se)release from selected Se fertiliser granules. Soil Research, 44(2): 155-163.

Lyons G. 2010. Selenium in cereals: improving the efficiency of agronomic biofortification in the UK. Plant and Soil, 332: 1-4.

Lyons G, Stangoulis J, Graham R. 2003. High-selenium wheat: biofortification for better health. Nutrition Research Reviews, 16(1): 45-60.

Lyons G H, Genc Y, Stangoulis J C R, et al. 2005. Selenium distribution in wheat grain, and the effect of postharvest processing on wheat selenium content. Biological Trace Element Research, 103(2): 155-168.

Manojlović M S, Lončarić Z, Cabilovski R R, et al. 2019. Biofortification of wheat cultivars with selenium. Acta Agriculturae Scandinavica, Section B — Soil & Plant Science, 69(8): 715-724.

Nawaz F, Ashraf M Y, Ahmad R, et al. 2017. Selenium supply methods and time of application influence spring wheat (*Triticum aestivum* L.)yield under water deficit conditions. The Journal of Agricultural Science, 155(4): 643-656.

Newman R, Waterland N, Moon Y, et al. 2019. Selenium biofortification of agricultural crops and effects on plant nutrients and bioactive compounds important for human health and disease prevention—a review. Plant Foods for Human Nutrition, 74(4): 449-460.

Nie Z J, Zhu J J, Li J F, et al. 2020. Phosphorus application alters concentrations and proportions of organic Se forms in the grain of winter wheat. Journal of Plant Nutrition and Soil Science, 183(3): 282-291.

Ning N, Yuan X Y, Dong S Q, et al. 2016. Increasing selenium and yellow pigment concentrations in foxtail millet(*Setaria italica* L.)grain with foliar application of selenite. Biological Trace Element Research, 170: 245-252.

Pandey C, Gupta M. 2015. Selenium and auxin mitigates arsenic stress in rice(*Oryza sativa* L.)by combining the role of stress indicators, modulators and genotoxicity assay. Journal of Hazardous Materials, 287: 384-391.

Poblaciones M J, Rodrigo S, Santamaría O, et al. 2014. Agronomic selenium biofortification in *Triticum durum* under Mediterranean conditions: from grain to cooked pasta. Food Chemistry, 146: 378-384.

Ramkissoon C, Degryse F, da Silva R C, et al. 2019. Improving the efficacy of selenium fertilizers for wheat biofortification. Scientific Reports, 9(1): 19520.

Ramos S J, Faquin V, Guilherme L R G, et al. 2010. Selenium biofortification and antioxidant activity in lettuce plants fed with selenate and selenite. Plant, Soil and Environment, 56(12): 584-588.

Rayman M P. 2000. The importance of selenium to human health. The Lancet, 356(9225): 233-241.

Rodrigo S, Young S D, Cook D, et al. 2015. Selenium in commercial beer and losses in the brewing process from wheat to beer. Food Chemistry, 182: 9-13.

Schiavon M, Pilon-Smits E A H. 2017. The fascinating facets of plant selenium accumulation-biochemistry, physiology, evolution and ecology. New Phytologist, 213(4): 1582-1596.

Shibagaki N, Rose A, McDermott J P, et al. 2002. Selenate-resistant mutants of *Arabidopsis thaliana* identify Sultr1;2, a sulfate transporter required for efficient transport of sulfate into roots. The Plant Journal, 29(4): 475-486.

Smrkolj P, Stibilj V, Kreft I, et al. 2006. Selenium species in buckwheat cultivated with foliar addition of Se(VI)and various levels of UV-B radiation. Food Chemistry, 96(4): 675-681.

Spadoni M, Voltaggio M, Carcea M, et al. 2007. Bioaccessible selenium in Italian agricultural soils: comparison of the biogeochemical approach with a regression model based on geochemical and pedoclimatic variables. Science of the Total Environment, 376(1-3): 160-177.

Stroud J L, Li H F, Lopez-Bellido F J, et al. 2010. Impact of sulphur fertilisation on crop response to selenium fertilisation. Plant and Soil, 332: 31-40.

Tan J A. 1989. The Atlas of Endemic Diseases and Their Environments in the People's Republic of China. Beijing: Science Press.

Tan J A, Huang Y J. 1991. Selenium in geo-ecosystem and its relation to endemic diseases in China. Water Air and Soil Pollution, 57-58: 59-68.

Valdez Barillas J R, Quinn C F, Freeman J L, et al. 2012. Selenium distribution and speciation in the hyperaccumulator *Astragalus bisulcatus* and associated ecological partners. Plant Physiology, 159(4): 1834-1844.

Wang C, Ji J F, Zhu F H. 2017a. Characterizing Se transfer in the soil-crop systems under field condition. Plant and Soil, 415: 535-548.

Wang D, Xue M Y, Wang Y K, et al. 2019a. Effects of straw amendment on selenium aging in soils: mechanism and influential factors. Science of the Total Environment, 657: 871-881.

Wang D, Zhou F, Yang W X, et al. 2017b. Selenate redistribution during aging in different Chinese soils and the dominant influential factors. Chemosphere, 182: 284-292.

Wang H L, Zhang J S, Yu H Q. 2007. Elemental selenium at nano size possesses lower toxicity without compromising the fundamental effect on selenoenzymes: comparison with selenomethionine in mice. Free Radical Biology and Medicine, 42(10): 1524-1533.

Wang J W, Wang Z H, Mao H, et al. 2013. Increasing Se concentration in maize grain with soil- or foliar-applied selenite on the Loess Plateau in China. Field Crops Research, 150: 83-90.

Wang M, Ali F, Liang D L. 2019b. Effects of soil selenate and selenite on selenium uptake and speciation in wheat(*Triticum aestivum* L.)//Bañuelos G, Lin Z Q, Liang D L, et al. Selenium Research for Environment and Human Health: Perspectives, Technologies and Advancements. London: CRC Press: 143.

Wang M, Ali F, Wang M K, et al. 2020. Understanding boosting selenium accumulation in Wheat (*Triticum aestivum* L.)following foliar selenium application at different stages, forms, and doses. Environmental Science and Pollution Research, 27(1): 717-728.

Wang M K, Yang W X, Zhou F, et al. 2019. Effect of phosphate and silicate on selenite uptake and phloem-mediated transport in tomato(*Solanum lycopersicum* L.). Environmental Science and Pollution Research, 26(20): 20475-20484.

Wang Q Y, Zhang J B, Zhao B Z, et al. 2016. Influence of long-term fertilization on selenium accumulation in soil and uptake by crops. Pedosphere, 26(1): 120-129.

Whelan B R, Barrow N J, Peter D W. 1994. Selenium fertilizers for pastures grazed by sheep. 2. Wool and liveweight responses to selenium. Australian Journal of Agricultural Research, 45(4): 877-887.

White P J, Bowen H C, Parmaguru P, et al. 2004. Interactions between selenium and sulphur nutrition in *Arabidopsis thaliana*. Journal of Experimental Botany, 55(404): 1927-1937.

WHO. 2004. Vitamin and Mineral Requirements in Human Nutrition. 2nd ed. Geneva: World Health Organization and Food and Agriculture Organization of the United Nations.

Winkel L H E, Johnson C A, Lenz M, et al. 2012. Environmental selenium research: from microscopic processes to global understanding. Environmental Science & Technology, 46: 571-579.

Winkel L H E, Vriens B, Jones G D, et al. 2015. Selenium cycling across soil-plant-atmosphere interfaces: a critical review. Nutrients, 7: 4199-4239.

Wolnik K A, Fricke F L, Capar S G, et al. 1983. Elements in major raw agricultural crops in the United States. 2. Other elements in lettuce, peanuts, potatoes, soybeans, sweet corn, and wheat. Journal of Agricultural and Food Chemistry, 31(6): 1244-1249.

Xia Q, Yang Z P, Shui Y, et al. 2020. Methods of selenium application differentially modulate plant growth, selenium accumulation and speciation, protein, anthocyanins and concentrations of mineral elements in purple-grained wheat. Frontiers in Plant Science, 11: 1114.

Yadav S K, Singh I, Sharma A, et al. 2008. Selenium status in food grains of northern districts of India. Journal of Environmental Management, 88(4): 770-774.

Yao L X, Huang L X, He Z H, et al. 2013. External inorganic N source enhances the uptake of As species in garland chrysanthemum(*C. coronarium*)amended with chicken manure bearing roxarsone and its metabolites. Journal of Hazardous Materials, 254-255: 270-276.

Yin H Q, Qi Z Y, Li M Q, et al. 2019. Selenium forms and methods of application differentially modulate plant growth, photosynthesis, stress tolerance, selenium content and speciation in *Oryza sativa* L. Ecotoxicology and Environmental Safety, 169: 911-917.

Zhang J S, Wang H L, Yan X X, et al. 2005. Comparison of short-term toxicity between Nano-Se and selenite in mice. Life Sciences, 76(10): 1099-1109.

Zhang H Q, Zhao Z Q, Zhang X, et al. 2019. Effects of foliar application of selenate and selenite at different growth stages on Selenium accumulation and speciation in potato(*Solanum tuberosum* L.). Food Chemistry, 286: 550-556.

Zhang L H, Hu B, Li W, et al. 2014. OsPT2, a phosphate transporter, is involved in the active uptake of selenite in rice. New Phytologist, 201(4): 1183-1191.

Zhou F, Yang W X, Wang M K, et al. 2018. Effects of selenium application on Se content and speciation in *Lentinula edodes*. Food Chemistry, 265: 182-188.

Zulfiqar U, Maqsood M, Hussain S, et al. 2020. Iron nutrition improves productivity, profitability, and biofortification of bread wheat under conventional and conservation tillage systems. Journal of Soil Science and Plant Nutrition, 20(3): 1298-1310.

第 10 章　土壤、作物中硒的分布以及富硒标准的确定

　　微量生命元素是一类在人体中含量低于 0.05%，但对生命正常功能具有重要作用的元素，是生物体与周围环境发生能量交换、物质代谢或自我更新的基本成分（World Health Organization, 1996）。生物体本身不能合成微量生命元素，必须从外界环境中获取。因此，微量生命元素将生物与环境直接联系起来。

　　硒在生命过程中发挥重要作用（中华人民共和国地方病与环境图集编纂委员会, 1989; Plant et al., 2014），而硒的安全阈值较窄，摄入过多或过少都会对生物体产生不良影响（杨光圻等, 1981; 王予健等, 1991; 中华人民共和国地方病与环境图集编纂委员会, 1989）。硒缺乏是地方性大骨节病、克山病和心血管病等严重疾病的主要发病原因之一（王予健等, 1991; Thomson, 2013）。同时，摄入过量的硒及其化合物也具有致癌变、致突变和致畸变的作用。美国、英国和澳大利亚等国家都出现过从环境中摄入过量硒导致的动物硒中毒事件（Johnson et al., 2000; Tan et al., 2002）。我国陕西省紫阳县闹热村和湖北省恩施州渔塘坝村也曾出现过人畜硒中毒事件（梅紫青, 1985; 杨光圻等, 1981）。

　　因此，食用含硒量适宜的产品、摄入适量的硒对大众健康尤其重要。近年来，我国不断报道发现新的"富硒区"，同时，不同种类的"富硒产品"大量出现，"富硒产品"种类繁多。但现在有四个有关硒及其产品的基础科学问题并不清楚：①"富硒区"的标准、定义是什么？土壤、作物、水中硒含量达到什么水平，就可以称得上是"富硒区"？含硒量达到多少的食品就可以称得上是"富硒食品"？现有的"富硒区"和"富硒食品"硒含量是多少?评价标准的理论依据是什么？②"富硒区"生长的作物都富硒吗？"富硒区"生产的"富硒产品"中的硒含量比一般非富硒区的同类农作物高多少？"富硒区"和"贫硒区"环境中特别是作物中硒等微量元素的含量差距有多大？③食用"富硒区"的作物或者"富硒作物"的其他元素，特别是和硒伴生的有害元素镉、砷、铊等元素含量如何？④食用"富硒区"的作物或者"富硒作物"是否就一定对人体健康有益？从中摄入的硒量是否是最适宜的硒摄入量？是否能达到最佳的补硒效果？

　　这些基础科学问题至今并未厘清，限制了我国富硒食品的开发和生产。其根本的问题是：我国表生环境水、土、粮中硒等微量元素含量的空间分布不均匀；不同地区水、土、粮含硒量差异较大，分布规律不清楚；环境中硒来源不明。

我们认为，要确定富硒区或富硒土壤、富硒粮食的标准，首先要了解食品中硒的含量水平、空间分布规律，了解一般作物的含硒量、硒来源以及控制因素。

10.1　硒在地壳中的含量

1817 年，瑞典化学家贝尔塞柳斯在焙烧黄铁矿制硫酸时发现硒元素（黄开勋等，2009）。硒的相对原子质量为 78.96，有 20 种同位素，其中有 6 种是稳定同位素，其余为放射性同位素。硒属于硫族元素，在化学和生物化学性质上，硫与碲相似（黄开勋等，2009）。

单质硒的化学性质活泼。室温下，硒在空气中或者氧气中被缓慢地氧化生成二氧化硒，温度升高时反应速度加快。硒燃烧时产生蓝色火焰，生成二氧化硒，散发出烂萝卜的臭味（黄开勋等，2009）。氧化性酸与硒不发生反应，王水能将硒氧化生成亚硒酸：

$$Se + 4HNO_3 + 8HCl = H_2SeO_3 + 4Cl_2 \uparrow + 5H_2O + 4NO \uparrow$$

硒与硝酸反应，生成物随反应条件的不同而不同：

$$Se + 2HNO_3（发烟）= H_2SeO_4 + 2NO$$

$$Se + 6HNO_3 \xrightarrow{\text{加热蒸干}} SeO_2 + NO \uparrow + NO_2 \uparrow + H_2O$$

硒在地壳中的含量相当稀少且分散，地壳中硒的丰度仅 0.05 mg/kg，其丰度按质量估计约为地壳的 $7×10^{-7}$，居化学元素的第 70 位（刘英俊等，1984）。天然硒很少且常与天然硫在一起，硒主要以重金属硒化物形态存在。除少数国家和地区以硒化矿为硒资源外，多数硒化矿都因硒含量稀少而不具工业价值，因此硒主要作为重金属硫化矿冶炼铜、锌、镍、银等金属的副产品得到。

硒在地壳中呈分散状态。其特征具体表现在：①硒的克拉克值很低，仅 $0.05×10^{-6}$，主要呈分散状态存在。它虽能形成某些独立矿物，但极少形成硒的富集体；②虽已发现百余种硒的独立矿物（包括硒硫化合物）（刘家军，1994），但它们在自然界分布极少。硒主要呈类质同象分布，广泛存在于硫化物或硫盐矿物中；③硒极少形成具有工业价值的（独立）硒矿床，其主要来源于综合性含硒矿床，即硒大都作为其他矿床的副产品而加以综合回收（刘家军和郑明华，1995；彭大明，1996，1997）；④冶炼提取硒的工艺过程较复杂、成本高昂，主要由发达国家生产，且产量集中在少数几个大公司（刘家军，1994）。

10.1.1　硒矿资源的分布

硒是分散元素之一，在自然界通常极难形成工业富集，甚至硒的独立矿物也很少。这是因为硒在地壳中的丰度是硫的近千分之一，加之硒与硫的结晶化学和它们的某些地球化学性质，如离子半径（S^{2-}为 0.184 nm、Se^{2-}为 0.191 nm）、晶格能系数（S^{2-}为 1.15、Se^{2-}为 1.10）、离子电位（S^{2-}为–1.09eV、Se^{2-}为–1.05eV）等颇为相似，属强亲铜元素，故硒易取代硫化物中的硫而不易形成硒化物（刘英俊和曹励明，1987; Simon and Essene, 1996; Simon et al., 1997），即使在一些伴生硒矿床中亦较难发现硒化物（刘英俊等，1984; 刘家军等，2001）。

国外文献中所述的有硒化物产出的热液矿床主要有四种类型（Simon and Essene, 1996; Simon et al., 1997）：①"远成"硒化物脉状矿床；②不整合面型矿床；③砂岩型铜、铀矿床；④陆相火山岩型低温金–银矿床。目前仅有第一类可形成独立的硒矿床，另外三类矿床尽管有一些硒化物产出，但均没有形成硒的矿化富集体，仅表明硒的浓度有所增高（Liu et al., 2000a, 2000b）。尽管如此，国外对硒资源的开发利用一直较重视。我国对含硒等分散元素的矿床研究最早始于 20 世纪 50 年代对有色金属矿床的研究。自 20 世纪 80 年代中期以来，我国在湖北、贵州、四川、甘肃等地相继发现了一些含分散元素的金属矿床，地质学家们对矿床中分散元素（包括硒）的研究倍加重视。

刘家军课题组和温汉捷课题组近年来对国内外硒矿资源的分布赋存状态以及来源等进行了系统分析和研究，有力推进了我国分散元素硒矿床的找矿和科学研究，提高了硒的成矿理论水平。

1. 硒矿床的类型及储量

根据硒的工业利用情况，可将硒矿床类型划分为两大类：①独立硒矿床；②伴生硒矿床。根据硒的主要来源又将伴生硒矿床划分为如下几种工业类型：岩浆型（铜–镍硫化物矿床）、斑岩型（铜矿床和铜–钼矿床）、矽卡岩型（铜、铁矿床）、海底喷流型（硫化物矿床）、火山沉积型（黄铁矿矿床）、热液型（铀–汞–钼–钒多金属矿床、铜矿床、铅–锌矿床、金矿床）、沉积型（黑色页岩、碳质硅岩、煤、磷块岩等矿床）。在上述类型中，岩浆型、斑岩型、热液型、沉积型矿床最重要，其中的硒约占硒储量的 90%（刘家军和郑明华，1995）。对于独立硒矿床，目前已知的硒矿床主要是热液型矿床，但多为小型矿床，仅有玻利维亚的帕卡哈卡（Pacajake）矿床较大。该矿床的硒矿体呈脉状产于破碎带内，矿石由碳酸盐、重晶石、赤铁矿及少量的黄铁矿组成，矿物主要是银、铜、铅、镍的硒化物。我国发现了（独立）硒矿床，即湖北恩施的渔塘坝硒矿床（宋成祖，1989; 姚林波和高振敏，2000; 郑宝山，1991）。但该矿床不同于帕卡哈卡热液硒矿床，而属于典型的沉积型硒矿床。该矿床赋存在一套由碳质硅岩、黑色页岩和石煤组成的硅岩建造中，但矿层薄、矿体小、硒含量变化大，没有工业开采价值。

据美国矿务局估算（刘家军和郑明华，1995），全世界硒的基础储量为 $1.34×10^5$ t，已探明的储量仅为 $7.1×10^4$ t。其分布以美洲最多，占储量的 52.7%，亚洲、非洲各占 15.4%，欧洲占 12.2%，大洋洲占 4.4%。在已探明的硒储量中，智利、美国、加拿大、中国、赞比亚、刚果、秘鲁、菲律宾、澳大利亚和巴布亚新几内亚等国家的硒储量占世界总储量的 76.9%，另有 40 余个国家缺乏硒资源。

2. 我国硒资源概况

我国是世界主要硒资源国家之一，硒蕴藏量占全球硒资源量的 1/3 以上，保有工业储量居世界第四位，仅次于加拿大、美国和比利时（刘家军和郑明华，1995）。在已探明的硒储量中，岩浆型铜镍硫化物矿床约占硒总储量的一半以上。尽管我国硒资源丰富，但其分布极不均匀，71.2%的硒储量分布于中南和西北地区，甘肃、青海、广东、湖北四省就拥有硒储量数千吨。我国的硒大部分伴生于铜–镍硫化物矿石中（主要集中于西北和长江中下游地区）。此外，硒还存在于由碳质硅岩和黑色页岩组成的硅岩建造中。在自然界中存在一套主要由硅岩、泥质岩/页岩或板岩、碳酸盐岩和粉砂岩组成的沉积建造，以富含有机质和菌藻微生物等为特征，其沉积厚度较大，其中硅岩为其主要岩石类型，故被称为硅岩建造。硅岩建造的硒储量也相当可观（郑明华等，1994；刘家军等，1998a，1998b）。近 10 年来，陆续报道了硒在硅岩建造中高度富集形成硒富集体或硒矿床的实例，如西秦岭拉尔玛–邛莫金–硒矿床、湖南郴州许家洞镇金银寨铀–硒矿床和陕西紫阳硒矿化区（刘家军和郑明华，1993；刘家军等，1997）。

10.1.2　硒的来源

地壳中硒的丰度仅为 0.05 μg/g，在地壳化学元素中排第 70 位（Taylor，1964；McLennan，2001）。岩浆结晶过程中，当岩浆硫化物和硅酸盐岩浆发生分离时，硒随着硫进入硫化物熔体，产生硒的富集。如加拿大萨德伯里（Sudbury）的岩浆熔离铜–镍硫化物矿床中，黄铁矿和镍黄铁矿晶格中硒含量可达 10～100 μg/g（Hawley，1962；Orberger and Traxel，1991）。因此，岩浆的分异作用，特别是硫化物熔体的分离作用是岩浆中硒富集的途径。

硫与硒的地球化学性质相似，在岩浆结晶过程中作为挥发性组分从岩浆中分离出来形成硫化物矿床（黄开勋等，2009）。因此，最早形成的硫化物岩石中硒含量最高，其形成温度也最高；由于硒从岩浆中分离出来，因此岩浆岩中硒含量一般较低。

1. 地层中硒的初次富集

岩浆中的硫化物熔体携带硒涌出地表，因此火山口以及火山隧道中的硫化物普遍含有较高含量的硒。如英国 Finlayson 湖地区火山岩块状硫化物很高，而其中富铜硫化物矿物集合体和硫化物矿物中的硒含量之间呈显著正相关；美国檀香山火山硫沉积物含硒 4～29 μg/g（刘英俊等，1984）。而由于高温影响，硒和硫发生分离，硒以气态形式或通过吸附在火山灰颗粒表面的方式进入大气，再通过大气沉降（干沉降或者湿沉降）降落至地表，进入沉积环境，导致沉积环境中硒富集。如美国中部平原区皮尔（Pierre）页岩平均含硒 2 μg/g，其中富集的硒来自更西部的火山活动。地壳活动导致地壳断裂，地球内部热液携带大量硒进入沉积环境，导致沉积环境中硒富集，如形成富硒硅质岩建造，即火山活动和地壳活动使地幔中的硒进入沉积环境，从而导致了地层中硒的初次富集。

2. 地层中硒的二次富集

研究者们从地球化学和生物地球化学两个方面进行了探讨：①初次富集形成的富硒沉积物经过地球化学作用，硒再次进入沉积环境；如富硒斑脱岩的氧化淋滤；②生物能够从环境中选择性地富集某些金属，一般地将有机亲和指数大于5000 的元素称为生物制约元素。硒在海水中的浓度一般为 $0.09×10^{-9}$，在海生植物中硒的浓度为 $0.8×10^{-6}$，有机亲和指数为 8900，可见硒是一种典型的生物制约元素。即硒可以在生物体内大量富集，自然环境中的微量硒通过生物和微生物的吸收作用而富集，生物残骸随着陆源碎屑物质和沉积环境中其他物质一起沉积，导致沉积物中硒的富集；③硒易吸附在沉积物（土壤、湖泊和河流底泥）的有机质和铁锰氧化物表面，在沉积物中再次富集。干酪根是沉积有机质的重要组成部分，占沉积有机质的 95%以上。硒在干酪根中的富集可能主要通过干酪根桥键上的—COOH、—OH、—NH$_2$ 配合而紧密地粘住干酪根。白果园黑色页岩型银钒矿床中硒在干酪根中可达到 $3340×10^{-6}$，对比原岩的富集系数为 6.84～12.95，平均为10.49。

雒昆利团队对陕西安康地区早古生代、渭北地区分布的晚古生代地层中硒的分布和来源以及不同地层单元分布区中土壤、作物中的硒等元素的含量进行了系统分析，发现安康分布的晚前寒武纪—早古生代不同地层单元（郧西群、耀岭河群变质火山碎屑岩和凝灰岩、晚前寒武纪—早寒武世鲁家坪组、下寒武统箭竹坝组灰岩段、志留系梅子垭组的片岩和千枚岩段）的同地层单元的岩性、岩相以及含硒量在区域上都很稳定（雒昆利，2006；雒昆利和姜继圣，1995；雒昆利等，1995，2002），但不同地层单元间的岩性、岩相以及硒含量差异较大（雒昆利，2003；Luo et al.，2004）。

10.2　土壤中的硒

在地球表面，土壤中硒的分布极不均匀。在美国大平原内各州的一些地区的植物中存在高含量的硒，这些硒可能来源于更西方向分布和出露的白垩纪地质时期火山灰沉积物。白垩纪地质时期北美中部仍被浅海覆盖，当时降落到水中或被雨水冲来的硒与铁化合并以碱式亚硒酸铁的形式沉淀，在白垩纪的页岩、砂岩、石灰质中富集，从而构成中西部几个州的土壤母质。

对于土壤硒存在的形式，Olson 等（1942，1976）和 Allaway 等（1966）曾有过详述。碱性土壤条件有利于硒酸盐的形成，而酸性土壤则导致元素硒和硒化物的形成。亚硒酸和铁的稳定结合物被认为是酸性土壤中硒的主要存在形式。

我国大陆地区土壤中硒的分布极不均匀（王锐等，2017）。硒缺乏可致克山病、大骨节病、心血管病等 40 余种病症（Qin et al., 2013）。环境中的硒过量则会导致硒中毒。我国湖北恩施和陕西紫阳、美国南达科他州（South Dakota）以及印度旁遮普（Punjab）的部分地区均属于硒含量过高地区。湖北恩施渔塘坝和陕西紫阳双安是我国最早发现的两个高硒地区，由于土壤环境中硒含量过高，先后于 1963 年和 1980 年造成人畜硒中毒（程静毅和梅紫青，1980；梅紫青，1985；朱建明等，2005；张光弟等，2001）。土壤中硒的含量和形态会影响植物对硒的吸收状况，硒经由食物链进入生命体，最终会影响人和动物的生长、发育与繁殖。因此土壤含硒水平与人体健康密切相关。

10.2.1　土壤中硒的来源

土壤中硒的主要天然来源是岩石矿物中的硒，一般通过火山活动带到地表。不同地层单元的分布区域与乡、镇、村、社以及地貌的分界线不重叠，即使在同一山沟两侧，或者一个山包的不同部位或者相邻的两个山沟，其分布和出露的基岩的地层时代、岩性、岩相也有明显的差异，造成了不同地区环境中硒含量差异较大（雒昆利，2003）。

岩石中的硒主要通过以下 6 种方式进入土壤：①火山喷发，在 684.9℃（硒的沸点）时，硒以离子组成的形式随火山活动喷发出来。作为离子或气体，硒可随雨水在环境中重新移动和积累；②岩石淋洗（风化等）过程，在各类岩石中，变质岩和火成岩含硒量很低（0.01~0.05 μg/g），沉积岩含硒量较高，最高达 0.5~28 μg/g，以还原态存在，如硒酸亚铁（$FeSeO_3$）；③工业废气排放和酸雨；④含硒高的植物枯死后在土壤表层分解释放出硒；⑥在气候干旱地区，含盐壳可在土壤耕层演化形成硒。

夏卫平和谭建安（1990）等对我国一些岩类研究认为，变质岩硒含量（0.070 mg/kg）＞岩浆岩硒含量（0.067 mg/kg）＞沉积岩硒含量（0.047 mg/kg）。我国岩石硒含量均值为 0.058 mg/kg。我国湖北恩施和陕西紫阳是两个已知的富硒岩石出露区，分别产生在二叠纪和寒武纪的含碳硅质岩和硅质碳质页岩中。在恩施，这两种岩石的硒含量分别达到 31.54~280.6 mg/kg、24.39~90.66 mg/kg（郑宝山等，1992）。在我国北东向的缺硒带中，由南向北出露岩石主要有紫色砂质泥岩、风成黄土和中碱性火山岩，其含硒量分别为 0.043 mg/kg、0.053 mg/kg 和 0.118 mg/kg。

10.2.2 土壤中硒的分布

1. 世界土壤中硒的分布

硒是一种稀有分散元素，元素周期表排序介于氧族非金属元素硫和类金属元素碲之间，在地壳中的分布极不均匀。土壤硒在空间分布上差异极大，世界土壤硒含量为 0.1～2.0 mg/kg，平均值 0.2 mg/kg（Lisk, 1972）。刘铮（1996）认为可以将 0.3 mg/kg 作为当今世界土壤硒含量的平均值。美国、英国、加拿大、日本、伊朗、西班牙等国家已经完成各自境内土壤中硒含量和分布的调查工作。不同国家由于气候降水、地理纬度及地势地貌的不同，土壤硒含量相差很大。一般情况下，土壤中的硒含量低于 1 μg/g。然而某些地区土壤硒含量非常高，导致生长在这些地区的植物硒含量达到可致人和动物中毒的水平，如美国、英国以及我国陕西省紫阳县闹热村和湖北恩施州渔塘坝村（梅紫青，1985；严本武，1993）。

美国地质调查局进行了全国范围内的河流沉积物和土壤的地球化学分析（样品密度为每 289 km² 采 1 个样品），于 2008 年 9 月 30 日绘制出美国土壤中微量元素含量分布图。美国土壤中硒含量为 0.1～5.32 μg/g（U. S. Geological Survey, 2021），高硒区分布在洛杉矶山脉和北部平原地区，而太平洋沿岸的西北、东北和东南部各州属于低硒区。

加拿大环境部长理事会认为加拿大境内土壤硒含量为 0.07～2.1 μg/g（Canadian Council of Ministers of the Environment, 2009）。

Yamada 等（2009）为评估日本耕作土壤中的硒水平，从水田或者旱田表层收集了 180 个土壤样品，测定了其中总硒含量。测定结果显示，日本耕作土壤中总硒含量为 0.05～2.80 μg/g，几何平均值和算术平均值分别为 0.43 μg/g、0.51 μg/g，整体数据呈对数正态分布。从土壤类型来看，火山灰土壤和泥炭土壤中硒含量较高，风积土和灰色低地硒含量相对较低。土地使用方面，高地土壤硒含量较稻田土壤高。区域分布方面，关东（Kanto）、东北（Tohoku）、北海道（Hokkaido）和九州（Kyushu）地区土壤硒含量相对较高；土壤硒含量与有机碳含量显著相关，评估总硒含量和有机碳的方程显示，平均约 48%（0.24 μg/g）的总硒为无机态，52%（0.25 μg/g）为有机态。相反，土壤 pH 与含硒量没有显著相关关系。总之，有机物含量和火山物质是日本耕作土壤总硒含量的决定性因素（Nakamaru et al., 2005）。

英国土壤总硒含量为 0.1～4.0 mg/kg，且绝大多数土壤硒含量小于 1.0 mg/kg（Broadley et al., 2006）。英格兰和威尔士土壤中硒含量为 0～7 μg/g（Rawlins et al.,

2012)。芬兰的表土层硒含量均值约为 0.21 mg/kg（Eurola et al., 2003），西班牙东南部土壤硒含量为 0.003～2.7 mg/kg、平均值为 0.4 mg/kg，且土壤硒含量主要与矿物组成有关（Pérez-Sirvent et al., 2010）。苏格兰（样品数 n=661）土壤总硒含量差异很大（0.06～19.2 mg/kg），其中 138 个样品含硒量低于检测限（0.06 mg/kg）、15 个样品含硒量超过 6 mg/kg，且高硒含量的表层土均与排水不良的土壤相关，一般含有较多的有机质。在瑞典，土壤表层硒含量中值为 0.23 mg/kg，均值为 0.30 mg/kg（Shand et al., 2012）。日本耕作土壤总硒含量为 0.05～2.80 mg/kg，算术与几何平均值分别是 0.43 mg/kg、0.51 mg/kg，且制约土壤硒含量的主要因素为土壤有机质和火山物质（Yamada et al., 2009）。

2. 我国土壤中硒的分布

我国土壤硒含量分布极不均匀，既有黑龙江克山与河北张家口等低硒含量地区，也有陕西紫阳和湖北恩施等硒中毒地区。我国土壤硒元素背景值约为 0.13 mg/kg（王云和魏复盛，1993）。何振立（1998）认为我国表层土壤硒的含量为 0.006～9.130 mg/kg，平均值为 0.29 mg/kg。郑达贤等（1982）提出了世界低硒带的概念，并论述了其形成的决定因素。谭见安等（1982）指出我国从东北地区绵延向西南方向的低硒带克山病的发病概率较高，土壤硒含量均值为 0.1 mg/kg，形成了中间低、东南和西北高的马鞍形分布趋势（王莹，2008）。西藏地区土壤硒含量为 0.049～0.365 mg/kg，平均值为 0.150 mg/kg，且垂直地带性因素对土壤硒含量的变异起决定性作用（张晓平和张玉霞，2000）。香港地区土壤由于富含铁铝等金属氧化物，因而硒含量较高（0.070～2.260 mg/kg），均值为 0.760 mg/kg（章海波等，2005）。

张璇等（2007）通过对我国典型寒温带兴安落叶松林区的原始林、皆伐林、原始湿地 3 种生态系统冻土硒含量及影响因素的研究，提出以下结论：①3 种生态系统冻土硒含量为 0.010～0.208 mg/kg，有机质含量为 14～240 g/kg；②对冻土硒含量的影响程度由大到小的因素分别为土壤层次、生态系统、坡向和坡位；③表层硒含量最高，向下含量逐渐减少；④3 种生态系统冻土硒含量由高到低分别为原始湿地、原始林、皆伐林，坡向和坡位对硒含量影响不显著。

徐春青等（1982）于 20 世纪 80 年代对黑龙江省和呼盟地区土壤硒的研究指出，其土壤硒含量为 0.123～0.194 mg/kg，在全世界范围属于中等水平。徐青春等（1986）对黑龙江省土壤及饲料硒的研究认为黑龙江省属于缺硒省份，以大兴安岭、小兴安岭、东南部山地和三江平原地区最为严重，全省土壤硒含量为 0.0117～0.6314 mg/kg，平均值为 0.1605 mg/kg。

齐艳萍等（2012）对黑龙江省大庆市龙凤湿地环境-植物系统中硒的研究表明，大庆龙凤湿地保护区土壤总硒含量为 121～150 mg/kg，属于低硒环境。并指出在湿地生态环境系统中，土壤有机质含量对土壤总硒和有效态硒的影响占主导作用。

陈雪龙等（2012）对大庆龙凤湿地保护区 4 个样区 20 个样点 4 个不同层次土样中硒的含量、形态、分布以及部分理化性质进行了研究。结果表明，大庆龙凤湿地土壤总硒含量为 121～150 µg/kg，由于硒淋溶流失的影响，随土壤深度的增加，总硒含量无明显变化；有效硒总量为 22～28 µg/kg，包括水溶态硒、交换态硒与富啡酸态硒 3 种形态。影响土壤硒含量的主要因素包括土壤有机质、土壤黏粒含量及 pH，其中土壤有机质、黏粒含量与硒含量之间存在正相关关系，土壤 pH 与硒含量存在极显著的负相关关系。

夏学齐等（2012）选择黑龙江省松嫩平原南部，在多目标区域地球化学调查获取的硒元素数据基础上，采集大气干湿沉降、灌溉水、化肥等土壤硒输入端元以及植物收割、下渗水等输出端元样品，计算土壤硒输入输出通量，研究土壤硒循环特征，并预测土壤硒未来发展趋势。结果发现，研究区总体上为土壤低硒区，硒不足和潜在硒不足面积占总面积的 35.20%；土壤硒的主要输入途径为大气干湿沉降，可达总输入量的 70%～90%，主要输出途径为土壤下渗水，约占总输出量的 73%；研究区土壤硒为净积累状态，预测 20 年后土壤硒不足和潜在硒不足面积将从目前的 35.20%下降到 31.7%。

郭莉等（2012）调查了北京平原土壤含硒量，发现北京平原分布有高硒土壤，其特征为沿平原区西部山前断续出现，在北京市区零星分布。表层土壤含硒量为 0.04～5.26 mg/kg，平均值为 0.20 mg/kg；深层土壤含硒量为 0.043～0.22 mg/kg，平均值为 0.081 mg/kg；总体趋势是硒在表层土壤富集。各类岩石中以碳质页岩中含硒量最高，北京西部富硒碳质页岩的风化可能为平原区土壤硒的来源。相关性分析表明，土壤中硒与有机质呈正相关性，有机质对表层土壤硒具有强烈的吸附与固定作用。

李伟等（2012）对兰州市主要农业区表层土壤总硒、有效硒调查和部分农产品总硒和有机硒测定。结果表明，兰州市农田表层土壤 pH 为 8.39±0.26，总硒含量为 0.179±0.066 mg/kg（样品数 n=473），处于全国中等水平。全市土壤总硒含量区域性差别较大，市辖区明显低于三县，榆中县居全市之首。土壤有效硒与总硒含量显著正相关，有效硒占比为 4.63%～15.8%，平均值为 8.27%。农产品中玫瑰（*Rosa rugosa*）、部分西蓝花（*Brassica oleracea* var. *italica*）和芹菜（*Apium graveolens*）样品含硒量高于 0.015 mg/kg，为该市天然富硒农产品。农产品中有机硒占总硒比例较高，均值为 73.4%。从区域整体来看，土壤硒含量较高的县区农产品硒含量也相对较高，适合富硒有机优质农产品开发。

安然和孙文广（2011）通过对山东省泰莱盆地富硒土壤调查取样和测试资料的分析，讨论了该地区富硒土壤的形成分布与地质构造的关系，并在此基础上提出了对富硒土壤进行进一步研究和利用的建议。泰莱盆地中的富硒土壤主要分布于中新生代砂页岩中，硒元素可能主要来自当地分布广泛的古生界碳酸盐岩。中新生代以来，碳酸盐岩风化、淋溶，硒在砂页岩中沉积、富集，所以富硒土壤的形成分布与中新生代地质构造活动有关。但是，由于硒元素在土壤表层的含量高于深层，因此不能排除污染形成的可能性。

胡艳华等（2010）对浙北嘉善表层土壤硒的含量、分布及影响因素进行了初步研究。结果显示，嘉善土壤总硒平均值为 0.33 mg/kg，在干窑—姚庄一带存在约 57 km^2 硒含量≥0.40 mg/kg 的富硒土壤；不同土属硒质量分数差别不大；硒在土壤剖面中分布的总趋势是硒在表土层聚集；嘉善富硒土壤以有机结合态和腐殖酸态 2 种形态为主，残渣态也占有一定比例。结合总硒与有机碳的相关性分析和富硒土壤的硒形态分析等结果，高硒背景与有机质吸附是嘉善富硒土壤形成的关键因素。

张永康等（2009）以湖南湘西地区土壤为对象，研究了湘西地区土壤含硒量及其分布。结果表明，湘西地区土壤含硒量为 0.16×10^{-6}～0.72×10^{-6}，平均值为 0.38×10^{-6}，属富硒区。该区土壤硒呈由北向南和由西向东逐渐下降的趋势，且龙山县和花垣县的大部分土壤含硒量达到 0.40×10^{-6}，属典型富硒区。

陈俊坚等（2012）利用广东省 260 个土壤剖面数据，开展了区域尺度下的土壤总硒质量分数的空间分布研究。结果表明，研究区内土壤含硒量符合对数正态分布特征，其几何质量分数为 0.23 μg/g。表层土壤硒含量为 0.13～0.41 μg/g。土壤硒的空间分布格局与区域成土母质密切相关，表现为高硒质量分数的土壤主要位于石灰岩和砂页岩区域，而低硒土壤主要位于紫色页岩和花岗岩地区。

耿建梅等（2012）采集了海南省 18 个市（县）代表性的稻田土壤耕作层（0～20 cm）的 280 个样品，研究了硒和 5 种有毒重金属元素（汞、镉、铬、铅和砷）的含量、分布及其相关关系。结果表明，海南稻田土壤中汞、镉、铬、铅和砷平均含量均低于国家土壤环境质量一级标准值和全国土壤背景值。以绿色食品产地环境技术条件限量标准为标准，用单项污染指数法和内梅罗综合污染指数法评价海南稻田土壤重金属的污染状况，结果表明其是清洁的。稻田土壤硒含量从痕量到 1.532 mg/kg 之间，平均值为 0.211 mg/kg，占 47.5%的稻田土壤硒含量处于中等及以上水平（>0.175 mg/kg）。硒含量高的稻田土壤主要集中在东北部的海口及其周边的澄迈、定安、文昌和琼海，还有东南部的万宁和保亭。由于重金属平均含量还比较低，可暂时忽略重金属污染，故可在上述硒含量高的稻田土壤上种植富硒水稻。

李杰等（2012）以广西壮族自治区南宁市土壤为对象，系统采集了 2767 个表层土壤（0～20 cm）和 711 个母质样（150～200 cm），并用原子荧光光谱法测定了样品的总硒含量。结果表明，南宁市土壤总硒含量为 0.09～1.34 mg/kg，平均值为 0.57 mg/kg。不同土壤类型中，新积土总硒含量最高，平均为 0.89 mg/kg；紫色土总硒含量最低，平均为 0.37 mg/kg。不同成土母质中，二叠系碳酸盐岩母质发育土壤总硒含量最高，平均为 0.79 mg/kg，白垩系紫红色碎屑岩母质发育土壤总硒含量最低，平均为 0.39 mg/kg。

10.2.3   土壤中硒的平均含量

20 世纪 30 年代以来，许多国家对土壤硒含量进行了大量调查研究。调查结果表明，土壤硒含量变化范围很大，分布极不均匀。美国、英国、加拿大、日本、伊朗、西班牙等国家已经完成土壤中硒含量调查，并分析其分布规律。Plant 等（2014）总结了各国研究资料后指出，多数土壤的总硒含量为 0.1～2 mg/kg，平均 0.4 mg/kg。

1999～2014 年，在原国土资源部和财政部的支持下，中国地质调查局会同省级人民政府及其国土资源主管部门，组织协调全国 77 家单位 10 万多人次，按照统一的技术标准和技术方法，精心实施了全国土地地球化学调查。调查比例尺 1∶25 万，即每 1 km×1 km 的网格布设 1 个采样点位。调查土地总面积 150.7 万 km², 其中调查耕地 9.24 万 km²，占全国耕地总面积（13.54 万 km²）的 68%。并检测了土壤样品中 54 种元素的含量，并定义含硒量 0.4～3.0 mg/kg 的土壤为富硒耕地。根据《绿色食品 产地环境质量》（NY/T 391—2021）中重金属评价标准和调查区的土壤硒含量，发现 5244 万亩绿色富硒耕地，主要分布在闽粤琼区、西南区、湘鄂皖赣区、苏浙沪区、晋豫区及西北区。富硒耕地主要受硫化物矿床、黑色岩系、煤系地层等地质体和特定的土壤类型控制，土壤硒来源稳定，有利于长期开发利用。另外，在山西、辽宁、福建、天津、青海等地发现了一批富硼、钼、锌等有益微量元素的特色耕地。目前，绿色富硒耕地已经成为发展特色农业和生态农业新的增长点。湖北、广西、青海、浙江、福建、四川、江西、海南、湖南等省（区）人民政府已将开发富硒耕地作为实施农业强省战略的一项重要工作，大力开发富硒、富锌等特色耕地，形成特色农产品产业链，取得了显著的经济效益和社会效益。湖南新田县充分利用富硒耕地，发展富硒农产品种植示范基地面积达 180 km²，建成了三大富硒产业园，培育了省内外知名的富硒农产品品牌，形成了 46 家规模较大的富硒农产品生产企业（或合作社）。2014 年全县富硒产业生产总值达 20 多亿元，比上年增长 40%，实现利润超过 10 亿元，比上年增长 35%，从事富硒产业的人员突破 10 万人（王锐等，2017）。

魏复盛等（1991）在全国以 80 km×80 km 网格布采样点 4095 个，检测了 4095 个典型剖面的土壤样品的砷、镉、钴、铜、氟、汞、锰、镍、铬、铅、硒、钒、锌等 13 个元素，并从中选取 860 个主剖面的表土，加测了 48 个元素。样品含硒量为 0.006～9.13 mg/kg，中值为 0.207 mg/kg，算数平均值为 0.290 mg/kg，几何平均值为 0.216 mg/kg。

10.2.4　富硒土壤的划分标准

据报道，世界上缺硒的国家有 40 多个（土壤总硒含量低于 0.125 mg/kg）。

1986～1990 年的中国土壤环境背景值研究（"七五"国家科技攻关计划）给出了中国土壤中 61 种元素的背景值，其中中国土壤含硒量范围为 0.006～9.13 μg/g，平均为 0.29 μg/g（魏复盛等，1991）。1989 年，中华人民共和国地方病与环境图集编纂委员会绘制了《中国硒资源生态景观图》，根据大骨节病和克山病病村与邻近非病村的实地土壤含量背景的大量调查，提出土壤含硒量划分标准依次为过剩≥3.000 μg/g（硒中毒）、高硒 0.400～3.000 μg/g、中等 0.175～0.400 μg/g、边缘 0.125～0.175 μg/g、缺乏＜0.125 μg/g（致病）。该研究以健康为依据提出了中国土壤硒的总体宏观分布面貌，是后来研究中国土壤硒标准的重要依据（中华人民共和国地方病与环境图集编纂委员会，1989）。我国各地区也已开展不同规模的土壤中硒含量调查工作，且普遍将硒含量＞0.4 μg/g 的土壤认定为高硒或者富硒土壤。我国有 70%以上区域的土壤含硒量偏低，其中黄土高原中北部是最为典型的缺硒区，其土壤硒含量仅为 0.095 mg/kg。北京（0.20 μg/g）（郭莉等，2012）、河北（0.34 μg/g）（唐玉霞等，2010）、黑龙江（0.16～0.205 μg/g）（邵国璋和关光伟，1993；徐春青等，1986）、山东（0.079～0.150 μg/g）（朱文郁等，1993）、山西（0.18 μg/g）（史崇文和郭郦兰，1994）、陕西（0.118 μg/g）（陈代中等，1984）、甘肃（0.16 μg/g）（朱传凤和贾三春，1991；李伟等，2012）、青海（0.28 μg/g）（马强等，2012）、广东（0.28 μg/g）（陈俊坚等，2012）、浙江（0.29 μg/g）（郦逸根等，2005，2007）等地区土壤中硒含量较低；广西（0.57 μg/g）（李杰等，2012）、福建（0.38～0.55 μg/g）（陈振金等，1992；郑达贤和沙济琴，1997）、江苏（1.03 μg/g）（李艳慧，2006）、海南（0.765 μg/g）（徐文等，2010）、贵州（0.39 μg/g）（王甘露和朱笑青，2003）、湖南（0.27～0.38 μg/g）（葛旦之等，1996；张永康等，2009）、香港（0.76 μg/g）（章海波等，2005）等地土壤中硒含量较高。在中国则多有富硒土壤分布，如恩施和紫阳等地区（布和敖斯尔等，1995），土壤含硒量最高为 23.53 mg/kg，已达到硒中毒水平（赵成义等，1993）。

我国现有划分富硒区的标准以土壤硒总量为依据，认为土壤硒背景值大于0.4 mg/kg 为富硒土壤，而这种富硒土壤占到一定面积时就被认为是"富硒区"。硒含量≥3.000 mg/kg 的土壤则属于硒过剩土壤或硒中毒土壤（中华人民共和国地方病与环境图集编纂委员会，1989）。

杨光圻等（1981）把土壤含硒总量 3 mg/kg 作为土壤硒过剩（硒中毒）的下限。《中国硒资源生态景观图》提出土壤中硒含量划分标准，特别是缺乏致病的边界为 0.125 mg/kg，奠定了中国土壤硒划分的基础。这是我国首次对土壤含硒量等级进行的划分。随后，中国地质科学院李家熙等研究者提出土壤含硒量划分标准依次为过剩≥3.0 mg/kg、高硒 0.40～3.0 mg/kg、中等 0.2～0.40 mg/kg、低硒 0.1～0.2 mg/kg、缺乏<0.1 mg/kg（表 10-1）（布和敖斯尔等，1995）。

表 10-1　　中国土壤硒含量等级标准划分沿革　　　　　（单位：mg/kg）

中华人民共和国地方病与环境图集编纂委员会，1989		布和敖斯尔等，1995		李家熙等，2002		本书	
硒含量范围	等级	硒含量范围	等级	硒含量范围	等级	硒含量范围	等级
< 0.125	缺硒	< 0.12	0 级区	< 0.1	极低硒	< 0.125	缺硒（致病，需要补硒）
0.125～0.175	低硒	0.12～0.45	1 级区	0.1～0.2	低硒	0.125～0.175	低硒（需要补硒）
0.175～0.4	中硒			0.2～0.4	中硒	0.175～0.4	适宜
0.4～3	高硒	0.1～1.0	2 级区	> 0.4	高硒	0.4～3	适宜（高硒）
> 3	过剩	< 3	3 级区	> 3	过剩	> 3	过剩（中毒）

基于 Plant 等总结的各国研究资料指出，土壤中硒含量平均为 0.4 mg/kg（Plant et al.，2014），多数土壤的总硒含量为 0.1～2mg/kg。中国土壤硒平均含量为 0.29 mg/kg（魏复盛等，1991）。

我们从健康的角度出发，认为土壤硒适宜的范围比较宽泛，从缺乏致病的边界含量 0.125 mg/kg 到中毒致病的边界含量 3.0 mg/kg，两者相差 20 多倍，范围过于宽泛。最适宜的土壤含硒量还需进一步研究。

10.3　粮食中的硒

10.3.1　粮食中硒的分布

王明远（1982）应用多重正态分布理论，将粮食含硒量分成三级，编制了中国粮食硒含量等级分布图，并且分析了我国粮食含硒量地域差异的主要原因。研究认为，我国粮食含硒量的地理差异十分明显，其中分析的 543 个玉米含硒量均值 0.0194 mg/kg、611 个小麦含硒量均值 0.0369 mg/kg、422 个大米含硒量均值 0.0495 mg/kg。

朱建宏等（2010）在陕西省克山病区范围内抽取 6 个病区县（区）12 个自然村作为调查点，分别测定粮食硒、发硒、全血硒含量和谷胱甘肽过氧化物酶活力。结果显示病区居民粮食（小麦、玉米）含硒量分别为 0.045±0.036 mg/kg 和 0.035±0.025mg/kg，导致出现一定比例的克山病患者。

Williams 等（2009）报道，世界大米含硒量范围为 0.002～1.37 mg/kg（平均为 0.095 mg/kg），中国大米含硒量范围为 0.002～1.370 mg/kg（平均为 0.088 mg/kg）。

而本节总结国内外的文献，包括中国科学院地理科学与资源研究所雒昆利课题组近几年对全国粮食硒等微量元素含量水平的研究，了解到世界大米含硒量均值 0.06 mg/kg；中国大米含硒量均值 0.04 mg/kg，中国玉米含硒量均值 0.02 mg/kg，中国小麦含硒量均值 0.04 mg/kg。

10.3.2　我国富硒作物标准及存在的问题

我国现有的食品国家富硒标准有《富硒稻谷》（GB/T 22499—2008）和《富硒茶》（NY/T 600—2002）的标准（表 10-2）。规定富硒稻谷含硒量为 0.04～0.3 mg/kg，上限与下限相差 6.5 倍，富硒茶硒含量为 0.25～4.00 mg/kg，上限与下限相差 15 倍。

富硒稻谷标准中的最低限低于世界大米的平均含硒量，与我国大米的平均含硒量相当。此外，一些地方性的标准也对稻谷中的含硒量进行规定（表 10-2）。

虽然一些地方性的富硒大米的富硒标准偏高，但实际销售的富硒大米和富硒产品不但远远低于自己拟定的富硒标准，而且也低于全国或者世界上同类产品的平均含硒量（表 10-2）。

表 10-2　我国富硒大米中硒含量相关标准

	标准号	规定硒浓度/（mg/kg）
中国	GB/T 22499—2008	0.04～0.30
陕西省安康市	DB 61/T 556—2012	0.15～0.30
广西壮族自治区	DB 45/T 1061—2014	0.15～0.30
安徽省	DB 34/T 847—2008	0.10～0.30
湖北省	DBS 42/002—2014	0.20～0.50
湖南省	DB 43/T 816—2013	>0.15
江西省	DB 36/T 566—2017	0.07～0.30

10.3.3　主要粮食和饲料中硒含量及富硒标准的思考

我国大米中硒含量为 0.002～1.370 mg/kg（平均值为 0.088 mg/kg）。中华人民共和国地方病与环境图集编纂委员会对我国粮食硒背景含量与地理环境进行了研究，认为中国大米平均含硒量为 0.04 mg/kg（中华人民共和国地方病与环境图集编纂委员会，1989）。

根据我国居民的适宜硒摄入量每日 60 μg（袁丽君等，2016），我国人均大米食用量按每人每日 0.3 kg 计算，假设大米中的硒全部被人体吸收。对以大米和小麦为主食的非沿海居民来说，食用含硒量 0.04 mg/kg（富硒大米低限）的富硒大米，从大米中日摄入硒量 12 μg，无法满足硒的需要；食用含硒量 0.3 mg/kg（富硒大米高限）的富硒大米，日摄入量 90 μg。考虑到居民每天还从其他食物、饮用水中获得硒，按推荐成人每日摄入硒 50 μg 计算，富硒大米的最低限应为 0.10 mg/kg，这样通过食用大米每日可补充硒 30 μg。但相关研究表明，由于植物中含纤维素较多，植物中有机硒的吸收率较低，一般为总硒量的 20%左右。因此，通过食用大米补硒的吸收效率也是需要进一步研究的基础科学问题。

10.3.4 现有一些天然富硒区的天然富硒作物的含硒量

中国科学院地理科学与资源研究所雒昆利课题组购买和收集了 13 个市场上销售的"富硒大米"，其产地有：吉林、安徽、江西、湖南、湖北、广西，对其硒等微量元素含量进行了分析（表 10-3），发现其含硒量变化较大，其中，除了确认是人工添加硒肥的大米的含硒量较高外，几个是天然富硒区的大米的含硒量和我国东北几个一般非富硒大米的含硒量差别较小（表 10-3）。

表 10-3　13 个市场上销售的"富硒大米"的硒等微量元素含量*　　（单位：mg/kg）

序号	样品产地	是否人工添加硒	砷	硒	铬	铜	锌	镉	铅
1	吉林	未标出	0.069	0.152	0.34	1.48	12.22	0.00	50.05
2	吉林	未标出	0.047	0.004	0.25	0.96	11.25	0.01	26.46
3	湖北恩施	未标出	0.166	0.026	0.24	1.94	16.67	0.29	50.53
4	湖北宣恩	未标出	0.176	0.035	1.05	1.92	19.47	0.24	121.41
5	湖南张家界	未标出	0.168	0.243	0.14	2.45	17.07	0.06	34.52
6	湖南张家界	未标出	0.043	0.096	0.34	2.77	17.48	0.09	57.75
7	湖南桃源	叶面喷洒	0.143	0.510	1.21	1.89	18.12	0.22	170.25
8	湖南桃源	叶面喷洒	0.126	0.186	0.88	1.93	17.65	0.18	49.25
9	湖南桃源	叶面喷洒	0.128	0.866	0.89	1.69	16.19	0.21	88.12
10	江西萍乡	未标出	0.054	0.030	0.23	2.79	13.73	0.31	39.68
11	江西鄱阳	未标出	0.091	0.613	0.22	2.60	15.00	0.09	39.97
12	安徽	未标出	0.050	0.153	0.19	2.48	13.74	0.52	31.92
13	广西河池	未标出	0.083	0.126	0.61	1.31	14.35	0.48	37.60
	限量值		0.7		1	10	50	0.2	400

*表中样品由倪润祥博士在中国科学院地理科学与资源研究所化验室测试。

这些"富硒大米"存在 3 个问题：①除了确定的湖南桃源的 3 种人工加硒的大米外，另外几个不清楚是人工加硒还是天然富硒。而其余 5 种富硒大米，包括

"世界硒都"恩施的天然富硒大米的含硒量与我国其他地区大米的含硒量相近，均未达到各地对应的地方富硒大米的标准。另外，雒昆利课题组的研究表明，虽然一些"富硒区"的富硒大米含硒量标准较高，但"富硒"大米或者其他富硒产品含硒量大多数与国际和国内同类产品平均含硒量相近，或者低于其平均含量。②湖北恩施、湖南、广西、安徽和江西的富硒大米镉超标。

　　近年来雒昆利课题组对我国富硒大米和富硒食品进行调查和采集分析，发现主要存在以下问题：①许多富硒产品混淆含硒和富硒的概念，认为其产品含硒就是富硒。从理论上讲，地表环境中任何岩石、土壤、作物、水都含硒，只是含量高低有差异。②生产销售缺乏规范和监管，市场上不少"富硒"产品只标出富硒，但没有标示产品的含硒量，更没有标示其有害元素含量。少数标示含硒量的产品标示的含硒量范围也很宽泛。③有的"富硒"食品标示的含硒量很高，但经过检测发现其实际含硒量远远低于其标示的含硒量，甚至远远低于我国同类食品的平均含硒量，造成我国富硒食品的生产和销售乱象，严重损害了消费者的利益。④一些"富硒区"无视自己产地中生长作物的实际含硒量的多少，而在自己所有的产品上均标识为"富硒产品"，造成公众认为这些"富硒区"生产的所有农产品都是富硒的。⑤我国西南、华南、华中地区任何一个县的县域内均可找到富硒程度与陕西紫阳双安富硒区域和湖北恩施渔塘坝区域富硒程度相当的小块富硒区域，只是这些富硒区域与陕西紫阳双安富硒区域和湖北恩施渔塘坝区域相同，均为小面积区域。

　　那么，"富硒食品"应该如何定义？现有的富硒食物评价指标设立的依据是什么？环境中硒的含量和分布如何？确定"富硒土壤""富硒作物"含硒量标准是什么？"富硒区"的评价标准是什么？评价指标设立的依据是什么？"富硒区"和"缺硒区"是如何分布的？"富硒区"和"缺硒区"的主要控制因素是什么？食用"富硒区"的"富硒食品"是否可以达到适宜的硒的摄入量？以上这些问题尚未厘清。

　　因此，建立我国富硒土壤、富硒作物和富硒区的划分标准，确定其评价指标体系，是我国富硒产业生产和开发的关键。

　　真正的富硒土壤或者富硒区是能生产出天然的富硒作物的，即其生产作物含硒量比一般地区作物含硒量高。中国科学院地理科学与资源研究所雒昆利课题组近几十年的研究表明，环境中天然富硒资源的分布和分异是与其分布和出露的地层的原始含硒量和赋存规律有关，而与行政区划无关（雒昆利和姜继圣，1995；雒昆利等，1995，2002；雒昆利，2003，2006；Luo et al.，2004）。我国天然富硒资源的分布与世界天然富硒资源分布特点是相同的，即都是不均匀的。严格地讲，我国没有一个县或者一个乡的区域内的土壤含硒量超过 0.6 mg/kg 的连片富硒土壤分布区。但我国的天然富硒资源的分布是有规律可循的，即富硒区和缺硒区一般呈带状分布（雒昆利和姜继圣, 1995; 雒昆利等, 1995, 2002; 雒昆利, 2003, 2006; Luo et al., 2004）。但以往关于硒空间分布的研究多以网格化填图和插值法绘图绘制图件，其结果掩盖了天然硒资源的实际分布规律，无法确定采样点以外的含硒量，所以认为其分布没有规律。

在我国华南和西南地区的任何一个县域内，都可找到小块田地土壤含硒量2～3mg/kg 以上的区域，但这些高硒土壤分布的面积大小不同。因此，如果任何县以县域内有小面积的极高硒（硒中毒）的土壤和农作物分布，来宣称为富硒区的话，几乎我国华南和西南地区所有县域都可以称为富硒区。

这里雒昆利课题组给出两种评价富硒区（富硒村、富硒乡、富硒县）的方法：一种是以土壤含硒量及其所占面积比例来评价（表 10-4）；另外一种，无论土壤硒的高低，即使土壤的硒含量低于 0.4 mg/kg，但只要其天然种植的粮食作物含硒量达到富硒产品含硒量，也可认为是富硒区。

表10-4　中国天然富硒区（富硒村、富硒乡、富硒县）的指标及其等级定义

以土壤的含硒量及其所占面积比例为评价标准							
土壤含硒量/（mg/kg）	所占面积比例（村、乡、县）						
	贫硒区	低硒区	高硒区	富硒区		适宜区	过剩区（中毒区）
<0.2	>80%	<60%	<20%	<20%	<40%	<10%	—
0.2～0.4			<20%				
0.4～0.8	—	<20%				>80%	
0.8～3.0		<20%	>60%	>60%	>60%		
>3.0						<10%	>60%

以大米或者小麦的含硒量及其所占产量的比例为评价标准							
大米、小麦含硒量/（mg/kg）	贫硒区	低硒区	高硒区	富硒区		适宜区	过剩区（中毒区）
<0.02	>80%	50%～60%	<40%	<10%	<20%	<10%	—
0.02～0.04							
0.04～0.08						>80%	
0.08～0.2	—	—	>60%	>80%	>60%		
0.2～0.4							
0.4～3.0						<10%	>60%
>3.0							

注："—"无数值。

10.4　标准制定建议

10.4.1　硒对生物作用的"双面性"

硒的作用与剂量紧密相关。当细胞生长时，适当增加硒能促进细胞生长和细胞分化（Liu and Clausen, 1999）。在人白血病原髓细胞（HL-60）及其二甲基亚砜诱导分化而形成的粒细胞中，发现硫氧还蛋白氧化还原酶是细胞中主要的含硒酶，且随细胞培养基中硒含量的升高，细胞生长活力增大，硫氧还蛋白氧化还原酶活性显著提高，提示硒通过硫氧还蛋白氧化还原酶作用于细胞，促进细胞增长（Liu and Clausen, 1999）。水培试验研究显示，加硒（每 55 μL 液体中添加 0.001 mol 亚硒酸盐）对芜菁（*Brassica rapa*）进行处理，其产量同比增加 43%。当细胞生长时，适当增加硒能促进细胞分化。廖世栋等（1991）研究发现硒的增加能促进人白血病原髓细胞（HL-60）分化，即在氯化硝基四氮唑蓝实验中随着亚硒酸钠浓度（0.2～0.5 μg/mL）增大，氯化硝基四氮唑蓝阳性率随之上升，最高达 70 %。在沙门菌繁殖期，增加 0.1%的亚硒酸钠后的 10～12 h 后，单个细胞分化为两个。

硒具有致突变作用，沈美善和吴国用（1989）研究硒诱发体外哺乳动物细胞程序外 DNA 合成突变性的有关因素后发现，10^{-8}～10^{-4} 的亚硒酸钠、硒酸钠、硒化钠均能单独诱发人皮肤成纤维细胞发生低度的突变和中度的染色体畸变。

以上研究表明，生物生长过程中，增加一定量硒可致突变。因此，需要谨慎补硒，只有摄入适宜量的硒才是对健康有利的。

我国地域辽阔，地质地理类型复杂多样，硒在环境中的分布非常不均匀，既有缺硒地区，又有硒中毒的地区。因此，只有在缺硒区通过人工添加硒才有意义。但哪些地区是"缺硒"的？哪些地区是硒适宜的？哪些地区是真正富硒的？哪些地区是过量的？各地居民的硒摄入量的差异是多少？哪些地区需要补硒？补多少合适？以上基础问题需要深入研究。

10.4.2　"富硒"资源开发利用前景和建议

产业化和标准化是中国天然富硒产品开发的关键技术和主要科学问题。我国存在丰富的天然富硒生物资源和水资源，特别是我国华南、西南地区、秦巴山区、青藏高原和塔里木盆地周边都存在具有规模化和产业化生产和开发的天然富硒带，这些地区生态环境优良、生物资源丰富，是世界上天然富硒生物资源最为丰富的区域。秦巴山区、青藏高原和塔里木盆地周边也是世界上优质山泉水资源最为丰富的地区，是开发和生产天然富硒生物资源和天然富硒矿泉水的理想地区。

目前，我国兴起了一种通过人工添加打造富硒产品的浪潮，许多"富硒区"

也在通过人工添加硒肥生产富硒大米和富硒产品。在低硒区通过人工添加硒是增加产品含硒量的有效方法。但在天然富硒区，是否还有通过人工加硒来生产富硒产品的必要，有待进一步研究。

　　开发和生产富硒生物资源需要实事求是，无论天然或人工添加，需要生产出硒和其他微量元素含量适宜、有害元素低于标准的真正健康的富硒产品，以满足不同消费者的需要。

　　所以，我国硒资源开发应两条腿走路，富硒区生产天然富硒产品，低硒区通过人工加硒肥生产富硒产品或通过饲料加硒生产富硒禽蛋和富硒肉类。

参 考 文 献

安然, 孙文广. 2011. 泰莱盆地富硒土壤的形成分布与地质构造的关系. 安徽农业科学, 39(11): 6488-6490.

布和敖斯尔, 张东威, 刘力. 1995. 土壤硒区域环境分异及安全阈值的研究. 土壤学报, 32(2): 186-193.

陈代中, 任尚学, 李继云. 1984. 陕西地区土壤中的硒. 土壤学报, 21(3): 247-257.

陈俊坚, 张会化, 余炜敏, 等. 2012. 广东省土壤硒空间分布及潜在环境风险分析. 生态环境学报, 21(6): 1115-1120.

陈雪龙, 王晓龙, 齐艳萍. 2012. 大庆龙凤湿地土壤理化性质与硒元素分布关系研究. 水土保持研究, 19(4): 159-162.

陈振金, 陈春秀, 刘用清, 等. 1992. 福建省土壤环境背景值研究. 环境科学, 13(4): 70-75, 95.

程静毅, 梅紫青. 1980. 陕西紫阳县硒中毒区初步调查报告. 陕西农业科学, (6): 17-19, 29.

葛旦之, 黄燕湘, 杨志辉, 等. 1996. 湖南省稻田土壤供硒状况的研究Ⅴ. 全省稻田土壤总硒的分布. 湖南农业科学, (6): 25-26.

耿建梅, 王文斌, 温翠萍, 等. 2012. 海南稻田土壤硒与重金属的含量、分布及其安全性. 生态学报, 32(11): 3477-3486.

郭莉, 杨忠芳, 阮起和, 等. 2012. 北京市平原区土壤中硒的含量和分布. 现代地质, 26(5): 859-864.

何振立. 1998. 污染及有益元素的土壤化学平衡. 北京: 中国环境科学出版社.

胡艳华, 王加恩, 蔡子华, 等. 2010. 浙北嘉善地区土壤硒的含量、分布及其影响因素初探. 地质科技情报, (6): 84-88.

黄开勋, 徐辉碧, 刘琼, 等. 2009. 硒的化学、生物化学及其在生命科学中的应用. 2 版. 武汉: 华中科技大学出版社.

李家熙, 张光弟, 葛晓立, 等. 2000. 人体硒缺乏与过剩的地球化学环境特征及其预测. 北京: 地质出版社.

李杰, 杨志强, 刘枝刚, 等. 2012. 南宁市土壤硒分布特征及其影响因素探讨. 土壤学报, 49(5): 1012-1020.

李伟, 李飞, 毕德, 等. 2012. 兰州碱性土壤与农产品中硒分布及形态研究. 土壤, (4): 632-638.

李艳慧. 2006. 江苏宜兴地区土壤中硒含量及其农产品对硒的吸收与分配. 南京: 南京农业大学.

郦逸根, 董岩翔, 郑洁, 等. 2005. 浙江富硒土壤资源调查与评价. 第四纪研究, 25(3): 323-330.

郦逸根, 徐静, 李琰, 等. 2007. 浙江富硒土壤中硒赋存形态特征. 物探与化探, 31(2): 95-98, 109.

廖世栋, 范慕贞, 于树玉, 等. 1991. 微量元素硒对 c-myc 及 v-fos 癌基因表达的影响及分化诱导作用. 中日友好医院学报, (3): 131-134, 2.

刘家军. 1994. 硒矿物研究现状//欧阳志远. 中国矿物学岩石学地球化学研究新进展(一). 兰州: 兰州大学出版社.

刘家军, 郑明华. 1993. 拉尔玛层控金矿床中硒富集体的发现及其意义. 地球科学进展, 8(6): 89.

刘家军, 郑明华. 1995. 硒矿资源研究及其开发利用//资源、环境与持续发展战略. 北京: 中国环境科学出版社.

刘家军, 冯彩霞, 郑明华. 2001. 硒矿资源研究现状. 世界科技研究与发展, 23(5): 16-21.

刘家军, 郑明华, 刘建明, 等. 1997. 西秦岭寒武系层控金矿床中硒的矿化富集及其找矿前景. 地质学报, 71(3): 266-273.

刘家军, 刘建明, 郑明华, 等. 1998a. 利用岩石地球化学特征判断西秦岭寒武系含矿硅岩建造的沉积环境. 沉积学报, 16(4): 42-49.

刘家军, 郑明华, 刘建明, 等. 1998b. 西秦岭寒武系硅岩建造喷流沉积作用与矿质聚集. 高校地质学报, 4(1): 20-33.

刘英俊, 曹励明. 1987. 元素地球化学导论. 北京: 地质出版社.

刘英俊, 曹励明, 李兆麟, 等. 1984. 元素地球化学. 北京: 科学出版社.

刘铮. 1996. 中国土壤微量元素. 南京: 江苏科学技术出版社.

雒昆利. 2003. 陕南硒中毒区地层时代的厘定. 地质论评, 49(4): 383-388.

雒昆利. 2006. 北大巴山区鲁家坪组的厘定. 地层学杂志, 30(2): 149-156.

雒昆利, 姜继圣. 1995. 陕西紫阳、岚皋下寒武统地层的硒含量及其富集规律. 地质地球化学, (1): 68-71.

雒昆利, 谭见安, 王五一, 等. 2002. 大巴山区早古生代地层和石煤中硒的化学活动性的初步研究. 环境科学学报, 22(1): 86-91.

雒昆利, 昝淑芹, 张梅生. 1995. 南秦岭下古生界石煤的富硒性及意义. 长春地质学院学报, 25(2): 125-130.

马强, 姬丙艳, 张亚峰, 等. 2012. 青海东部土壤及生物体中硒的地球化学特征. 地球科学进展, 27(10): 1148-1152.

梅紫青. 1985. 我国发现的两个高硒区. 中国地方病学杂志, (4): 379-382.

彭大明. 1996. 罕见硒矿中国蕴藏. 建材地质, (6): 9-14.

彭大明. 1997. 中国硒矿资源概述. 化工矿产地质, 19(1): 37-42.

齐艳萍, 杨焕民, 武瑞, 等. 2012. 大庆龙凤湿地土壤硒的结合态与分布特征. 地球与环境, 40(4): 536-540.

邵国璋, 关光伟. 1993. 黑龙江省土壤硒(Se)元素背景值与地方性疾病的关系. 中国环境监测,

9(2): 61-62.

沈美善, 吴国用. 1989. 亚硒酸钠对亚砷酸钠所致的小鼠精子畸形的影响. 延边医学院学报, 12(1): 18-20, 70.

史崇文, 郭郿兰. 1994. 山西省土壤硒背景值与大骨节病的关系. 山西师大学报(自然科学版), 8(1): 79-80.

宋成祖. 1989. 鄂西南渔塘坝沉积型硒矿化区概况. 矿床地质, 8(3): 83-89.

谭见安, 郑达贤, 侯少范, 等. 1982. 克山病与自然环境和硒营养背景. 营养学报, (3): 175-182.

唐玉霞, 王慧敏, 刘巧玲, 等. 2010. 河北省麦田土壤硒的含量、形态及其有效性研究. 华北农学报, 25(S1): 194-197.

王甘露, 朱笑青. 2003. 贵州省土壤硒的背景值研究. 环境科学研究, 16(1): 23-26.

王明远. 1982. 中国粮食硒含量的地理分布. 地理研究, 1(2): 51-58.

王锐, 余涛, 曾庆良, 等. 2017. 我国主要农耕区土壤硒含量分布特征、来源及影响因素. 生物技术进展, 7(5): 359-366.

王莹. 2008. 硒的土壤地球化学特征. 现代农业科技, (17): 233, 236.

王云, 魏复盛, 等. 1995. 土壤环境元素化学. 北京: 中国环境科学出版社.

王予健, 彭斌, 彭安. 1991. 大骨节病区水土中有机物对硒存在形态和生物有效性的影响. 环境科学, 12(4): 86-89, 97.

魏复盛, 陈静生, 吴燕玉, 等. 1991. 中国土壤环境背景值研究. 环境科学, 12(4): 12-19, 94.

温汉捷. 1999. 硒的矿物学、地球化学及成矿机制——以拉尔玛硒-金矿床和若干含硒建造为例. 贵阳: 中国科学院地球化学研究所.

夏卫平, 谭见安. 1990. 中国一些岩类中硒的比较研究. 环境科学学报, 10(2): 125-131.

夏学齐, 杨忠芳, 薛圆, 等. 2012. 黑龙江省松嫩平原南部土壤硒元素循环特征. 现代地质, 26(5): 850-858, 864.

徐春青, 傅有丰, 徐忠宝, 等. 1986. 黑龙江省土壤、饲料中硒的含量及其分布. 东北农学院学报, 17(4): 399-406.

徐春青, 徐忠宝, 史言. 1982. 畜禽硒—维生素 E 缺乏综合征流行病学调查研究——Ⅲ. 黑龙江省畜禽硒—维 E 缺乏综合征流行病学调查初报. 东北农学院学报, (4): 33-42.

徐文, 唐文浩, 邝春兰, 等. 2010. 海南省土壤中硒含量及影响因素分析. 安徽农业科学, 38(6): 3026-3027.

严本武. 1993. 中国硒过剩地区的分布及分布特征. 湖北预防医学杂志, 4(1): 38-39, 29.

杨光圻, 王淑真, 周瑞华, 等. 1981. 湖北恩施地区原因不明脱发脱甲症病因的研究. 中国医学科学院学报, 3(S2): 1-6.

姚林波, 高振敏. 2000. 恩施双河渔塘坝硒矿床成因探讨. 矿物岩石地球化学通报, 19(4): 350-352.

袁丽君, 袁林喜, 尹雪斌, 等. 2016. 硒的生理功能、摄入现状与对策研究进展. 生物技术进展, 6(6): 396-405.

张光弟, 葛晓立, 张绮玲, 等. 2001. 湖北恩施硒中毒区土壤硒的分布及其控制因素. 中国地质, 28(9): 37-40, 36.

张晓平, 张玉霞. 2000. 西藏土壤中硒的含量及分布. 土壤学报, 37(4): 558-562.

张璇, 魏江生, 周梅, 等. 2007. 兴安落叶松林下冻土中硒元素的分布规律研究. 内蒙古农业大学学报(自然科学版), 28(1): 36-41.

张永康, 刘红艳, 周亚林. 2009. 湘西地区土壤硒含量及其分布的调查. 长沙大学学报, 23(2): 16-17.

章海波, 骆永明, 吴龙华, 等. 2005. 香港土壤研究 II. 土壤硒的含量、分布及其影响因素. 土壤学报, 42(3): 404-410.

赵成义, 任景华, 薛澄泽. 1993. 紫阳富硒区土壤中的硒. 土壤学报, 30(3): 253-259.

郑宝山. 1991. 鄂西富硒岩层中硒富集规律及成因研究. 矿物岩石地球化学通讯, (3): 129-131.

郑宝山, 洪业汤, 赵伟, 等. 1992. 鄂西的富硒碳质硅质岩与地方性硒中毒. 科学通报, (11): 1027-1029.

郑达贤, 沙济琴. 1997. 福建茶区土壤中的硒. 土壤通报, (2): 87-90.

郑达贤, 李日邦, 王五一. 1982. 初论世界低硒带. 环境科学学报, (3): 241-250.

郑明华, 周渝峰, 刘建明, 等. 1994. 喷流型与浊流型层控金矿床. 成都: 四川科学技术出版社.

中华人民共和国地方病与环境图集编纂委员会. 1989. 中华人民共和国地方病与环境图集. 北京: 科学出版社.

中国科学院地理研究所化学地理室环境与地方病组. 1982. 克山病与自然环境和硒营养背景. 营养学报, (3): 175-182.

朱传凤, 贾三春. 1991. 甘肃省土壤中硒背景值的调查研究. 甘肃环境研究与监测, (2): 4-7.

朱建宏, 杨杰, 何新科, 等. 2010. 陕西省克山病病区粮食和人群硒水平调查. 中国地方病防治杂志, 25(6): 438-440.

朱建明, 凌宏文, 王明仕, 等. 2005. 湖北渔塘坝高硒环境中硒的分布、迁移和生物可利用性. 土壤学报, 42(5): 835-843.

朱文郁, 李日邦, 王五一, 等. 1993. 山东省生态环境中硒及其有关元素与克山病关系. 地理研究, 12(2): 27-36.

Allaway W H, Moore D P, Oldfield J E, et al. 1966. Movement of physiological levels of selenium from soils through plants to animals. The Journal of Nutrition, 88(4): 411-418.

Broadley M R, White P J, Bryson R J, et al. 2006. Biofortification of UK food crops with selenium. Proceedings of the Nutrition Society, 65: 169-181.

Canadian Council of Ministers of the Environment. 2009. Canadian Soil Quality Guidelines Selenium Environmental and Human Health Effects.

Eurola M, Alfthan G, Aro A, et al. 2003. Results of the Finish Selenium Monitoring Program 2000—2001. Jokioinen, Finland: MTT Agrifood Research.

Goldschmidt V M. 1935. Rare elements in coal ashes. Industrial & Engineering Chemistry, 27(9): 1100-1102.

Hawley J E. 1962. The Sudbury ores, their mineralogy and origin; Part 1, The geological setting. The Canadian Mineralogist, 7(1): 1-29.

Johnson C C, Ge X, Green K A, et al. 2000. Selenium distribution in the local environment of selected villages of the Keshan Disease belt, Zhangjiakou District, Hebei Province, People's Republic of China. Applied Geochemistry, 15(3): 385-401.

Lisk D J. 1972. Trace metals in soils, plants, and animals. Advances in Agronomy, 24: 267-325.

Liu J J, Liu J M, Zheng M H, et al. 2000a. Au-Se paragenesis in Cambrian stratabound gold deposits, western Qinling Mountains, China. International Geology Review, 42(11): 1037-1045.

Liu J J, Zheng M H, Liu J M, et al. 2000b. Geochemistry of the La'erma and Qiongmo Au-Se deposits in the western Qinling Mountains, China. Ore Geology Reviews, 17(1-2): 91-111.

Liu Q, Clausen J. 1999. Thioredoxin reductase is one of the selenoproteins in both promyelocytic and granulocytic HL-60 cells. Biological Trace Element Research, 68(3): 209-223.

Luo K L, Xu L R, Tan J A, et al. 2004. Selenium source in the selenosis area of the Daba region, South Qinling Mountain, China. Environmental Geology, 45(3): 426-432.

McLennan S M. 2001. Relationships between the trace element composition of sedimentary rocks and upper continental crust. Geochemistry, Geophysics, Geosystems, 2(4): 2000GC000109.

Nakamaru Y, Tagami K, Uchida S. 2005. Distribution coefficient of selenium in Japanese agricultural soils. Chemosphere, 58(10): 1347-1354.

Olson O E, Cary E E, Allaway W H. 1976. Fixation and Volatilization by Soils of Selenium from Trimethylselenonium 1. Agronomy Journal, 68(6): 839-843.

Olson O E, Whitehead E I, Moxon A L. 1942. Occurrence of soluble selenium in soils and its availability to plants. Soil Science, 54(1): 47-54.

Orberger B, Traxel K. 1991. Proton-microprobe analyses of palladium and selenium in Ni-Cu-sulfides. Nuclear Instruments and Methods in Physics Research Section B: Beam Interactions with Materials and Atoms, 54(1-3): 304-311.

Pérez-Sirvent C, Martínez-Sánchez M J, García-Lorenzo M L, et al. 2010. Selenium content in soils from Murcia Region(SE, Spain). Journal of Geochemical Exploration, 107(2): 100-109.

Plant J, Bone J, Voulvoulis N, et al. 2014. Arsenic and Selenium//Holland H D, Turekian K K. Treatise on Geochemistry. 2nd ed. Oxford: Elsevier: 13-57.

Qin H B, Zhu J M, Liang L, et al. 2013. The bioavailability of selenium and risk assessment for human selenium poisoning in high-Se areas, China. Environment International, 52: 66-74.

Rawlins B G, McGrath S P, Scheib A J, et al. 2012. The Advanced Soil Geochemical Atlas of England and Wales. British Geological Survey.

Shand C A, Eriksson J, Dahlin A S, et al. 2012. Selenium concentrations in national inventory soils from Scotland and Sweden and their relationship with geochemical factors. Journal of Geochemical Exploration, 121: 4-14.

Simon G, Essene E J. 1996. Phase relations among selenides, sulfides, tellurides, and oxides; I, Thermodynamic properties and calculated equilibria. Economic Geology, 91(7): 1183-1208.

Simon G, Kesler S E, Essene E J. 1997. Phase relations among selenides, tellurides, and oxides; II, Applications to selenide-bearing ore deposits. Economic Geology, 92(4): 468-484.

Tan J A, Zhu W Y, Wang W Y, et al. 2002. Selenium in soil and endemic diseases in China. Science of the Total Environment, 284(1-3): 227-235.

Taylor S R. 1964. Abundance of chemical elements in the continental crust: a new table. Geochimica et Cosmochimica Acta, 28(8): 1273-1285.

Thomson C D. 2013. Selenium//Caballero B, Allen L, Prentice A. Encyclopedia of Human Nutrition. 3rd ed. London: Elsevier: 186-192.

U. S. Geological Survey. 2021. Selenium in Counties of the Conterminous States. http: //tin.er.usgs. gov/geochem/doc/averages/se/usa.html [2021-10-01].

World Health Organization. 1996. Trace Elements in Human Nutrition and Health. Geneva, Switzerland: World Health Organization.

Williams P N, Lombi E, Sun G X, et al. 2009. Selenium characterization in the global rice supply chain. Environmental Science & Technology, 43(15): 6024-6030.

Yamada H, Kamada A, Usuki M, et al. 2009. Total selenium content of agricultural soils in Japan. Soil Science & Plant Nutrition, 55(5): 616-622.

第三篇　全国功能农业实践案例

功能农业发展十五年来，已形成了"10+1"高质量发展样板。这既有将区域资源禀赋与科技创新相结合，开发功能产品，满足健康消费的天然富硒区，如安康、恩施、宜春和广西等地；也有融合功能肥料、功能种子，推进功能农业的省份，其中，山西、广西还先后实施了相关科技重大专项，取得了一批创新成果；还有宁夏、山东等地推进盐碱地功能农业，把"治"盐碱，变为"用"盐碱，让盐碱矿质元素服务特色农业的发展。在全国功能农业产业实践的基础上，在江西、陕西、广西和湖北等省份，逐步涌现了一批有望形成千亿级产业集群的区域。

本篇章从全国优选了山西、广西、宁夏、河南、陕西安康、湖北和江西宜春7个功能农业的实践典型区域，阐述了其资源优势、产业现状、创新进展、经验总结和未来展望。由于当前功能农业总体上还处于示范发展阶段，所以，这些代表性地区更多体现为某个方面的先进性。希望读者和相关管理者能从中汲取到有价值的做法和经验。

第 11 章　功能农业高质量发展的"10+1"方阵

随着乡村振兴战略的全面实施，各省市均在农业提质增效方面展开布局，形成了农业产业的全国性竞争格局。功能农业是一个战略性新兴产业，是我国农业产业的革新性发展方向，通过立足区域自然禀赋，结合科技创新发展功能农业、开发功能食品，满足人民的健康消费需求，抓住当下中国消费升级的黄金机遇期和国家推进农业高质量发展的契机，实现农业产业"弯道超车"，是各地政府和农业龙头企业树立全国品牌的重大机遇。

近年来，功能农业领军团队提供的功能农业产业综合解决方案得到了全国 10 个省份和泰国的积极响应，团队也联合地方政府打造了"10+1"方阵的高质量发展样板。

11.1　功能农业国际创新中心——江苏

中国科学技术大学尹雪斌博士团队在赵其国院士的指导和支持下，在苏州最早系统开展了功能农业研究和产业化实践，掌握了"高安全、标准化"的功能农业成套技术。为功能农业高质量发展的"10+1"方阵提供了从产业规划编制、功能营养素土壤调查，到万亩高标准示范基地建设、创新与服务中心组建、FAST Tracing 智慧溯源体系搭建、硒科普体验馆设计、高峰论坛推介与功能农业产业园建设八大环节的综合解决方案。从支持建立首个功能农业重点实验室，到成立国际硒研究学会，召开国际硒会议；从筹办第 669 次香山科学会议，到推动功能农业从省级战略向国家级战略转变，农业农村部支持筹建国家功能农业科技创新联盟，国家粮食和物资储备局支持建设"国家粮食产业（功能稻米）技术创新中心"（图 11-1）、"国家功能粮油技术创新中心"；从科技创新，到推动晋中国家农业高新技术产业示范区、黄河三角洲农业高新技术产业示范区将功能农业列为主导产业，南京国家现代农业产业科创园支持建设功能农业研究院，江苏已逐步成为国际硒与功能农业科技创新中心。

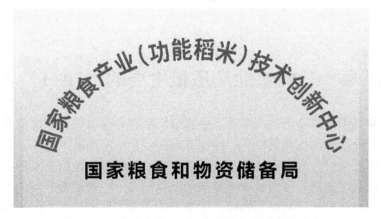

图 11-1　国家粮食产业（功能稻米）技术创新中心

11.2　功能农业单品冠军样板——宁夏

2018 年中卫市以打造"中国塞上硒谷"为目标，开展"十万亩富硒功能农业示范"建设，中卫市与硒产业相关企业共同成立宁夏硒产业发展有限责任公司，服务支撑宁夏硒产业高质量发展。同年，"中卫硒砂瓜"成功入选"国家品牌计划"（图 11-2），通过国家地理标志农产品保护认定，中卫市被全国土壤质量标准化技术委员会授予"中国塞上硒谷"称号。2019 年，获评中卫硒砂瓜中国特色农产品优势区，成为"地理标志产品+功能农业"的优秀代表。

图 11-2　国家品牌计划——中卫硒砂瓜

2019 年，石嘴山市建立十万亩富硒功能农业示范基地，委托功能农业领军团队建立石嘴山市功能农业技术研究与推广中心和功能农业产业技术研究院，完善功能农业科技创新体系和社会化综合服务体系。主办"石嘴山市首届富硒产业发展大会",发布区域公用品牌"珍硒石嘴山",使富硒农业走上品牌化发展之路。

2020 年,"宁夏功能农业研究与推广中心"正式成立,尹雪斌博士担任中心主任。功能农业领军团队对中心 2020 年度工作计划做了梳理和汇报,指出中心将在科技创新平台建设、功能农业标准联合制修订、富硒标准化基地建设、富硒功能农业产业园区建设、富硒功能农业品牌培育、"功能农业示范县(区)"遴选、功能农业技术培训和指导、创新功能农产品营销方式、推进富硒功能农业产业融合发展九个方面开展工作。宁夏回族自治区农业技术推广总站和江苏省硒生物工程技术研究中心通过共建宁夏功能农业研究与推广中心,深化东西部合作,围绕功能农业产业链构建创新链和服务链,服务宁夏功能农业产业高质量发展。

宁夏作为我国首个功能农牧产业高质量发展样板,自治区农业农村厅委托功能农业领军团队编制了《宁夏回族自治区富硒功能农业发展规划(2019—2023年)》,这是我国首个省级富硒功能农业五年发展规划,以"塞上江南·宁夏硒谷"为统领,重点打造一批"功能农业示范县",创造一批在国内具有影响力的富硒农产品品牌和"单品冠军",实现农业增效和农民增收的目标,提升宁夏富硒功能农业在全国的影响力。该样板所积累的经验十分宝贵,对全省域推动功能农业发展具有重大示范意义。

11.3　功能农业三产融合样板——江西

2019 年 5 月 20 日,习近平总书记在江西视察时指示:"这里有丰富的富硒土壤资源,一定要打好这个品牌,让富硒农产品在市场上更加畅销。"江西省委省政府高度重视习近平总书记重要指示,同年 9 月 27 日江西省农业农村厅出台《关于加快推进全省富硒农业高质量发展的指导意见》(赣农字〔2019〕69 号),要求立足绿色生态、开发富硒资源、发展富硒产品、快速推进发展,并对主要目标、六大任务和保障措施进行了明确。

宜春市作为发展富硒功能农业的先行先试样板区,2019 年结合行业头部企业的全产业链服务能力,依据《宜春市富硒产业发展规划(2018—2022)》,从规划阶段进入全面设计和施工阶段,完善了产业促进制度,发展了产业示范基地,培育了大批经营主体,建立了行业监管机制,搭建了科技创新平台,形成了区域富硒名片。2020 年建成富硒种植基地面积 4.73 万 hm^2,同比增长 103%;实现产业综合产值 138 亿元,同比增长 45%;通过"三品一标"认证富硒农产品 255 个,注册富硒农产品商标 73 个;富硒品牌影响力不断提升,获得世界级硒名片"世界硒养之都"。

赣州市作为江西省赣南富硒区的重点承载主体,已经完成了全市 1∶5 万的富硒资源摸底调查，拥有优质的富硒土壤资源和坚实的农业产业基础，委托专业公司编制《赣州市富硒农业产业发展规划（2020—2030 年）》，并在于都县等重点区域按照规划、设计、施工同步推进的思路，快速推进富硒农业产业的落地发展，2020 年 5 月 20 日，在习近平总书记视察赣州一周年之际交出赣州打造富硒农业产业的第一张答卷。

11.4　功能农业科技引领样板——山西

山西省是功能农业的先行示范省，在 2017 年已将功能农业列为省级战略。2019 年 11 月 26 日，《国务院关于同意建设山西晋中国家农业高新技术产业示范区的批复》（国函〔2019〕113 号）发布，该国家农业高新技术产业示范区的目标之一就是建立"全国功能农业综合示范区"。2020 年初，山西省政府工作报告提出将功能食品作为十大产业集群之一进行打造。以功能农业为基础，研发全生命周期的功能食品，加快发展功能农业和功能食品产业。

2019 年 9 月 29 日，第六届中国（山西）特色农产品交易博览会开幕式上，山西省领导一行听取了功能农业领军团队关于功能农业方面的最新进展的汇报，经"农谷"专项和省科技厅功能农业重大专项支持，山西功能农业研究院已开始参与编制行业标准和国家标准，并且依据标准在雁门清高小米、河峪硒锌小米等一批山西名牌功能农产品上，率先做了 FAST Tracing 全过程溯源。

11.5　功能农业标准化样板——广西

广西壮族自治区是我国面积最大的天然富硒区，非常适合富硒农产品的开发。在习近平总书记视察广西后，广西壮族自治区党委、政府加快富硒农业布局。广西壮族自治区科学技术厅启动科技重大项目"富硒农产品国家技术标准研究与应用示范"，着力建立富硒农产品国家标准体系。依托广西壮族自治区农业科学院，并联合功能农业领军团队共建广西（南宁）富硒农业研究中心。南宁市西乡塘区编制了《富硒功能农业产业发展规划（2019—2025）》，明确了西乡塘区富硒功能农业的发展目标、发展思路和产业布局等，加快推进西乡塘区富硒功能产业建设和发展。

2019 年，贵港市举办了第一届中国（贵港）国际富硒功能农业大会暨第三届广西贵港富硒农产品交易会，其间同步举办了中国硒产业 S20 峰会首届会议、富硒功能农业产业扶贫论坛。贵港市目前已创建富硒农业生产基地 0.67 万 hm^2，全力打造"中国生态富硒港"。

11.6　功能农业科技园样板——安徽

安徽省滁州市 2018 年启动功能农业科技园项目,滁州高教科创城与行业头部企业联手,按照"产业技术研究院+科技企业孵化器+功能农业产业园"发展模式,在功能农业科技研发、产业技术平台打造、高层次人才团队引进、功能农业科技企业孵化及产业化等方面开展合作(图 11-3)。2019 年滁州市支持规划建设功能农业协同创新基地,并希望能建立区域公共品牌,进一步促进功能农业快速发展。滁州市南谯区章广镇启动打造"岭上硒谷"小镇。

图 11-3　硒谷功能农业园区示意图

天然富硒区石台县人民政府与功能农业领军团队签订《中国·石台富硒功能农业综合示范区战略合作协议》,联合组建硒产业科技研发平台,启动石台县富硒科普馆和硒产品检测认证中心建设,利用 3～5 年时间,合作建成"十万亩富硒功能农业综合示范区"。安徽省最大规模的国有生态农场白湖农场集团,发展富硒功能农业已有 7 年,建成了安徽省功能农业示范区,开发的"白湖"牌富硒香软米成为市场畅销产品。

11.7　功能农业扶贫样板——河北

2016 年以来,河北承德和行业头部企业合作建立全国首个功能农业扶贫综合示范区。2019 年积极推动"河北功能农业示范市"创建工作,核心围绕"一核一园十基地"的思路展开。2019 年 8 月 23 日，为推广承德围场在功能农业扶贫上的先进做法，河北省农业农村厅与承德市政府在围场联合举办了河北省功能农业扶贫现场会。2019 年 12 月，河北省农业农村厅在考察了江西宜春富硒产业后，与行业头部企业达成共识，委托其编制《河北省功能农业产业发展规划（2020—2025 年）》，全面推进河北省功能农业产业发展。

11.8 功能农业富硒资源多样性样板——湖北

湖北省硒资源优势显著，总量位于全国前列。恩施州拥有"世界唯一探明的独立硒矿床""全球最大的天然富硒生物圈""聚硒能力最强的植物——恩施堇叶碎米荠"三大世界级资源，2011 年被第十四届国际人与动物微量元素大会学术委员会授予"世界硒都"称号。

2018 年 11 月 16 日，在全国新农民新技术创业创新博览会上，农业农村部为武汉轻工大学国家富硒农产品加工技术研发专业中心正式授牌，这是我国首个富硒产业领域专业技术研发中心。

11.9 功能农业研究国家平台样板——陕西

陕西省委、省政府高度重视富硒产业发展，2019 年《关于坚持农业农村优先发展 全面做好"三农"工作的实施意见》提到因地制宜做优做强有机、富硒等区域特色产业，陕西省发展和改革委员会将富硒产业纳入陕南绿色循环发展产业支持体系。陕西省安康市是全国著名的天然富硒区，被誉为"中国硒谷"。安康市始终把富硒产业作为建设西北生态经济强市的"首位产业"来抓，持续在科研支撑、基地建设、品牌打造、标准设立等方面聚焦聚力，2019 年安康市富硒产业实现产值 600 多亿元。国家发展和改革委员会、农业农村部分别批复依托安康市富硒产品研发中心建设富硒食品开发国家地方联合工程实验室、农业农村部富硒产品开发与质量控制重点实验室；2019 年，由功能农业奠基人赵其国院士领衔在安康市富硒产品研发中心设立的安康市赵其国院士工作站正式挂牌成立（图 11-4），同时聘请尹雪斌博士为两个国家平台学术主任。

图 11-4　赵其国院士工作站揭牌仪式

11.10　"黑土地+功能农业"样板——黑龙江

黑龙江省农业科学院迟凤琴研究组与功能农业领军团队正在联合推动"黑土地+功能农业",双方将在功能农业国家平台共建方面开展深度合作。双方充分利用东北地区黑土地资源,发展生态高值型功能农业,并合作推动了第 669 次"功能农业"主题香山科学会议的筹备。

东北黑土是地球上仅有的三大黑土区之一。黑土区农药化肥施用量低,仅为全国平均水平的 53.7%。各种重金属的含量极低,每千克土壤中重金属含量仅为其他土壤的 2.5%,发展功能农业有得天独厚的优势。海伦市依托松嫩平原富硒带核心区、中国特色农产品优势区和黑土地保护项目示范区等优势,建设和打造"中国黑土硒都"。方正县、五常市在富硒大米开发方面,也已形成了一定影响。

11.11　功能农业"一带一路"国际化样板——泰国

近年来,中国科学技术大学苏州高等研究院、苏州硒谷科技有限公司与泰国科学院(Thailand Institute of Scientific and Technological Research,TISTR)密切合作,重点合作开展功能农业的科技研究与产业示范,双方已联合开展泰国大米、香蕉、菠萝的功能化研究,让泰国受益于"中国创造"。2019 年 8 月,泰国科学院院长 Chutima Eamchotchawalit 博士带队到访苏州考察中国功能农业发展(图11-5),高度赞扬中国所做的功能农业创新,并签订了共建"中国科大(苏州)-

泰国科学院功能农业联合实验室"协议（图 11-6），联合创立"硒谷科技-泰国科学院功能农业联合示范基地"。

图 11-5　泰国科学院（TISTR）院长 Chutima Eamchotchawalit 博士率队来访考察

图 11-6　中国科大（苏州）-泰国科学院功能农业联合实验室揭牌

11.12　从理论到实践的典型案例

功能农业作为一个战略性新兴产业方向，整体来说发展还处于初级阶段。这不仅表现在功能农业的理论体系建设还有很长的路要走，还表现在功能农业的产业实践尚缺乏非常完美的典型案例。但是，在功能农业从 0 到 1 的道路上，我国不同地区涌现了一批勇于探索、勇于实践的功能农业发展团队，他们在某些方面上做出了开创性成绩，积累了宝贵的发展经验。由于富硒土地资源丰富，据最新统计，我国绿色富硒耕地达 5244 万亩，产业发展历史较早，同时国家和部委也高度关注，因此，已开展的工作相对较多。在此，在本书第三篇功能农业实践案例分析中我们从全国众多案例中优选了七个典型区域，并大体按照区域优势特色、产业发展现状、经验总结分析和未来展望建议，组织区域知名专家形成了独立的七章内容。

这中间的案例都有着鲜明的特色，贡献了独特的经验。比如，有硒产业最早的实践者——陕西安康，其在创建国家科技创新平台将硒资源转变为硒产业方面成效显著；有最早将功能农业上升为省级战略的山西省，按照"优"和"特"的发展精神，省委、省政府高位谋划，提出山西的杂粮"不在规模，而在功能"的论断，推进了功能农业科技平台、专业教育和国家农创中心主导产业发展；在宁夏，制定了我国第一个省级富硒功能农业产业发展专项规划，中卫、吴忠和石嘴山三市齐头并进，围绕沿黄盐碱地和富硒土地资源的生态高效利用，已形成一定影响。

同时，我们还优选了四个相关产业大省。湖北省，也就是"世界硒都"恩施所在的省份，在这里科教协同是一大特色，恩施州的硒产品博览交易会已发展成为全国同行交流经验、推介宣传的重要舞台。宜春市位于富硒产业大省江西，其独特的富硒温泉，联动富硒大米等产业的打造，构成了功能农业"农旅养"融合发展的蓝图。广西则是我国富硒土地面积最大的省份，富硒土地约 757 万 hm^2，富硒农产品已成为广西农产品的一张名片。粮食大省河南在富硒功能农业方面也已开展了不少工作，正在与国家功能农业科技创新联盟、国家功能粮油科技创新联盟并联合江苏省、河北省、山东省等，筹建国家功能面制品技术创新中心，未来将通过小麦等主粮功能化，实现主食功能化，让消费者"吃出健康"！

第 12 章 山西：全国功能农业先行示范区

功能农业作为农业发展的新方向，是继高产农业、绿色农业之后的第三个发展阶段，在我国农业史上占有重要地位。山西以其独特的自然优势和文化底蕴，率先成为我国发展功能农业的省域规模化省市之一，为我国功能农业从科技创新迈向产业实践提供了重要样本。

12.1 山西功能农业发展的自然人文优势与特色

农业发展的过程是一个人类与自然环境相互作用的过程，从远古时代的刀耕火种，到近代的自耕自作，再到如今的功能健康型农业发展，自然自始至终发挥着不可替代的作用。山西省境内山高沟深、气候独特，形成了特殊的农业生产模式，造就了"小杂粮王国"的美誉。其独特的区位优势——承东启西、贯穿南北，形成了优秀的民族文化及历史优势，在农业发展中起着重要的作用。

12.1.1 地理优势

山西处于我国黄土高原东部、华北平原西侧，介于太行山与黄河中游峡谷之间。境内东北高、西南低，起伏不平，高差悬殊；山地多，平川少；地貌类型复杂多样，有山地、丘陵、高原、盆地、台地等，其中山地、丘陵占 80%，高原、盆地、台地等平川河谷占 20%（马子清，2001）。

山西省地处温带与暖温带地区，属温带大陆性季风气候，有四季分明的气候特点。大致以恒山为界，恒山以北属中温带，恒山以南属暖温带。夏季受东南湿热气团的影响，湿热高温，雨热同季，是东亚季风气候的特征。由于受太行山、太岳山、中条山等山系的阻挡，海洋季风的势力由东南向西北逐渐减弱，气温随之降低，降水逐渐减少。冬季受西伯利亚冷气团的影响，由西北长驱直入，寒冷而干燥，影响时间较长，大陆性季风气候较明显。冬季寒冷干燥，夏季雨水集中，秋雨多于春雨，春温高于秋温，各地温差悬殊，气候差异明显。日照充足，光热资源比较丰富，与同纬度华北平原相比，因地势较高而气温偏低，气候比较干燥。

独特的地貌特征决定了山西农业环境的特殊性。山西山多川少，土地相对贫瘠，但土地资源较宽裕，广度开发尚有余地。从广度开发角度看，全省约有326.7 万 hm^2 "四荒"资源，是农林牧副渔业和土特产发展的重要基地。山西省热量资源充足，开发潜力巨大。按热量条件，晋南、晋中盆地可实行一年两熟和两年三熟制，复种指数可提高到 150%以上。此外，独特的土地资源及气候条件也与功能成分及营养价值较高的小杂粮相匹配。

山西杂粮生产在全国占有重要位置。主要有豆、麦、粟、薯、禾五大类 20种，种类之多居全国之首，同时还是多种作物（如谷子、裸燕麦、糜子）的起源地之一，种植面积约占全国总种植面积的 1/10，占山西省粮田面积的 40%。山西省从南到北都有杂粮种植，特别是东部太行山区、西部吕梁山区及北部高寒冷凉区种植更加广泛。2000 年以来，山西省把谷子、荞麦、燕麦、糜黍、豆类等杂粮作为优势产业重点培育。山西谷子种植面积居全国第一位，燕麦居全国第二位，荞麦居全国第五位，高粱居全国第四位，杂豆保持在全国前三位。独特的气候特征与地貌特征在促进主要粮食作物发展的同时，为功能农业的发展打下了基础。

12.1.2 农耕文化优势

山西是中华民族的发祥地之一，历史悠久，人文荟萃，拥有丰厚的历史文化遗产。历史上山西作为中原和塞外交通的主要枢纽，是汉民族和各少数民族往来的要冲，也是民族融合的舞台。秦、汉、魏、晋的征战割据，在带来社会动荡的同时，加速了民族间的交往和融合，北方少数民族由游牧转向农耕。隋、唐、两宋、明、清等相对安定时期，山西经济稳步上升，风物万种，人文荟萃，出现了司马光等一批有名的历史人物，活跃的晋商还带动了经济的发展以及经验和工艺的交流学习。

山西历史悠久、文化底蕴深厚，在"吕梁精神""太行精神""右玉精神""大寨精神"等三晋精神引领下，艰苦奋斗、自强不息、勇于创新、不畏艰难、与时俱进，始终坚持为人民谋利益。更有炎帝农耕文化、尧舜德孝文化、关公忠义文化、能吏廉政文化、晋商诚信文化等留下来的努力坚持、艰苦奋斗、诚信守义品质，这都是流淌在山西人体内的传承与财富，努力发挥自我价值，勇于奉献。

此外，山西还是中国农耕文化的发祥地，旱作农业、牛耕农业均起源于山西。夏商周时期，精耕细作农业技术就已在山西孕育，先民们创立了畎种法、代田法、区田法和淤田法等一系列旱作栽培法，创造了深耕、施肥、耙糖、镇压、中耕、除草等旱地耕作、栽培、管理技术和措施，创制了耕、耙、糖、压、开沟、撒籽、覆土等耕作环节的各种生产工具。春秋晚期，山西进入犁耕、牛耕时代，晋东南阳城冶铁技术早于欧洲 1600 年，且该地区首创铁锄，犁镜远销东南亚地区。古代畜牧业发展也从山西开始，兴修水利、打井提水是尧舜时期的一大发明。山西还是酿造业出现最早的地区，纺棉织布也是三晋人民的历史创造（李元平，2014）。

12.1.3　土壤资源优势

山西省拥有丰富的矿藏资源，尤其是煤炭、铁矿、铝土矿等资源蕴藏量大，是全国重要的能源生产基地之一。山西跨越纬度较大，川少山多，各区域在长期不同的气候侵蚀下形成了不同的土壤类型。

1. 土壤类型

土壤是在气候、植被、地貌、成土母质、时间因素、人为活动等诸多因子共同作用下形成的。由于山西省纬度、海陆位置和成土环境条件，山西省气候错综复杂，植被变异和更替明显，因而导致了土壤类型的多样化和复杂化。

山西省北部为干旱草原栗钙土地带，日温差、年温差大，风蚀、水蚀严重，年降水量为 400 mm，年均气温 5～6℃，大陆气候影响了土壤的形成和发育。母岩的物理风化强，化学分解缓慢，土壤质地粗、砂性大、结构差，表层好气性活动频繁，有机体迅速分解、少积累，剖面中有明显的钙积层，但钙积层分布的深度和积累的强度随不同地形部位而异。

吕梁山以西是由森林草原向干草原过渡的灰褐土地带，年降水 450～500 mm，年均气温为 7～8℃，气候较寒冷干燥，根据南北自然条件和土壤剖面性质特征，紫金山以北为淡褐土，以南为灰褐土。

山西省中南部为森林草原褐土地带，是山西省主要地带性的土壤，广泛分布于二级阶地以上的阶地、丘陵和低山。气候温暖，昼夜温差小，年降水 450～600 mm，年均气温为 10～20℃，矿物质化学分解强，土壤营养丰富，土壤剖层色淡而薄，是黏化度弱的淡褐土。晋南、晋东南地区黏化层色暗而厚，是黏化层较强的碳酸盐褐土。

2. 植被分布

土壤类型和气候条件对作物的生长起着决定性作用，且本地中的矿物质元素含量也决定了农作物品质的优良程度。

山西是举世闻名的"小杂粮王国"，素有"世界杂粮在中国，中国杂粮在山西"之称。杂粮作物相较于水稻、小麦等主粮，功能成分的含量及类型更多，杂粮的发展主要依托于山西独特的地质与气候。山西从北到南均可种植杂粮，特别是燕山—太行山区、吕梁山区等地区，杂粮种植密集广泛。其中燕麦主产区在左云、右玉、广灵，荞麦主产区在朔州、平鲁、五寨，谷子主产区在忻州、原平、定襄、沁县。

3. 土壤元素含量

山西省土壤中功能元素含量丰富，其中铜、镍、铬、锰、氟、铁含量超过我国平均水平，尤其是锰、氟（表 12-1）。土壤功能元素含量整体呈现南部地区高于北部地区，东南部地区高于西北部地区，并且有自南向北、自东南向西北逐渐降低的趋势（表 12-2）。丰富的土壤功能元素有利于功能农业的开展，独特的地质及气候更为特殊功能农产品的开发利用奠定了基础。

表 12-1　山西省土壤功能元素含量情况　　　　（单位：mg/kg）

元素	山西	中国	世界
铜	22.90	20.00	30.00
锌	63.50	67.70	90.00
镍	29.90	23.40	50.00
铬	55.40	53.90	70.00
钴	10.60	11.20	8.00
钒	64.50	76.40	90.00
锰	536.50	482.00	1000.00
氟	482.90	440.00	200.00
铁	2.95	2.94	4.00
碘	1.59	2.38	5.20
钼	0.50	1.20	1.20
硒	0.16	0.22	0.40
锡	0.90	2.30	

表 12-2　山西省不同地区功能元素分布状况

地区	高含量元素	中含量元素	低含量元素
运城地区（南部）	铜、钒、锰、氟	钴、镍、铬、锌	—
临汾地区（南部）	钒	钴、铜、镍、锌、氟、锰	铬
晋城市（东南部）	钴、镍、锰、铬	铜、锌、钒、氟	—
长治市（东南部）	钴、镍、锌	铜、铬、钒、氟、锰	—
晋中地区（中部）	钴、铜、铬、锌	镍、钒、氟、锰	—
太原市（中部）	—	钴、氟、锰、镍、铬	铜、锌、钒
吕梁地区（西北部）	—	锌、钒、锰、钴、铬	铜、镍、氟
忻州地区（北部）	—	钴、镍、铬、钒	铜、锌、氟、锰
雁北地区（北部）	—	铜、钒	钴、镍、锌、铬、氟、锰

12.2　山西功能农业发展的科研基础优势与特色

科学技术的发展是功能农业发展的推动力，而科学技术的发展主要体现在科研力量上。2017 年以来，山西省委、省政府积极响应中央一号文件，深入推进农业供给侧结构性改革，为功能农业的发展提供了政策及财政上的支持。依托山西农业大学进行科学研究，发挥百年老校的底蕴优势，为功能农业在山西省的推动提供技术性指导。

12.2.1　政策引领

2017 年中央一号文件提出："加快发展现代食品产业。加强现代生物和营养强化技术研究，挖掘开发具有保健功能的食品。"

在《国务院关于支持山西省进一步深化改革促进资源型经济转型发展的意见》（国发〔2017〕42 号）中提到："推进农业供给侧结构性改革，发展特色、精品农业，打造山西'农谷'综合性、专业性科创中心，鼓励山西杂粮生产大县争创特色农产品优势区。"

山西省委十一届二次全体会议暨经济工作会议强调："要在推进功能农业发展上实现重大突破。山西农业的出路不在大而在特，不在规模而在功能。要抓住新一轮消费升级战略机遇，在发展功能农业、开发功能食品上用力，把产品调特、品质调高、产业调强、结构调优，推动农林牧结合、粮经饲协调、种养加一体。"

《2017 年山西省政府工作报告》明确提出要"加快发展功能农业，面向中高端市场，推进药食同源产品开发，大力发展保健食品等高附加值产品""打造山西'农谷'，组建山西功能食品研究院，建设现代农业创新高地和功能农业示范区"。

《山西省人民政府办公厅关于加快推进山西农谷建设的指导意见》（晋政办发〔2017〕57 号）进一步明确提出要"增强农业发展动能""把山西农谷建成立足山西、面向全国的功能农业（食品）研发高地、农业科技创新高地和技术集成示范推广平台""大力发展功能农业、开发功能食品，加强新食品原料、药食同源产品的开发应用，挖掘一批高附加值的功能食品。积极培育功能农业和功能食品创新载体，建立山西功能农业和功能食品研究院，研究提出功能农业技术标准，建设国家级功能食品检验检测中心""建设一批规模化、标准化的功能农业示范基地，打造国家功能农业综合示范区"。

此外，山西省重点研发计划重点项目"山西功能农业共性关键技术研究与示范项目"及山西农谷建设科研专项项目"山西省主要功能作物产业技术研究与示范"两大项目展现了政府对功能农业的高度重视，也为功能农业发展提供了充足的科研经费。

12.2.2　山西农业大学的科研优势

山西省农业类学府——山西农业大学，创建于 1907 年，是一所集农、林、牧、食品为一体的具有地方特色和 100 多年办学历史的多学科综合发展的高等院校。山西农业大学历经铭贤学堂、铭贤农工专科学校、铭贤学院、山西农学院等时期，1979 年更名山西农业大学，被列为全国重点高校，2005 年在教育部本科教学工作水平评估中获得优秀，2012 年成为山西省人民政府与原农业部共同建设的省部共建大学。目前，学校已经发展成为一所以农业科学和生命科学为特色，农、理、工、管、经、文、法、艺术等多学科协调发展的研究型大学。

1. 文化传承

在百余年的办学实践中，学校立足山西，面向全国，服务"三农"，不断提高人才培养质量、科技创新水平和社会服务能力，推进文化传承创新，为山西乃至全国的经济建设与社会发展作出了重要贡献，铸就了"崇学事农、艰苦兴校"的办学精神，积淀了"甘于奉献、敬业乐教"的教风和"勤奋学习、注重实践"的学风。

2. 建址优势

山西农业立地条件差，整体水平较低，农民增收困难。干旱少雨、山多沟深是制约山西农业发展的最大瓶颈。在全省现有耕地中，旱地面积占 80%，其中还有 44% 的坡耕地。这些瓶颈和劣势，制约着山西农业做"大"，恰恰有利于山西农业做"特"进而做"强"。山西省小杂粮有豆、麦、粟、薯、黍五大类 20 多种，种植面积 100 万 hm^2 左右，约占全国种植面积的 1/10。这些小杂粮营养丰富，具有多种养生保健功效。在山西这片具有复杂地形、多样气候和悠久农耕历史的土地上，功能食品还有很多，例如含有微量元素或氨基酸的欧李、翅果等。抓住这一特色，积极发展功能农业，是普惠民生的潜力产业、生态产业、健康产业，发展功能农业条件可谓得天独厚，也符合山西经济转型升级、振兴崛起的战略需求。近年来在先进的农业高新技术支持下，形成了运城、临汾、晋城等多个现代农业生态示范园区。这些资源条件为设置功能农业专业奠定了良好的自然生态和社会经济基础，山西农业大学在情系"三农"、服务"三农"的办学实践中，先后与运城、临汾、晋城等市，与垣曲、闻喜、洪洞、泽州等县区签订了农业科技合作协议，在太谷区建设山西"农谷"，这些产学研合作园区为功能农业专业本科生提供了良好的实践基地与就业渠道。

3. 人才优势

学校现有教师、科研人员及职工 4500 余人，其中正高级专业技术人员 504人，副高级专业技术人员 1356 人，博士生导师 153 人，硕士生导师 1046 人。现有中国工程院院士 1 人，国际欧亚科学院院士 1 人，"长江学者"特聘教授 1 人，"国家杰出青年科学基金"获得者 2 人，国家高层次人才特殊支持计划领军人才项目获得者 1 人、教学名师项目获得者 1 人，百千万人才工程国家级人选 4 人，教育部"新世纪优秀人才支持计划"入选者 3 人，国务院学位委员会学科评议组成员 1 人，享受政府特殊津贴 83 人，国家现代农业产业技术体系副首席 2 人、岗位科学家 16 人，农业农村部农业科研杰出人才 2 人、神农青年英才 1 人，"青年三晋学者" 7 人，省青年拔尖人才 8 人，省学术技术带头人 63 人，省科技功臣 6 人。国家级教学名师 1 人，全国优秀教师 3 人，教育部高等学校教学指导委员会委员11 人，全国林业和草原教学名师 2 人，省级教学名师 29 人。这些人才是山西省发展功能农业的优秀科研人才及科研团队，为功能农业的发展提供了重要推动力。

4. 农业科技优势

山西农业大学教育资源雄厚，有纸质藏书 140 余万册，纸质期刊 500 余册，电子期刊 2 万余册，仪器设备总值 2 亿余元。从教学、实验基础条件和基地建设来看，山西农业大学是一所百年老校，具有深厚的历史文化底蕴和丰富的办学经验，依托作物学一级学科和作物栽培学、作物育种学、植物保护等省级重点学科及重点实验室，建成了国家级植物生产实验教学示范中心、农业农村部华北黄土高原地区作物栽培学与耕地保育科学综合观测实验站、教育部首批农科教合作人才培养基地、山西省作物学研究生教育创新中心。目前与该新专业配套的实验室有植物学实验室、植物生理实验室、植物组织培养实验室、生物技术实验室、生物信息实验室、遗传育种实验室、作物栽培实验室、植物保护实验室等。大型仪器设备 1900 余台，例如，聚合酶链反应仪（polymerase chain reaction, PCR）、高效液相色谱仪、气相色谱-质谱联用仪等，仪器设备先进齐全。此外与该专业配套的校内基地 3 个，共计面积超过 22 万 m^2，校外基地 48 个，如闻喜小麦基地、泽州玉米基地、沁县谷子基地、左云马铃薯基地、浑源黄芪基地等，基本可以满足教学实习和实践教学的需要。

在长期的办学和服务地方经济建设过程中，学校在食用菌工厂化栽培、小麦旱作栽培、大豆遗传育种、谷子分子育种与全程机械化作业、猪和羊与草的遗传育种、羊驼生物工程、环境兽医、设施蔬菜栽培、欧李育种、果蔬冷链物流以及旱作农业机械等研究领域显现出一定研究优势和特色，培养出一批在学术界和产业界有一定社会影响的专家，培育省级科技创新团队 5 个，建设省部级创新平台

20 多个。特别是"十二五"期间，积极适应产业调整和科技政策新变化，围绕产业链，构建创新链，围绕有效保障山西省人民群众的"米袋子"、"菜篮子"和"肉盘子"，大力开展协同创新，产出动植物品种、专利、计算机软件著作权、地方标准等成果 239 项，是"十一五"期间的 4 倍。3 个动植物新品种通过国家审定；获得各类成果奖励 53 项，连续 4 年获得山西省科学技术奖一等奖。此外，山西农业大学还建立了 100 多个农科教、产学研基地，分布在山西省各主要农作物区，带动和辐射了周边地区，推动了一大批科研成果向生产实践转化。

5. 科技服务

山西农业大学已面向山西省 11 个市、90 余个县区、100 余个大中型企业开展了科技服务合作。在山西省和周边 10 余个省份推广测土配方施肥、旱地小麦蓄水保墒增产、谷子荞麦生产全程机械化、红枣防裂果、食用菌栽培等 140 余项先进实用技术，晋汾白猪、欧李、大豆、羊驼、设施蔬菜等 80 余个新品种，创造了显著的经济社会效益。这些合作交流为企业提供了丰富的技术保障。

12.3　山西的功能农业发展现状

为推动山西省功能农业的进程，山西农业大学于 2017 年开设了我国首个功能农业方向专业，依托学校教学资源优势，针对未来农业发展趋势，为我国功能农业的发展提供专业性人才。

12.3.1　功能农业学科

为了适应山西农业转型升级、振兴崛起的战略需求，适应山西省发展功能农业对功能类农产品高级技术复合应用型人才的需求，山西农业大学以山西"农谷"为平台，于 2017 年 3 月申请设立农学（功能农业）本科方向。2017 年 4 月山西农业大学成立了山西功能农业研究院，聘请赵其国院士为名誉院长、尹雪斌博士为院长、农学院高志强教授为执行院长，大力发展功能农业。

功能农业专业于 2017 年 9 月开始招收首届本科生，率先在全国开始培养功能农业专门人才，至 2018 年 9 月共招收 127 名本科生。该专业现有专任教师 31 人，其中教授 17 人，副教授 11 人，其中具有博士学位 29 人，博士生导师 9 人，硕士生导师 29 人。聘请中国科学院赵其国院士为名誉院长、中国科学技术大学尹雪斌博士为院长，开展相关的技术培训、示范推广与基地建设等工作，培养一线功能农业专门人才。这些教师掌握功能农业的发展动态和研究进展，业务水平高，长期工作在农业生产第一线，熟悉作物生产实际，实践经验丰富，教学阅历长，教学经验丰富。

在本科人才管理建设中，加强专业思想教育，使学生牢固树立学农爱农的思想，专业思想是学习的内在动力；深化教学改革，建设教师与其他院校合作交流平台，重视教师教学基本功的锻炼和研修，鼓励校内教师到国外高校进行教学方法研讨、学习和交流，提升功能农业专业教师的教学基本功和教学创新能力，强化教学质量监控制度，提高教学质量；建立实践关系网，加强与国内外高校及省农业农村厅、农科院，各地、市、县农业局，乡、镇农业技术推广站联系，聘请一些学术水平高、业务能力强的专家参与学习，使课堂教学与生产实际有机结合，提高功能农业专业人才培养质量。

12.3.2　平台建立

2015～2018 年，基于政产学研用联合攻关，历经组建、培育、联盟三大阶段，由山西农业大学牵头，联合省内外高等学校、科研院所、龙头企业等数十家合作单位，共同组建了"黄土高原食用菌提质增效协同创新中心""山西优势肉用家畜高效安全生产协同创新中心""黄土高原特色作物优质高效生产省部共建协同创新中心""山西省设施蔬菜提质增效协同创新中心""国家功能杂粮技术创新中心"，这些中心的创立为山西省功能农业发展提供了有力的技术与示范推广保障。

12.3.3　示范基地

为了进一步加强高等院校社会服务功能，使其更好地服务"三农"，服务地方经济，近年来，山西农业大学与地方市县合作建立了稳定的主粮、杂粮、林果、蔬菜、畜牧生产及加工等综合示范基地和特色产业示范基地，综合示范基地有"山西农业大学现代农业科技创新园区"（晋中）、"山西农业大学临汾综合试验推广示范基地"、"山西农业大学长治综合试验推广示范基地"；特色产业示范基地包括"定襄县现代谷子生产协同创新基地（26.7 hm^2）"、"繁峙县现代谷子生产协同创新基地（333.3 hm^2）"、"陵川县绿色谷子生产示范基地（26.7 hm^2）"、"平鲁区荞麦高产优质高效标准化栽培技术示范（66.7 hm^2）"、"闻喜旱地小麦试验示范基地（66.7 hm^2）"、"晋南小麦-玉米双茬作物高效农业创新示范园（66.7 hm^2）"、"泽州县有机面粉产业发展基地（100 hm^2）"、"山西巨鑫现代农业示范园"、"大同良种繁育基地"、"万荣产业基地"、"怀仁绵羊产业基地"、"山西省榆次中华羊驼养殖基地"等。这些稳定的试验示范基地是山西农业大学教学、科研、生产服务的主要依托，也成为农民培训和博士、硕士研究生的研究工作场所，同时也为山西省发展功能农业提供了基础和条件。

12.3.4　高校合作

2017 年，基于山西功能农业发展规划、"农谷"建设专项及以山西农业大学为中心的山西省科技创新城启动，紧紧围绕山西省农业领域的主导产业和特色产业的发展要求，由山西农业大学联合国内外知名涉农大学、院所及龙头企业建立山西功能农业研究院、功能食品研究院和若干专业研究所，从中国科学技术大学、南开大学引进了与功能农业研究相关的高层次人才，聚集山西农业大学相关研究人才，从种、养、加全产业链围绕功能农业进行技术研发、产品开发、产业提升。

12.4　山西功能食品创新成效

功能农产品是功能农业所生产的产品，它通常具有补充特定功能性营养的作用，可达到改善健康的目的。山西省功能农业的兴起，带动了功能食品产业的发展，在全省各地形成了不同的产业体系，推动着山西省经济的高速发展（沈琦等，2020）。

12.4.1　种质资源不断创新

在功能食品发展的道路上，山西省参考借鉴国内其他优良农副产品，引进、试验、筛选、储备产量高、品质优、适宜农业供给侧结构性改革和功能农业发展的新品种。尤其在杂粮选育方面，尽管山西省起步较晚，但在科研人员的不懈努力下，进步较大，自中华人民共和国成立以来，已完成 190 多个优质小杂粮品种的审定。其中食用豆、燕麦、荞麦、谷子、高粱等成果显著。20 世纪 90 年代后期开始食用豆育种工作，先后育成并通过省级审（认）定的食用豆类品种 19 个，其中，晋绿豆 1 号是山西育成的第 1 个绿豆品种，晋绿豆 3 号是国内第 1 个抗虫绿豆新品种；先后育成并通过审（认）定的燕麦品种 15 个，占全国育成品种的1/2，且品质优良，符合国际加工要求；20 世纪 80 年后期开始荞麦选育工作，现已达到全国领先水平；先后育成并通过审（认）定的谷子品种近 70 个，形成众多知名小米品牌；高粱在山西省各地均有种植，以牛天堂为代表的高粱科研工作者为其品质创新做出杰出贡献，形成的晋杂系类在我国大面积种植，同时也推进了酒、醋等产业的升级。

12.4.2　功能产品品种不断丰富

随着社会经济的发展，人们对健康的需求逐渐增长，杂粮因其功能性、营养均衡性深受市场追捧，在功能食品、药膳食品等方面应用越来越广，功能农业也迎来了发展高峰期。山西省龙头企业以杂粮、红枣、核桃、黑枸杞、沙棘、紫苏等为原料已经累计开发出了 40 多个系列数百个品种产品。振东集团已有生产批文保健食品 10 种、固体饮料 9 种、花草茶类 32 种，在研产品就有 4 大系列 142 个品种。山西紫晨大健康科技有限公司 2018 年累计推出了阿胶红枣、凉茶、紫晨醋爽、吕梁山脉生态圈灌装杂粮及富硒黑枸杞干果等46款产品。寿阳县利尔康食用油脂有限公司与中北大学、江南大学联合进行紫苏油 α-亚麻酸的提炼与研发，开发出多种高价值产品，附加值提升几十倍。吕梁野山坡食品有限责任公司、山西省山地阳光食品有限公司专注于沙棘精深加工，先后开发出了沙棘黄酮胶囊、沙棘果油、沙棘籽油、沙棘全果素咀嚼片等产品，沙棘油制品被广泛应用于食品、保健品、医药、化妆品等领域，得到国内外消费市场认可。

12.4.3 技术支撑体系初步建成

山西农业大学、山西省农业科学院、山西中医药大学、山西省中医药研究院、山西大学、中北大学、山西省食品工业研究所等高校和科研院所，紧密围绕山西省功能农业、功能食品以及药食同源产品发展，积极开办相关专业的本科和研究生教育，大力引进国内和国际相关专业的高端人才，逐步培育形成了一批高水平研究团队，并且在中医药"食疗"理论及方法与现代相关科技发展前沿学科与技术的交叉领域进行功能食品和药食同源产品的创新研究，相继提出和发展了一些新理论，研究开发了一批新技术和新产品。先后建成了山西省现代中药工程实验室、山西省黄芪资源产业化及产业国际化协同创新中心、山西中药材电子交易中心（晋药网）、中药材电子交易中心支付结算子平台、中药材电子交易中心信息服务子平台等。振东集团与澳大利亚阿德莱德大学联合建立了振东中澳分子中医学研究中心，与中国中医科学院共同在美国启动了复方苦参注射液临床研究，与中国中医科学院共同在美国卫生研究院癌症研究中心成立了科研办公室。这些都为山西省功能农业和功能食品、药食同源产品的发展提供了技术和人才储备，成为驱动山西省功能农业及功能食品产业发展的新动能。

12.4.4 基地建设规模持续扩大

山西省大力开展种植业结构调整，推进农业供给侧结构性改革，狠抓去玉米库存、去玉米产能，补齐特色产业短板，提高农业生产综合效益。2017年，山西省内杂粮、水果、干果、蔬菜、中药材、优质饲草的种植面积分别增加了4万 hm²、2200 hm²、1.7万 hm²、1.4万 hm²、1.9万 hm²、1.3万 hm²。全省发展富硒小麦、谷子、燕麦、彩色马铃薯、芦笋、黄花菜、胡麻、富硒苹果、富硒葡萄、山楂、鲜枣等30余种特色功能产品48万 hm²，食用菌生产总规模达到2.3亿元。其中，谷子、燕麦、荞麦、绿豆等功能性杂粮种植面积34.5万 hm²，山楂、鲜枣、桑果、石榴等特色保健水果树种种植面积4万 hm²，富硒苹果、葡萄、桃等水果品种植面积达6667 hm²，芦笋、香椿、黄花菜、秋葵等特色功能蔬菜种植面积2万 hm²，山药、甘草、桔梗等药食同源中药材种植面积6.7万 hm²。

12.4.5　功能食品企业快速发展

在强有力的政策引导推动下，已经涌现出了以振东集团（长治）、山西国新晋药集团有限公司（太原）、山西紫晨大健康科技有限公司（吕梁）、山西天之润枣业有限公司（运城）、吕梁野山坡食品有限责任公司、山西林盛果业有限公司（长治）、山西广誉远国药有限公司（太谷）、山西天生制药有限责任公司（榆社）、山西晋胶健康产业有限公司（榆社）为代表的一批骨干企业。2017 年，全省功能食品企业实现销售收入超过 100 亿元。振东集团旗下振东制药是山西省首家创业板上市公司，下辖振东、泰盛、安特、开元、康远 5 个药品及保健品、健康护理用品等 9 家生产企业。2016 年振东集团销售收入达到 51 亿元，其中功能食品和保健食品销售收入超亿元。吕梁野山坡食品有限责任公司已发展成为中国最大的沙棘制品生产企业，主要产品有沙棘原料、沙棘饮料、沙棘罐头、雪梨汁、蓝莓汁、红枣汁饮料、沙棘饼干、沙棘果油、沙棘籽油等几十个品种，终端产品在山西省保持 90%以上的市场覆盖率，沙棘原汁等原料出口日本、韩国等地区，产品产销率达到 100%。山西国新晋药集团有限公司在全省 39 个县市建设道地药材种植基地，成立了 10 个地市分公司进行中药材种植及初加工，下一步还要重点建设中药材饮片加工、中药材保健食品药品开发和养老服务等中药材综合开发项目。

12.5　山西功能农业发展的典型案例——洪洞县马三村

洪洞县地处山西省南部，属黄淮海优质冬麦区，是山西省小麦产业发展总体规划中的优质强筋小麦优势区域，也是全省农业丰产重点区。近年来，针对洪洞县富硒土壤，开展基本地力状况调查，开展功能农业研究，科技指导产业生产，在山西省功能农业的发展中起到了典型带头作用，加速了山西省功能农业转型。

12.5.1　洪洞县本底矿质元素背景研究

为进一步推进功能农业的发展，于 2012～2013 年开展洪洞县富硒区土壤的硒、碘等重要元素地球化学特征的调查。洪洞县表层土壤背景值中有 18 项指标高于全省土壤背景值，其中有机碳、硒值显著高于全省土壤背景值。重金属中汞元素含量较高，达全省土壤背景值的 1.61 倍，但符合国家土壤环境质量标准。将有益元素与全省土壤背景值的相对含量从高到低排序，可以看出，比值中，硒元素含量最高，达 1.64 倍，硼元素达 1.20 倍（表 12-3）。

表 12-3　山西省与洪洞县土壤重金属及有益元素特征含量表

分类	分析指标	全省/（mg/kg）	洪洞/（mg/kg）	比值
重金属	汞	0.04	0.06	1.61
	镉	0.12	0.14	1.16
	锌	62.66	68.22	1.09
	铅	21.04	22.79	1.08
	铜	22.45	24.07	1.07
	砷	11.02	11.59	1.05
	镍	28.61	29.13	1.02
	铬	69.54	68.89	0.99
有益元素	硒	0.19	0.31	1.64
	硼	46.65	55.97	1.20
	钼	0.65	0.75	1.14
	锌	62.66	68.22	1.09
	铜	22.45	24.07	1.07
	锰	605	630	1.04
	全铁	4.30	4.39	1.02

洪洞县富硒土壤主要有两个分布区。一处分布于洪洞县中部平原区，大致呈东北—西南向沿汾河两岸分布，面积 254 km²。富硒土地主要分布于龙马、辛村、赵城一带。这个区域为洪洞县冬小麦和夏玉米粮食作物的主产区，区内交通便利，灌溉设施完备，粮食产量高，有利于开发富硒农产品。另一处位于洪洞县西侧山区，土壤富硒主要与洪洞县煤系地层分布区以及人为采煤活动有关。

12.5.2　富硒生产技术的研究

1. 亚硒酸钠对成熟期植株根系形态的影响

开花期喷施亚硒酸钠较不喷施，可增加成熟期最大根长，显著增加根总长、根表面积、根体积（表 12-4）。喷施低浓度亚硒酸钠较喷施中浓度亚硒酸钠，显著增加根直径，喷施较高浓度亚硒酸钠可增加根表面积、根体积，喷施中浓度亚硒酸钠较喷施其他两浓度亚硒酸钠显著增加最大根长、根总长，但可降低根直径。可见，开花期喷施低浓度亚硒酸钠有利于增加根直径、根表面积及根体积，而喷施中浓度亚硒酸钠虽增加根总长，但降低根直径。

表 12-4　开花期喷施不同浓度亚硒酸钠对成熟期根系形态的影响

处理	最大根长/cm	根总长/cm	根直径/mm	根表面积/cm^2	根体积/cm^3
CK	52.80	19294.00	0.46	856.76	32.40
LSe	55.60	26119.86	0.50	1264.79	47.30
MSe	71.40	31462.14	0.42	1252.70	48.60
HSe	59.30	24248.27	0.48	1093.37	36.60

注：CK、LSe、MSe、HSe 代表试验中亚硒酸钠的浓度，分别为 0、15 g/hm^2、30 g/hm^2、45 g/hm^2。

2. 亚硒酸钠对植株干物质量的影响

开花期喷施亚硒酸钠较不喷施，显著增加成熟期根、叶干物质量及根冠比，但喷施高浓度亚硒酸钠显著降低穗干物质量（表 12-5）。根、茎、穗、整株干物质量及根冠比以喷施低浓度亚硒酸钠显著最高，以喷施高浓度亚硒酸钠显著最低。叶干物质量以喷施中浓度亚硒酸钠为最高，但与喷施低浓度亚硒酸钠的差异不显著。可见，开花期喷施低浓度亚硒酸钠有利于促进植株干物质积累，提高根冠比。

表 12-5　开花期喷施不同浓度亚硒酸钠对成熟期植株干物质量的影响

处理	根/（kg/hm^2）	地上部/（kg/hm^2）			整株/（kg/hm^2）	根冠比
		茎	叶	穗		
CK	517.27	2655.98	387.95	5263.46	8824.66	0.06
LSe	915.17	3033.98	487.43	5900.10	10336.67	0.10
MSe	785.85	2825.08	527.22	5519.61	9657.76	0.09
HSe	686.38	2596.29	467.53	4982.44	8732.64	0.09

注：CK、LSe、MSe、HSe 代表试验中亚硒酸钠的浓度，分别为 0、15 g/hm^2、30 g/hm^2、45 g/hm^2。

3. 亚硒酸钠对产量及其构成因素的影响

开花期喷施低、中浓度亚硒酸钠较不喷施，显著提高穗粒数、千粒重、产量，分别达 9%～11%、1%～2%、8%～12%。且喷施低浓度亚硒酸钠较喷施中浓度亚硒酸钠显著提高千粒重和产量。喷施高浓度亚硒酸钠较不喷施显著降低穗粒数，降低千粒重和产量（表 12-6）。可见，开花期喷施低浓度亚硒酸钠主要通过提高穗粒数、千粒重，从而提高产量。

表 12-6　开花期喷施不同浓度亚硒酸钠对产量及其构成因素的影响

处理	穗数/10⁴hm⁻²	穗粒数	千粒重/g	产量/（kg/hm²）
CK	366.81	31.03	36.42	3477.89
LSe	380.49	34.75	37.16	4087.17
MSe	350.65	33.92	36.87	3758.90
HSe	366.81	29.62	35.68	3249.09

注：CK、LSe、MSe、HSe 代表试验中亚硒酸钠的浓度，分别为 0、15 g/hm²、30 g/hm²、45 g/hm²。

4. 亚硒酸钠对植株各器官硒含量、硒累积量及籽粒硒形态的影响

开花期喷施亚硒酸钠较不喷施显著提高成熟期植株各器官硒含量及其累积量，提高了根和叶硒累积量所占比例。随着硒浓度的增加，根、茎、叶、籽粒中硒含量及茎硒累积量显著提高，茎、叶硒累积量所占比例提高，而籽粒中硒累积量及其所占的比例降低（表 12-7）。可见，开花期喷施亚硒酸钠可提高植株各器官硒含量，且硒含量随硒浓度的增加而增加，但低浓度亚硒酸钠更利于根、茎、叶中的硒向籽粒中运转。

表 12-7　开花期喷施亚硒酸钠对成熟期各器官硒含量及硒累积量的影响

处理		根	茎	叶	颖壳+穗轴	籽粒
硒含量 /（μg/kg）	CK	16.53	18.32	25.98	34.86	28.56
	LSe	190.52	81.33	273.44	157.06	156.26
	MSe	251.55	100.71	352.37	159.50	168.59
	HSe	280.03	122.30	402.53	170.28	182.03
硒累积量 /（mg/hm²）	CK	8.70	48.49	9.95	62.17	99.47
	LSe	174.08	246.20	133.05	314.59	639.13
	MSe	197.71	284.75	185.27	281.02	634.15
	HSe	192.73	317.08	187.76	294.69	591.87
硒累积量 占比/%	CK	3.74	21.26	4.40	27.20	43.40
	LSe	11.57	16.37	8.84	20.84	42.38
	MSe	12.49	17.98	11.74	17.75	40.04
	HSe	12.13	20.04	11.88	18.63	37.32

注：CK、LSe、MSe、HSe 代表试验中亚硒酸钠的浓度，分别为 0、15 g/hm²、30 g/hm²、45 g/hm²。

籽粒中有机硒形态主要为硒代蛋氨酸（占总硒的 66%～72%）、硒代胱氨酸（占总硒 12%～19%）及少量硒-甲基硒代半胱氨酸，无机硒形态主要为硒酸盐（占总硒的 10%～22%）（表 12-8）。开花期喷施亚硒酸钠较不喷施显著提高籽粒各形态硒含量及其累积量，降低硒代蛋氨酸积累量所占比例。随着硒浓度的增加，籽粒中硒代蛋氨酸及硒酸盐含量显著提高，硒酸盐累积量及其所占比例显著提高，而硒代胱氨酸含量显著降低，硒代蛋氨酸、硒代胱氨酸累积量及其所占比例显著降低，且低浓度存在少量硒–甲基硒代半胱氨酸。可见，开花期喷施亚硒酸钠可提高籽粒各形态硒含量，且低浓度亚硒酸钠较中、高浓度亚硒酸钠更利于籽粒中有机态硒积累。

表 12-8　开花期喷施亚硒酸钠对籽粒中硒元素含量及其占比的影响

处理		有机硒			无机硒
		硒代蛋氨酸	硒代胱氨酸	硒–甲基硒代半胱氨酸	
硒含量 /（μg/kg）	CK	20.66	4.58	0.00	3.32
	LSe	109.74	30.28	0.63	15.61
	MSe	115.53	25.59	0.00	27.46
	HSe	120.80	21.90	0.00	39.34
硒累积量 /（mg/hm²）	CK	72.12	16.16	0.00	11.19
	LSe	448.88	124.34	2.49	63.42
	MSe	433.96	95.74	0.00	103.21
	HSe	392.93	70.88	0.00	128.07
累积量占比/%	CK	72.34	16.02	0.00	11.64
	LSe	70.23	19.38	0.40	9.99
	MSe	68.53	15.18	0.00	16.29
	HSe	66.36	12.03	0.00	21.61

注：CK、LSe、MSe、HSe 代表试验中亚硒酸钠的浓度，分别为 0、15 g/hm²、30 g/hm²、45 g/hm²。

12.5.3　功能农业技术推广

针对富硒区马三村，研发富硒农业的生产技术研究，筛选富硒作物品种，明确作物硒元素吸收利用规律，研究富硒作物栽培生产技术，建立生产试验示范基地 66.7 hm²，辐射周边多个乡镇，建立富硒小麦地方栽培标准，开展功能农业栽培技术指导，培训当地农民和技术骨干，开展功能农业现场报告会议，邀请相关领域学者进行学习交流，组织技术推广学习和问题答疑。

12.5.4　功能农产品的合作研发

当地企业山西硒康乐商贸有限公司与中国科学技术大学苏州高等研究院功能农业重点实验室、苏州硒谷科技有限公司、山西农业大学进行合作。科研单位在多年试验示范的基础上，总结提炼结果，推广种植生产优质功能性原粮，深入研究功能性粮食成分健康功能效益机制。公司在科学指导的基础上，进行产品研发，进行功能农产品加工，现有富硒面食、富硒石头饼、富硒棋子豆以及富硒饺子等多种产品（图 12-1）。

图 12-1　富硒功能性产品

12.6　山西功能农业发展问题分析

自功能农业发展以来，山西以其丰厚的人文自然优势和科研技术基础，迅速成为我国功能农业省域规模化省市之一，但随着功能农业步伐的推进，一些问题也逐渐暴露出来。降水的缺乏和土壤的贫瘠显著限制了功能农业的进程，较为薄弱的农业基础也不利于其快速发展；科技人才聚集不足，领军型、复合型、新型科技人才短缺；民间整体支持力度较低，缺乏社会力量长期稳定的支撑，且发展时间较短，部分引进企业尚未真正运行，产学研合作效应、产业带动辐射作用尚未显现。针对以上问题，应完善科技创新机制，加强政策支持，尤其是人才政策、投融资政策和土地政策等，同时加大宣传力度，提高民众积极性，加速推进功能农业建设。

杂粮相较于主粮在营养品质方面具有突出优势，但产量不稳，极易受自然环境及农业基础设施的影响，尽管近年来山西省加强对杂粮的重视，其发展仍较为缓慢。山西杂粮大部分种植分布在贫困偏远山区，十年九旱，生产条件差，地块小、种植分散，机械化程度低，农机化水平落后，管理粗放，导致产量低而不稳，严重影响了农民种植杂粮的积极性。杂粮品种研发、销售、推广等环节也存在严重脱节现象，品种选育落后于生产需求，专用品种或特性不能符合加工、消费的需要，科技成果转化滞后，产品"功能因子"挖掘不够，优质杂粮宣传不足等也限制了杂粮产业的发展（张丹荣等，2020）。

针对杂粮发展现存问题，应及时作出调整。以山西省祁县来远镇为例，其依托国家功能杂粮技术创新中心、山西省功能农业院士专家工作站、山西省功能农业研究院等单位，进行科学规划布局，调整种植结构和耕作方式，形成统一的品种种植、病虫防控、机械作业、管理模式、加工销售，实现良田、良种、良法、良机、良制配套，使来远小米的品质持续提升；以发展功能农业为主线，以提高附加值为目标，进一步延伸产业链，推动杂粮精深加工，形成"麓台龙舟"等品牌小米；加大杂粮产品的宣传和营销力度，依托互联网进行产品销售，形成"互联网+"模式，提高生产组织化、标准化、信息化程度，实现优质优价，推动杂粮产品的发展。

山西杂粮发展应根据当地杂粮产区气候、土壤和水资源现状，因地制宜建立用养地结合的耕作制度，调整农作物种植结构，在保证粮食安全的基础上，进一步扩大杂粮种植面积，并建设优质杂粮示范基地，提高优势区域规模化程度；加强杂粮全产业链开发，进一步延伸产业链，推动杂粮精深加工，大力提升产品附加值；强化科技攻关，加快全程机械化集成技术推广，创新农业科技驱动形式；加强市场建设，创新营销方式，培育知名品牌，壮大杂粮龙头企业，并推进杂粮产业园建设；加大财政扶持力度、金融扶持力度、服务指导力度，推进农村土地流转工作，促进农业规模化、集约化发展，加快杂粮发展，最终实现山西杂粮的产业化转型。

12.7　山西功能农业的发展展望与建议

山西省功能农业的发展已有十余年，但作为一个新兴方向，仍有许多不足，作为我国功能农业发展的优势省份，山西省需针对实际情况进行发展规划，明确目标，加快平台建设，积极创建示范基地，构建品牌效益，让功能农业"走出去"。

12.7.1　总体发展目标

山西自然条件独特，农业资源禀赋好，特色农产品资源优势明显，适合发展功能农业，也需要功能农业作为山西农业提质增效的有效抓手。山西发展功能农业，应以天然禀赋与资源优势为基础，将其特色农产品作为功能农业的主要突破口，针对不同种类农产品实现从田间到产品车间的全产业链综合开发，最终构建政、产、学、研有机融合的创新体系。

将功能农业与有机旱作农业技术相结合，产业开发重点集中于杂粮、畜牧、蔬菜、果业、中药材、酿造六大领域，依托汾河谷地、上党盆地、雁门关、太行山、吕梁山和城郊农业六大优势产业集群，与山西农谷、雁门关农牧交错带示范区、运城农产品出口平台三大省级战略有效融合，在全省范围内合理布局功能农业，实现横向七个要素（政府、产业、学校、研究单位、金融、用户、文化传播）聚集，纵向八个环节（研发、种植、养殖、加工、供应、销售、服务、互联网）

联动的全方位功能农业产业。突出科技研发的重要性，并以点带面，培育一批功能农业龙头企业，打造一批功能农业领军品牌，进而建设一批功能农业示范县、示范市，实现与全国其他地区的差异化发展，将山西省建设为我国首个功能农业"省级样板"。

12.7.2　加快功能农业创新平台建设

依托山西"农谷"省级战略，着重推动山西功能农业研究院与山西功能食品研究院两个科研中心的建设。开放吸收、整合山西农业大学、山西省农业科学院及其他高校、科研院所的研究力量，开展广泛深入的合作，推动山西功能农业协同创新体系建设，加强产、学、研互动，进一步搭建国家级功能农业科研平台，支撑山西功能农业产业高质量发展。

12.7.3　聚焦功能农业研发方向

在科技研发领域，主要围绕杂粮、畜牧、蔬菜、果业、中药材、酿造六大领域开展研究，兼顾小麦、玉米等主粮，结合"山西小米"战略，突出谷子研究。重点开展生物营养强化技术、分子生物育种技术、功能农业机械化成套技术、功能农产品加工、营养代谢组学等方面研究。结合山西特色优势，提高功能农业产业科技含量，并注重成果转化、人才聚集与培养（王创云等，2018）。

12.7.4　积极开展产业规划，创建功能农业示范基地

综合考虑自然禀赋优势、产业基础与产业链布局，结合山西省已确定的六大优势产业集群（汾河谷地、上党盆地、雁门关、太行山、吕梁山和城郊农业）和三大省级战略（山西农谷、雁门关农牧交错带示范区、运城农产品出口平台），对重点市、县开展功能农业产业规划，确立发展重点与目标。特别是针对杂粮、干鲜果蔬、药食同源道地药材等，选择基础好、产业链长、积极性高的地区，依托当地龙头企业建设示范基地。

12.7.5　加快功能农业标准制定

设立山西农业标准化技术委员会功能农业分会，组织专家科学制定各类功能农产品生产、加工等地方标准和认证标准，逐步构建功能农产品标准体系，为产品开发提供标准依据。着力构建省、市两级功能农产品检测认证中心，探索开展功能农产品认证工作，引导企业树立质量意识和诚信意识，为消费者提供安全、放心产品，规范市场秩序，促进功能农业产业健康发展。

12.7.6　打造功能农业知名品牌，加强产销对接

强化品牌意识，注重培育龙头企业，坚持走功能农业产业化开发道路，着力扶持企业以设立专柜、专营店等方式，建立功能产品营销网络，对接京东、天猫等知名电商平台，推进"功能农业+互联网"，培育功能产品信誉市场，大力推动生产、加工、销售一体化经营，鼓励企业与高校、科研院所开展合作，加快开发一批高附加值的功能农业特色粮食、经作、畜牧农产品，尽快打造出具有全国知名度的"单品冠军"。

12.7.7　开设功能农业高级研修班，加强基层技能培训

选择一批省级以上龙头企业主要负责人、各市县农业主管领导和农业技术人员，每年定期组织功能农业高级研修班、技能培训班，讲解功能农业技术，传播功能农业、功能食品产业的先进理念。同时选取一批功能农业发展较好的企业，采取课堂教学、互动研讨与参观考察相结合的方式，通过培训让参训人员丰富理论知识，开阔眼界，拓宽思维，明确发展方向，为山西功能农业产业发展培育优秀的一线人才。

12.7.8　支持功能农业"走出去"

对接"一带一路"倡议以及其他国家战略，将山西省的功能农业科技、产品推介到其他地区和国家。支持省内各科研平台、企业与国内、国际各类组织机构开展合作、交流，举办高水平论坛，依托山西省功能农业信息资源建立功能农业国家智库，扩大山西省功能农业的影响力。

参 考 文 献

李元平. 2014. 山西地域文化. 太原: 三晋出版社.

马子清. 2001. 山西植被. 北京: 中国科学技术出版社.

沈琦, 靳月琴, 王玉燕, 等. 2020. 立足"特""优"发展山西现代农业. 农村经济与科技, 31(18): 34-35.

王创云, 李永虎, 邓妍, 等. 2018. 山西省功能农业现状与未来. 土壤, 50(6): 1094-1099.

张丹荣, 梁剑峰, 陈锐锋. 2020. 基于 SWOT 分析的山西农谷科技发展战略研究. 经济问题, (5): 95-104.

第 13 章 广西：创新引领下的富硒功能农业

广西依托其丰富的天然优质富硒土壤资源优势，大力发展富硒农业，把富硒农业作为广西农业提质增效的战略突破口，把富硒产业作为重要工程和新兴产业来抓，并将其列入《广西现代特色农业产业品种品质品牌"10+3"提升行动方案》（桂农业发〔2015〕68 号），作为广西创新驱动发展战略的九张创新名片之一（桂政办发〔2018〕9 号），也是广西壮族自治区人民政府关于加快推进广西现代特色农业高质量发展的指导意见的重要内容（桂政发〔2019〕7 号），也列入广西壮族自治区国民经济和社会发展第十四个五年规划和 2035 年远景目标纲要建设内容（桂政发〔2021〕11 号），并于 2017 年在全国率先启动了首个省级创新驱动发展科技重大专项"富硒农产品国家技术标准研究与应用示范"，快速推进了广西富硒农业创新发展，形成了广西富硒农产品异军突起的良好局面（韦小婷和何礼新，2016）。其中 2018 年广西富硒农产品产值增长达43.3%，实现了从硒资源优势到经济发展优势的转化，高质量推进富硒功能农业发展，并打造了一批广西富硒名优品牌。广西富硒功能农业发展取得了新的突破，获得了质的提升。

13.1 广西功能农业发展优势与特色

13.1.1 土壤富硒资源丰富

广西地矿部门在 2013～2017 年对全区 99 个县（市、区）开展了 1∶50 000农业地质调查工作，发现富硒土壤面积 757 万 hm^2，为目前全国最大面积连片富硒土壤区域。调查同时发现，广西有水稻、玉米、花生、马铃薯、红薯、蔬菜、水果等一大批天然富硒农产品，富硒土壤区域种植的富硒农产品硒含量明显高于非富硒土壤区。广西农业农村厅在 34 个县（市、区）286 个乡镇共采集了 2182 个土壤样品，化验证实，土壤硒平均含量为 0.53 mg/kg，采集作物样品 1384 个，其中发现大米、花生、大豆、红薯、茶叶、蔬菜、水果等天然富硒农产品 285 个，占全部样品的 20.59%。国内外大量调查研究证实，许多长寿区土壤和食物中硒的含量都比较丰富（Wang et al.，2017）。中国科学院对广西巴马、永福等长寿之乡的调查研究发现，巴马土壤和谷物中硒含量高于全国平均水平的数倍以上；永福土壤中硒含量为 1.1 mg/kg，为全国平均值的 3.8 倍，居民长寿与日常食用的富硒农产品有一定的关系。广西长寿县乡与土壤富硒区呈明显正相关性，目前有巴马、永福、浦北等"中国长寿之乡"26 个，占全国的 1/3，广西是我国"长寿之乡"最多的省区。广西发展富硒农产品产业具有得天独厚的资源优势和市场优势。

13.1.2　政策引领

2017 年 4 月，习近平总书记在广西视察时强调："解决好十几亿人口的吃饭问题，始终是我们党治国理政的头等大事。""加强农业科技创新和推广，夯实粮食安全基础，延伸农业产业链，着力发展高附加值、高品质农产品，提高农业综合素质、效益、竞争力。"广西是富硒土壤和作物资源最为丰富的地区，是"一带一路"的重要门户，发展富硒产业既有资源优势又有区位优势，大力开发富硒功能农产品优势突显（赵禹骅和黄增镇，2017）。

广西各级领导一直非常重视富硒农业开发，大力发展富硒农业，打好广西农业"富硒牌"。自治区政府原主席强调："要充分挖掘富硒土壤资源，将富硒农业纳入全区现代农业特色产业提升行动范围，作为重点来推进。"自治区其他领导对富硒农业的发展也十分关心支持，多次作出指示批示将全力推动富硒农业发展。富硒农业开发工作被自治区人大常委会提为重点督办件，每年关于富硒农业的人大议案、政协提案多达十几项。2015 年，广西壮族自治区党委、政府将富硒农业纳入《广西现代特色农业产业品种品质品牌"10+3"提升行动方案》，作为重要内容来推进。广西上下已经形成了加快发展富硒农业的共识和氛围，各地各有关部门积极采取措施，加快推进富硒农业发展（戴婧豪等，2018）。自治区农业农村厅成立了富硒农产品开发办公室，负责全区富硒农产品开发的组织实施工作，出台了《关于大力开发富硒农产品的意见》《广西富硒农业提升行动方案（2015—2020 年）》《广西推动富硒农业高质量发展工作方案》等文件。南宁、贵港等市积极行动，将富硒农业发展列入重要工作议程。贵港市提出了打造"中国生态富硒港"的战略部署，围绕打造"中国生态富硒港"目标，成立贵港市富硒农产品品牌工作领导小组，由市委副书记、市政府副市长任组长，相关职能部门领导为成员；成立富硒办作为协调富硒产业发展的日常机构，专门负责统筹推进富硒农业产业开发工作；编制印发《贵港市富硒产业发展规划（2018—2022 年）》，先后出台了《关于大力开发富硒农产品的意见》等一系列扶持政策，主动营造有利于富硒产业发展的环境，力推富硒产业更好地发展。

13.2　广西富硒功能农业产业发展现状

13.2.1　富硒主体不断壮大

企业是富硒农业开发的主体力量，企业带动贫困户发展是富硒产业扶贫的重要模式。截至 2018 年，广西共有 253 家企业参与富硒开发，相比 2017 年末的 212 家，增长了 19.3%。广西还加大了招商引资力度，引进金古月（北京）科技发展有限公司投资 2.15 亿元在贵港市港南区建设年产 6000 万朵富硒活性银耳的扶贫产业园，引进安徽菜大师农业控股集团有限公司投资建设富硒农产品电商销售平台，促进富硒农产品的市场销售。组织企业参加 2018 中国国际薯业博览会，展示广西开发的各类富硒薯类产品。

13.2.2　富硒认定全国首创

2014 年编制发布广西富硒农产品地方标准，其中大米硒含量 0.15～0.5 mg/kg，比全国标准 0.04 mg/kg 高出 3 倍多，1 斤富硒大米的硒含量和价值相当于其他地方大米的 3 斤多。注重打造"桂系"富硒产品品牌，2015 年 5 月率先在全国开展了省级富硒农产品认定，建立了富硒农产品质量追溯系统。目前广西累计认定富硒农产品 562 个，其中 128 个产品被评为"中国名优硒产品""中国富硒好米"等称号。"贵港富硒生态港""岭南硒谷"等区域公共品牌成效显著，"贵港富硒香米""桂平西山富硒茶""永福富硒罗汉果""南宁富硒火龙果"等地域品牌已叫响全国。广西富硒产品的公信力、美誉度和影响力不断提高。贵港的富硒黄金果、南宁的富硒茉莉花茶和富硒辣木籽以及柳州三江的富硒禾花鱼，品质特好，将会成为名牌富硒功能特色名特优产品、拳头产品。

13.2.3　富硒品牌逐步打造

2018 年，广西壮族自治区农业农村厅联合农业农村部对外经济合作中心、中国农业国际合作促进会举办了 2018 年富硒功能农产品品牌发展论坛。来自湖北省恩施州、陕西省安康市、湖南省桃源县、山西省晋中市及山东、黑龙江等国内富硒发展地区的有关领导 35 名，区内外有关富硒开发企业代表及参加中国—东盟农业国际合作展的有关会议代表等共 150 余人参加论坛。浙江大学 CARD 中国农业品牌研究中心特聘研究员、《农民日报》高级记者蒋文龙，元一智库总经理铁丁分别就富硒农产品品牌建设作主题报告。陕西安康、湖北恩施、广西贵港、湖南桃源、山西晋中等地有关领导围绕城市名片下的富硒产业定位展开高峰对话。为配合论坛的举办，更为宣传、展示自治区开发的优质富硒产品，打造广西富硒品牌，尤其是打响广西富硒大米这一重点品牌，在第三届中国—东盟农业国际合作展上，广西农业农村厅还专门设置了富硒产品专柜，展示 16 款高端精品富硒大米（含黑米、红米、紫米），超过 3000 人次观展，共接待客商 200 多人次洽谈联系业务，达成销售协议（含意向）总金额 800 多万元。论坛上的产品推介和现场的产品展示（含产品体验），扩大了广西富硒农业的影响力，提升了富硒农产品的知名度。同年 9 月下旬，组织区内富硒农业发展重点市县和重点企业参加第五届世界硒都（恩施）硒产品博览交易会，在展会上，自治区又有 8 个产品被评为"中国名优硒产品"，3 个产品被评为"中国特色硒产品"，使得自治区中国名优（特色）硒产品总数增加到 41 个。同时，在打造好"中国硒港"这一区域公用富硒品牌后，又在南宁开始筹建"中国硒谷"这一新的区域公用富硒品牌，先后邀请国内外富硒领域专家学者、企业家等会聚南宁，共同谋划富硒产业发展大计，谱写广西富硒功能科学发展这篇大文章。先后在南宁组织召开大型富硒高峰论坛十余次，其中，2018 年 12 月 19 日～21 日，广西农业科学院联合国际硒研究学会在南宁市"美丽南方"成功举办了"中国硒谷功能农业高峰论坛"，促成了南宁市"美丽南方"成为"中国硒谷功能农业高峰论坛"永久举办地，并在此搭建了系列富硒功能农业创新中心，南宁这一"中国硒谷"区域公用富硒品牌已成雏形，品牌打造再上新台阶。

13.2.4 富硒产业示范推广

广西富硒功能农业创新平台主要集中在广西农业科学院。2014 年广西农业科学院以第一批广西院士工作站（土壤资源领域，指导院士：赵其国院士）为依托，与国内硒研究领头羊——中国科学技术大学苏州高等研究院功能农业重点实验室共建了广西首个富硒创新平台——广西富硒功能农业应用研究中心，针对广西拥有全国最大面积天然富硒土壤资源优势及富硒产业发展需求，通过集成创新土壤硒素活化技术和作物硒素定量强化技术，在水稻、茶叶、食用菌、花生等多种作物上实现了定量标准化富硒，开发出富硒水稻、玉米、马铃薯、甘薯、淮山、花生、茶叶、灵芝、罗汉果、辣木等一批生态、安全、标准化的富硒农产品。按照高标准规划、高技术含量、规模化建设的要求，开展了富硒肥料研发及富硒农产品标准化生产技术示范，为特色富硒产业发展提供科技支撑。

广西富硒创新驱动发展重大专项团队重点在桂平市、港北区、港南区、覃塘区、平南县、兴业县、隆安县、上林县、横州市、青秀区、武鸣区、邕宁区、西乡塘区、巴马县、环江县、兴宾区、田东县、凌云县等地，指导当地涉农组织建设了一批富硒优质稻、富硒特种稻（富硒红米、黑米）、富硒马铃薯、富硒百香果、富硒火龙果、富硒淮山、富硒柑橘、富硒杜果、富硒香蕉、富硒茶、富硒辣木、富硒蔬菜等系列富硒农产品标准化生产示范基地 100 多个，其中广西不少基地通过了自治区农业核心示范基地认定，并在南宁、贵港、来宾、河池、百色等地指导企业开启了"公司+农户+富硒产业扶贫"的创新模式，在此基础上创建了"优管、勤管"奖励联动激励机制，带领广西一些贫困农户发展富硒产业脱贫致富，共推乡村振兴战略，引领了当地富硒产业科学发展。

采取措施，突出重点，积极引导和发动企业参与富硒农产品开发，2014年广西成立了全国第一个省级富硒农产品协会，积极为富硒农产品开发企业提供技术指导等服务。至2018年底，广西参与富硒产品开发的企业（合作社）达到253家，共创建富硒农业示范区、示范园20个，打造了"澳门现代农业（贵港）生态富硒产业园""美丽南方"田园综合体等一批综合开发实体。广西贵港市全力打造"中国生态富硒港"品牌名片，并于2018年10月获评为"全国富硒农业示范基地"。

13.2.5 富硒技术培训

2018年，在广西贵港、南宁、桂平、西乡塘、天等、环江、宾阳等地共开展了12场大型富硒技术培训，培训了一批合作社负责人、家庭农场主、种植大户及新型农民，累计已经超8000人。其中，2018年3月1日，由中国富硒农业产业技术创新联盟副理事长、广西富硒农业研究中心主任刘永贤联合桂平市人民政府共同举办了富硒农产品开发的技术培训（中国富硒农业产业技术创新联盟，2016），培训对象包括桂平市植保站和经作站技术干部、桂平市26个乡镇农技站站长（负责人）及各乡镇的合作社负责人、家庭农场主、种植大户及当地农民等共207人；同年3月24日，西乡塘区人民政府与广西富硒农业研究中心在"美丽南方"共同举办了富硒功能农业发展论坛暨富硒功能农产品开发技术培训，培训对象包括西乡塘区农业局干部及辖区乡镇技术推广站干部、家庭农场主、种植大户及农民等共152人；同年6月，广西富硒农业产业扶贫小组在南宁市举办2018年广西富硒农业产业扶贫培训班，广西土壤肥料工作站副站长何礼新作富硒农业产业扶贫工作部署，培训班针对硒的功能、土壤硒资源分布状况、富硒农产品开发的前景、富硒农产品开发的案例与启示、富硒农产品生产技术要点等内容做了专题培训，广西54个县区分管领导、土肥站站长等120多人参加培训；同年7月17日，在南宁市（西乡塘区、兴宁区）开展农村创业致富带头人培育培训班，培训农场主与村致富带头人等共50人；同年9月26日，广西农业技术推广总站在南宁市开展2018年全区冬种富硒马铃薯生产技术培训班，开展马铃薯富硒技术培训，培训对象为全区各市县的农技站负责人及种植大户等共69人；同年10月16日，由南宁市西乡塘区人民政府与广西富硒农业研究中心共同组织在"美丽南方"召开西乡塘区富硒产业发展研讨会，以研讨、讲解及现场解答等多种形式与农场主、种植大户、农民等开展交流，培训农场主、种植大户、农民等72人；同年11月，在天等县都康乡把孔村千亩生态富硒米示范基地举办富硒农业产业扶贫现场培训活动，30 多个农户参加。

13.2.6　富硒产业盛会

2018 年 11 月，中国农业技术推广协会、广西壮族自治区农业农村厅、贵港市人民政府在贵港共同举办了第三届中国富硒农业发展大会暨第二届中国（广西·贵港）富硒农产品博览会，国务院参事刘志仁、中国工程院院士傅廷栋等领导、专家、学者及来自全国各地的党政代表、企业代表、行业协会代表及区内代表共 600 多人参加大会。富硒农产品博览会共设置展位 176 个，185 家企业参展，现场展示富硒产品 260 多款，现场参观、咨询、采购、品鉴的市民累计达 5 万多人；博览会举办的富硒产业招商签约仪式上，30 多家区内外客商与贵港市富硒开发企业签订富硒产业采购（订购）协议和项目合作投资协议，招商签约总金额为103.066 亿元，创下了近年来国内富硒产业招商引资签约金额的新高。同年 12 月19~21 日，由广西农业科学院与国际硒研究学会联合主办，广西富硒农业研究中心、南宁市盛都城市开发有限责任公司、西乡塘区富硒农业星创天地等单位承办，广西富硒特色作物试验站、广西富硒农产品工程技术研究中心单位等协办的中国功能农业十周年纪念大会暨中国硒谷功能农业高峰论坛在南宁市"美丽南方"召开。中国科学院院士赵其国为大会的召开发来贺信，广西农业科学院副院长张述宽出席开幕式并致辞。来自国际硒研究学会、广西大学等国内外从事硒研究领域的知名专家、学者及龙头企业代表约 500 人参会，为广西加速富硒产业发展、打造"中国富硒农业之都"出谋划策。

13.2.7　富硒产业推介

广西通过各种渠道，多角度、全方位宣传广西富硒农业发展取得的成绩。在《广西日报》《经济日报》《南宁日报》《南国早报》等报刊上刊登富硒农业发展情况 30 多次，在广西农业信息网、土肥信息网、今日头条等网站或互联网平台上宣传广西各地富硒农业有关情况 50 多次。在《生物技术进展》与《土壤》上分别正式刊发了"纪念硒发现 200 周年"与"纪念功能农业十周年"2 部富硒专刊。2018年 5 月 25 日，广西壮族自治区农业农村厅联合防城港市举办硒与健康长寿讲座，共有 300 多人参加，向社会大众普及硒与健康长寿有关知识。同年 6 月份，又联合南宁天佑生物科技有限公司等富硒产品生产企业开展"科学补硒进万家"科普活动，把硒知识传播到千家万户。广西示范基地的建设和认定以及"公司+农户+富硒产业扶贫"模式得到了《广西日报》、《中国县域经济报》、《南国早报》、《南宁晚报》、广西卫视、新华网等多家媒体报道，取得了很好的社会反响。

13.3　广西富硒产业科技创新成效与经验

广西富硒农业发展时间不到 10 年，虽起步晚，但目标明确、方法高效、步子稳妥、成效显著。土肥专家赵其国院士，美国农业部科学家盖瑞·巴纽埃洛斯（Gary Bañuelos），中国农业技术推广协会会长陈生斗、朱珍华等专家学者对广西富硒农业的开发工作高度赞扬并寄予厚望。2017 年底自治区人民政府批准成立广西富硒农业研究中心，2018 年 3 月国内首个开展滨海富硒资源研究科研机构——北部湾滨海富硒功能农业研究院在广西钦州学院揭牌成立。多个富硒领域创新平台的搭建，形成了广西富硒产业联动发展的良好格局。

13.3.1　作物硒素强化技术卓有成效

硒在土壤中呈点状、块状分布，不同地区或同一地区的不同地块土壤硒含量存在显著差异，导致诸多富硒区的农产品含硒量波动大，难以产出硒含量稳定的富硒农产品等问题，因此在天然富硒区需要通过辅助作物硒素强化技术（主要包括作物叶面强化技术与根部硒素调控强化技术），来实现作物标准化定量富硒，生产出硒含量比较稳定、商品性较强的富硒农产品。

广西富硒创新团队自主研发的氨基酸螯合硒营养液、碱性调理型功能性有机肥、富硒高钙功能性有机肥等新型产品在南宁市博发科技有限公司、桂林桂珠生物科技有限公司、北海立地肥业有限公司等企业和江苏田娘农业科技有限公司等单位建立了 6 条生产线，累计每年可生产功能性固态有机肥 50 万 t、液态营养液 200 t。2016～2018 年生产销售有机肥与营养液累计增加销售额 88 644.68 万元，利润 10 708.72 万元，税收 3770.679 万元，节支减耗 1017.288 万元。该成果以广西特色作物为主，辐射推广到湖南、江西、山西、宁夏等省区，在粮油、薯类、果蔬、茶叶等作物上实现标准化定量富硒，指导企业开发出了富硒水稻、玉米、薯类、果蔬、辣木、茶叶、花生、食用菌、肉桂等 120 多种富硒农产品，指导建立了 112 个富硒农产品标准化生产示范基地，累计应用面积超过 8 万 hm^2；并指导 68 家企业与合作社开启了"公司+农户+富硒产业扶贫"的"优管、勤管"奖励联动创新模式，实现了"农业增效、农民增收、企业盈利"的三赢效果，使富硒农业真正成为当地产业与科技精准扶贫的着力抓手。

1）高富硒品种选育

将作物功能性育种与大健康紧密结合起来，筛选富硒作物品种。一是筛选出天然富硒能力较强的功能性作物品种。调查研究发现，富含花青素的作物品种一般具有较强的富硒能力，在同类作物品种中硒元素富集能力：黑色品种>紫色品种>红色品种>黄色品种>普通偏白色品种。作物颜色越深，富硒能力就越强。比如我们常见的水稻中的黑米、红米、彩米，玉米中的黑糯、紫糯、花糯等，马铃薯中的黑美人，红薯中的桂经薯 8 号（紫薯）、红姑娘等，这些品种在土壤硒含量>0.40 mg/kg、土壤 pH≥6.0 的情况下都能实现天然富硒（天然富硒农产品是指不用通过补充外源硒等措施进行硒素生物强化，生产出来的农产品就能达到富硒农产品硒含量分类要求的产品）。二是通过遗传改良选育富集硒能力较强的水稻、玉米和甘薯品种等作物新品种。一般情况下，富硒作物品种的选育多采用分子标记技术对高硒作物新种质进行遗传多样性分析与特性改良，也可以提高作物对硒的吸收与转化能力，从而培育出附加值高的高硒作物新种质、新材料、新品种；同时在硒含量不同的土壤区，对前期筛选品种资源进行鉴定，评估现有作物品系硒富集能力，获得新的富硒作物品种。植物的种类对硒的富集起着至关重要的作用，因此，现在很多植物学与生物育种学领域的科学家采用先进的生物技术，对植物进行培育改良，选育富硒能力强的植物种类与品种。

2）叶面硒素强化技术

叶面硒素强化是将富硒营养液喷施于作物叶面，通过作物叶片气孔与角质层中羟基和羧基的长碳链脂肪酸聚合物的分子间隙及分子上的羟基、羧基亲水基团进行渗透。它的主要特点是针对性强、养分吸收运转快，避免了土壤对硒的固定，减少了喷施次数和喷施工作量，降低了人工生产成本，增加了硒的利用率，施肥量少。其中氨基酸螯合硒营养液阻镉叶面肥不但能使农产品标准化达到富硒标准，还能有效减少农产品中重金属的积累，确保农产品安全。

3）根部硒素调控强化技术

氨基酸螯合硒营养液通过根部施用后能够有效提高作物硒含量，在土壤里无残留，能够改善土壤理化性状、提高保水保肥力和透气性能，起到养护、熟化、改良土壤的作用。同时，其施用方便，肥效快，氨基酸螯合硒营养液中的氨基酸可以被植物的各个器官直接吸收，使用营养效果较好，适用于不同土壤、气候条件下的各种作物。

13.3.2　土壤硒素的有效性研究卓有成效

硒的形态是对土壤硒有效性和迁移转化最为重要的影响因素。按化学价态可将土壤中的硒划分为硒化物、元素态硒、亚硒酸盐、硒酸盐、有机态硒。土壤中不同价态硒的含量比例如下：亚硒酸盐占土壤总硒量的 40%，是土壤中硒的主要存在状态，亚硒酸盐本身具有很强的氧化性和水溶性，是植物最易吸收利用的价态。亚硒酸盐同时易被土壤吸附固定，这也是由于其本身的强氧化性和水溶性。硒酸盐是硒的最高价态，在土壤中约占 10%，易溶于水，是植物易吸收利用的价态。元素态硒和重金属硒化物约占土壤总硒的 25%，有机态硒与其比例相当。当土壤可溶性硒含量少，大部分是不能直接被植物利用的价态时，可以在适宜条件下将其转化为无机形态的硒，被植物吸收利用。二价硒是一种难溶于水、难以被植物吸收利用的形态，主要存在于半干旱土壤上，在风化作用下可以转化为可溶态有机硒或无机硒而被植物吸收利用。有机硒大多是在植物腐解过程产生的，通过微生物的分解作用转化为易被植物吸收利用的有机态或无机态硒，也是土壤有效硒的主要来源。同时土壤中的有机态硒还会通过微生物的分解作用生成烷基硒化物而挥发损失。不同价态硒间的具体转化条件及关系见图 13-1。适当地改变土壤中的某些因素，能够对土壤硒价态改变有所帮助，这对于研究土壤硒的有效性有十分重要的作用。土壤中硒的有效性不仅取决于总硒的含量，还与土壤的 pH、有机质、黏土矿物质、铁锰氧化物等土壤组分间不断发生着吸附/解吸、沉淀/溶解、（生物或非生物）氧化/还原等过程有关（图 13-2），使得土壤中硒的形态也随土壤 pH 与氧化还原电位、矿物质的组成、吸附表面等不同而发生变化。

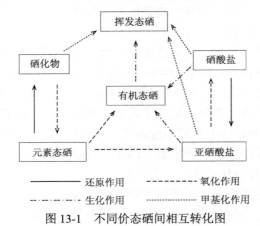

图 13-1　不同价态硒间相互转化图

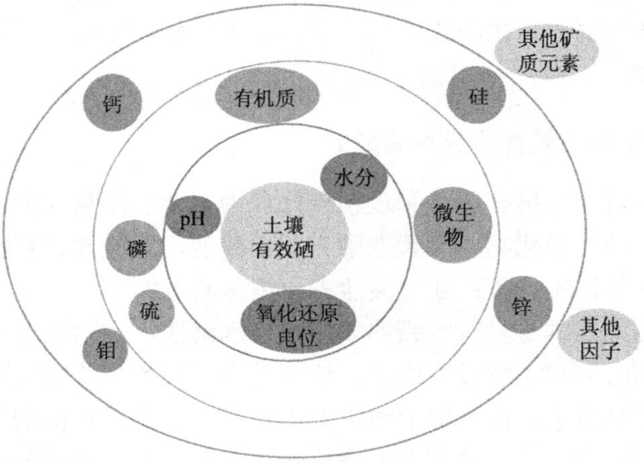

图 13-2　影响土壤硒有效性的土壤因子

在部分南方酸性土壤区，尽管土壤总硒含量高，可达到富硒土壤分类标准，但其受土壤 pH 等因素的影响，土壤有效硒含量低，难以生产出天然富硒农产品。活化土壤硒的途径有很多，在南方酸性土壤中，最有效最直接的技术途径就是施用碱性有机肥（pH 在 7.5～8.5 为宜）或施用一定量石灰石粉，这样不但可以显著地提高酸性土壤中的硒活性，还能有效提高农产品其他品质指标，有效解决南方土壤酸化导致农产品品质降低（比如水果偏涩等）的难题。其他活化途径还包括：施用含嗜硒微生物菌群的生物有机肥或生物菌剂；施用一定量的生物活性炭；在土壤中添加粉煤灰、乙二胺四乙酸（ethylenediaminetetraacetic acid, EDTA）、柠檬酸、猪粪、聚丙烯酸钠等外源有机/无机因子。

13.3.3 富硒阻镉关键技术获新突破

广西不但是全球最大连片天然富硒区，也是有名的有色金属富集区。在很多天然富硒区，土壤也存在重金属伴生现象，其中以镉与硒伴生最为普遍，因此在广西土壤富硒区开展生态高值安全富硒农产品生产就迫切需要富硒阻隔技术支撑。

截至 2018 年，广西富硒创新团队在桂平市石龙镇新村开展科技攻关与引领示范已初有成效。通过重金属原位钝化与叶面阻控、水稻富硒阻镉等技术，有效降低稻米镉含量 20%～40%，提高稻米硒含量 50%～80%，进一步改善了稻米品质，保障了示范区内生产出的富硒稻米的高值商品性，为粮食主产区打造高品质生态高值稻米提供了有力的技术支撑。广西富硒创新团队在科技引领示范村建设过程中以科技服务为导向，与农民专业合作社建立长期稳定的科技联系，科研人员与合作社技术人员共同参与试验研究，将科研与生产的每一环节有机融合，以便快速、有效地依靠农民专业合作社这一中坚力量将核心技术进行转化应用，进而辐射带动周边水稻种植户，同时也为合作社与示范区培养了一批水稻高值化种植技术骨干。

硒与镉的拮抗生理机制：硒是谷胱甘肽过氧化物酶的必需组成成分，外源硒可调控植物细胞内的谷胱甘肽，进而促进根系植物螯合态的合成，增加与镉螯合，抑制镉向地上部转移。另外，硒还能影响植物根细胞非蛋白巯基（non-protein thiol, NPT）和根表铁锰氧化物胶膜的形成，尤其在水稻上，通过非蛋白巯基和铁膜与镉的络合，增强镉在细胞壁上的吸附，将镉富集在根系，从而阻碍镉向上运输。当镉进入植物体内产生氧化应激效应时，硒可提高超氧化物歧化酶、过氧化物酶、过氧化氢酶、钙泵（Ca^{2+}-ATP）等酶活性，减轻氧化应激效应，还可通过清除过量活性氧自由基，减少脂质过氧化作用，保护细胞膜的完整性，从而降低镉离子的含量。同时，硒还可减轻镉诱导的生长抑制作用，通过增加氮和叶绿素含量以及平衡营养元素，提高光合性能来增强植物抵御镉的能力。

1）施加土壤改良剂

研究表明，通过施加土壤改良剂，可以调节土壤理化性质，达到富硒阻隔的目的。①通过施用碱性有机肥或碱性土壤调理剂来调节土壤 pH，提高硒的有效性的同时，降低重金镉在土壤中的生物有效性；②在水稻抽穗至灌浆期可以通过适当的灌水处理调节土壤水汽平衡来调节土壤氧化还原电位，使土壤处于一种有利于氧化反应的条件，活化土壤硒元素并减少土壤中有效镉含量；③施用一些富含富里酸、铁锰氧化物等功能性有机肥；④施用活性炭；⑤施用嗜硒型功能性菌剂或菌肥等措施能提高土壤硒的有效性，并螯合钝化重金属镉在土壤中的生物有效性。

2）叶面补硒阻镉技术

适量的外源硒可提高植物硒含量，同时减少重金属镉在作物中的积累。施用硒肥或叶面喷硒，可减轻镉胁迫下水稻幼苗生长的毒害作用，抑制水稻根茎叶对镉的吸收，降低水稻各营养器官和糙米、精米的镉含量。功能农业领军团队在2014～2018 年开展的外源有机硒对水稻硒和镉吸收累积的影响研究中发现（表13-1），相比对照组（CK），喷施外源氨基酸螯合硒营养液能提高水稻对硒的累积，同时可降低水稻籽粒镉含量 40%～83%。硒对重金属镉的拮抗作用不仅体现在水稻上，在红薯、萝卜、草莓、莴苣等作物体内也有类似的发现。在土壤镉含量为0.28 mg/kg 条件下，外源硒在一定浓度范围内（喷施含硒 0.22%的氨基酸螯合硒营养液肥< 4500 mL/hm² 时），红薯硒含量提高 1.5～3 倍，同时降低镉在红薯中的累积，红薯镉含量比对照组降低 40%～60%；但当外源硒用量大于 4500 mL/hm² 时，红薯硒含量增加的同时也促进了红薯对镉的吸收累积。土壤硒含量为 2.5 mg/kg，镉浓度小于 5 mg/kg 时，硒可抑制萝卜对镉的吸收，且地下部强于地上部；叶面喷施 5.0 mg/L 浓度硒，可降低草莓镉 18.33%。并且当土壤中镉与其他重金属元素共存时，适当的硒能同时抑制植物对两种或多种重金属元素的吸收；给铅和镉胁迫的种植莴苣的土壤中施入亚硒酸盐，可显著降低这两种重金属在植物地上部的含量。硒对镉的这种拮抗效应也受镉浓度、硒浓度及硒价态的影响。通常在低镉水平下，硒能明显地抑制作物对镉的吸收累积，但在高镉水平下，这种抑制作用减弱，相应地，当硒浓度过高时会加剧镉的吸收。

表 13-1　不同喷硒方式对稻米累积硒和镉的影响

处理	对硒的累积影响/（mg/kg）		对镉的累积影响/（mg/kg）	
	百香 139	中广香 1 号	百香 139	中广香 1 号
CK	0.09	0.1	0.18	0.01
Se-1	0.26	0.21	0.073	0.01
Se-2	0.48	0.28	0.03	0.01

注：Se-1（水稻孕穗期喷施硒肥 1 次）和 Se-2（水稻孕穗期和抽穗期前 3 天各喷施硒肥 1 次），将含硒 0.2%的"聚福硒"按照 3000 mL/hm² 用量稀释 300 倍后，均匀喷施，CK 以等量清水喷施。

编者在广西永福罗汉果试验示范中发现，通过喷施外源氨基酸硒，处理组的硒含量均较对照组增加，并达到干果类与中草药类的富硒标准（硒含量 0.1～0.5 mg/kg）。研究发现随着叶面喷施外源硒的浓度和喷施次数的增加，罗汉果富集硒的能力逐渐增强，果肉中镉含量均出现不同程度的降低，且所有样品的单果镉含量均低于国标水果及其制品的镉污染限量（0.05 mg/kg）。功能农业领军团队在广西环江砂糖橘试验示范中，发现喷施外源氨基酸硒肥强化处理的砂糖橘果肉硒含量均增加，施硒处理组的果肉镉含量均降低，且所有样品的果肉镉含量均低于国标食品镉污染限量（0.05 mg/kg）。

13.3.4　富硒产品标准的制定规范产业发展

依托广西富硒创新驱动发展科技重大专项的实施开展，广西进一步加大富硒关键技术攻关力度，探索富硒农产品生产和加工技术，保障富硒农产品开发。修订完善广西现有的地方标准《富硒农产品硒含量分类要求》，使其更符合广西实际，更有利于发挥广西得天独厚的富硒资源优势。研究制定富硒农产品产地环境评价标准（2019 年 8 月已经通过广西壮族自治区市场监督管理局的立项）、天然富硒农产品硒含量分类标准、绿色富硒农产品硒含量分类标准、有机富硒农产品硒含量分类标准、富硒大米生产加工技术规程、富硒"水稻+马铃薯"生态轮作循环生产技术规程、富硒红薯栽培技术规程、富硒玉米栽培技术规程、富硒花生栽培技术规程、富硒罗汉果栽培技术规程、富硒香蕉生产技术规程、富硒沃柑生产技规程、富硒杧果生产技术规程、富硒食用菌生产技术规程、富硒辣木栽培技术规程等一批富硒地方标准，推进广西富硒农产品生产实现标准化和规范化发展。

13.3.5　功能农业科技项目的设立

2017 年广西政府资助 3500 万元，参与单位自筹 1.8 亿元率先在全国启动富硒创新驱动发展科技重大专项，吸引了中国科学技术大学、中国农业大学、华中农业大学等国内一批高校参与广西富硒研究。广西富硒农业研究中心承担国家及广西重点课题 37 项，奖励经费 1813 万元。筛选出富硒水稻、花生、薯类、茶叶等一批品种，研制出多款富硒有机水溶肥、营养液、强化剂等，完善了富硒水稻、茶叶、百香果等一批技术规程，其中获批准为地方（行业）标准 3 项，为广西富硒农业发展提供了技术支撑，同时也影响到了越南、柬埔寨、老挝等东南亚国家。

该专项主要由广西农业科学院牵头，联合国际硒研究学会、中国科学院、中国农业科学院、中国农业大学、中国科学技术大学苏州高等研究院、华中农业大学、广西大学、北部湾大学等国内外从事硒素研究的科研院所、高校、企业 110 多家单位协同开展，该专项分为"富硒土壤资源高效安全利用""富硒粮油和食用菌农产品标准化安全生产技术研究与示范""薯类富硒农产品标准化生产技术研究与应用""广西特色富硒果蔬标准化生产技术研究与应用""广西特色富硒茶标准化生产关键技术研究与应用""广西特色富硒农产品深加工技术研究与产业化应用示范""富硒活性成分提取与富硒农产品标准化加工技术研究与应用示范""广西特色富硒农林产品硒形态检测方法及富硒产品营养与安全性评价"8个专项进行系统的创新研究。富硒创新驱动发展科技重大专项自实施以来，广西在"富硒产业扶贫、助推乡村振兴"方面取得了一系列卓有成效的成绩，尤其是攻克了诸多广西特色农作物标准化定量富硒技术瓶颈，为广西富硒产业提升发展保驾护航。

13.3.6　功能农业科技创新平台的建立

科技创新平台是科技基础设施建设的重要内容，具有技术研发、技术转移、资源共享、孵化企业等功能，是培育和发展高新技术产业的重要载体，是科技创新体系的重要支撑，更是科技进步、社会发展、经济增长的加速器。创建独立完整的科技创新体系，加快技术研究及产业化转变步伐，是新时代科研机构与现代企业适应经济全球化国际形势、增强科研机构与企业核心竞争力的基础。

1）富硒农产品工程技术研究中心攻难关

2017 年，经广西壮族自治区人民政府批准正式成立了广西富硒农业研究中心。这是当时国内首个也是唯一一个经省级机构编制委员会办公室批准成立的富硒专业科研机构，主要围绕"富硒产业助力乡村振兴战略发展"，开展富硒土壤资源高效安全利用、富硒农产品标准化生产及其精深加工研发等工作。中心柔性引进国际硒研究学会秘书长尹雪斌博士担任该中心主任，该中心现已成为富硒功能农业发展的领跑者和大健康产业的践行者。

2018 年，广西农业科学院又联合中国科学院、中国科学技术大学、中国农业大学、华中农业大学、苏州大学、广西大学、北部湾大学、广西地质调查院等单位共同组建中国（南方）富硒功能农业研究中心。中国（南方）富硒功能农业研究中心引领南方富硒产业发展，广西富硒产品精深加工工程技术研究中心延长富硒产业链，西乡塘区富硒农业星创天地服务富硒创新企业。该中心立足于广西、江西等我国南方天然优质富硒土壤资源优势，抢抓富硒功能农业新兴机遇，通过柔性整合全国富硒领域的科技资源，在富硒功能农业的科技创新、人才培养、社会服务等方面，加快构建富硒功能农业政产学研用相结合的创新服务体系，并占据制高点，从而在富硒功能农业新领域建设方面实现领跑，对我国南方乃至全国的产业扶贫与农业供给侧结构性改革起到引领支撑作用，为我国南方乃至全国实现乡村振兴提供新动能，并为我国农产品消费升级战略和健康中国战略服务。同年，广西富硒产品精深加工工程技术研究中心获广西科技厅批准组建。该中心主要是以高科技含量、高附加值的精深加工为发展方向，以新产品开发和成果转化为重点，促进科技成果中试和高新技术产业化；面向企业规模化生产的需要，完善现有技术成果的适用性、配套性和成熟性，加快成果的辐射与扩散，促进广西富硒产品精深加工的技术进步与创新，提高广西富硒企业的市场竞争能力，推动富硒农业创新发展。广西首个依托全国首批田园综合体南宁市"美丽南方"建设的西乡塘区富硒农业星创天地也在同年通过广西科技厅认定。自认定通过以来，该富硒农业星创天地积极打造富硒产业相关的服务平台，为南宁市和广西富硒创业者筛选符合其自身发展的富硒种养项目，为其提供富硒种植、养殖、富硒产品精深加工技术培训以及创业指导等方面的全方位服务，有效助推了南宁市乃至广西的富硒产业的科学发展。

目前，广西富硒科技创新平台建设已经走上了不断增面、扩容、提质的发展之路。

2）北部湾滨海富硒功能农业研究保持特色发展

2017 年，北部湾滨海富硒功能农业研究院在北部湾大学挂牌成立。该研究院开展滨海富硒功能农业研究，立足解决海洋生物废弃物资源循环利用、富硒热带经济作物生态学研究和滨海富硒水产养殖与深加工领域的关键科学问题，主要在滨海富硒资源循环机制研究、滨海生物营养强化技术、优势特色富硒水果种植和富硒水产品养殖等领域开展相关研究，为北部湾区域海洋硒资源的开发提供技术支撑。

3）富硒特色作物试验站促发展

2016 年，广西农业科学院与广西农业农村厅在"中国硒港"——贵港市建立了首个广西富硒特色作物试验站。该试验站主要依托贵港市得天独厚的富硒自然资源，利用其现有的作物定量富硒技术，在贵港市开展富硒水稻、红薯、柑橘、香蕉、蔬菜等多种特色农产品适时定量富硒标准化安全生产技术应用与示范；同时利用相关合作企业与大户们丰富的生猪粪便资源，结合其现有的发酵技术，研发出一种新型的富硒有机肥；开展富硒农产品深加工与硒蛋白提取与应用的研究，延长富硒农产品产业链，并针对不同的消费群体，开发出不同种类与配方的富硒复配早餐粉；在推进富硒产业"公司+农户"扶贫致富模式的同时，为当地其他企业或新型农业经营主体提供富硒技术指导与服务。同时，开展富硒休闲养生"多位一体"生态循环产业园建设，推进我区农业供给侧结构性改革，着力构建富硒农业与二、三产业交叉融合的现代富硒农业产业体系，帮助当地农民增收、涉农企业增效，实现富硒产业带动当地群众脱贫致富、农村繁荣发展。

13.3.7　打造科技引领示范村，助推乡村振兴

近年来广西财政累计安排专项资金 1760 余万元，用于扶持富硒农产品示范基地建设。在示范基地的带动下，广西富硒农业发展迅速，种植面积不断扩大，富

硒农产品不断增多，产值突破 38.9 亿元。特别是在 54 个县区建立了富硒基地 124 个，面积达 4426.6 hm²，产值达 6.8 亿元，带动 7800 多户农民增收。如广西天等县把孔村，依托当地富硒土壤资源，着力发展富硒生态米产业，建立了 100 hm² 富硒水稻示范基地，覆盖全村 142 个农户，一年两造富硒稻谷增收近 100 多万元，户均增收 1000 元以上。

根据《广西农业科学院乡村振兴科技支撑行动方案》的精神，广西富硒创新团队在桂平市石龙镇新村建设了一个科技引领广西富硒功能农业发展的浓缩版样板——富硒科技引领示范村。该建设项目位于广西桂平市石龙镇新村，交通便利、土地平整、水源充足、气候适宜，拥有得天独厚的天然富硒土壤资源，是广西第一个自治区级粮食生产核心示范园区的核心区域。桂平市粮食产业（核心）示范区建设面积核心区 233 hm²，拓展区 1200 hm²，辐射区达 2000 hm²。桂平市石龙镇新村的主导产业就是水稻种植，该村主要依托广西桂平市永和水稻种植专业合作社，目前已建有工厂化育秧稻谷烘干中心 4 家，大米加工厂 1 家，各种先进农机具 800 多台（套），育秧、耕地、插秧、护理、收割、储存等环节均已实现全程机械化生产，为该村水稻规模化生产提供了有效保障。

一是依托该村域稻田土壤天然富硒这一资源优势，指导该村开展富硒水稻生产，提高了水稻种植效益。该稻区土壤硒含量为 0.4～0.5 mg/kg，属于天然富硒土壤区，但是生产出来的稻谷硒含量不稳定。自 2017 年以来，广西富硒创新团队利用其熟化的稻田土壤硒素活化技术与水稻硒素营养强化标准化定量富硒技术，首先与该村的广西桂平市永和水稻种植专业合作社进行产学研合作，将现有技术在该合作社的自有基地上试验示范，且实现了水稻标准化定量富硒，其稻米硒含量稳定为 0.2～0.3 mg/kg（符合广西富硒农产品硒含量分类要求）。目前已经将技术推广应用到合作社其他成员的稻田，该村富硒水稻核心示范面积已达 110 hm²，每亩一年两造可增值约 2020 元（按普通优质稻米 8 元/kg，富硒优质稻米 15 元/kg；每亩一年两造一般产干谷 600 kg，折成成品稻米 360 kg，每亩一年两造增加原料与人工成本 500 元来计）。

二是引进集成了土壤重金属镉超标修复新技术，保障该村示范区内生产的稻米商品性得以提升。由于该区域稻田土壤重金属本底值较高，重金属超标等问题成为制约该村开发高产、高质、高值稻米的瓶颈。为解决这一难题，广西富硒创新团队与中国农业科学院、湖南农业科学院等单位的重金属生态修复团队在此联合开展科技攻关，以降低稻米重金属镉、稳定稻米硒、改善稻米品质、保障人体健康为目标，对该区域的土壤和水稻进行全面的数据采集，研究重金属与硒等元素在土壤-水稻中的行为特征，以"摸清家底""对症下药"。重点在品种筛选、根际调理、叶面阻控、耕作栽培、科学施肥、水分管理等方面开展科学试验研究，形成相应的技术模式，并通过专业合作社进行示范与推广。广西富硒研究中心在该区域还建立了长期定位试验，监控土壤硒素形态变化、重金属镉原位钝化与叶面调控技术及产品的时效性，为后续稻米的生态安全高值生产提供了很好参考，以确保该村示范区生产出来的富硒优质稻米具有良好的高值商品性。

三是构建了科研单位与基地组织之间高效的产学研合作模式。广西富硒创新团队将自己所研发的新产品与新技术在该村合作社的生产基地进行试验示范推广应用。即广西富硒农业研究中心免费为该村合作社及示范区其他水稻种植户提供技术服务，广西富硒创新团队成员也可以免费使用该村合作社的基地进行试验示范，广西富硒创新团队为基地提供一定的农资耗材等支持，终端农产品广西富硒创新团队抽取一定样品，其他的都留给基地所有者，这样既很好地减少了两者的项目组织管理成本与生产成本，又可以将广西富硒创新团队培养的本科生与硕士生带到基地实习，参与管理试验示范基地（基地为其提供一定的试验条件与生活条件保障），这样就可以充分地让产、学、研三者在新产品与新技术试验示范的管理实施过程中，使显性和隐性的资源充分整合，逐步形成一定的利益联动，促进产、学、研合作机制的良性循环。

四是指导创建了富硒稻田"优管、勤管"奖励利益联动新模式。广西富硒创新团队指导该示范区内的龙头基地组织——广西桂平市永和水稻种植专业合作社采取一种"优管、勤管"奖励利益联动机制模式，扩大示范区规模、规避种植管理风险、提高种植效益、带动该区域及周边农户致富。主要是通过为该区域及周边贫困户免费提供水稻良种与富硒阻镉所需的原材料，龙头企业与农户签署稍高于市场价的定价收购协议，并通过"优管、勤管"奖励利益联动机制（对一些管理比较好的农户实行挂单奖励），带领示范区贫困农户通过种植生态富硒高值香米脱贫致富，为示范区及广西科技扶贫、产业扶贫创建一种新的有效联动模式，作出了新的示范引领表率。

13.4　广西富硒产业发展展望与建议

开发富硒功能农产品是全面贯彻落实党的十九大精神、落实习近平总书记在广西的重要讲话精神、实施乡村振兴战略的重要抓手，是广西农业发展的新方向。广西富硒功能农业开发已由起步进入稳步有效发展新阶段，发展前景广阔，充满希望。但也存在着一些不容忽视的困难和问题，主要是投入不足、缺少产业园区，企业不强、缺少精深加工，研发不足、缺少人才、缺少技术支撑，品牌不强、销售渠道有限等问题（杨艺媛等，2019）。要按照高标准、高质量发展的要求，秉承前瞻性、战略性和科学性的原则，认真谋划、真抓实干，努力建设中国富硒农业强区，打造中国富硒农业之都。

13.4.1　高度重视，抓住关键，力推发展

各级党委、政府要重视富硒农产品开发工作，将富硒产业开发作为发展现代农业的突破点，提高到区域经济发展战略层面、建设健康中国的高度推动发展。一是成立专门工作和研究机构，落实专职人员，确保工作经费，从人、财、物等方面保障富硒农业更好发展；二是采取措施，加快推进，制订科学发展规划，制定相关扶持政策，营造富硒产业科学发展大环境。

13.4.2　开拓创新，科技引领，深度开发

摸清资源家底，科学指导。全面推进富硒资源调查，摸清硒资源家底，合理制订发展规划，引导地方和企业因地制宜地开发富硒农产品。着力聚智引才，建立院士专家工作站、专家工作站，聚才入桂，汇商聚智，积极为富硒产业创新发展献计献策，服务富硒产业发展。加大对富硒功能农业生产和加工技术研究的支持力度，加强富硒研发队伍建设，加深与国内外硒领域的技术合作与学术交流，解决影响富硒产业发展的重大技术瓶颈，深度开发富硒农产品，走富硒农产品精深加工之路，提升广西富硒产品开发水平。

13.4.3　发挥优势，突出重点，打造品牌

发挥资源优势，加强富硒专项招商引资工作，以富硒资源为主线，有机组合自然资源、生态资源和特色农业资源，吸引企业和科研机构投入广西富硒产业开发，特别注重引进规模大、科技含量高、带动能力强的龙头企业。通过"企业+基地+农户""科研机构+企业+基地""企业+村委+基地"等形式，多方开发促动，形成规模。同时，加强富硒品牌培育，实施富硒产业地域品牌、企业品牌、商品品牌"三位一体"发展战略，建设富硒产品生产的标准化和优质化基地，突出打造一批以大米、茶叶、肉类为代表的本土富硒功能产品品牌，打造核心竞争力，做大做强富硒农产品产业（杨艺媛等，2019）。如以"贵港大米"作为突破点，整合中小型富硒稻米加工企业，逐步培育本地龙头企业，打响"广西富硒米"品牌。

13.4.4　多方引导，精心服务，联动发展

完善管理服务体系。建立高效协调的富硒农业开发管理体系，做好政策扶持、基金支持、技术研究、产品开发、品牌打造等各环节的服务指导，保障富硒功能产品科学有序开发。

建设富硒农产品开发平台。企业要与科研单位对接，与教学单位对接，与市场对接，瞄准高端市场，深度开发礼品米、营养米粉、特色茶糕点、医药化妆用

品等高附加值富硒农产品，实现优质优价，同时提供信息咨询服务，使富硒产业真正成为富民产业。

建立富硒资源开发项目库。将富硒功能产品开发与农业示范基地、示范园区、特色产业、脱贫攻坚等工作有机结合，加大支持力度，加大富硒产业开发步伐，以硒产业领跑农业，以硒产业助力乡村振兴。

发挥社会服务组织作用。发挥行业协会在行业管理服务中的作用，依法依规为企业做好产品认证、监管以及融资等相应服务。鼓励和支持供销合作社等合作经济组织，为富硒产业发展提供资金、信息、销售等服务。

13.4.5　加强宣传，扩大影响，有效推动

依托专家，提升推动。充分利用国际国内以及广西科技、农业、医学卫生等各方知名专家，如西安交通大学地方病研究所所长王治伦、美国硒专家盖瑞·巴纽埃洛斯（Gary Bañuelos）等，智力支持和正确宣传、引导，发挥名人效应，多方提升推动。同时扩大宣传引导，利用互联网、微博、微信等现代传媒广泛宣传，宣传科学补硒知识，述说硒故事，让更多人了解硒知识、消费硒产品、发展硒产业，全面营造健康、科学、浓厚的富硒产业发展大环境。多渠道、多手段、多途径地开展富硒宣传交流，将富硒与健康旅游、养生文化、长寿文化相结合，开展富硒文化宣传活动，并重点与中国—东盟博览会相结合，与东盟国家一同推广富硒功能农业有关知识技术及产品，使富硒功能农业特色长寿产品惠及世界人民。

习近平总书记为庆祝广西壮族自治区成立 60 周年欣然题词"建设壮美广西共圆复兴梦想"。产业振兴是建设壮美广西、圆梦复兴的必走之路。2017 年习近平总书记在广西视察时对富硒农业的重要地位和作用做了充分肯定，为广西富硒农业发展指明了方向。富硒产业迎来了多重发展机遇，极为难得，机不可失，广西要充分利用独特的富硒资源优势，以发展富硒功能农业、开发富硒功能产品、打造富硒品牌为主线，以提升富硒功能产业社会效益和经济效益为核心，打造独具特色的富硒资源开发产业链，使富硒功能产业尽快发展成为百亿新兴产业，早日建成中国富硒农业之都，造福广大人民。

参 考 文 献

戴婧豪, 刘永贤, 苏新惠, 等. 2018. 功能农业背景下广西富硒农业产业发展的 SWOT 分析. 农学学报, 8(5): 85-90.

韦小婷, 何礼新. 2016. 发展富硒农业是广西现代农业的必然选择. 广西农学报, 31(1): 70-73.

杨艺媛, 苏新惠, 农梦玲, 等. 2019. 基于钻石模型的广西富硒农业竞争力分析. 贵州农业科学, 47(1): 172-176.

赵禹骅, 黄增镇. 2017. 全产业链视角下民族地区特色产业发展的对策分析——以广西富硒产

业为例. 广西民族研究, (3): 160-166.

中国富硒农业产业技术创新联盟. 2016. 中国富硒农业发展蓝皮书(2016). 北京: 中国农业大学出版社.

Wang S B, Luo K L, Ni R X, et al. 2017. Assessment of elemental background values and their relation with lifespan indicators: a comparative study of Jining in Shandong Province and Guanzhong area in Shanxi Province, northern China. Science of the Total Environment, 595: 315-324.

第 14 章　宁夏：富硒与盐碱地功能农业

宁夏回族自治区特殊的地理位置和气候条件以及大面积的土壤盐碱化制约了宁夏农业的发展，本章阐述了盐碱地稻作功能农业尤其是富硒盐碱地稻作农业的研究进展，并以宁夏中卫为例概述了功能农业发展的优势、成效和展望。

14.1　河套宁夏平原盐碱地稻作功能农业发展的优势与特色

宁夏回族自治区地处我国西北地区东部、黄河中上游，其跨东部季风区域和西北干旱区域，西南靠近青藏高寒区域，大致处在我国三大自然区域的交会过渡地带。宁夏属典型的干旱半干旱大陆性气候，降水少且集中在夏季，蒸发强烈。宁夏青铜峡以北的河套宁夏平原，平均海拔为 1100～1200m，地形开阔，坡度较小，引水便利，自古就是我国著名的大型自流灌区之一。但由于排水欠佳，地下水位较高，加之降水稀少、蒸发量大，土壤盐渍化现象十分严重。至 2019 年底，河套宁夏平原盐渍化土壤面积高达 24.06 万 hm^2，占现有耕地面积的 48.9%，且多为中低产田或撂荒地。土壤盐渍化严重制约了当地现代农业的发展，导致了生态环境的恶化，阻碍了经济社会的可持续发展。

因此，改良利用盐碱地对改善河套宁夏平原的生态环境、促进西北地区粮食安全生产以及现代农业的可持续发展均具有重要的意义。针对如何科学合理地开发和利用盐碱土地资源，国内外学者经大量研究提出了诸多措施，其中，在河套宁夏平原采用稻作模式被公认为是最有效的改良利用盐碱地的途径之一。宁夏平原地处黄河两岸，地形平坦，灌溉水源充足，有着悠久的种稻历史。据史书记载，河套宁夏平原种稻始于公元 6 世纪后半叶，至今已有 1500 多年的历史。至公元 8 世纪初（即唐代中叶），宁夏就已有大面积的水稻栽培，因此自古以来就有"塞北江南"之称。宁夏水稻不仅历史悠久，而且一直以高产和上乘的品质而古今著称，早在元、明年间，宁夏优质大米就已成为宫廷贡米。清代乾隆年间修成的《宁夏府志》记载："物产最著者，夏朔之稻。"已颇负盛名，尤其是当地白皮稻所产的大米，晶莹洁白，润滑爽口。宁夏高品质大米得益于当地优越的气候条件，我国现代农业气象学家高亮之也指出，河套宁夏平原是全国少有的水稻高产优质生产区。

鉴于稻作模式在河套宁夏平原盐碱地改良利用中不可替代的重要作用以及宁夏大米优质高产的地标特性，宁夏大学"盐碱地改良利用关键技术研究"科技创新团队在首席专家许兴教授的带领下，历经 10 余年，在河套宁夏平原盐碱地稻作农业方面开展了多方面的研究，取得了丰硕的成果。该科技创新团队是宁夏回族自治区政府授予的首批科技创新团队，团队致力于宁夏乃至西北地区盐碱地节水生态治理与特色功能产业开发。

14.2　河套宁夏平原盐碱地稻作功能农业成果实践

14.2.1　脱硫石膏改良盐碱地稻作功能农业成果实践

脱硫石膏是燃煤电厂利用氧化钙清除煤烟中二氧化硫后的副产物，其主要化学成分是二水合硫酸钙即生石膏，显酸性。由于脱硫石膏与天然石膏具有相似的理化性质，因此自 20 世纪 90 年代以来，国内外学者相继开展了大量有关脱硫石膏改良盐碱地的研究与实践，目前已证明其完全可以用于盐碱地改良，尤其在碱化土壤改良方面具有更为显著的效果。

肖国举等（2009）研究表明，施用脱硫石膏改良碱化土壤可以有效降低土壤碱化度、总碱度和 pH，提高水稻的出苗率、收获穗数、千粒重和产量。但同时其指出，脱硫石膏的施用也增加了土壤盐分含量，故必须根据土壤盐碱状况选择适宜的脱硫石膏施用量。肖国举等（2009）进一步研究表明，针对河套宁夏平原盐碱地，脱硫石膏的施用量一般在 $15.0 \sim 23.0$ t/hm^2，此施用量下脱硫石膏可有效改良碱化土壤，同时有利于水稻水分利用效率的提高和干物质的积累。

白海波等（2010）在宁夏平罗西大滩开展了不同脱硫石膏施用量下水稻幼苗光合作用和相关生理特性的研究，其发现当脱硫石膏施用量为 22.5 t/hm^2 时对盐碱地的改良效果最佳，同时可显著减少水稻叶片内超氧阴离子（O_2^-）的含量，提高水稻叶片超氧化物歧化酶（superoxide dismutase，SOD）、过氧化物酶（peroxidase，POD）和过氧化氢酶（catalase，CAT）的活性，维持细胞膜的稳定性和完整性，提高水稻叶片净光合速率、气孔导度、气孔限制值、蒸腾速率和水分利用效率，增加水稻幼苗的根长、株高和生物量。其研究结果表明，施用脱硫石膏，有效缓解了盐碱胁迫对水稻的伤害，提高了水稻的耐盐性，促进了水稻正常生长。

胡慧等（2019）在宁夏前进农场开展了基于脱硫石膏施用的不同盐碱地改良技术集成模式对水稻光合特性的影响研究，其发现施用脱硫石膏可有效降低水稻初始荧光产量（F0），提高最大荧光产量（Fm）、PSⅡ最大光化学量子产量（Fv/Fm）、表观电子传递速率、光系统Ⅱ（photosystemⅡ，PSⅡ）实际量子产量（YⅡ）等叶绿素荧光参数值，显著增加水稻叶片的叶绿素含量，有效减轻盐碱胁迫对水稻叶绿体膜结构的破坏，并发现非光化学猝灭系数（non-photochemical quenching，NPQ）与叶片叶绿素含量（leaf chlorophyll content，LCC）之间呈极显著正相关（p

<0.01）。这表明，NPQ 升高可启动叶黄素循环的热耗散机制，减轻盐胁迫引起的光抑制，增强光化学能的形成，从而有效缓解盐胁迫对植物光合机构的伤害，实现 PSⅡ功能的正常运作。

毛桂莲等（2012）研究发现，外源添加脱硫石膏后，植物细胞质膜、细胞间隙、细胞壁和液泡中钙颗粒数量呈显著增加，且随着脱硫石膏添加量的增加，植物叶片中总钙含量随之增加，质膜与液泡膜上 Ca^{2+}-ATP 水解酶活性也呈上升趋势。其同时发现，施用脱硫石膏后，细胞膜透性、丙二醛含量和氧离子产生速率呈下降趋势，SOD、POD 等保护酶活性升高。这表明，外源添加脱硫石膏后，促进了植物对钙离子的吸收，进而提高了植物的抗逆性，这从机理上揭示了施用脱硫石膏能有效缓解盐碱胁迫对水稻的伤害，从而提高水稻的耐盐性。

14.2.2　低洼盐碱地稻渔共作功能农业成果实践

河套宁夏平原部分地段由于地势过于低洼，地下水出露，加之雨水及农田灌溉尾水在此汇集，强烈的蒸发使土壤盐分表聚，形成了大面积的盐碱滩地（即低洼盐碱地）。一直以来，低洼盐碱地的改良利用是困扰当地经济社会发展的难题。经过长期的探索与实践，人们发现稻渔共作是低洼盐碱地生态治理及高效利用的最佳模式之一。因此，宁夏自 2009 年起开始大面积推广稻渔综合种养模式，在 2017 年中央一号文件中也明确提出了"推进稻田综合种养和低洼盐碱地养殖"，习近平总书记在 2020 年 6 月视察宁夏时，专门前往贺兰县稻渔空间考察低洼盐碱地稻渔共作模式。目前，稻渔共作作为一种绿色高效循环农业模式，以其"以渔促稻、稳粮增效、质量安全、生态环保"的优势得到了国内外的广泛认可，成为近年来生态农业持续发展的杰出代表之一。

石伟等（2021）在宁夏西夏区开展了稻渔共作对低洼盐碱地土壤性状影响的研究，研究发现低洼盐碱地稻渔共作模式有利于土壤性状的改善。与常规稻作相比，稻渔共作降低了盐碱土壤的 pH，显著提高了土壤的有机质、全氮、全磷、全钾、氨氮、有效磷的平均含量。其中，稻渔共作条件下，土壤 pH 较常规稻作降低了 0.47%～2.63%，土壤有机质、全氮、全磷、全钾、氨氮、有效磷含量分别提高了 8.14%～15.42%、3.31%～10.47%、1.90%～16.34%、3.65%～17.83%、5.19%～21.10%、2.39%～14.76%。

杨玲霞（2020）在宁夏贺兰县常信乡开展了稻渔共作模式对水稻生长发育的影响研究，发现在水稻全生育期内，相较于常规稻作，稻渔共作条件下水稻的株高和干物重分别增加 1.77%～6.76% 和 1.86%～21.48%；同时，共作条件下，水稻功能叶的叶面积在孕穗期和灌浆期也均大于常规稻作。其研究还发现，稻渔共作条件下，水稻的光合能力有明显提升。在水稻苗期至齐穗期，共作条件下，水稻叶片主要光合能力指标如净光合速率（net photosynthetic rate, Pn）、气孔导度

(stomatal conductance, Gs)、胞间二氧化碳浓度 (intercellular CO_2 concentration, Ci)、蒸腾速率 (transpiration rate, Tr) 及叶绿素含量 SPAD 值 (soil and plant analyzer development, SPAD) 显著高于常规稻作，分别增加 0.82%～12.73%、2.16%～12.51%、1.32%～45.42%、1.72%～11.76%、3.43%～12.88%；共作条件下水稻叶片的荧光参数值 (F0、Fm、Fv/Fm、Fv/F0、PI) 也均高于常规稻作，但差异不显著。同时，稻渔共作条件显著增强了水稻的抗逆性，表现为在苗期至齐穗期，共作条件下水稻叶片的 SOD 活性、POD 活性、CAT 活性以及可溶性糖含量较常规稻作均呈不同程度的显著升高，其增加的数值分别为 5.09%～39.14%、4.55%～37.78%、6.59%～31.95%、1.43%～10.70%；共作条件下叶片脯氨酸和丙二醛含量较常规稻作分别降低 6.95%～32.56%、2.04%～24.84%。

并且，杨玲霞等 (2019) 发现稻渔共作模式对水稻养分吸收及品质有一定影响，稻渔共作有利于水稻对养分的吸收。在拔节至乳熟期，共作条件下，水稻植株地上部氮、磷、钾的吸收累积量均显著高于常规稻作，分别增加了 57.51%～80.83%、41.16%～55.26%、8.50%～25.02%。同时，其研究表明，低洼盐碱地稻渔共作有利于稻谷产量的增加和稻米品质的改善。稻渔共作条件下，水稻的穗数与千粒重显著高于常规稻作，分别提高了 14.36%～16.72%、3.78%～6.21%，但穗粒数与常规稻作相比无明显差异。稻渔共作条件下，水稻的碾磨、外观、营养、食味等品质特性均较常规稻作有不同程度的改善，其中，共作条件下水稻的糙米率、精米率、整精米率、蛋白质含量、赖氨酸含量、食味值、胶稠度较常规稻作分别提高了 1.30%～2.91%、3.12%～3.55%、3.52%～4.69%、10.14%～14.09%、6.25%～16.86%、5.29%～11.24%、2.42%～4.78%；而垩白度、垩白粒率、直链淀粉含量较常规稻作分别降低了 9.32%～16.14%、8.94%～16.14%、3.31%～3.69%。

14.2.3　富硒盐碱地稻作功能农业成果实践

宁夏回族自治区自然资源厅 (2016) 最新勘探结果表明，宁夏拥有 4200 km² 的优质富硒土地资源，其大部分分布在河套宁夏平原。其中，位于平原北部的石嘴山市的富硒土壤呈集中连片分布且含量最高，平均硒含量为 0.2586 μg/g，最大值为 0.82 μg/g。同时，调查数据显示，河套宁夏平原富硒土壤中危害人体健康的汞、铬、铅、砷等重金属含量低，且受外界人为污染少，98%的区域符合绿色食品产地环境质量标准。此外，对比分析调查数据发现，河套宁夏平原土壤的富硒与盐渍化呈共生现象，大量盐碱土壤中硒含量都很高。而许多研究表明，较高的土壤 pH (即碱性土壤) 能够促进植物对硒的吸收。因此，河套宁夏平原出产的农产品硒含量较高，天然富硒产品的富集效率也很高。

2018 年，石嘴山市主要农产品硒含量检测结果表明，97 个粮食类产品，富硒占 69.6%；10 个畜产类产品，富硒占 70%，其中鸡蛋硒含量最高，达到 230 μg/kg；66 个蔬菜水果类，富硒占 75.8%；枸杞干果硒含量达 18 μg/kg；葡萄酒硒含量达 48 μg/kg。

郑国琦等[①]在宁夏大武口区和平罗县开展了富硒盐碱地种植水稻的研究。试验数据显示，在水稻收获期，两地水稻籽粒中硒含量分别为 70 μg/kg 和 110 μg/kg，均达到国家稻谷富硒含量标准（40～300 μg/kg），这说明河套宁夏平原富硒盐碱地完全能够满足富硒农产品生产的需求，自然富硒也可达到国家稻谷富硒的标准。在宁夏青铜峡市和吴忠市利通区开展的自然富硒与外源补硒对水稻籽粒硒含量的影响研究中发现，在自然富硒条件下，两地水稻籽粒中硒含量分别为 69 μg/kg 和 134 μg/kg，大米中硒含量分别为 29 μg/kg 和 66 μg/kg；在不同外源补硒条件下，两地水稻籽粒中硒含量分别为 57～1543 μg/kg 和 184～466 μg/kg，大米中硒含量分别为 33～503 μg/kg 和 69～410 μg/kg。这表明，通过外源叶面喷施硒肥，两地大米的硒含量均可提高，但在水稻孕穗期、灌浆前期叶面喷施两次硒肥均超过了国家稻谷富硒含量标准。同时，其研究指出，河套宁夏平原生产的大米，在现有试验土壤条件下，完全能够满足富硒作物生长的需要，采取自然富硒均可达到国家稻谷富硒标准。

14.3　宁夏中卫富硒功能农业的实践案例

宁夏尽管地处西北内陆，干旱少雨，但得益于黄河水的滋润，素有"天下黄河富宁夏"之说。2017 年 8 月 22 日的首届中国（宁夏）特色优质农产品品牌评选会中，宁夏大米、中宁枸杞、西吉马铃薯、盐池滩羊肉、香山硒砂瓜、贺兰山东麓葡萄酒 6 个品牌被评为"宁夏农产品区域公用品牌"。总体而言，宁夏农产品具有产地独特、产量有限、品质优良等特点，并拥有典型的"精品"特质，因此具备打造功能农业产业的良好基础，有利于实现宁夏农产品的提质增效。

14.3.1　土壤硒资源优势

江苏省硒生物工程技术研究中心团队通过对宁夏中卫市全市耕作土壤进行功能农业目的的硒元素资源调查，并对其土壤总硒、土壤有效硒、土壤重金属（镉、砷、铅等）进行系统检测分析，最终绘制了宁夏中卫市耕地土壤硒元素分布图。其中，富硒土壤（硒含量为 0.222 mg/kg 以上）的耕地面积占比 16.07%，主要分布在沙坡头区迎水桥、镇罗、柔远，中宁县大战场、舟塔，海原县树台、李旺等区域；足硒土壤（硒含量 0.175～0.222 mg/kg）占比 25.86%，多分布在卫宁灌区、环香山地区和海原东南部地区；低硒土壤（硒含量为 0.116～0.175 mg/kg）

---

① 引自 2019 年宁夏石嘴山市农业综合开发项目"水稻硒肥肥效试验研究与技术推广"结题验收报告；作者：郑国琦，李志，杨涓，刘根红. 2019 年 12 月.

占比 37.95%；缺硒土壤（硒含量为 0.116 mg/kg 以下）占比 20.12%。硒资源普查结果证实宁夏中卫具有独特的硒土壤资源，具备打造富硒功能农业的资源基础。

14.3.2 硒产业发展历程

宁夏中卫，一个腾格里沙漠南缘的西部小城，人口只有 120 万，却已在硒资源变硒产业的工作中做出早期探索：

1950 年成立中卫固沙林场，开始防沙造林。

1958 年我国第一条沙漠铁路"包兰铁路"穿越腾格里沙漠南缘的沙坡头，为确保列车运行畅通，中卫人民首创"麦草方格"固沙方法，实现"向沙漠进军"，逼退沙漠 20 km。

1972 年第一处沙漠高扬程灌溉系统投入使用，创造"中卫南山台子绿洲"，如今中卫南山台子苹果驰名塞上。

2004 年中卫人民首创"压砂保水保墒"方法种植西瓜，让不毛之地的戈壁变成硒砂瓜的天堂，截至 2019 年，种植面积达到 6.7 万 hm²，2019 年硒砂瓜年产量达到 180 万 t，产业经济效益达到 25 亿元，成为中卫人民的"脱贫致富瓜"。中卫农产品（尤其是全国唯一一个以"硒"命名的农产品——硒砂瓜）是中卫人民挑战自然、改造自然、利用自然的真实写照。

2017 年 9 月，受"苏州科技行——走进宁夏"活动邀请，苏州工业园区功能农业领军企业苏州硒谷科技有限公司与宁夏回族自治区农业农村厅交流对接。

2017 年 10 月，中卫市委书记带队考察苏州硒谷科技有限公司，就中卫发展富硒产业合作达成意向。

2017 年 11 月，宁夏回族自治区农业农村厅与苏州硒谷科技有限公司、江苏省硒生物工程技术研究中心签署《功能农牧业战略合作框架协议书》。

2017 年 11 月，中卫市人民政府与苏州硒谷科技有限公司、江苏省硒生物工程技术研究中心签署《硒产业发展战略合作框架协议书》。

2018 年 2 月，中卫市人民政府印发《中卫市富硒产业发展推进方案》，积极利用天然富硒土壤资源，发展富硒功能农业，拉开了中卫打造"中国塞上硒谷"的序幕。

14.3.3 功能农业科技成果

1）富硒农产品标准化生产技术规程

以《宁夏富硒土壤标准》（DB 64/T 1220－2016）为基础，依据《宁夏富硒农产品标准（水稻、玉米、小麦与枸杞干果）》（DB 64/T 1221－2016）、《富硒农产品硒含量分类要求》（DB 45/ T1061－2014）、《富硒农产品》（GH/T 1135－2017），结合《硒砂瓜标准化生产技术规程》《有机枸杞标准化生产技术规程》，制定了《中卫市富硒硒砂瓜标准化生产技术规程》《中卫市富硒枸杞标准化生产技术规程》《中卫市富硒苹果标准化生产技术规程》，依托市、县（区）农技推广人员，分县区、分农户召开富硒标准化种植现场会，制作发放技术规程口袋书，举办种植培训班，引导对标生产，强化源头管控和标准化生产。

2）富硒农产品标准的制定

依据《宁夏富硒农产品标准（水稻、玉米、小麦与枸杞干果）》（DB 64/T 1221－2016）、《富硒农产品硒含量分类要求》（DB 45/T1061－2014）、《富硒农产品》（GH/T 1135－2017），制定了《富硒硒砂瓜》《富硒苹果》企业标准，其中《富硒苹果》已获得宁夏回族自治区地方标准的立项支持，有望成为宁夏的地方标准。相关标准规定富硒硒砂瓜的总硒含量标准为≥0.01 mg/kg 鲜重、富硒苹果的总硒含量为 0.01～0.20 mg/kg 鲜重，具体如表 14-1、表 14-2 所示。

表 14-1 《富硒硒砂瓜》中规定的富硒硒砂瓜有益成分含量指标

指标	含量
总硒含量/（mg/kg 鲜重）	≥0.01
总糖含量/（g/100g 鲜重）	5.6～9.4
维生素 C 含量/（mg/100g 鲜重）	6.2～10.5

表 14-2 《富硒苹果》中规定的富硒苹果的总硒含量指标

品名	总硒含量/（mg/kg 鲜重）
苹果	0.01～0.20

3）示范基地

2018 年，中卫市政府发布《中卫市富硒产业发展推进方案》，高标准建设中卫市 4000 hm^2 标准化富硒硒砂瓜生产基地、666.7 hm^2 富硒枸杞生产基地。

2019 年，中卫市政府发布《中卫市 2019 年富硒产业发展实施方案》，在富硒、足硒土壤上建设富硒农产品高标准示范基地 8000 hm^2（硒砂瓜 4000 hm^2、枸杞 2666.7 hm^2、苹果 1333.3 hm^2），富硒农产品高标准产业示范园 16 个（硒砂瓜 6 个、枸杞 3 个、苹果 2 个，蔬菜、马铃薯、大米、小杂粮、食用菌各 1 个）。建设富硒特色小镇 1 个，建设硒产业乡村旅游示范点 3 个，培育扶持主要从事富硒农产品开发的市级以上农业产业化龙头企业 10 个，打造具有较强竞争力的富硒农产品品牌 3～5 个，建成富硒产业研发中心和富硒农产品加工基地。

2020 年，中卫市政府再次发布《2020 年中卫市富硒功能农业发展推进方案》，明确全市培育功能农业 6.7 万 hm^2，其中富硒功能农业生产区 1.7 万 hm^2，标准化种植基地 5 万 hm^2，创建功能农业高标准产业示范园 20 个以上。沙坡头区围绕硒砂瓜、蔬菜、大米、奶牛、苹果主导产业，创建功能农业种植基地 2.8 万 hm²，其中标准化基地 2.1 万 hm²，富硒基地 7000 hm²；中宁县围绕枸杞、硒砂瓜、奶牛主导产业，创建功能农业种植基地 2 万 hm²，其中标准化基地 1.5 万 hm²，富硒基地 5333.3 hm²；海原县围绕肉牛、马铃薯、小杂粮、硒砂瓜主导产业，创建功能农业种植基地 1.8 万 hm²，其中标准化基地 1.4 万 hm²，富硒基地 4333.3 hm²。

4）塑造"中国塞上硒谷"品牌

依托硒资源调查、生产技术规程制定、产品标准制定、示范基地建设等系统成果，积极向全国土壤质量标准化技术委员会申请"中国塞上硒谷"冠名，邀请全国土壤质量标准化技术委员会秘书处代表于 2018 年 5 月 10～13 日来中卫进行实地考察，2018 年 6 月 28 日全国土壤质量标准化技术委员会授予中卫市"中国塞上硒谷"称号（图 14-1）。

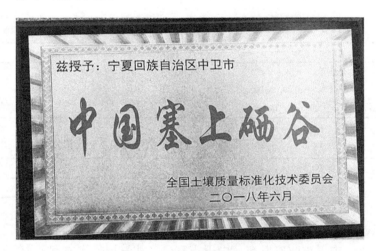

图 14-1　全国土壤质量标准化技术委员会授予中卫市"中国塞上硒谷"称号

5）科技品牌营销之路

2018 年 6 月，中卫市人民政府筹备召开了中卫市富硒农产品推介发布暨硒产业发展研讨会，邀请到国际硒研究学会、全国土壤质量标准化技术委员会、中国南方富硒农业研究中心、宁夏农业科学院种质资源研究所等国内外硒研究机构的专家学者，举办了富硒硒砂瓜、富硒枸杞专场推介会和硒产业研讨会，研讨富硒产业发展方向，品鉴推介中卫市富硒农产品，将中卫市富硒农产品推向市场，取得良好效果。

2018 年 8 月，借助习近平总书记提出的"精准扶贫战略"的东风，一枚小小的中卫硒砂瓜，代表宁夏登上了中央电视台的"国家品牌计划"栏目。

2019 年 11 月，借助第六届硒与环境和人体健康国际会议在陕西杨林召开之际，特设立宁夏中卫为该国际会议的分会场，邀请国内外硒专家来中卫考察硒种植基地和硒产品展销馆，进一步获得专家学者的认可。

14.4　河套宁夏平原盐碱地稻作功能农业发展前景

河套宁夏平原盐碱地稻作农业有着悠久的历史，"以稻压碱、以稻治碱"是当地劳动人民在长期生产实践中总结出的有效改良利用盐碱地的措施之一。而河套宁夏平原得天独厚的自然条件能够生产出高品质的大米，使盐碱地稻作农业成为当地农业的支柱产业之一。因此，开展了多年围绕河套宁夏平原盐碱地稻作农业多方面的深入研究，尤其是以许兴教授为代表的宁夏大学"盐碱地改良利用关键技术研究"科技创新团队在脱硫石膏改良盐碱地、低洼盐碱地稻渔共作及富硒盐碱地稻作农业等方面进行了大量研究，并取得了丰硕的成果。

但面临新形势，尤其是习近平总书记在 2019 年 9 月发表在黄河流域生态保护和高质量发展座谈会上的讲话以及在 2020 年 6 月视察宁夏时发表重要讲话后，如何继续深入开展河套宁夏平原盐碱地稻作农业方面的相关研究，是科研人员急需破解的难题。习近平总书记在视察宁夏时多次提出并强调，宁夏要努力建设黄河流域生态保护和高质量发展先行区，要抓好生态环境保护，保障黄河长治久安。因此，绿色、生态、高质量发展将是未来整个黄河流域乃至国家的发展战略，河套宁夏平原盐碱地稻作农业的发展也应紧紧围绕这个方向。

河套宁夏平原发展盐碱地稻作功能农业与黄河流域高质量发展国家战略是十分吻合的，目前虽已开展了一些研究，取得了一些成果，但更多的新理论、新技术、新模式、新产品等有待于进一步研究与示范。相信盐碱地稻作功能农业在河套宁夏平原乃至整个黄河流域都大有可为！

宁夏中卫的富硒功能农业实践走出了一条"摸清家底+科学种植+示范引领+制定标准+塑造品牌+科技营销"的产业链科技保障模式，确保了功能农业新技术能在西部地区落地、生根、开花、结果，为产学研技术服务于地方经济发展与农业转型提供了宝贵的经验，将为宁夏乃至全国开发利用天然硒资源提供示范与参考，科学促进中国功能农业的健康与可持续发展。

参 考 文 献

白海波, 郑国琦, 杨涓, 等. 2010. 脱硫废弃物对盐碱地水稻幼苗生理特性的影响. 西北植物学报, 30(9): 1859-1864.

胡慧, 马帅国, 田蕾, 等. 2019. 脱硫石膏改良盐碱土对水稻叶绿素荧光特性的影响. 核农学报, 33(12): 2439-2450.

毛桂莲, 许兴, 曾瑾, 等. 2012. 脱硫废弃物对碱胁迫下水稻叶片钙分布、Ca^{2+}-ATPase 活性及抗氧化特征的影响. 应用生态学报, 23(2): 363-368.

宁夏回族自治区自然资源厅. 2016. 宁夏富硒土地有多"富"？. 央广网. http://jiangsu.
　　china.com.cn/html/2016/nxnews_1128/8265423.html.

石伟, 杨涓, 杨玲霞, 等. 2021. 宁夏低洼盐碱地稻渔共作试验研究. 湖北农业科学, 60(3): 18-21,
　　37.

肖国举, 罗成科, 张峰举, 等. 2009. 脱硫石膏施用时期和深度对改良碱化土壤效果的影响. 干
　　旱地区农业研究, 27(6): 197-203.

杨玲霞. 2020. 低洼盐碱地稻渔共作效应研究. 银川: 宁夏大学.

杨玲霞, 许兴, 邱小琼, 等. 2019. 低洼盐碱地稻渔综合种养氮、磷收支研究. 西南农业学报,
　　32(10): 2337-2341.

第15章 河南：中原地区富硒功能农业

硒作为人体所必需的一种微量元素和营养元素，具有提高免疫力、延缓衰老等多种功能（陈家友，2005）。近 20 年来，随着人们对硒与人体健康功能的研究深入，富硒功能农业脱颖而出，成为功能农业发展的先行典型。我国约有 72%的地区处于缺硒或低硒的生态环境之中，约 7 亿人受到硒摄入量不足的潜在危害（汪雯雯，2019），而富硒产品作为功能性食品的一种，可以很好地满足我国居民对健康生活消费的多元需求。河南是农业大省，粮棉油等主要农产品产量均居全国前列，具有举足轻重的地位，其中粮食总产量和小麦产量分别占全国的 1/10 和 1/4，是全国重要的优质农产品生产基地。因此，河南发展富硒功能农业对促进全民健康具有重要意义，是建设健康中国的有效途径。

15.1 河南富硒功能农业发展优势与特色

河南省土壤硒资源较为丰富，拥有富硒耕地 93.9 万 hm^2，广泛分布于洛阳、焦作、新乡、安阳、郑州、商丘、平顶山、南阳、济源等地（蔡春楠，2019）。据调查，洛阳市区域内共有富硒土地 9.3 万 hm^2，其中耕地 5.2 万 hm^2（王秀存，2019）；安阳市发现富硒耕地 3.8 万 hm^2；商丘永城市富硒土地资源丰富，硒含量大于 0.23 mg/kg 的土地面积达 3.96 万 hm^2；济源有超过 8000 hm^2 的富硒土壤（硒含量 ≥0.35 mg/kg），主要分布在思礼、克井、五龙口一带，济源冶炼企业硒粉年生产量 300 t 左右，约占全国硒粉年产量的 15%，硒资源的优势比较明显。目前，济源、洛阳、安阳、焦作、商丘永城、周口太康等多个市（县、区）均在大力发展富硒功能农业，在全省范围内共建立了 30 余个富硒农产品生产示范基地，其中包含多个富硒小麦和富硒水稻示范基地；已开发了涵盖米面粮油、瓜果菜菌、蛋奶肉禽及保健食品的数百种富硒产品，打造了万洋华康、硒谷庄园等多个富硒知名品牌；成立了河南省富硒功能农业星创天地、河南省功能小麦工程技术研究中心、国家功能农业创新联盟河南办公室、河南省富硒专业委员会及河南省富硒农产品协会等多个富硒功能农业发展平台和组织；省内多家科研机构、高等院校及新型经营主体围绕土壤微量元素调查、应用技术研究、产品开发、科技示范与推广等方面开展了大量工作，并取得积极成效，促进了河南富硒功能农业高质量高水平发展。

15.2　河南富硒功能农业发展现状与经验

15.2.1　济源市富硒功能农业发展现状与经验

1. 济源市富硒功能农业发展现状

2012 年以来，济源市农业科学院敢于挑战，勇于突破，敏锐地捕捉到了富硒功能农业这一朝阳产业蕴含的机遇和潜力。结合实际，科学谋划，率先在全省农科领域开展富硒功能农业研究与应用，组建富硒功能农业创新研究团队，大力实施富硒科技工程，引领支撑济源富硒功能农业发展。

1）富硒农业崭露头角

一是富硒农业规模渐现。近年来，全市富硒农产品种植面积发展到超 1300 hm²，涵盖了粮食、蔬菜、水果、禽蛋等 30 种富硒农产品，其中富硒粮食种植面积 706.7 hm²，富硒果品种植面积 413.3 hm²，富硒油料及富硒蔬菜 183.3 hm²。二是富硒农业生产队伍逐渐壮大。目前全市共有 50 余家具有一定规模和影响力的富硒新型经营主体，其中，济源市西正农业开发有限公司、济源市鸿润苗木科技有限公司、河南花语季农业旅游开发有限公司等经营主体规模较大、效益较好。三是富硒产品提质增效效果显著。邵原苹果、南山葡萄等农产品增加了硒元素之后，品质有了较大的改善，产品供不应求，价格翻番。四是富硒农业助力产业扶贫。利用贫困村良好生态环境，帮助其发展绿色富硒农产品。下冶中吴村的富硒小麦粉进入河南省省直机关优质农产品采购名单，邵原茶房村发展富硒小米、唐山村发展富硒花生和富硒红薯，打开了一条特色农业之路。

2）富硒食品悄然兴起

济源具有高新技术企业从事硒保健食品的研发与生产，例如，河南希百康健康产业有限公司、济源希健生物医药科技发展有限公司及济源市富硒康生物科技有限公司。前两家公司均是将 L-硒-甲基硒代半胱氨酸作为食品营养强化剂添加到相应的食品原料中，生产出"硒百康"系列富硒保健品和"希健"富硒麦芽粉。该方式生产出的富硒产品的硒含量具有精准、可控、稳定的特点。全国只有少量企业可以生产该类型产品，其中有 2 家在济源。济源市富硒康生物科技有限公司则是在麦芽生长过程中添加富硒营养液，通过麦芽的生物转化作用，将无机硒转化为有机硒，进而生产富硒麦芽粉和富硒麦芽咀嚼片。

3）富硒研究逐步深入

一是济源硒代蛋氨酸和硒代半胱氨酸合成技术处于国内先进水平，具有非常大的应用前景和市场潜力。二是开展富硒功能农业技术研究。研究了富硒主粮、富硒果品、富硒蔬菜、富硒杂粮等 30 余种绿色优质富硒农产品生产技术和 10 余种富硒功能保健产品生产技术。三是济源市农业科学院与河南省农业科学院农业质量标准与检测技术研究院、河南省地质矿产勘查开发局等单位开展科技合作，促进富硒农业标准化、专业化发展。

4）受到社会各界重视

富硒工作逐步受到济源市委市政府和社会各界的关心和重视，2016 年，济源富硒产业发展被列为济源市政府 1 号文件、市委经济工作会议及"三农"工作安排的重要内容之一。同年，市委市政府调研济源农科院富硒功能农业研究工作，并提出"发展富硒农产品，打造济源富硒品牌，提高农业质量效益和农民的收入"的新要求。济源富硒农业发展情况被写入 2016 年和 2018 年出版的《中国富硒农业发展蓝皮书》。济源示范区主要领导、新华社记者等先后到济源富硒示范基地调研指导，对富硒产业发展给予高度评价，并提出了宝贵的意见和建议。中国科学院赵其国院士和中国工程院张新友院士均为济源富硒功能农业题词，充分肯定并大力支持济源发展富硒功能农业。

2. 济源市富硒功能农业发展经验

1）抓宣传，普及硒相关知识

结合各类科普宣传、科技服务活动，广泛宣传、普及富硒功能农业知识。组织富硒经营主体参加省市举办的餐博会、博览会、农产品交易会等展示展销活动，大力宣传和推广富硒产品，提高富硒农产品的知名度和公众影响力。济源市农业科学院建成的集科普宣传、文化传播和互动体验为一体的济源市富硒功能农业展厅，已成为济源市宣传展示富硒功能农业的重要窗口。

2）抓科技，提高富硒技术水平

一是整合粮食、蔬菜、果树及农业经济等方面的专业技术人才，组建富硒功能农业科研团队。积极开展富硒功能产业技术攻关、产品研发及成果引进转化等科研工作。二是借助中国农业大学、国家功能农业科技创新联盟、中国富硒农业产业技术创新联盟、中国农业技术推广协会富硒农业技术专业委员会、河南省农业科学院等多家合作组织在技术力量、科技成果、专家及人才方面的优势，促进我市富硒功能产业技术和产品不断创新。三是注重富硒功能农业的人才培养。组织科技人员参加国内富硒功能农业会议和培训，并选派多名科技人员到中国科学技术大学苏州高等研究院功能农业重点实验室及国家功能农业科技创新联盟进行长期的富硒功能农业交流学习。

3）抓基地，带动富硒产业发展

依托专业合作社、企业、家庭农场等新型农业经营主体，重点建设富硒粮食（水稻、小麦）、富硒杂粮（花生、小米、红薯）、富硒果品（苹果、葡萄、梨、桃、核桃）、富硒蔬菜等富硒科技示范基地，组织开展科技培训、示范观摩和富硒产品文化节等活动，辐射带动周边地区规模化发展富硒功能农业。以打造富硒邵原和富硒王屋示范镇建设为切入点，积极打造邵原镇东阳河富硒果蔬产业园和下冶镇东大岭富硒特色果品产业园。以富硒特色农业为主题融入生态旅游，发展"接二产、连三产"的新模式，促进镇村经济健康发展。

4）抓品牌，打造济源特色产品

一是围绕济源特色农产品，开发了绿色优质富硒小麦专用面粉、富硒鲜桃、苹果、大米、核桃、西瓜、鸡蛋等 30 多种富硒农产品，开发富硒胶囊、片剂、护肤品、麦芽粉、叶面肥等 10 多个高新硒产品，并通过技术跟踪服务与产品检测，确保富硒产品质量。二是实施富硒品牌开发。目前，打造了"石庆"牌富硒石磨面粉、万洋华康"希百康"系列硒产品、卫佛安"甜硒瓜"等富硒产品品牌。

5）抓主体，培育产业发展龙头

组织有实力、示范带动能力强的富硒经营主体，成立"济源市富硒产业技术创新促进会"；通过项目合作、科技服务、举办富硒产业技术交流会等，逐步培育一批富硒功能农产品龙头企业、家庭农场及专业合作社，不断壮大济源富硒功能产业发展队伍。

15.2.2　洛阳市富硒功能农业发展现状与经验

1. 洛阳市富硒功能农业发展现状

2017 年，洛阳市委、市政府高度重视，开发洛阳特色富硒资源作为促进农业发展、助力农民创收、乡村脱贫的一大举措，开启了洛阳市富硒农业的发展之路。

2018 年洛阳市政府设立富硒农业发展专项资金 150 万元，重点支持富硒农业标准化生产示范和富硒品牌创建等工作，并对连片 20 hm^2 以上的富硒产业园区和生产企业进行项目扶持（王秀存，2019）。2022 年洛阳市出台了《洛阳市人民政府办公室关于印发洛阳市乡村产业振兴行动计划的通知》（洛政办〔2022〕9 号），发挥优势、突出特色、做精乡土特色产业。立足富硒资源优势，加快富硒产品标准化生产、示范建设，发展功能型农业。到 2025 年，富硒农产品年产值达到 40 亿元。

2. 洛阳市富硒功能农业发展经验

1）开展富硒资源详查

结合洛阳市种植结构调整、六大主导产业生产基地和全市富硒产业发展工作需要，优先对伊川县、汝阳县等地及高标准农田优先开展土壤、水体等地质地理硒资源自然分布情况的调查，为富硒产业发展提供科学依据。

2）建设富硒功能基地

一是以洛阳市富硒土地资源分布普查结果和特色优势农产品适宜区为基础，合理进行产业布局。按照"一乡一业""一村一品"的发展思路，重点发展富硒红薯、富硒谷子、富硒果蔬等 10 个产业。二是利用南部山区"小气候"自然资源，布局富硒生态农业观光点，发展乡村旅游产业。

3）推动富硒产品质量标准认证

一是制定农产品及其加工品硒含量相关标准规范富硒产业发展；二是制定富硒种植、养殖及产品加工等标准化生产技术操作规程，建立富硒产品质量标准，实行富硒产品的标准化生产与追溯管理。

4）构建生产运营体系

一是壮大生产基地规模，培育新型经营主体，引进发展较好、实力雄厚的富硒企业入驻洛阳，为富硒产业发展注入新鲜血液。二是通过组建洛阳市富硒产业联盟和富硒协会，将从事富硒生产的各方力量聚拢起来，规范行业行为，抱团发展。三是综合运用线上、线下平台，集中宣传和推广洛阳富硒产品和富硒品牌，不断拓宽销售渠道，提升洛阳富硒功能农业知名度。

15.2.3　商丘永城市富硒功能农业发展现状与经验

2016 年永城市被批准为"河南省富硒土壤种植基地"，大力发展富硒小麦。新发现的宝贵富硒土壤资源，为永城打造好"中国面粉城"和发展高附加值特色农业提供了新的机遇。

近年来，永城市通过"15152""3030"等工程在全市范围推广种植优质富硒强筋小麦，2017 年永城市示范种植富硒小麦 1 万 hm^2，到 2018 年富硒小麦规模化区域化种植面积增加至 3 万 hm^2，2019 年和 2020 年富硒小麦示范种植面分别为 2.3 万 hm^2 和 2 万 hm^2，并在全市打造了一批优势突出、特色鲜明、产业带动能力强的强筋富硒小麦生产基地，实现了富硒面粉源头可追溯，使得富硒面粉市斤单价达到 10 元以上。目前，永城市已将富硒特色产业作为促进全市经济社会发展、实现新提升的重要着力点，并依托富硒小麦粉全国知名品牌优势，全力招引、培育一批面粉食品龙头企业，加快打造"双百亿级"面粉和食品产业集群。

15.2.4　安阳市安阳县富硒功能农业发展现状与经验

2018 年，在安阳县主要领导的高度重视下，安阳县专项招商组数次到北京和苏州对接富硒功能农业发展事宜。2019 年 1 月，安阳县与苏州硒谷科技有限公司签订功能农业战略合作框架协议，确定把功能农业作为安阳县农业供给侧结构性改革的主抓手，结合当地优势农产品强筋小麦、果蔬、小杂粮等，打造农业供给侧结构性改革样本。同年，安阳县委托苏州硒谷科技有限公司，制订了安阳县功能农业发展规划，旨在以富硒小麦带动产业升级，努力实现"中原富硒小麦第一县"的目标。

安阳县政府从 2019 年开始每年投入 100 万的财政资金支持富硒小麦产业发展，2020 年安阳县建成首个富硒高筋小麦万亩示范方，引进示范推广绿色优质富硒生产技术，带动全县小麦产业升级。2020 年 7 月，安阳县与中农海稻（深圳）生物科技有限公司（中国农业科学院深圳农业基因组研究所下属企业）、河南农旅集团有限公司、安阳市洹水湾温泉旅游有限公司就安阳功能农业产业园项目举行签约仪式。该项目预计总投资 20 亿元，集功能农业、生物育种、科技展示、产业示范、科普教育为一体，将成为中原地区唯一的国家级功能农业创新中心和国家级现代农业产业园区。园区建成后将逐步打造功能农业成果转化基地、智慧农业产业示范园，为安阳县农业转型升级和经济高质量发展奠定良好基础。

15.2.5　平顶山市富硒功能农业发展现状与经验

平顶山市从事富硒功能农业的合作社、家庭农场有 20 家左右，主要分布在郏县、叶县、舞钢、汝州等地，涵盖了小麦（含黑小麦、绿小麦、糯小麦）、玉米、小米、旱稻、花生、西瓜、葡萄、梨、火龙果、鸡蛋等 10 余种富硒特色农产品。

平顶山市富硒功能农业效益较为显著。郏县长桥镇绿禾农业科技开发有限公司已经形成粮食、面粉、水果等多达数 10 种的"富硒系列家族"，产品远销北京、广州、深圳等多个大城市，2018 年销售收入 2000 多万元，其中，富硒黑小麦、绿小麦等深加工后比市场上普通面粉价格高出 3～4 倍；叶县任店镇 400 hm² 富硒小麦产出的 3000 t 富硒面粉全部供应上海市场，不含加工成面粉产生的利润，已增收 130 万元；舞钢市矿建街道赵案庄村张化阁的"硕士葡萄"基地，富硒葡萄售价为 30～60 元/kg，1 hm² 纯收益 15 万元；舞钢市枣林镇豫超安农业种植基地生产的"豫超安"富硒西瓜被评为"舞钢市旅游产品""河南省农业知名品牌"；每箱 12 多斤重的富硒西瓜售价为 120 元，远销上海、北京、西安、武汉等地，实现了种植基地和种植户双赢的目标。下一步，平顶山市将会对富硒农业、品牌农业、特色农业进行整体规划，不断做大做强富硒功能农业，提高农业效益和竞争力。

15.3　河南富硒功能农业科技创新成果

河南富硒功能农业研究稳步发展，以河南省农业科学院、河南科技大学、河南农业大学、河南省富硒农产品协会及济源市农业科学院等为代表的单位，结合河南本省传统农业优势，开展了多项富硒功能相关研究，为河南省富硒功能农业发展提供了重要的科技支撑。

15.3.1　硒相关标准制定及发布

河南省市场监督管理局发布了硒相关地方标准《富硒土壤硒含量要求》（DB41/T 1871—2019），已于 2019 年 12 月 30 日起正式实施，标志着河南省富硒土壤评价有了切合本省土壤禀赋的标准规范可依，为河南农产品产地土壤硒含量丰缺评价、开发利用富硒土壤、打造富硒品牌、发展富硒产业提供科学依据和行业规范（蔡春楠，2019）。

15.3.2　富硒小麦生产技术研究

小麦及面制品是人们的主粮之一，通过主粮补硒是一种科学、安全、有效的方法。河南作为全国小麦主产区，开展富硒小麦研究对改善人体缺硒现状和推动全省富硒功能农业发展具有重要意义。

小麦外源施硒有三种方法，分别为土壤施肥、拌种或浸种、叶面喷施。土壤施硒用肥量大，投资高，容易造成土壤污染；拌种和浸种不易操作，难以推广；而叶面喷施易操作，成本低，效果好，已成为小麦外源施硒普遍采用的一种有效方法（赵淑章等，2015）。目前市场上用于叶面喷洒的硒肥种类很多，姬玉梅（2020）研究认为纳米硒促进小麦硒富集能力最强，富硒有机肥次之，再次是硒酸钠，最后是亚硒酸钠，但综合富硒效果和成本效益，亚硒酸钠及其制品成为使用较多的外源硒肥。

叶面喷施硒肥能明显提高小麦籽粒的硒含量，且小麦籽粒的硒含量随着硒肥浓度的增加几乎呈直线增加。对于小麦最佳喷施时期的研究，所得结论不尽相同。济源农业科学院成东梅等（2021）的研究结果表明，在拔节期、抽穗期和灌浆期，小麦籽粒的硒富集能力无明显差异，但随着喷施浓度和次数的增加，小麦籽粒硒含量也随之增加，综合小麦籽粒硒含量及经济效益等因素，推荐在小麦灌浆期和抽穗期通过叶片喷施富硒营养液生产富硒小麦。此外，气候差异、土壤含硒量及小麦品种均对小麦籽粒含硒量有较大的影响（赵淑章等，2015）。朱玲（2007）研究表明小麦硒含量随土壤硒含量的增加而增加，普通紫麦的硒吸收富集能力高于普通小麦，强筋麦品种含硒量一般低于普通小麦，而普通小麦品种之间硒富集能力差异不显著。

小麦喷施硒肥还具有增加产量、改善品质、拮抗重金属的作用。姬玉梅（2020）研究表明，灌浆期对叶面喷施不同硒肥，小麦产量有不同程度的增加，增产幅度最大可达到 7.14%。彭涛等（2015）对不同小麦品种喷施叶面硒肥后，产量增幅达到 0.5%～3.3%。硒肥对小麦籽粒的硬度、沉降值、稳定时间、拉伸面积和延展性有不同程度的影响，其效应在不同的小麦品种之间存在一定差异（张睿等，2015）。但喷施硒肥是否增加小麦籽粒中蛋白质的含量，所得研究结果不尽相同，这可能是由于不同小麦品种的基因型差异。硒可以拮抗砷、汞、铬、钯、镉等引起的毒害作用，从而减少小麦对砷、汞、铬、钯、镉等的吸收（彭涛等，2015）。河南农业大学秦晓明（2019）研究结果表明，硒处理可以抑制冬小麦根系对土壤中镉的吸收以及抑制镉从根系向地上部的转运，施用硒肥后，冬小麦苗期、拔节期、灌浆期及成熟期地上部镉含量与对照相比降幅达到 15.0%～81.8%。

15.3.3　富硒水稻生产技术研究

在原国家粮食局（现国家粮食和物资储备局）制定的《富硒稻谷》（GB/T 22499—2008）中，富硒大米硒含量的标准是 40～300 μg/kg（郑云峰，2020）。为了生产出符合国家标准的富硒水稻，研究硒肥施用时期、施用量和施用次数很有必要。总的来说，在不同水稻品种的不同生育时期施用硒肥，稻米的富硒效果差异较大，且不同品种水稻的最佳喷硒时期也不尽相同。王亚萍等（2020）在水稻进入破口期时喷施叶面硒肥，水稻籽粒中硒含量显著高于对照处理；郑云峰（2020）在水稻抽穗至灌浆期每 667 m^2 喷施蛋氨酸硒 15～45 g，稻米硒含量可达到 0.045～0.220 mg/kg；张宝杰等（2020）则是在水稻苗期、封垄期和灌浆期进行叶面硒肥的喷施；王拖拖（2020）认为在水稻分蘖期，1 hm^2 根施 45～80kg 硒肥，水稻籽粒硒含量符合标准且相对稳定。就硒肥施用量而言，水稻硒含量先会随着硒肥用量的增大而增加，当施硒量超过相应阈值，水稻硒含量达到最大值后便不会再增加，此时反而不利于水稻的生长发育，甚至会产生毒害作用（李云等，2017）。河南省富硒水稻生产技术的研究开展得相对较少，济源市农业科学院从 2015 年开始富硒水稻生产技术的研究，每年示范推广 133 hm^2 富硒水稻，富硒生产技术较为成熟。

河南科技大学张联合教授及其团队一直致力于水稻根系吸收和亚硒酸盐转运机制的研究。张联合教授及其团队研究发现，水稻根系主要通过主动方式吸收 $HSeO_3^-$，通过水通道吸收亚硒酸，通过被动方式吸收 SeO_3^-。水稻根系通过磷转运蛋白吸收亚硒酸氢根的发现，在分子水平上为植物主动吸收亚硒酸盐提供了直接证据，该项成果不仅极大地丰富和完善了植物吸收亚硒酸盐理论，而且也为作物富硒品种选育提供了重要理论依据（Zhang et al., 2014）。

张联合教授及其团队在水稻根系中硒代蛋氨酸向茎叶转运机制的研究上也取得了突破性进展。发现了水稻肽转运蛋白体（peptide transporter, PTR）家族成员 NRT1.1B 具有将根中硒代蛋氨酸转运到茎叶并提高稻米硒含量的功能。在水稻中过量表达 NRT1.1B 能显著提高根中硒代蛋氨酸向茎叶转运能力，从而提高水稻茎叶和籽粒硒含量，尤其当 NRT1.1B 在维管组织中特异性表达时，水稻籽粒硒含量达到野生型的 1.83 倍（Zhang et al., 2014）。

15.3.4　富硒果品生产技术研究

1）富硒苹果

施用硒肥能提高苹果果实硒含量和改善果实品质已被广泛认可。苹果的硒含量随喷硒次数和硒浓度的增加而升高（李全等，2016），当硒肥浓度高于一定阈值时，果实总硒含量会略有下降。在苹果花期和幼果期进行叶面喷施硒肥，果实中硒的有机化程度高，在接近果实着色期或采收期叶面喷施硒，虽然果实中总硒含量较高，但硒的有机化程度较低（宁婵娟等，2013）。喷施硒肥可以改善果实的内在品质，有利于增加苹果果实可溶性固形物、可溶性糖和维生素 C 含量（郝浩浩等，2016）。硒肥对苹果果实外在品质的影响主要体现在可以提高苹果果实的单果质量、纵径、横径和着色面积，并降低果实硬度（党伟等，2012）。

2）富硒桃

桃叶片对硒的吸收富集在果实膨大初期达到最大值（张海英等，2010），因此，对桃树进行叶面硒肥喷施，最好在果实膨大初期及之前进行。桃对硒较为敏感，喷施浓度过高则会产生药害，因此，在进行富硒桃生产时应当少剂量、多次数地喷施硒肥。王裔娜（2015）的研究表明，在 0～20 mg/L 的亚硒酸钠浓度范围内，桃果实硒含量随着外源硒浓度的增大而增大，当施硒浓度达到 30 mg/L 时，桃果实品质下降。

叶面喷施硒肥可明显改善桃的果实品质。济源市农业科学院郝浩浩等（2020）的研究表明，喷施叶面硒肥可以使桃果实的单果重显著增加，果实明显变大，且对延缓桃果实衰老、维持桃果实品质起到一定的作用。施展英杰（2015）的研究表明，叶面喷施"硒丰 5182"后，桃果实品质明显提高，单果重和可溶性固形物含量明显高于对照组，且抗氧化效果明显；张海英等（2010）发现硒处理能够使低温储藏条件下的桃硬度保持在较高水平。

3）富硒梨

梨从盛花期到果实成熟前 15 天均可以进行叶面喷硒，且随着硒浓度和喷施次数的增加，梨果实硒含量逐渐升高（张艳玲，2017）。硒肥对梨果实品质影响很大，从外在品质来说，硒肥喷施浓度越高，对梨果实的单果质量和纵横径的增效就越明显；硒肥对梨果实内在品质的影响主要体现在可以显著增加梨果实的可溶性固形物和维生素 C 含量，有效降低可滴定酸和石细胞含量（徐锴等，2019）。此外，刘群龙等（2015）、王永刚（2017）开展的诸多研究发现，外源施硒对梨果实生长表现出单向促进效应，没有表现出低浓度促进、高浓度抑制的双重效应，考虑到硒肥种类、浓度设置及施硒方式等多方因素的影响，该问题仍需进一步深入研究。

4）富硒核桃

核桃果实生产期较长，可以在幼果期、果实膨大期、硬核期进行多次叶面喷施（刘星明等，2018）。核桃对硒具有较高的耐受能力，揭波（2019）的研究表明 500 mg/L 的亚硒酸钠浓度仍未达到核桃叶面的最大耐受浓度，也未对核桃生长产生不利影响。叶面喷施硒肥对核桃果实品质具有一定的改善作用，主要体现在可以显著提高核桃种仁硒含量，促进核桃果实的发育与生长，增加核桃的青果重、种仁重、坚果纵径和横径，提高核桃果实可溶性糖、可溶性蛋白、脂肪和总酚含量（贾莉芳等，2019），并促进核桃种仁中硒、锌、锰、镁含量的积累（李财运等，2018）。

5）富硒葡萄

喷施硒肥可增加不同葡萄品种果实的硒含量。研究表明，无论鲜食葡萄还是酿酒葡萄，在果实膨大期进行叶面硒肥喷施效果较好（邓小芳等，2018）。叶面喷施硒肥不仅可以有效提高葡萄果实硒含量，还可以提高叶片的净光合速率、蒸腾速率和气孔导度（杨燕君，2013），提高果实单果重、维生素 C 含量、可溶性固形物含量，显著改善果实的营养品质，降低有机酸和重金属的累积，增强植株的抗逆性（王裔娜，2015）。但是不同葡萄品种对硒肥的响应不同，欧美杂交种葡萄相比欧亚种葡萄，其果实硒含量更高，更适合用于优质富硒葡萄的生产（朱帅蒙，2018）。

15.4　河南富硒功能农业发展建议

15.4.1　加大宣传，占领市场

充分利用新闻媒体、互联网、电视、报刊等形式，宣传河南富硒功能农业发展情况，普及硒知识，增强大众对富硒功能产品的了解，为全省富硒功能农业发展营造良好氛围。积极举办或参加各类农产品交易会、展销会、博览会等，并通过开展多种模式的市场营销，促进产销对接，让河南富硒产品真正"走出去"，在国内硒产品消费市场占有一席之地。

15.4.2　制定政策，加大投入

力争将发展富硒功能农业上升至省级战略，出台省级发展意见和鼓励政策，在科技研究、基地建设、产品加工、宣传营销、品牌打造等各个环节给予支持。引导各地市（县）制定发展政策，财政、水利、发改、扶贫开发、农业综合开发、新农村建设等多方项目建设资金，重点向富硒功能农业领域倾斜；对发展效益较好或者获得省、国家表彰的富硒功能企业，给予适当奖励。

15.4.3　科技支撑，强力推动

积极制定并发布河南省富硒产品生产、加工技术规程和富硒农产品相关质量标准。依托省内外科研院所、高等院校和重点企业，加快富硒生产技术研发，开展富硒产品精深加工技术、硒肥施用技术、作物硒吸收规律、富硒产品硒元素保持与质量控制关键技术等研究，为富硒功能农业发展提供有力的科技支撑。

15.4.4　建设基地，示范带动

充分利用河南省特色农业发展优势和硒资源优势，在各地市（县）创建一批富硒小麦、富硒水稻、富硒果品等富硒农产品标准化生产示范基地（示范方），推广应用绿色优质富硒生产技术，带动各地市（县）参与全省富硒功能农业发展；积极培育龙头企业，通过产业示范、技术辐射，促进河南省富硒功能农业发展规模化、标准化、产业化。

参 考 文 献

蔡春楠. 2019. 河南发布富硒土壤硒含量地方标准. 资源导刊, (12): 42.

陈家友. 2005. 谈大力培育富硒农产品. 中国科技信息, (7): 33.

成东梅, 尹国红, 赵伟峰, 等. 2021. 外源硒在绿色优质小麦生产中的应用研究. 山西农业大学学报(自然科学版), 41(1): 20-29.

党伟, 童金晖, 刘利民, 等. 2012. 富硒液肥对"富士"苹果品质及产量的影响. 北方园艺, (6): 148-149.

邓小芳, 刘新伟, 叶志娟, 等. 2018. 不同时期喷施不同硒源对葡萄硒吸收分配的影响. 中国南方果树, 47(5): 82-86.

郝浩浩, 边景景, 刘星明, 等. 2020. 富硒液肥对桃果实品质影响的初步研究. 基层农技推广, (8): 24-26.

郝浩浩, 尹航, 刘星明, 等. 2016. 富硒果品生产技术研究初探. 现代园艺, (19): 15-16.

姬玉梅. 2020. 外源硒对小麦品质特性及籽粒硒含量的影响. 粮食问题研究, (4): 49-54.

贾莉芳, 张清元, 丁欣欣, 等. 2019. 叶面喷硒对不同核桃品种果实品质的影响. 山西农业科学, 47(4): 620-623.

揭波. 2019. 叶面施硒对核桃和葡萄光合特性及果实品质的影响. 郑州: 河南农业大学.

李财运, 胡旭雅, 倪钟涛, 等. 2018. 硒处理对薄壳山核桃果实品质及矿质元素积累的影响. 果树学报, 35(10): 1235-1243.

李全, 郑斌, 刘丽, 等. 2016. 喷施有机硒肥对苹果果实硒含量及品质的影响. 山西农业科学, 44(9): 1316-1319.

李云, 林硕, 金磊, 等. 2017. 富硒水稻生产技术研究进展. 安徽农学通报, 23(16): 54-56, 94.

刘群龙, 郝燕燕, 吴国良, 等. 2015. 外源硒对砀山酥梨果实品质和硒含量的影响. 河南农业科

学, 44(8): 113-117.

刘星明, 尹国红, 郝浩浩, 等. 2018. 富硒核桃生产技术研究. 现代园艺, (21): 12-13.

宁婵娟, 丁宁, 吴国良, 等. 2013. 喷硒时期与浓度对红富士苹果果实品质及各部位全硒和有机态硒含量的影响. 植物营养与肥料学报, 19(5): 1109-1117.

彭涛, 于金林, 成东梅, 等. 2015. 不同喷施硒时期和次数对小麦产量及硒含量的影响. 安徽农业科学, 43(17): 104-105, 108.

秦晓明. 2019. 硒对冬小麦镉吸收、转运及生理特性的影响. 郑州: 河南农业大学.

施展英杰. 2015. 富硒液肥对施化果桃果实品质的影响试验. 山西果树, (2): 9-10.

汪雯雯. 2019. 安康市富硒产业升级对策研究. 杨凌: 西北农林科技大学.

王拖拖. 2020. 富硒水稻栽培技术及推广前景分析. 农家参谋, (1): 81.

王秀存. 2019. 洛阳市富硒产业发展思路与举措. 农业科技通讯, (12): 39-41.

王亚萍, 何礼新, 范晓苏, 等. 2020. 不同土壤有效硒水平下水稻外源硒生物强化适用量研究. 广西农学报, 35(2): 1-7, 19.

王裔娜. 2015. 亚硒酸钠对桃树、葡萄生理影响及桃叶片差异蛋白组学研究. 郑州: 河南农业大学.

王永刚. 2017. 氨基酸硒叶面肥在晚秋黄梨上的应用效果. 河北果树, (4): 3-5.

徐锴, 赵德英, 袁继存, 等. 2019. 叶面喷施硒肥对梨果实性状的影响. 北方园艺, (22): 35-40.

杨燕君. 2013. 叶面施硒对甜柿和葡萄果实品质、重金属积累和叶片生理指标的影响. 郑州: 河南农业大学.

张宝杰, 谢春生, 周丽. 2020. 富硒水稻品种富硒能力研究. 肇庆学院学报, 41(5): 17-20.

张海英, 韩涛, 田磊, 等. 2010. 桃、枣和草莓对硒的吸收及富集特性研究. 果树学报, 27(5): 802-806.

张睿, 刘曼双, 王荣成, 等. 2015. 叶面喷施富硒植物营养素对小麦产量及品质的效应. 麦类作物学报, 35(6): 856-859.

张艳玲. 2017. 喷施氨基酸硒叶面肥对新高梨硒含量的影响. 落叶果树, 49(5): 18-20.

赵淑章, 王绍中, 武素琴, 等. 2015. 小麦富硒研究概述与展望. 中国农学通报, 31(24): 33-36.

郑云峰. 2020. 富硒稻谷栽培技术分析. 南方农业, 14(15): 24-25.

朱玲. 2007. 不同品种小麦中硒含量的测定及其与生长土壤中硒对冬小麦镉吸收、转运及生理特性的影响水平的相关性研究. 郑州: 河南农业大学.

朱帅蒙. 2018. 不同葡萄品种果实品质对外源硒肥的响应. 北京: 中国科学院大学.

Zhang L, Hu B, Li W, et al. 2014. Os PT 2, a phosphate transporter, is involved in the active uptake of selenite in rice. New Phytologist, 201(4): 1183-1191.

第 16 章　陕西：全国硒产业最早实践者

16.1　陕西安康功能农业发展优势与特色

安康位于陕西东南部、秦巴汉水间，总面积 2.35 万 hm^2，辖 1 区 8 县，代管一个县级市。户籍人口 301.8 万。全市森林覆盖率 65%，已探明生物资源 4612 种，素有秦巴生物基因库和天然中药材之乡的美誉。

安康是我国天然富硒土壤覆盖地区最广、硒含量地层最厚、最适合开发利用的富硒资源区（陈绪敖，2017）。经科学普查，安康形成了以紫阳县为中心覆盖全市范围的天然富硒带，全域 54.2% 的土壤硒含量达到中硒（0.2 mg/kg）以上水平，且硒浓度适中、易被植物吸收，被专家评价为优质、环保、安全的天然富硒区域，被誉为"中国硒谷"。1980 年，国家宣布在安康市紫阳县发现富硒资源，安康市委、市政府抢抓机遇、积极探索、不断实践，走出了一条"生态经济化、经济生态化"的富硒产业高质量发展之路。

16.2　安康富硒区的发展历史

以发现富硒资源为起点，安康市着力开展硒资源开发与研究，与世界硒产业发展同起步、同探索，距今已走过 40 多个年头，成为全国率先开展硒研究和富硒产业实践的市区。以时间为序，安康富硒产业发展大致经历了初步探索、培育发展、创新推进三个发展阶段。

1. 初步探索（1980 年至 21 世纪初）

以发现富硒土壤资源为标志，安康市委、市政府组织相关部门开始对硒元素和硒资源进行研究，开发新产品，发展富硒产业。1984 年，李秉衡发表《紫阳茶的微量元素——硒》（李秉衡，1984），是国内第一篇报道富硒农业研究的文献。1989 年，紫阳富硒茶具有丰富的营养，在中国疾病预防控制中心营养与健康所通过科学鉴定，获国家"八五"星火计划金奖。在前期研究的基础上，以紫阳县为中心，积极推进土地流转和林权制度改革，切实加大资金扶持力度，全力培育产业大户和专业强村，开展以硒元素为主的富硒保健食品开发，加快富硒食品产业原料基地建设。先后生产出了富硒茶、富硒魔芋、富硒矿泉水、秦巴硒菇、金元硒肽、富硒大蒜、富硒豆腐干、富硒鸡蛋、富硒苦荞等多种产品，涌现出了紫阳富硒茶、平利绞股蓝、富硒雪魔芋等相关产业和富硒产品企业。各大富硒企业初步完成了各自产品质量体系、标准建设等基础工作，培育出紫阳富硒茶、平利绞股蓝等地域品牌，但产业发展尚处于起步阶段，具有自发性和分散性。

2. 培育发展（21 世纪初至 2011 年）

进入 21 新世纪，发展面临新形势，安康市委、市政府认真分析资源优势，明确提出"经营绿色，建设绿色安康"的发展战略，加大对富硒产业的指导和推进力度，有计划、有组织地推进富硒产业发展。2007 年，市政府提出了发展富硒食品产业的思路，2008 年明确把富硒食品作为全市六大支柱产业之一，写入当年国民经济和社会发展计划，成立了以市长为组长的富硒食品产业发展领导小组，颁布了《关于推进富硒食品产业发展的意见》，制定了《安康市富硒食品专用标志管理办法》《安康市特色品牌产品评定办法》等一系列政策性文件。组织开展了富硒资源普查、富硒食品标准制定、富硒产业平台建设、富硒食品标志管理等工作。通过集中培育，到 2010 年，全市富硒食品规模以上工业实现产值 24.6 亿元，增速 36.1%，较其他支柱产业增速最快，产业规模、增长速度、企业效益均呈现加速发展态势，产业发展日趋成熟，具有系统性和组织性。

3. 创新推进（2011 年至今）

党的十八大对生态文明建设提出了新要求，安康市委、市政府坚持把富硒产业作为安康的特色产业和生态经济的重要组成部分，综合利用山、水、人基本要素，全方位系统推进富硒产业，促进经济再生产和生态再生产同步发展。2011 年安康市将富硒产业发展列入"十二五"发展规划。2012 年 9 月同中国农业科学院签订战略协议，共建中国（安康）富硒产品研发中心，安康市与中国农业科学院院地合作拉开序幕。以与中国农业科学院开展合作为标志，安康富硒产业步入创新发展阶段。院地合作以来，安康市抢抓机遇，适时调整富硒产业发展思路。2015 年市委提出，把富硒产业确立为安康市生态友好型产业的首位产业、带动贫困群众脱贫致富的主导产业。2020 年市委提出，将富硒产业打造为"立市之业"，安康富硒产业发展迈入高速增长阶段，体制机制逐步健全、发展方式逐渐明晰，形成了全市一盘棋共同推进的发展合力。

16.3　安康功能农业产业发展现状

在发展富硒产业过程中，安康市围绕打造"中国硒谷"总目标：大力实施"硒+X"战略，通过做优"硒+农业"、提升"硒+工业"、开发"硒+养生旅游"，促进全市富硒产业向科技创新、精深加工、三产融合发展，取得了显著成效。

16.3.1　发展质效实现双增

安康市委、市政府立足于把富硒资源优势转化为产业优势、发展优势，初步实现了"基地规模化、加工产业化、开发科技化、产品品牌化"。从 2011 年开始，富硒食品产业连续多年实现 30%左右的高速增长。2021 年全市富硒食品增长 12.9%，产值达到 509.2 亿元（安康市统计局，2022），富硒产业综合产值已超过 750 亿元。富硒产业已成为秦巴山区人民脱贫致富的主要收入来源，全市农村居民可支配收入的 60%以上来自富硒特色种养收入，70%以上的贫困群众依靠富硒产业脱贫，"生态富硒""中国硒谷"正在成为提升安康生态产品价值和市场竞争力的强大引擎。

16.3.2　产业布局日趋完善

按照三产融合的发展思路，做足"硒+X"文章，全产业链系统推进富硒产业发展，初步形成了以园区承载为支撑、特色农业为基础、绿色工业为主导的融合发展产业体系。**一是"硒+农业"稳步增长**。以产业振兴为总揽，坚持"育良种、建基地、抓龙头、创品牌、强科技"的发展理念，突出茶叶、魔芋、生猪、渔业和核桃五大富硒产业，推动富硒农业全面提升。截至 2020 年，全市培育富硒农业园区 1340 个，培育市级以上农民专业合作社 299 个，带动农户 22.8 万户。汉滨、平利成为国家现代农业示范区，安康已成为名副其实的"全国魔芋之乡""全国富硒茶之乡""全国富硒产业基地"。**二是"硒+工业"快速成长**。全市培育富硒产品生产加工规模企业 253 家，建立工业加工园 15 个，共开发富硒茶、富硒猪肉、富硒魔芋、富硒粮油、富硒果品、富硒矿泉水等 80 多个品系的富硒产品，植物富硒片、富硒黑豆多肽、富硒玉米代餐粉等 200 余个新产品。已建成全国最大的富硒矿泉水生产基地，年产富硒矿泉水 27.4 万 t。安康国家高新区被工业和信息化部认定为全国首个国家新型工业化富硒食品产业示范基地。**三是"硒+养生旅游"蓬勃发展**。推进农业与休闲旅游、健康养生等产业深度融合，规划茶乡精品旅游线路 10 条，打造茶旅融合示范镇 23 个。初步建成汉江千里富硒茶绿色长廊，形成了"汉江画廊、茶歌紫阳""女娲故里、茶香平利""画里瀛湖、梦中水乡"等茶香风情精品游，让游客在安康不仅能"游迤逦山水养养神，吸新鲜空气清清肺"，还能"品山珍泉水补补硒"，美丽乡村、富硒康养游正成为安康乡村振兴、圆梦小康的新动能。

16.3.3　技术研发成果丰硕

依托中国农业科学院、中国药科大学、西安交通大学、省科技资源统筹中心等科研机构和高校，发挥富硒产品研发中心、秦巴众创空间等大型研发机构和"双创"平台作用，以富硒产业基础研究等领域为重点，推动实施了一批关键技术项目攻关。"十三五"以来，共组织实施富硒产业重大科技项目 46 项，争取项目资金 1997 万元，专利授权 65 项，培育科技型企业 52 家、高新技术企业 11 家。其中，中国农业科学院茶叶研究所指导开发了"紫阳富硒茶——硒香茶"新产品，使产茶期由原来两个月拉长至六个月。2018 年，成功研制出世界上最早的茶——秦汉古茶，在第二十五届中国杨凌农业高新科技成果博览会上闪亮登场，中国工程院院士、茶学泰斗陈宗懋先生为其欣然题词"丝路瑰宝、秦汉古茶"。

16.3.4　标准体系逐步健全

　　"十三五"以来，通过科研平台建设和科技合作攻关，制（修）定富硒产品标准 52 项。组织修订了《富硒含硒食品与相关产品硒含量标准》（DB 61/T 556—2018）省级地方标准及《富硒核桃》市级地方标准，颁布了《安康市富硒食品硒含量分类标准》，安康富硒食品标准上升为陕西省地方标准。修订的《富硒茶》（NY/T 600－2002）行业标准通过国家行业标准评审，《富硒猪肉》标准已申报国家行业标准。参与实施陕西省科技厅特色产业创新链"富硒大米标准化种植与加工"和"富硒核桃生产关键技术研究及其产业化"项目，已完成水稻样品和核桃样品硒含量检测。实施"富硒粮油优质特色新产品研发"项目，引进中国农业科学院中油高硒 1 号和 2 号油菜品种，在安康建立了富硒油菜、富硒大米标准化种植基地。

16.3.5　品牌影响不断扩大

　　制定《关于加快安康"中国硒谷"产业发展的建议》，大力推进品牌建设，精心打造"中国硒谷·生态安康"品牌形象。1989 年紫阳富硒茶成为全世界首个认定的富硒茶。著名营养学家于若木同志分别于 1989 年、1990 年、1996 年先后三次为紫阳富硒茶题词。2004 年，"平利绞股蓝"荣获中国国家地理标志保护产品，2012 年，荣获陕西省名牌产品，2013 年，获"中国驰名商标"。2009 年，岚皋魔芋荣获中国国家地理标志保护产品。2015 年 5 月，安康"真硒水"成为"莫迪总理访华第一瓶水"，安康生态富硒产品登上国际舞台。安康富硒茶品牌价值连续三年位列全国茶叶区域公用品牌百强榜第 20 位，陕西第 1 位（胡晓云等，2020），"中国硒谷"正在成为安康的地域品牌和城市名片。

16.4　安康的硒产业发展经验

16.4.1　加强组织领导

为加大富硒产业推进力度，安康成立了以市长为组长的富硒食品产业发展工作领导小组，在随后的发展中根据实际情况，实时调整领导小组成员，确保富硒产业发展工作有序推进。各成员单位按照各自职责和分工，分阶段制订详细工作方案，推进工作落实，形成了既分工配合又密切协作、统筹推进的工作格局。2019年，在机构改革过程中，专门设立了作为市政府组成部门的富硒产业发展办公室，专门负责全市富硒产业发展工作，增加了工作力量，加强了推进力度，为富硒产业发展提供了坚强的组织保障。

16.4.2　强化政策扶持

围绕富硒产业基础研究、产品研发、企业培育等关键环节，按照"大产业、大配套、全产业链"思路，相继出台《富硒产业总体规划》及富硒食品、涉水产业、林下经济、农业四大特色产业等一系列政策措施和行动计划，形成了一套较为完备的富硒产业发展政策体系和工作机制，为做大富硒产业、打造富硒品牌提供了强大政策支撑。逐年增加富硒产业财政预算，整合产业发展项目资金，加大对富硒产业科研、产品开发、平台建设、品牌打造、宣传推介、人才培养等方面的支持力度。创新金融扶持方式，联合中国建设银行安康分行推出"新社区工厂贷"，中国农业银行安康分行推出"惠农 e 贷——茶叶贷"，建立了政银合作、风险共担的工作机制，解决了企业流动资金缺乏问题，推动了全市富硒产业的发展。

16.4.3　坚持规划引领

坚定全市一盘棋抓富硒产业发展的思路，按照"统一规划、统一管理、统一标准、统一品牌、统一服务"的理念，统筹推进富硒产业发展工作。2014 年 3 月，制定了"安康市国家级特色（富硒）高效农业发展院地合作示范区"建设规划。为了助力规划实施，成立了以市委书记、市长、中国农业科学院副院长等为组长的安康市国家级特色（富硒）高效农业发展院地合作示范区建设协调小组，制定了工作实施方案、品牌建设实施方案、考核办法等一整套推进文件和政策措施，细化了工作责任，完善了工作举措。2015 年，在中国农业科学院专家指导下，编制了《陕西省安康市富硒产业总体规划》，制定下发了《安康市富硒产业发展 2017－2020 年行动计划》，并完善了一系列配套措施。2019 年，根据新的发展阶段对富硒产业发展的客观要求，结合近年来的发展实际，在原规划的基础上，编制了

《安康市富硒产业全产业链高质量发展三年行动方案》，启动了《安康市"十四五"富硒产业发展规划》编制工作，既对原有规划进行了完善，又进一步明确了未来发展方向和目标。在推进产业发展过程中，加大规划管控力度，分步实施，系统推进，确保了全市富硒产业的持续健康发展。

16.4.4　合理开发利用硒资源

一是开展硒资源详查。2008～2011 年，市政府统一组织对全市 10 县区开展了硒资源普查工作，初步摸清了全市水体、植物、土壤硒含量分布特征，绘制了土壤硒含量分布图，为开发富硒资源、发展富硒产业提供了科学依据。随着安康市与中国农业科学院院地合作的有效开展，富硒产业取得了突破进展，之前的普查结果已不能适应新的发展要求，市委提出"尽快启动全市硒资源详查，摸清全市富硒生物资源分布规律"。2018 年，市政府与陕西省地质调查院签订了富硒资源详查战略合作协议，并开展了紫阳县、汉阴县土壤资源详查工作；2019 年启动了全市富硒水资源详查工作；2020 年启动了平利县、镇坪县、石泉县 1∶50 000 土壤硒资源调查评价工作，这些基础详查工作为全市建立起系统、完整、翔实的硒资源数据库，为推进富硒产业发展提供了科学依据。二是实施立法保护。为了有效保护和科学利用硒资源，2018 年初，安康市组织立法相关单位成立调研组开展《安康市硒资源保护与利用条例》立法工作，2019 年 11 月 29 日，该条例获省第十三届人大常委会第十四次会议表决通过，2020 年 5 月 1 日起已正式实施。

16.4.5　注重品牌培育

在尊重市场规律和品牌成长规律的前提下，充分发挥政府引导作用，完善品牌建设机制，推进品牌战略实施。安排品牌建设专项资金，鼓励引导企业积极建立自有品牌，带动企业在开拓市场、开发产品、塑造品牌上加大投入。按照一村一品、一县一业的发展思路，着重培育汉滨区的富硒畜产、水产，汉阴的富硒粮油、食用菌，紫阳的富硒茶、饮用水，宁陕的富硒食用菌、林果，镇坪的富硒腊肉、马铃薯，旬阳的富硒拐枣、饮用水，平利的富硒茶、绞股蓝，岚皋的富硒魔芋、猕猴桃，白河的富硒木瓜、葛根，以及石泉的富硒蚕桑、蔬菜等优势产业。涌现出了春独早牌紫阳富硒茶、神草园牌富硒绞股蓝等一批陕西省名牌产品和陕西省著名商标。紫阳富硒茶、平利绞股蓝、岚皋魔芋、白河木瓜荣获中国国家地理标志保护产品。近年来，大力开展富硒公用品牌建设，2018 年成功注册"安康富硒茶"地理标志证明商标，实施"安康富硒茶"公用品牌整合，以"安康富硒茶"公用品牌建设为标杆，计划每年推进一个公用品牌建设，实现每项富硒产业一个区域公用品牌目标。截至 2020 年，全市有效注册含"硒"商标 41 件，涉硒相关产品商标 1200 件（陕西省人民政府新闻办公室，2019），32 家企业和 38 个产品获得安康市富硒食品产品专用标志认证。

16.4.6　狠抓质量监管

在推动富硒产业发展的过程中，市委、市政府十分重视产品质量监管。一是加大标准制定与实施。围绕富硒茶、富硒水、富硒魔芋、富硒畜产、富硒林果、富硒水产等重点产业，以企业标准、团体标准为重点，以地方标准为支撑，完善富硒产业标准体系建设，推动地方标准上升为国家标准或行业标准。同时，加大标准实施力度，推行标准化生产，提高产品质量和企业效益。二是实行产品认证制度。颁发《安康市富硒食品产品专用标志管理办法》，完善产品认证制度、程序和机制，对符合要求的富硒产品加贴"中国安康富硒食品"标签，实行准入制度，严格贴标管理，引导企业树立质量意识、品牌意识，确保产品硒含量符合标准，保证产品质量和安全。三是建立富硒产品溯源体系。利用互联网信息新技术，由市场监督管理局负责，建立了安康市富硒产品质量追溯信息系统，通过食品监控系统、节点企业质量追溯、二维码追溯查询等终端设备和软件，对全市富硒产品专用标志使用企业进行全过程质量监管，把质量管理和监控落实到选种、育种、种植、环境、加工、包装、储藏、运输、销售等每一道工序和环节，保证产品质量和安全。

16.4.7　坚持合作共赢

加强合作是加快发展的有效途径，安康在发展富硒产业过程中，注重走合作发展的路子，实现共赢目标。一是加强外部合作。与有关高校和国家部委合作，分别建设了"富硒食品开发国家地方联合工程实验室""农业农村部富硒产品开发与质量控制重点实验室""中国富硒产业研究院""国家级富硒产品科技创新孵化器"4 个国家级科研机构。同时，与西北大学达成战略合作协议，共建"天然硒资源化学"联合实验室；与安康学院签订了"共建共享国家级富硒重点实验室合作协议"，与中国农业科学院农产品加工研究所共建富硒食品研发中心等科研机构。依托科研机构，先后与中国农业科学院、中国科学院、中国科学技术大学、西安交通大学等 30 多所科研院所和高校务实合作，成立了中国富硒产业研究院学术委员会，建立富硒产业院士工作站 3 个、专家工作站 26 个，组建了 17 个富硒科研创新团队，初步构建了"国家级首席专家+地方学科带头人+科研推广单位+现代经营主体"协同创新产业发展体系。通过强有力的合作，在富硒基础研究、标准制定、产品开发、技术服务与创新等方面取得了丰硕成果，为推动产业转型升级发挥了重要作用。二是注重内部合作。通过建立产业联盟的方式，实行抱团取暖，避免低层次的无序、恶性竞争。紫阳县 13 家富硒茶骨干企业自愿参股组成股份制龙头企业，通过实施质量、标准、包装、商标、宣传五统一管理，积极推行连锁经营，全力打造紫阳富硒茶区域品牌，2012 年 4 月，紫阳富硒茶获得"中国驰名商标"称号。三是注重协同发展。充分发挥行业协会在助推产业发展中的作用，先后建立安康市富硒产业标准化学会、硒与硒产业发展协会及包装饮用水、茶叶、魔芋、生猪等 5 个产业协会。通过协会开展政策咨询、技术服务、沟通协调、平台搭建、产品宣传、行业自律等各项服务工作，协调解决发展过程中的困难和问题，助力企业提高管理能力，降低生产成本，扩大市场份额，为加快产业做大做强发挥了十分重要的作用。

16.4.8　广泛宣传推介

通过举办富硒产业大讲堂、专题讲座、新闻发布会、硒产品博览交易会等形式，全方位深入开展硒健康科普和宣传推介活动。近年来，已成功举办多届硒产品博览交易会、以"富硒"为特色的"中国创新挑战赛"、国际富硒魔芋经贸洽谈会、纪念硒发现 200 周年高端论坛、陕西（安康）秦汉古茶"一带一路"国际发展大会、"智惠安康·富硒产业高端论坛"、包装饮用水暨富硒食品北京/天津推介会等重大招商推介活动。开通"中国硒谷"网站和安康市富硒产业发展办公室部门网站，策划组织"端午安康"全国硒水鉴茶大赛、网络大 V"硒游记"、中央及省级媒体"安康行"等十大专项行动，富硒农产品"三年百市百店千点"送健康活动。联合承办第六届环境中硒与人体健康国际会议、中国硒产业（Se20）峰会、全国富硒产品推介会等重要会议。特别是 2016 年 5 月，安康富硒茶科研成果新闻发布会在人民大会堂成功举行，同年 7 月安康富硒茶闪耀在吉尔吉斯斯坦首都的第二届丝绸之路国家商品展上，安康富硒产品搭乘"一带一路"的快车，正以昂扬的姿态走向世界，受到国内外客商的广泛关注与好评。2020 年，安康市入选全国硒资源变硒产业十佳地区，平利县荣获"十佳地区"提名。

16.5　富硒区陕西安康硒产业发展的展望与建议

16.5.1　精准定位是前提

党的十九大站在历史和全局的战略高度，对推进"五位一体"总体布局做了全面部署。习近平生态文明思想是习近平新时代中国特色社会主义思想的重要组成部分，生态文明建设是中华民族永续发展的千年大计。新时代、新要求，安康在国家战略层面陆续被确定为南水北调中线工程重要水源涵养区、秦巴生物多样性生态功能区、国家秦巴山集中连片特困地区和川陕革命老区。在"四区"叠加的独特市情下，面临着生态保护与加快发展的两难选择，市委、市政府坚持践行"绿水青山就是金山银山"的理念，在调查研究和深刻认识外部缺硒、安康富硒、硒对人体重要性的基础上，作出了富硒产业是安康最具成长性、带动性、持续性的"朝阳产业"这一基本判断，切实把以富硒为主的生态经济作为"两山"之间架起的一座桥梁，坚定不移发展富硒生态产业，对安康经济社会发展发挥了重要作用。

16.5.2　党政重视是保障

安康富硒产业发展得到陕西省委、省政府的高度重视，2018 年将富硒产业写入省委一号文件。2019 年，陕西省发展和改革委将安康富硒产业纳入陕南绿色循环发展产业支持体系，省农业农村厅也将安康富硒产业纳入"3+X"产业建设体系。2020 年，陕西省委将推动富硒食品等优势产业补强写入《中共陕西省委关于制定国民经济和社会发展第十四个五年规划和二〇三五年远景目标的建议》。这既为安康富硒产业发展注入了强大动力，也进一步提振了安康人民发展生态富硒产业的决心和信心。安康市历届党委、政府高度重视富硒产业发展工作，根据各阶段发展任务和目标，适时调整富硒产业发展思路、完善发展举措、明确工作重点，为全市富硒产业高质量发展注入了动力，增添了活力。特别是"十二五"以来，市委、市政府转变服务方式，完善发展举措，激发富硒全产业链、全要素创新活力，为实现 2011 年以来富硒产业持续高速增长打下了坚实基础。

16.5.3　创新驱动是支撑

科技创新是产业发展的根本出路，安康在发展富硒产业过程中，始终坚持科技创新，为产业发展注入不竭动力。一是注重科技人才引进。通过建立学术委员会，组建科研创新团队，引进各类专家 30 余人。加大院士工作站建设力度，2018 年，以中国农业科学院副院长、中国工程院院士王汉中为首席专家的全国首个富硒产业院士工作站在安康富硒产品研发中心揭牌。2019 年，以中国科学院农业研究委员会主任、中国科学院院士赵其国为首席专家的功能（富硒）农业院士工作站落户安康。富硒产业高层次人才的引进，为安康富硒产业实现新突破提供了强大的人才保障和技术支撑。二是创新科研机制。树立"立足安康，服务全国"的工作理念，面向全国公开征集富硒科研课题，争取项目经费，建立对外合作关系，服务富硒产业发展。仅 2020 年，实施富硒全产业链科研项目 51 项，发布富硒科研新成果 14 项，登记省级科研成果 10 项，开发富硒新产品 20 个，培育富硒产业科技型企业 52 家。三是加大科研投入。市财政连续多年安排富硒科研经费，支持加快科技创新，2018～2020 年每年安排富硒产业科研及发展资金达 1000 万元，提升了科技对富硒产业发展的支撑力和贡献率。

16.5.4　彰显特色是出路

富硒产业是一项新兴产业，没有现成的模板可以复制，没有成功经验可供借鉴，不能简单模仿和复制别人的经营模式。安康在推进富硒产业发展过程中，立足自身资源优势和产品特点，突出特色，选择适合自身发展的经营模式，走"专、精、特、新"差异化发展之路。例如，经营富硒五谷杂粮企业依托资源和企业自身优势，在种植、收购、加工、销售等环节形成完整的产业链条，提高产业组织化程度，实行全产业链系统推进的经营模式。富硒矿泉水是全国乃至全世界矿泉水中的珍稀品种，因其高品质、地域性，没有简单模仿其他食品企业的发展模式，注重建立中高端市场及个性化市场的经营模式。富硒魔芋产业探索出了"企业+协会+基地+农户"的发展经营模式。对产业的精准定位，避免了市场同质化竞争，为推动产业健康可持续发展指明了方向。

2020年，习近平总书记在安康考察期间和全国"两会"期间两次提到安康富硒产业，作出了"要利用好这一宝贵资源，把它转化为富硒产业"的重要指示。安康作为天然富硒区富硒产业的最早实践者，推动富硒功能农业发展，既是深入践行习近平生态文明思想、树立新发展理念的必然选择，也是发挥自身优势、树立行业标杆义不容辞的责任，打造"中国硒谷"，安康有"硒"源、有"硒"础、有"硒"望。通过持续不断的努力，安康将在富硒产业发展的大道上开疆拓土，在绿色崛起中创出一番新天地，顺利实现"以硒兴业、以硒兴城、以硒富民"目标，让富硒产业成为群众增收的"聚宝盆"，让"中国硒谷·生态安康"成为植根人们心中最靓丽的名片！

参 考 文 献

安康市统计局. 2022-04-19. 2021年安康市国民经济和社会发展统计公报. 安康日报(003).

陈绪敖. 2017. 陕南生态产业培育与发展模式研究. 北京: 中国书籍出版社.

胡晓云, 李闯, 魏春丽. 2020. 2020中国茶叶区域公用品牌价值评估报告. 中国茶叶, 42(5): 24-38.

李秉衡.1984. 紫阳茶的微量元素——硒. 茶业通报, 1984(4): 22-24.

陕西省人民政府新闻办公室. 2019. 陕西举办做足"硒+"文章 打造安康追赶 超越新增长极新闻发布会. http://www.shaanxi.gov.cn/szf/xwfbh/201906/t20190621_1519222_wap.html [2019-06-21].

第17章　湖北：硒产业与科教协同创新发展实践

富硒农业是功能农业的先行典范。据统计，截至2020年底，湖北省富硒产业综合产值已超1000亿元，稳居全国前列。其中富硒功能农业产业既是绿色产业、新兴产业，又是民生产业、健康产业。发展富硒功能农业产业是贯彻落实"创新、协调、绿色、开放、共享"的新发展理念、催生产业发展新方向、厚植产业发展新优势的重大举措，也为硒产业的高附加值健康有序发展提供了良好的第一产业基础（程水源等，2017，2020）。

随着硒与人体健康作用研究及认知的加深，硒产业发展在大健康领域越来越受重视，但目前我国硒产业层次相对较低，产业之间的融合度不高。富硒功能农业规模效应不明显且产业零星分布于全国各地，呈现"小而散"的发展格局，规模化效应及科技引领作用尚未呈现。此外富硒产业平台不高，富硒种植基地分散，涉硒精深加工及基础研发投入不够，上下游产业链不闭合，难以形成特色品牌效应，产业附加值不高。

硒资源发展长期沿用传统产业发展理念——"X+硒"，即各大传统产业为X，硒为泛称的硒产品。这种发展模式的缺点是硒产品太多，价值取向不能聚焦，不能给予消费者正确引导，决定价格的核心要素仍然是原产品，而不是硒元素及其保健功能，此时富硒产品与同类普通产品具有相同或略高的价格，但生产技术门槛较低，质量管控不严格、不规范，导致产业趋同，鱼龙混杂，供给过剩。

按照供给侧结构性改革的要求，必须转变硒产业发展的思维方式，即以硒元素为主体，其他种植、养殖、生产、加工、贸易、流通、旅游、金融、信息、健康、科技等为载体和附加，将硒元素作为构成产品价格的核心要素，突出硒元素的重要作用和功能，同时严格实行质量控制和规范化生产，形成一种"硒+X"产业发展理念。这种发展理念高度契合供给侧结构性改革的路径和要求，十分有利于激发硒产业发展新活力。

"硒＋X"是以健康为价值取向的中高端供给，与传统产品相比，富硒产品具备更高的附加值和市场竞争力，能够更直接地带动农户增收致富。同时，按照"硒＋X"产业发展模式，积极探索推进"硒＋功能农业""硒＋精深加工""硒＋旅游养生"等，必将带来更多的财政投入、项目建设、融资政策，撬动全社会资金尤其是外来资金投向硒产业，同时可以有效促进社会就业，增加农民收入，实现农村富裕（程水源等，2017；程水源，2016）。

17.1   湖北硒产业发展优势与特色

湖北省硒资源优势显著，总量位于全国前列。其中，恩施州拥有全球唯一的沉积型独立硒矿床，有"世界硒都"的美誉，其硒资源集丰富、多样和独特于一身。根据《多目标区域地球化学调查规范（1∶250 000）》调查结果，江汉平原富硒土壤面积超过 1 万 km²，居全国前列，且治理优越、连片性好，为我国主要产粮区，具备打造"中国生态富硒粮都"的环境与资源条件。近年来，湖北省委、省政府高度重视富硒功能农业产业发展，把发展富硒功能农业作为深化农业供给侧结构性改革、培育"三农"发展新动能具体行动、推进贫困地区精准脱贫的重要抓手，并取得了显著成效。

2013 年 9 月，湖北省委主持召开了富硒土壤开发利用专题协调会议，确定了建立富硒土壤开发利用联席会议制度体系，共同推进富硒土壤资源开发利用及富硒功能农业产业发展。2015 年 9 月，《湖北省富硒产业发展规划（2014—2020）》出台，湖北省成为国内第一个把硒产业上升为省级战略的省份，明确提出了将恩施州打造为"世界硒都"与江汉平原"中国生态富硒粮都"的战略定位。根据湖北省富硒产业发展的战略目标，富硒产业发展的四个主要任务为：开展富硒资源调查与评价、富硒资源开发与应用、富硒产业链与产业集群打造、质量标准体系建设。《湖北省富硒产业发展规划（2014—2020）》明确提出实施富硒资源调查评价工程、富硒资源开发与利用工程、富硒产业化经营与产业集群发展工程三大工程（湖北省富硒产业研究院，2015）。

在各项政策措施的推动下，湖北省富硒产业进入了质量与效益并重的快速发展阶段，恩施州与江汉平原"两极驱动"的发展格局逐步形成，并在省域内获批多个国家级涉硒科研平台与检测机构，如"国家富硒农产品加工技术研发专业中心（武汉轻工大学）""国家富硒产品质量监督检验中心（湖北）""富硒生物食品开发与应用国家地方联合工程研究中心（湖北）"，同时，多个省级重点研发平台也如雨后春笋般涌现并快速发展，如湖北省富硒产业研究院、湖北省富硒产业技术研究院、湖北硒与人体健康研究院、湖北省绿色富硒农产品精深加工工程技术研究中心。成立了国内首个涉硒院士专家工作站，即武汉轻工大学-恩施德源健康科技发展有限公司院士专家工作站，同时湖北省的硒产业发展创新内驱力也位居全国前列。

在湖北省各地，由于地域资源禀赋、产业基础、政府重视程度等不同，富硒产业作为一个新兴产业，在发展过程中存在着较大的地域差异。湖北恩施州的硒产业开发起步早，地域知名度较高，产品有一定的市场认可度，科技支撑平台相对完善。恩施已形成涵盖富硒种植养殖、农副产品加工、生物医药、养生旅游业等比较完善的富硒功能农业产业体系，正在开展以"世界硒都·中国硒谷"为目标的硒产业转型升级，在湖北省甚至全国硒产业发展中处于领先地位。以仙桃、荆门为代表的江汉平原地区，富硒农副产品产业发展虽处于起步阶段，但通过政策的大力扶持，产业规模不断壮大，产业发展势头强劲，发展潜力巨大。湖北省硒产业正在由恩施州"一枝独秀"向江汉平原与恩施州"两极驱动"的格局转变，区域产业特色日渐明显，为湖北省富硒功能农业产业协同合作提供了空间和可能。

湖北省立足富硒资源优势，突出富硒的生态、绿色、健康等理念，全力推进富硒功能农业产业基地化、规模化、标准化、品牌化、科技化进程。湖北省富硒功能农业产业迅速发展壮大，初步形成了以富硒种养业为核心，富硒食品加工、保健品加工、饲料加工、养生健康、生态文化旅游等为支撑的产业发展格局。

17.2　湖北硒产业发展现状

在"硒+X"发展理念的指引下，恩施形成了以富硒茶、富硒农产品、富硒水产品、富硒生物制品和富硒中药材等为主导的富硒功能农业产业集群。其中，富硒茶产业集群、富硒绿色食品产业集群已入选 2018 年湖北省 110 个重点成长型产业集群。以荆州、荆门、天门、仙桃、潜江为代表的江汉平原地区依托中粮米业、南方黑芝麻集团股份有限公司等龙头企业，在富硒大米、富硒大豆、富硒蔬菜等产品开发上实现规模生产，以富硒粮油、富硒瓜果、富硒蔬菜、富硒水产品等为重点的富硒功能农业产业集群初现雏形。

在标准化、规模化、产业化发展方向指引下，富硒农业基地建设取得显著成效。湖北省已规模化形成富硒茶叶、富硒蔬菜、富硒中药材、富硒果品、富硒粮油等不同品系，各具特色和优势的富硒种植（养殖）集中发展区和高端富硒产品基地。其中恩施州重点建设富硒茶叶、粮油、特色药材、食用菌、畜禽、特色果蔬六大基地，已建成富硒产业板块基地 47 万 hm^2。仙桃市围绕"两圈两带"（环排湖圈、沙湖圈，沿汉江带、东荆河带）建成了 3 万 hm^2 富硒农业基地。荆门与南方黑芝麻集团股份有限公司签订战略合作协议，重点建设富硒稻米、大豆、芝麻、油菜及果蔬种植基地。潜江市依托富硒稻虾种养优势，建成了 0.7 万 hm^2 "稻虾富硒综合种养技术"示范基地。天门市建立富硒农产品示范基地近 50 个，面积 2.7 万 hm^2，涵盖大米、菜籽油、大豆、藕带、鳅稻等农产品和糍粑、酱制品等加工产品。荆州市建立楚娃富硒食品工业园。咸宁市打造嘉鱼县富硒农副产品加工园。板块基地的形成为湖北省富硒产业健康发展提供了重要支撑（黄猛等，2020）。

围绕富硒资源优势，湖北省大力开展富硒农产品品牌建设。近年来以恩施硒茶、恩施硒土豆、硒萃、硒肽、硒蓓优、硒多宝等为代表的一批优质富硒品牌涌现出来，在富硒功能农业产业领域内发挥着领军作用。恩施率先打造了 68 个"中国名优硒产品"和 81 个"中国特色硒产品"，"三品一标"认证产品总数达到 246 件。恩施玉露、伍家台贡茶、长友食品、三峡酒等一大批富硒农产品获中国驰名商标认定。硒产品博览交易会（简称硒博会）是富硒功能农业产业最大的品牌，恩施州连续举办了八届"世界硒都（恩施）硒产品博览交易会"，共评选出"中国名优硒产品"198 个和"中国特色硒产品"223 个，使恩施硒土豆、恩施硒茶、"福临门"富硒米等一大批富硒农产品的知名度和美誉度得到了较大提升。

17.3　硒产业与科教协同创新经验

自 20 世纪 60 年代，在湖北恩施土家族苗族自治州的渔塘坝地区发现独立硒矿床以来，我国一些省市的富硒区逐渐被发现。其中，湖北富硒资源丰富，总量位居全国前列，而恩施州则定位为湖北省硒产业发展的核心区、先行区。

目前，我国富硒产业蓬勃发展，富硒产品成为食品行业的"新宠"，富硒营养食品及饮料、保健食品、富硒农副产品，其品种及产值已经超过欧美发达国家。然而，任何产业的发展都离不开科技创新，科技创新更少不了人才培养，人才培养又需学科与平台支撑。因此，关于硒学研究的学科与平台建设应时而生。

17.3.1　设立学科：人才培训、人才培养"齐头并进"

"中国硒业看湖北，湖北硒业看恩施。"湖北尤其是恩施地区在推动硒学科发展与硒人才培训培养方面发挥着举足轻重的作用。

为加快硒产业发展，让硒知识进教材进课堂，2015 年，恩施职业技术学院率先开办硒产业类专业，并于当年秋季学期开始面向社会招生，着力于硒科研成果转化和硒产品开发、硒知识普及推广和人才培训。2018 年 9 月，湖北恩施学院（原湖北民族大学科技学院）与恩施集美硒茶文化有限公司共建硒茶学院。硒茶学院以茶学专业为中心，硒茶产业链为支撑，整合市场营销、旅游管理、视觉传达、环境设计、美术学、临床医学、营养学及护理学等专业。在丰富学生理论知识的同时，提高他们的实践动手能力，通过多元化的教学形式培育出应用型专业人才。2019 年初，中硒健康产业投资集团有限公司与湖北民族大学共同成立了中硒产业学院，此学院成为湖北民族大学实践教学平台、中硒健康产业投资集团有限公司人力资源培训平台、双方师资交流平台、联合开发平台和社会发展服务平台。

恩施州在促进硒学科发展的基础上，以州政府为主导、州硒资源保护与开发局联合有关部门为辅助，举办了一系列硒学人才培训活动，其中以硒资源保护与开发人才培训班为全州重点人才工作一类支持项目，并于 2016 年 12 月首届开班，且每年持续开展。培训班旨在通过系统培训，推进恩施州硒资源保护与开发，解决硒产业发展人才短缺等问题。此外，由恩施州硒资源保护与开发中心、恩施市硒资源保护与开发中心指导等部门承办的硒食品精深加工产业集群建设培训班于2019 年 4 月在湖北民族大学开班，这标志着该校中硒产业学院正式开班，高校与企业协同发展模式再上新台阶。

为进一步加快硒学高级专门人才的培养，武汉轻工大学院士专家工作站硒研究团队于 2018 年首次提出了构建"硒科学与工程"（selenium science and technology）学科，聚焦硒元素，明确学科发展方向，强化学科研究内容，通过学科发展促进知识体系的构建，为硒产业发展提供学科与人才支撑。武汉轻工大学以食品科学与工程、药学、化学工程与技术、工商管理的力量为主体，联合国内在硒学研究与工程开发已经具备一定优势的机构和人员，率先设置我国第一个独立的交叉学科——硒科学与工程（学科代码：0832J1），并组建了国家富硒农产品加工技术研发专业中心（简称国硒中心）交叉学科国家级学术团队。交叉学科在教育部学位授予单位（不含军队单位）自主设置二级学科和交叉学科名单中公示，为国内首个硒相关硕士点学科。硒科学与工程学科建设凝练为三个方向进行科学研究与人才培养：①硒的形态及转化；②硒营养功能与加工技术；③硒产业发展战略与市场开发。2018 年在武汉轻工大学食品科学与工程专业作为二级学科开始招收研究生。2019 年 9 月，武汉轻工大学硒科学与工程独立招收的第一届学术型硕士研究生已经入校，并配套出版《硒学导论》一书。这本书是我国第一本硒学科系列教材，汇集了当前硒学研究的重要成果，主要为"硒科学与工程"学科的研究生提供入门性的导读材料，同时为食品科学与工程及相关专业的本科生、研究生提供通识选修教材。该系列教材一共规划有 12 本，2021 年，《硒化学》《硒生理生化（植物篇）》《硒地质地球化学》3 本著作也编写完成并出版问世。此外，国硒中心与中硒健康产业投资集团有限公司经多次深入协商，达成协议合作筹措建设硒学科建设基金，并已制定理事会章程，于 2018 年 9 月 28 日在第五届"世界硒都（恩施）硒产品博览交易会"上正式签约。

除在高校培养高端人才方面外，国硒中心继续发挥其在硒产业发展中的引领作用，积极开展人才培训工作，如举办恩施市硒食品加工企业经营管理人才培训班，并利用 2018 年、2019 年、2021 年暑假开展三届培训班，同时将此人才培训任务每年固定下来。

17.3.2　建立平台：社会组织、政府机构、科研院所"全面开花"

一是社会组织方面。2004 年 10 月，"湖北省硒资源开发利用促进会"在湖北恩施州成立。2011 年恩施被第十四届国际人与动物微量元素大会学术委员会授予"世界硒都"称号。自 2014 年 1 月，首届"中国硒产品博览交易会暨中国恩施——世界硒都硒产品博览交易会"在恩施开幕以来，恩施州连续承办了八届硒博会，且规格与层次逐年提高，世界硒都的美誉度和硒博会的信誉度不断提升。硒博会已成为推介、展销硒产品，宣传、普及硒知识，促进富硒地区硒资源开发利用、特色农业发展经济交流合作的全国重要硒平台。2015 年 12 月，中国硒谷富硒产业联盟总部落户恩施，通过携手恩施地区 10 家年产值超过 2000 万元的富硒龙头企业，组成六大联盟（工厂联盟、产销联盟、产服联盟、产协联盟、产研联盟、产游联盟），建设七个服务中心（富硒产品展示交易中心、检测研发工程中心、商务会议中心、服务管理中心、仓储物流配送中心、商务接待中心、电子商务大数据中心），打造中国恩施富硒产业加速器，探索恩施富硒产业联合发展新模式。2016年 9 月，湖北省内 40 多家从事硒产业科研、生产、加工、销售和服务的企事业单位联合成立了"湖北省硒产业协会"。2019 年 1 月，湖北民族大学·中硒产业学院全面战略合作框架协议的签订，标志着中硒产业学院落户湖北民族大学。同时，在湖北民族大学挂牌"国家级众创空间·恩施国创科技企业孵化器双创孵化服务示范基地"，并设立办公室（与中硒产业学院办公室合署）。

　　二是政府组织方面。2013 年 11 月，恩施州成立硒资源开发利用领导小组，编制出台《恩施州硒产业发展十年规划》和《恩施州硒产业发展十年科技规划》。2015 年 5 月，恩施州委机构编制委员会下发批复，同意组建恩施州硒资源保护与开发中心。该机构的成立，标志着恩施州委、州政府进一步加强硒资源保护与开发工作的领导，全面整合各方面的力量，合力推进全州硒产业的快速发展。为贯彻落实湖北省委、省政府关于推进"世界硒都·中国硒谷"建设的战略部署，恩施州人民政府和武汉光谷联合产权交易所共同搭建了硒资源国际交易平台——恩施硒资源国际交易中心，该中心是中国首家硒资源交易中心，已于 2016 年 9 月在第三届"世界硒都（恩施）硒产品博览交易会"上揭牌成立。2016 年 12 月，恩施州第七次党代会提出打造"一谷两基地三示范区"，"一谷"即"世界硒都·中国硒谷"，"两基地"即全国知名的生态富硒产业基地、华中地区重要的洁净能源基地，"三示范区"即全国生态文明示范区、国家全域旅游示范区、全国民族团结进步示范区。湖北省委、省政府已明确提出支持恩施州"世界硒都·中国硒谷"建设，将其纳入省"十三五"规划。同时，在 2018 年 6 月，恩施州出台了《恩施土家族苗族自治州硒资源保护与利用条例》，使硒资源的保护与利用有法可依。2019 年 2 月，因机构改革，恩施州硒资源保护与开发中心重组并挂牌，为继续深化推进硒产业发展提供了增长动力与组织保障。

　　三是科研组织方面。2012 年 8 月，经国家质量监督检验检疫总局批准，在原恩施州产品质量监督检验所的基础上筹建"国家富硒产品质量监督检验中心"。2015 年 1 月，国家富硒产品质量监督检验中心（湖北）开始试运行，经过扎实细致的项目筹建、机构整合、现场验收，2017 年 11 月，国家质量监督检验检疫总局、国家认证认可监督管理委员会联合发文，批准"国家富硒产品质量监督检验中心（湖北）"正式成立。该中心是全国第一个富硒产品权威检测平台和全国唯一的富硒产品国家质检中心。2013 年 7 月，恩施州下发文件，批复在恩施州农业科学院加挂"恩施州硒应用技术与产品开发研究院"牌子，内设硒生物技术重点实验室和硒课题管理与协同创新办公室。2017 年 7 月，在此基础上组建了湖北省富硒产业技术研究院，并由省产业技术研究院进行管理。2018 年 12 月，恩施国创科技企业孵化器有限公司与湖北省富硒产业技术研究院签订合作协议，共同搭建硒产品研究与应用专业技术平台，促进硒产业领域关键技术攻关和知识产权成果转化。2015 年 4 月，武汉轻工大学与恩施州政府签订框架协议，双方共建恩施绿色富硒特色农产品精深加工研究院。2015 年 5 月，在恩施州委、州政府及相关行政主管部门的大力支持下，恩施州中心医院立足于探索、了解硒与人体健康和疾病谱的关系，致力于加强硒基础研究、应用技术和富硒健康产品的研发，组织成立了恩施州硒与人体健康研究所；2016 年 6 月，湖北省委编办正式行文，"恩施州硒与人体健康研究所"升级更名为"湖北硒与人体健康研究院"。2016 年 8 月，湖北省发展和改革委员会正式批复恩施州农业科学院申报建立硒应用技术湖北省工程研究中心的请求，该中心是恩施州获批的第一家工程研究中心。依托硒应用技术湖北省工程研究中心，2017 年 12 月，国家发展和改革委员会正式批复成立富硒生物食品开发与应用国家地方联合工程研究中心（湖北）（张乔会等，2019；何菲，2017）。

2018 年 8 月，国内首个涉硒院士专家工作站，武汉轻工大学-恩施德源健康科技发展有限公司院士专家工作站正式挂牌成立。该院士专家工作站通过引进顶尖科研人才，建立硒人才智库，培育和提升产业人才自主创新能力，打造硒产业全链，共同推动硒产业创新发展新作为。同年 9 月，国家富硒农产品加工技术研发专业中心（武汉轻工大学）（以下简称国硒中心）由农业农村部正式批准，成为我国目前唯一一个硒产业领域专业技术研发中心。国硒中心旨在构建研发与产业相结合的技术创新体系，助力健全硒产业标准化体系，加快富硒农产品的高值利用，培育引领硒产业提档升级，为硒产业上升为国家战略提供平台支撑。2019 年 1 月，国硒中心召开新闻发布会暨学术委员会成立大会及第一次工作会议，标志其正式启动运行。同月，依托国硒中心团队的"湖北省绿色富硒农产品精深加工工程技术研究中心"获得认定。目前，国硒中心已经筹建国家富硒农产品加工技术研发专业中心硒成果第三方评价办公室和中国富硒研究科研平台创新战略联盟。同时，向全国硒领域科学研究的同仁发出了倡议书，诚邀全国省级及以上的富硒研究科研平台一起成立"硒产业技术与健康中国创新平台联盟"，并于 2020 年 1 月 11 日在武汉轻工大学正式揭牌成立。为引导硒产业的规范发展、科学发展和转型升级，国硒中心成立了第三方评价办公室，与国家富硒产品质量监督检验中心、中正国际认证（深圳）有限公司签订了战略合作协议，在标准规范构建方面，评估、认定、认证管理方面，人才交流培养等方面开展合作，旨在建立我国完善的富硒农产品标准与标识权威认证体系。

17.3.3　硒科教平台与硒产业协同发展

协同创新是促进我国硒产业发展和产业提档升级的主要驱动。协同创新是一项复杂的创新组织方式，即以大学、企业、研究机构为核心要素，以政府、金融机构、中介组织、创新平台、非营利性组织等为辅助要素的多元主体协同互动的网络创新模式；它通过知识创造主体和技术创新主体间的深入合作和资源整合，可以产生"1+1+1>3"的非线性效用；通过"战略—知识—组织"的三重互动创新模式，提升各要素间的战略性伙伴关系，并提高技术创新层次。通过产学研协同创新，可实现教育、科技和产业的互相促进、共赢发展。其中，教育为科技创新、产业发展提供强有力的人才、学科支撑；科技创新引领和支撑教育、经济社会的发展；而产业发展为科技、教育结合与发展提供新的机遇、新的命题和经济支撑。深入实施科教与人才强省战略、创新驱动战略，围绕硒产业发展方向，着力突破重大科学问题和关键技术，提升企业的自主创新能力，促进硒学科建设和人才培养，培育形成一批有发展潜力和核心竞争力的创新型企业，为湖北省区域创新和新型产业培育注入活力，为加快经济转型升级，构筑长远战略优势增添新的动力。

湖北省硒产业协会成立于 2016 年 9 月 18 日，在"世界硒都·中国硒谷"的经济的影响下，依托湖北省人民政府、恩施州人民政府，通过产业融合发展思维创新，让硒都品牌富硒功能农业辐射全国，让精深加工硒蛋白产业引领全国，让特色硒品新零售等新经济体汇聚恩施，让硒科研、人才、服务、金融等硒产业链关键要素最终融合成为富硒产业升级核心驱动力。协会通过大力扶持现有湖北省科技成果转化中试基地和省级技术转移示范机构做大做强，引导科技成果服务平台搭建好科研机构和企业之间的桥梁，更好地服务于科研机构和企业，推动科技成果转移转化，保障企业技术需求及时得到解决，为硒产业的发展提供源源不断的科技动力。

17.3.4　硒人才培养与硒产业协同发展

富硒产业的发展离不开一大批有科技素养和创新意识的专业人才。近年来，各地通过不断加大人才培养、引进、选拔力度，富硒产业人才规模不断扩大，人才质量持续提升，为富硒功能农业产业的快速发展提供了有力支撑和智力保障。虽然经过多年发展，各类人才也有一定聚集，但与日益崛起的富硒产业急需大量高级人才的迫切需求相比，仍显不足。一是缺乏管理人才，缺能够担纲领衔的企业家，缺具备战略眼光的行业领军人物，行政管理及企业规划跟不上新型战略产业的发展要求。二是缺乏金融人才，对现代金融手段运用不足，资金瓶颈难以打破，企业培育上市难、融资渠道不畅，规模和效益提升困难。三是缺乏科技人才，企业科研及技术型人才缺乏，企业自主创新能力不强，缺少自主研发的核心技术，产业发展主要集中在农产品生产和农副产品初加工上，处于产业价值链的中低端，发展后劲不足。

实施创新驱动不能对人才资源生拉硬引，不仅需要多层次、系统化链接配套的专业技术人才，更需要大批具有协同能力、能够驾驭"政产学研用"战略合作的复合型人才。产业发展需要完整产业链的推动，而产业链的各个节点涵盖各类相关专业，高校在此过程中发挥着重要的作用。高校可面向相关产业链的构成和发展来进行专业设置，增强专业建设整体水平，提高学生综合运用能力，培养各类高效复合型人才。

武汉轻工大学高度重视硒学科建设和硒产业对接工作。为促进硒产业发展，凝聚科技力量，突显学科优势，深入认识和充分发挥硒元素的独特生理功效，武汉轻工大学率先在全国布局硒学科，结合该校优势学科食品科学与工程以及药学、化学工程与技术、生物学、工商管理的力量，并联合在硒科学研究领域颇有建树的科研专家和企业人员，设置独立的硒科学与工程学科，通过组建交叉学科学术团队，打通学科之间的屏障，开展硒科学研究与工程开发，培养复合型人才，以落实新型学科建设理念，谋求学科建设与产业的同步发展。同时，由武汉轻工大学和企业联合申报、获批的国家富硒农产品加工技术研发专业中心（以下简称国硒中心）与中硒健康产业投资集团有限公司共同筹措建立了硒学科的建设基金，用于硒产业高端人才的培养。

此外，恩施市依托国硒中心和武汉轻工大学联合举办的硒食品加工企业经营管理人才培训班，已经连续召开了四届，普及硒知识、传播硒文化，提高企业硒人才的素质，为硒产业的长足发展奠定了基础，深入搭建了专业学科和硒产业发展的桥梁，进一步加强了校企联动，使协同效应最大化，实现合作双赢（丁文平，2021）。

17.3.5　硒科研平台与硒产业协同发展

建立健全富硒产业科技支撑体系，对提升富硒功能农业及相关产业的发展水平和效益，促进高质量发展，具有重要意义。当前我国市场上的富硒产品最主要的还是初级富硒农产品，人们对硒产品的日渐增长的强大需求与现有的加工水平存在矛盾，严重制约硒产业的发展。要提升富硒农业产业效益，需要进一步加大富硒农产品的精深加工力度，提高产品技术含量和附加值。在纵向上，使硒产业链向富硒保健品和富硒药品等新型产业延伸；在横向上，可往涉硒医药产业和旅游业等方面拓展，加速一二三产业链的交叉融合，使硒产业链构架不断完善，实现富硒资源开发利用价值的最大化。湖北省委、省政府高度重视硒产业发展，将硒产业作为深化农业供给侧结构性改革、贫困地区精准脱贫的重要抓手，将湖北富硒的资源优势转化为资本优势和产业优势，将富硒产业打造成产值过千亿元的富民产业，为此迫切需要以科技创新来引领硒产业的跨越发展。

由于受体制机制的限制，目前我国高校和科研机构尽管拥有较多研究成果，却不具备将科研成果转化为应用技术与产品的能力，即使成立科技公司，也不具备专业企业那样完整的产业链转换能力。而企业要想取得竞争优势并实现可持续发展，就需要不断在产品或技术上进行创新，但单个企业要进行创新，可能面临技术跟不上、人才缺乏、创新不到位、资金不足等困难，科研与产业发展始终存在着"两张皮"的现象。要解决这一矛盾，就需要打破大学、科研机构与企业之间的壁垒，构建相互信任与合作的机制，将大学或科研机构具有的研究能力与企业的技术开发力量结合起来进行开发研究，促进科技成果的转移转化。在此过程中，企业既是"产学研"协同创新的组织者，也是面向市场需求的创新资源整合者，要不断收集市场用户的反馈信息，整理出创新需求。高校需要积极对社会的前沿领域进行研究，为产业发展提供知识创新和技术创新服务，同时也要充分重视市场的需求，使创新成果能够更接近生产实际，能够被企业充分吸收和转化。科研机构则主要扮演着技术引领的角色，主要通过开展应用研究，为协同创新方向提供指导。企业可以从科研机构处获取最新的研究方向，提供创新技术支持，也可以直接获取科技研究成果，再将科研成果付诸实际应用，实现科研成果向现实生产力的转化，直接面向市场消费者，达到双赢的局面。

湖北省作为硒资源大省、硒科研强省和硒产业先行地区，积极践行"政产学研用"五位一体的协同创新模式。由政府提供政策平台，以企业为技术需求方，以高校和科研院所为技术供给方，结合社会的需求，开展系统的创新性研究工作，推动各种创新资源向企业聚集，加强创新链与产业链的连接，推动科技教育经济结合产生聚变效应。增强高校、科研机构和企业的自主创新能力，引领未来硒产业发展，培育新的经济增长点。例如，武汉轻工大学结合自身在农产品加工与转化领域相关学科的特色与优势，与恩施州政府合作共同设立了恩施绿色富硒特色农产品精深加工研究院；与当地龙头企业和武汉大学、长江大学、中国地质大学（武汉）、中国农业大学、黄冈师范学院等高校教授专家联合建立了全国首个涉硒院士专家工作站；与企业联合申报成立了国家富硒农产品加工技术研发专业中心，该中心由曹福亮院士领衔成立国家富硒中心学术委员会，由程水源教授牵头成立硒资源评价与精深加工研发团队。此外，湖北民族大学与企业共同成立了中硒产业学院；恩施国创科技企业孵化器有限公司与湖北省富硒产业技术研究院共同搭建了硒产品研究与应用专业技术平台。这一系列集富硒基础研究、产品研发、标准制定、质量检测、教育培训、企业孵化等为一体的科技创新平台，通过整合湖北省尤其是恩施州硒产业资源优势及相关高校、研究院的研发技术优势，在硒与地球化学、富硒产品标准化生产技术、富硒产品精深加工技术、富硒食品功能分析评价等基础研究以及科研成果转化方面开展了大量研究工作，为湖北省富硒产业健康发展以及中西部地区产业扶贫提供了科技支撑，科研创新平台作用更加突出。

17.3.6　硒文化打造与硒产业协同发展

党的十九大报告指出："文化是一个国家、一个民族的灵魂。文化兴国运兴，文化强民族强。"文化是一种思想信念，是价值观、意义符号，是软实力、竞争力。企业文化主要体现了企业在经营实践中逐步形成的、为全体员工认同和遵守的、带有本组织特点的使命、愿景和价值观。其中，使命是定位，是一个企业对自己肩负的责任的一种确定性、必须坚守的核心理念；愿景是定向，是企业的发展方向和目标；价值观是文化的落地，是企业规定的行为准则。同理，产业文化对产业发展也是至关重要的，它是产业发展的软实力，反映了产业的发展概念、发展理念和发展模式。产业文化具有更基本、更深沉、更持久的力量，产业发展的高层次就是产业文化的发展，"资源会枯竭，唯文化生生不息"，百年老字号都是靠文化传承的。

属于文化范畴的有发展理念、发展研判与未来展望。硒资源开发长期沿用着传统产业"X+硒"发展理念，导致硒产品太多、生产技术门槛低，质量管控不严格、不规范，产业趋同，供给过剩，富硒产品与同类普通产品具有相同或略高的价格。为改变这一落后理念和局面，武汉轻工大学程水源教授提出了"硒＋X"的产业发展理念，即以硒元素为主体，其他要素为载体，依靠科技和检测手段的进步，提高附加值，增加产品的核心竞争力。在硒产业发展"八条路径"的基础上又提出了"硒产业4.0"的概念，即"硒＋X"的升级版：硒既可以游离于载体单独发挥作用成为产业；也可于无形中与各大产业融合，相融相通，提升产品高端的有效性（程水源等，2017；丁文平，2021）。

硒文化作为先进文化具有极强的包容性，是与农耕文化、绿色文化、健康文化、科技文化、唯美文化、小康文化、和谐文化等主流文化相融合的大文化。硒文化的使命是围绕七大文化，突出硒文化的绿色生态、健康等理念，有序利用和保护硒资源，开发天然安全的生物有机硒产品，实现产业持续发展。通过科技成果的转化实现硒产品开发的定向化、生产质量的标准化、功能分类的精准化、消费需求的普遍化，实现科技文明成果共享；结合硒的生理功能，积极探索硒与人体健康关系，发现不同硒应用与硒产品的健康价值，着力把富硒资源转化为健康资本；借力、借物、借智、借势，从而发展硒文化、打造硒品牌、助力硒产业，为全国人民的健康做出更多积极的贡献。

17.3.7　社会服务与硒产业协同发展

"以贡献求支持，以贡献求生存。"企业要想提升自身的创新能力，在市场环境中取得竞争地位，就要不断丰富自身相对缺乏的创新资源，依靠企业外部不同主体间的相互作用和协同发展，走一条结合政府、高校、科研院所、消费者或用户的"政产学研用"创新道路。同时，企业发展需要通过提供经济支持，改善高校和科研机构的研究条件，促进创新研究，或为高校提供实训基地，为学生提供社会实践机会，助力人才的培养。通过建立产学研合作研究的对外合作窗口，将大学的研究成果更好地转换成应用技术与产品，使其产生经济价值和社会价值，造福社会。武汉轻工大学与多家企业的合作互动模式很好地体现了这一点。该校与企业携手共建涉硒院士工作站、国家富硒农产品加工技术研发专业中心，构建了国内首个硒相关硕士点学科——硒科学与工程，建立了国硒中心首个实验示范基地——江苏得德·智慧健康岛，通过成果转化合作研发了新型高效有机硒产品"天脉硒肽"，共同起草制定了《植物源高有机硒饮料》团体标准及《硒元素科普规范用语指南》并获批，此外还合作申报了多项纵横向基金项目，从不同层次对硒学领域开展研究，促进成果转化。

在"政产学研用"协同发展过程中，还可以考虑将金融机构、中介机构纳入协同创新体系，增加协同创新网络的节点，达到真正的信息与资源共享，为项目筹集融资，为技术创新提供不同形式的资金支持，或为企业提供信息交流、咨询服务、知识整合等全方位的社会化服务。

硒产业形成较晚，是新兴的大健康产业。消费者对硒认知不足，导致对富硒农产品缺乏深入认识，将富硒农产品等同于普通农产品，使得富硒农产品价值难以得到真正体现。因此，加大硒知识的科普宣传力度是当前提升消费者对富硒农产品认知度的首要任务。大力开展科学补硒公益宣传，倡导健康生活，引导科学补硒；及时将科研成果以正确渠道告知于众；充分利用新闻媒体、互联网及外事活动推介天然优质安全的硒产品，进一步扩大"世界硒都·中国硒谷"和江汉平原"中国生态富硒粮都"的影响力，营造全面加快硒产业发展的浓厚氛围（张乔会等，2019；何菲，2017）。

17.3.8　湖北省硒产业发展与科教融合协同的示范性

与全国各地区硒产业发展相比，湖北省硒产业发展具有先进性和独特性，湖北省硒产业与科教融合模式已取得成效，为全国其他地区发展硒产业提供了"湖北模式"。建设湖北省硒产业发展与科教融合协同示范模式对进一步完善科技创新的体制机制、加快发展战略性新兴产业、推进创新驱动发展、加快转变经济发展方式等将发挥重要的引领、辐射、带动作用。湖北模式的示范性体现在以下三个方面。

1）产业倒逼促进省级战略建设的示范

湖北省委、省政府高度重视富硒产业发展，把发展富硒产业作为深化农业供给侧结构性改革、培育"三农"发展新动能的具体行动、贫困地区精准脱贫的重要抓手整体推进，将富硒产业上升为省级发展战略，对其进行统一规划。

配套出台系列规划，明确提出了开展富硒资源调查与评价、富硒资源开发与应用、富硒产业链与产业集群打造、质量标准体系建设四大任务。明确提出了富硒资源调查评价工程、富硒资源开发与利用工程、富硒产业化经营与产业集群发展工程三大工程。组建恩施州硒资源保护与开发中心，标志着恩施州委、州政府进一步加强硒资源保护与开发工作的领导，全面整合各方面的力量，合力推进全州硒产业的快速发展。

2）多层次、广角度平台协同建设的示范

抓改革、促转型，在产业转型升级各项政策的推动下，湖北省发展硒产业的同时，关注和建设硒产业相关平台，先后从科学研究、硒检测和产品展销角度打造三维立体化平台。

首先，着力做强做大科研平台，重点打造国家富硒农产品加工技术研发专业中心（武汉轻工大学）、富硒生物食品开发与应用国家地方联合工程研究中心（湖北）等国字头富硒产业科技平台，做出一批国际水平的科研成果，建立操作规程及产品加工的标准，确保高端精深加工富硒农产品独占鳌头。

其次，搭建国家富硒产品质量监督检验中心（湖北），该中心是全国第一个富硒产品权威检测平台、全国唯一的富硒产品国家质检中心。该中心为确保富硒产品质量认证提供专业服务，促进湖北省富硒农产品获得中国驰名商标。

2014 年开始恩施州连续举办了八届"世界硒都（恩施）硒产品博览交易会"，其规格与层次逐年提高。硒博会已成为推介、展销硒产品，宣传、普及硒知识，促进富硒地区硒资源开发利用、特色农业发展经济交流合作的全国重要硒平台。

这些高质量创新平台保障了硒产业发展创新内驱力，服务与解决硒产业发展中的瓶颈问题，为其他富硒产业发展地区提供了良好的示范。

3）学科建设与人才培养的示范

人才是解决硒产业可持续发展的根本问题，是打造全产业链发展的首要保障。湖北省硒产业通过加强学科建设，推动科研和教育紧密结合，把科研方面的优势应用到教育上来。2018 年 8 月，教育部正式批准国硒中心（武汉轻工大学）设置硒科学与工程学科，这是全国第一个硒学科，并于 2019 年正式向海内外招收学术型硕士研究生。2019 年 2 月，湖北民族大学与中硒健康产业投资集团股份有限公司签订湖北民族大学·中硒产业学院全面战略合作框架协议。学科建设与人才培养促进了硒产业发展与平台建设的良性循环与互动，平台建设以产业发展为依托，产业发展以平台技术为支撑，两者相互促进、共同发展。通过硒产业的发展也促进具有真才实学的人才培养，填补硒产业人才紧缺，为硒产业的可持续发展提供永续动力。

面对大健康产业对硒产业发展带来的巨大机遇与挑战，目前的硒产业发展远未跟上需求。富硒产业全要素生产率驱动企业技术升级、管理模式改进、产品质量提高、企业结构升级，迫使全国共同发力。湖北省的硒产业发展与平台协同为全国其他地区硒产业发展提供了普适性、推广性强的示范效应，助力建设更广更大更高的科教平台，与产业协同增效，各省（自治区、直辖市）共同发力，使硒产业早日上升为国家战略。

17.4　机遇与挑战

17.4.1　中国富硒产业发展面临新机遇

我国正处于推动农业全面升级、农村全面进步、农民全面发展的关键时期，社会消费需求持续升级、乡村振兴战略全面实施、农业供给侧结构性改革持续推进、健康中国战略全面铺开、"一带一路"倡议深入推动都为我国发展富硒功能农业产业提供了新契机和新动能，富硒功能农业产业这片巨大的蓝海市场正面临千载难逢的发展机遇。具体表现为以下五个方面：

（1）消费需求升级为富硒产业转型开启新引擎；

（2）健康中国战略为富硒产业发展带来新动力；

（3）深化农业供给侧结构性改革为富硒产业质量提升提供新支撑；

（4）乡村振兴战略为富硒产业蓬勃发展增添新动能；

（5）"一带一路"倡议为富硒功能农业产业"走出去"拓展新空间。

17.4.2　湖北省硒产业发展面临新挑战

2015 年 9 月《湖北省富硒产业发展规划（2014—2020）》明确提出：①打造恩施州"世界硒都"与江汉平原"中国生态富硒粮都"的战略目标；②开展富硒资源调查与评价、富硒资源开发与应用、富硒产业链与产业集群打造、质量标准体系建设四大任务；③重点实施富硒资源调查评价工程、富硒资源开发与利用工程、富硒产业化经营与产业集群发展工程三大工程。在湖北省统一规划部署下，恩施州、仙桃市、荆门市 3 个市（州）制定了区域富硒产业发展规划，并提出推进富硒产业发展的具体措施，恩施州所辖 8 个市县制定了富硒产业发展计划，出台了相应的政策文件。在各项政策措施的推动下，湖北省的富硒产业进入了质量与效益并重的快速发展阶段（湖北省富硒产业研究院，2015）。

据不完全统计，截至 2020 年，恩施州涉硒企业及合作社有近 3000 家，规模以上企业超过 88 家，全省富硒产业综合产值超过 1000 亿元人民币，其中恩施州富硒产业综合产值达到 700 亿元，形成了一批聚焦硒与健康或涉硒产业龙头企业。虽然硒产业正蓬勃发展，但也要认识到湖北硒产业整体发展还存在如下的问题和困难：一是市场主体块头不大，龙头带动不够有力。一方面，低位重复，单打独斗，没有形成团队竞争力。另一方面，缺乏核心企业，大部分是小微企业，普遍竞争力弱、产品核心竞争力弱。二是招商引资项目及环境需进一步加强。较大的招商项目落户和投产周期较长，目前引进的硒食品精深加工项目还在落地中，还没有形成新增产值。三是基础性工作发展慢。硒产业标准化建设的推进力度还有待进一步深入。要整合科研资源，建立统一的科研平台，加强基础研究和成果应用。

因此在整体发展路径上，需以创新为驱动力，从以下九个方面推进。

1）推动体制创新

作为省级战略，将发展硒产业作为供给侧结构性改革的主要内容之一，作为打造特色产业及绿色发展示范区的重要抓手，从省级视野和格局落实硒产业的统筹规划、部门协调和检查督办等工作。

2）做强科技平台

着力做强做大科研平台，重点打造国家富硒农产品加工技术研发专业中心（武汉轻工大学）、国家富硒产品质量监督检验中心（湖北）、富硒生物食品开发与应用国家地方联合工程研究中心（湖北）等国字头富硒产业科技平台，形成一批国际水平的科研成果。

3）加强智库建设

依托国家级、省级高新技术园区及科技平台，打通发达地区与欠发达地区互补的人才智库建设，为硒产业发展提供全面咨询服务，加强硒学科建设及人才培养，填补硒产业人才缺口。

4）推进标准制定

引导硒产业走标准化和规范化发展道路，提高省级硒标准话语权，大力推进湖北省涉硒地方标准制定。同时，充分运用新兴团体标准的技术前瞻性和产业引领性，出台一批有引领作用的省级标准。

5）规范认证体系

引导和规范富硒产品认证、标识管理，全面开展富硒产业及其产地认证工作，对湖北省富硒产品标识、品牌实行规范管理，并广泛运用实时监控、物联网以及二维码等技术，实现富硒产品的可追溯化。

6）提升品牌效应

打造以省级州级公用品牌为统领、国家地理标志品牌为依托、企业品牌为支撑的多层次体系。强化恩施州"世界硒都"与江汉平原"中国生态富硒粮都"的战略地位，培养一批优质品牌龙头企业。

7）强化科教平台

加强各类媒体宣传与推介的规范性和有效性，不断加强"硒与健康"公益性科普宣传，采用全方位、多层次、多角度的宣传方式，让"科学补硒"理念深入人心。强化学科建设与人才培养，从根本上保障硒产业的可持续发展。

8）建设展会交易平台

将有一定基础的州级博览会"硒博会"和硒资源国际交易中心拓展至省级发展空间，形成规模大、质量高、可持续的硒产业发展平台、展示平台和交易平台。

9）优化政策保障

将硒产业纳入省委、省政府对重点市县及部门的年度重点工作考核，明确重点任务和责任目标，在《湖北省富硒产业发展规划（2014－2020）》基础上对"十四五"期间硒产业发展出台指导意见和进一步的政策规划与具体举措（程水源等，2017；张乔会等，2019；邢美华和余锦平，2019）。

17.5　湖北省硒产业发展的新要求与展望

中共中央、国务院于 2016 年印发了《"健康中国 2030"规划纲要》，健康是促进人的全面发展的必然要求，是经济社会发展的基础条件。实现国民健康长寿，是国家富强、民族振兴的重要标志，也是全国各族人民的共同愿望。未来 15 年，是推进健康中国建设的重要战略机遇期。经济保持中高速增长将为维护人民健康奠定坚实基础，消费结构升级将为发展健康服务创造广阔空间，科技创新将为提高健康水平提供有力支撑，各方面制度更加成熟、更加定型将为健康领域可持续发展构建强大保障。2019 年国家又正式出台了《促进健康产业高质量发展行动纲要（2019－2022 年）》，这为落实健康中国建设提供了可行路径与操作方案（新华社，2016；秦宇龙，2019）。

面对国家紧迫的消费需求、科技创新需求和大健康产业发展的时代需求等，作为功能农业重要组成部分的富硒农业发展程度还远远不够，具体表现为：首先，目前我国硒产业层次相对较低，产业之间融合度不高，上下游产业链不闭合，精深加工的高附加值产品较少，品牌效应较低，规模效应也不明显；其次，质量标准与生产规程相对缺乏，产品检测与认证能力薄弱，标识发放与管理市场监管不力，市场乱象丛生；最后，研发投入不够，与国家级科技研发平台合作不足，成果产出与转化都不够，科技创新驱动促进富硒产业发展效果不明显。发展富硒产业，构建富硒产业发展的良好生态体系是一个长期的事情，只要建设好这个生态体系，各个环节的有效衔接、高效运行和高质量发展就有了保障。虽然中国硒产业链还主要在产业链中下端，但是链中企业正呈现沿着下游向上游逐级放大的趋势。中国硒产业在不久的将来会有巨大进步：硒产业链延长加粗，硒产业发展模式不断创新，其硬件与软件更加配套完善。目前硒产业正进入快速发展阶段，对大健康产业的更大支撑与贡献值得期待。

参 考 文 献

程水源. 2016. 供给侧改革背景下硒资源特色开发的路径思考——以恩施州为例. 湖北农业科学, 55(17): 4362-4365.

程水源, 李康乐, 王庆, 等. 2020. 硒产业战略: 重大意义与实现途径. 食品科技, 45(10): 1-4, 10.

程水源, 张祖清, 陈普亮, 等. 2017. 恩施州硒产业发展的成效、问题、机遇与对策. 湖北农业科学, 56(16): 3009-3013.

丁文平. 2021. 对话武汉轻工大学: 深耕学科建设 践行"特色兴校". https://baijiahao.baidu.com/s?id=1688562034800679815&wfr=spider&for=pc [2021-01-11].

何菲. 2017. 恩施州富硒产业发展研究. 恩施: 湖北民族学院.

湖北省富硒产业研究院. 2015. 湖北省富硒产业发展规划(2014—2020).

黄猛, 杨劲媛, 狄强. 2020. 湖北省富硒粮食产业化的政策供给评价与发展对策. 武汉轻工大学学报, 39(5): 47-51.

秦宇龙. 2019. 21 部门联合印发《促进健康产业高质量发展行动纲要(2019—2022 年)》. 中医药管理杂志, 27(19): 2.

新华社. 2016. 中共中央 国务院印发《"健康中国 2030"规划纲要》. 中华人民共和国国务院公报, (32): 5-20.

邢美华, 余锦平. 2019. 湖北省富硒产业集群化发展面临的主要问题与对策. 湖北农业科学, 58(23): 227-230.

张乔会, 杨永康, 康宇, 等. 2019. 多维度推进恩施州硒产业持续健康发展. 湖北农业科学, 58(22): 19-22.

第18章　江西：功能农业农、旅、养融合发展实践

　　江西宜春是我国3大著名富硒地之一，硒资源丰富，生态环境优良。市委市政府把富硒产业作为发展"生态+大健康"的重要突破口，全面提升富硒产业战略地位，立足富硒资源和富硒温泉的独特优势，推进"硒+X"产业发展模式，培育农、旅、养融合的全产业链业态，全力打造"世界硒养之都"。

　　宜春被誉为"月亮之都"，是中国"月亮女神"嫦娥奔月之地，而硒元素正是以古希腊神话中"月亮女神"Selene之名而命名。宜春地处江西省西北部，自汉代建县以来，迄今已2200多年。现辖10个县（市、区）和3个特色区，总面积1.87万 km^2，约占全省总面积1/9，位列全省第6；总人口497万。宜春素有"农业上郡、赣中粮仓"之称，是全国3大天然富硒地之一，自2004年发现境内土壤富含硒元素以来，所辖地陆续检测出富硒土壤。近年来，宜春市委、市政府坚持把发展富硒产业作为深入推进农业供给侧结构性改革、引领现代农业发展的主抓手，作为"生态+大健康"产业的首位产业，持续推进、久久为功，努力构建富硒品牌突出、龙头企业带动明显、服务体系健全、三产融合发展的产业格局，把宜春打造成国际知名硒产业示范区（丁永电等，2019）。

18.1　宜春富硒产业发展独特优势与特色

18.1.1　地质条件好

　　宜春北部广泛出露石炭—二叠纪富硒地层（类似于湖北恩施的富硒地层），南部广泛出露晚前寒武—寒武纪富硒地层（类似于陕西安康的富硒地层）。西北、西南、西部三面环山，并由西向东倾斜，渐次过渡到丘陵、平原地貌区。其中，山地面积约占35%，丘陵近40%，平原约25%。正因为宜春的山地、丘陵、平原层次分明，可以因地制宜布局富硒产业发展：在山林地区大力发展农、养、旅融合的富硒生态康养旅游业，在丘陵、平原地区大力发展集富硒规模种养、产品研发加工、冷链物流为一体的富硒资源综合利用产业。

18.1.2　农产品体量大

　　宜春是全国重要的商品粮、油茶、生猪生产基地，粮、油、畜、禽等大宗农产品产量均占江西省1/5左右。全市粮食种植面积约63.3万 hm^2，蔬菜播种面积

8.3 万 hm²，年肉类总产量高达 62 万 t。宜春在全省率先实现了省级现代农业示范（产业）园全覆盖，其中，国家现代农业示范区 1 个，国家农业科技园 2 个，高安·巴夫洛项目被列为国家田园综合体试点，万载、铜鼓和靖安获评省级绿色有机农产品示范县。

以大宗农产品为富硒主打产品，有利于形成巨大市场效应（图 18-1）。袁州发现了天然富硒农产品水稻、莴笋、西葫芦等，同时富硒资源丰富，非常适宜开发富硒水稻、蔬菜、油茶产品；丰城、高安、上高、宜丰、万载发现了天然富硒农产品水稻、大蒜、生姜、大豆、红薯、辣椒、笋、荞麦、野葱、百合等，适宜开发富硒粮食蔬菜作物产品；樟树发现了天然富硒花生，适宜开发富硒花生经济作物；奉新发现了天然富硒农产品猕猴桃，适合发展富硒水果产品。

图 18-1　富硒农产品

18.1.3　耕地资源好

全市富硒土壤（以总硒含量>0.4 mg/kg 计）面积 52 万 hm²，占全市土地面积的 28%，其中富硒耕地面积 16.8 万 hm²；潜在富硒土壤面积 51 万 hm²（以总硒含量 0.3～0.4 mg/kg），占全市土地面积的 27%；潜在富硒耕地面积 19.5 万 hm²。富硒和潜在富硒土壤面积达 103 万 hm²，占全市土地面积 55% 以上，分布在全市 83 个乡镇。充沛的富硒耕地资源，有利于推进富硒作物规模化、标准化种植。因此宜春富硒资源具有面积大、范围广、品质好的特点，具有其他地区不可比拟的原生态富硒资源优势。

18.1.4　富硒温泉名气大

宜春明月山系国家 5A 级旅游景区，拥有世界温泉健康名镇——温汤镇，是世界知名的温泉休闲度假胜地。明月山地表水、地下水含硒，其中温汤镇温泉是我国唯一可饮可浴的富硒温泉，被誉为"华夏第一硒泉"。泉水蕴藏于地下 400 多米深的岩石裂隙之中，分布在以温汤镇为中心 0.8 km^2 范围内，水温常年保持在 68～72℃，日出水量达 1 万 t，经有关部门检测，该泉水富含 20 多种对人体有益的微量元素，硒含量（0.015 mg/L）稳定。正因为辖区水土富硒，造就温汤镇"无癌长寿村"的美誉。全国仅此一家的"金字招牌"，有利于转化为高效益拳头产品，发展富硒康养业（刘慧婷, 2016）。

18.1.5　区位交通优势大

宜春市位于江西省西北部，东边与南昌市接界，东南与抚州市为邻，西南与萍乡市接壤，西北与湖南省长沙市及岳阳市交界。宜春与南昌和长沙的距离不超过 200 km，地处长沙 2 小时经济圈，武汉 3 小时经济圈，长三角、珠三角 5 小时经济圈，基础设施便利，便于将宜春富硒食品、硒养旅游等资源辐射至周边及长三角、珠三角地区。

2017 年，明月山机场年旅客吞吐量突破 50 万人次，通航北京、上海、广州、深圳等 16 座热点城市。全市综合交通网络里程超过 2 万 km，高速公路通车里程达到 637 km，县-县高速连接。铁路运营里程达到 355 km，沪昆高铁开通运营，蒙华煤运专线铁路、昌吉赣城际铁路已建成通车，通达全国"海陆空"开放体系正加快建成。便利的交通条件有利于降低物流成本，吸引大量企业、人才和资金。

18.2　宜春富硒产业发展现状

18.2.1　富硒基地

宜春市相关部门坚持边谋划、边建设，着力抓好管长远、打基础、增后劲工作。目前，已在全市富硒资源丰富地区成功创建一批富硒农产品示范基地，面积达到 3.2 万 hm^2。袁州区打造了 3 个有机富硒生产基地；明月山土壤平均硒含量高达 3.62 mg/kg，引进了隆平高科富硒生态农业示范区、千亩富硒菊花园和千亩富硒禅茶园等重大项目；江西润田翠明月山饮料有限责任公司生产的润田翠天然含硒矿泉水，受到市场广泛欢迎；江西省月明硒谷农业开发有限公司策划的"我在明月山下有一亩富硒良田"活动引起社会广泛热议，并联合苏州硒谷科技有限公司、北京我要奇迹科技有限公司创建了全国首家富硒功能农业博物馆，通过图文、富硒产品等展示硒对人体健康的诸多益处。

丰城市从 2007 年启动建设占地 45 km^2 的中国生态硒谷产业园，重点打造富硒大米、何首乌茶、中药材、油茶种植和休闲采摘、高档肉牛养殖、花卉苗木六大种养基地。引进了河南华英、四川铁骑力士、珠海农丰、上海御润坊等农业龙头企业 21 家，打造了富硒蔬菜、富硒水稻、富硒水果、富硒畜禽、富硒旅游等特色产业，开发了 10 大类、60 余类富硒农产品。高安市依托富硒土壤，开发富硒基地面积达 6666.7 hm^2（图 18-2），吸引国家级示范社江西益农果业专业合作社、省级龙头企业高安市盛发粮油有限公司、高安市钱盛茶业有限公司等 10 余家企业纷纷"寻硒而来"，开发了富硒大米、油茶、花生油、菊花、茶叶、粉皮和蔬果等富硒农产品。

图 18-2　富硒基地

18.2.2　富硒主体

宜春市现有各类富硒经营主体 136 家，其中国家级、省级龙头企业 27 家，国家级农民合作示范社 2 家。2019 年 5 月，宜春市成立了宜春市富硒产业协会，有会员单位 149 家，已被定为全国富硒委常务理事单位和全国富硒产业发展创新联盟成员单位；高安市成立了由 20 多家企业和合作社联合组成的富硒产业协会；上高县 19 家合作社联合成立的江西绿万佳种养专业合作社获评国家级农民专业合作社示范社。

18.2.3　富硒品牌

宜春市已开发富硒粮油、畜禽、果蔬、茶品等 60 多类富硒产品，通过"三品一标"认证富硒农产品 255 个，注册富硒农产品商标 73 个，其中高安市"金特莱"

为中国驰名商标。宜春大米、丰城富硒大米、上高紫皮大蒜、樟树花生、奉新猕猴桃 5 个富硒农产品荣获国家地理标志产品。"绿万佳"黄菊、"隆平有机"香米等多次荣获"生态鄱阳湖·绿色农产品"金奖。丰城市"乡意浓"牌系列大米和"天玉油脂"荣列中国长寿之乡养生（老）名优产品（图 18-3）。

图 18-3　宜春市国家地理标志产品

18.3　宜春富硒产业发展展望——着力推进"五大建设"

宜春市坚持以"市场为导向、科技为支撑、效益为中心、增收为目的"为原则，充分学习借鉴恩施、安康、贵港等地区的好经验、好做法，采取更加有效的措施，加快推进宜春富硒产业高质量跨越式发展，全力打造"中国硒养之都"，重点着力推进"五大建设"。

18.3.1 大平台进展

1. 成立硒科技新型研发机构

根据市委、市政府的要求，市农业农村局、市国资委、市行政审批局负责牵头，宜春市发展投资集团有限公司和苏州硒谷科技有限公司合资组建江西省硒产业发展有限公司，作为全市富硒产业的市场运营平台，为富硒经营主体提供全程的指导与服务。

1）功能定位

合资公司的定位为市政府围绕富硒产业"招商引智"的重要举措，引进国内知名的富硒产业综合服务商，发挥国资参股的公信力优势和行业头部企业的硒产业优势，使其在富硒产业链上十余年积累的优质科技创新资源、产业体系资源、产业服务资源快速落地宜春，立足本市、辐射全省，成为政府引导和支持富硒产业发展的市场化运营平台。

2）机构职能

合资公司，主要承担下述三个方面的职能：富硒技术成果转化体系建设、富硒产业大数据服务体系建设和运营、富硒产业品牌宣传体系建设，分别针对富硒产业亟须解决的产品开发问题、产品品控与销售问题、城市和产业品牌打造问题发挥职能作用。

（1）富硒技术成果转化体系建设职能。行业龙头企业经过十余年的积淀，在富硒产业科技方面形成了成熟的"基础理论研究—应用技术研发—产品及服务开发—试验示范—应用推广"成果转化体系和人才培养体系。合资公司成立后，可以实现国内外一流研究团队的硒研究成果落地转化，在为宜春市培养富硒产业应用型人才的同时，为全市经营主体提供富硒种植、富硒养殖、富硒食品深加工方面的成套综合解决方案，助力"一区两带三核六园"的大基地建设和各县市区相对集中连片的示范基地建设，加快宜春市富硒产品的开发速度，拓宽富硒技术的应用广度，加深富硒产业的发展深度。

（2）富硒产业大数据服务体系建设和运营职能。富硒产业发展的基础为富硒产品，富硒产品推进的关键又在于品质控制和产品销售问题，即解决消费者信任问题，使富硒产品"来源可查、过程可溯、安全可靠"，以及与电商销售平台无缝对接促进销售的问题。合资公司依托苏州硒谷科技有限公司的产业链资源，可以在宜春市建设"富硒产业为农服务体系+富硒产业大数据平台"的富硒产业大数据服务体系。富硒产业为农服务体系是指以各个区域富硒产业为农服务网点为基础的富硒技术支持体系和富硒产业信息采集体系，每个网点通过"富硒测土配方智能配肥设备+大数据后台"为经营主体提供面向富硒的测土配肥、富硒标准化、富硒产品开发等技术服务；同时，结合"物联网+手机小程序"等数据收集系统，对富硒基地的土壤、气象、水肥、作物等过程和结果数据进行采集和记录，从而解决富硒产品的溯源和品控问题。富硒产业大数据平台则是结合大数据后台的土肥配方、电商平台等信息，将富硒产业为农服务体系采集的实时信息、宜春市的富硒自然资源信息、富硒一二三产的产业发展信息，集成宜春市富硒产业大数据服务平台，具备农业监测、后台管理、应用展示、网上交易等功能，助力富硒产品的展销问题。

（3）富硒产业品牌宣传体系建设职能。基于技术成果转化体系建设和富硒产业大数据服务体系建设和运营职能，合资公司可实时掌握全市富硒产品开发和富硒产业发展的动态，整合全市富硒产业力量，从市场化运作的角度推进全市富硒产业品牌宣传。因此，合资公司可以充分发挥苏州硒谷科技有限公司在国际和国内的科技协作网络和产业协作网络，高效整合品牌宣传的产业链条资源，高度配合政府相关需求，整体提供展会论坛等品牌宣传活动的全套解决方案，扩大宜春市富硒产业的品牌影响力，为全市富硒产业快速发展营造良好的氛围。

2. 组建江西富硒产业研究院

宜春市结合事业单位改革，将市农业农村局下属市农业科学研究所、市农业良种研究所、市畜牧科学研究所合并，组建市农业科学院，并联合江苏省硒生物工程技术研究中心、宜春学院、江西省食品发酵研究所等单位，共建江西富硒产业研究院。围绕"智慧、循环、高质量"发展目标，着力打造"国内领跑、国际影响"的富硒科技创新平台。

江西富硒产业研究院研究工作由江苏省硒生物工程技术研究中心领衔，引入赵其国院士团队建设富硒产业院士工作站，并组建相应科研团队及课题组，科研团队及课题组实行首席专家负责制，首席专家由江苏省硒生物工程技术研究中心领衔在国内外有关科研机构、院校选聘，构建"院士+首席专家+科研团队+课题组+农业经营主体"的协同创新产业发展体系。江西富硒产业研究院主要功能定位为"四个中心"。

1）富硒资源数据中心

建立全市富硒土壤资源库、富硒动植物资源库、富硒产品数据库和富硒基地龙头品牌数据库，并逐步建立全市其他有益微量元素资源数据库和土壤重金属污染数据库，为全市富硒产业发展乃至整个农业发展提供大数据支撑。

2）富硒技术研发中心

对富硒功能农产品、绿色农产品、食品添加剂、富硒肥料等新产品，以及生产、加工、储藏、应用等关键工艺进行技术引进、技术攻关，以市场为导向，不断开发适销对路、优质高效的富硒产品。

3）富硒产品检测中心

制定产地环境、栽培、加工、销售及售后服务全过程富硒技术规程（规范），建立富硒油茶、大米、果蔬、畜产品、中药材等富硒产品强制性标准、推荐性标准和行业标准，掌握硒标准话语权。承担富硒产品检验检测，建立富硒产品标识认证体系，配合执法部门完善标准标识监管机制，维护富硒品牌信誉与权威。

4）富硒科技推广中心

承担富硒技术、标准的培训、推广和应用工作，广泛开展富硒交流与合作，引进培育富硒人才，扶持孵化富硒经营主体，建立"产学研"一体化合作机制。

3. 健全宜春市富硒产业协会

引导经营主体统一生产标准、技术规程、品牌徽标、销售定价、宣传推广。对内组织会员组建"宜春大米"等品牌联盟，对外联合恩施、安康等知名富硒地共建全国富硒产业发展区域联盟，实现"共创、共建、共享"。

18.3.2　大基地进展

1）抓好集中连片示范基地

根据《宜春市富硒产业发展规划（2018—2022 年）》的发展要求，围绕建成"百万亩富硒产业基地"的目标，在优质土壤地区建设一批示范基地。2019 年，全市富硒产业基地面积达到 4.7 万 hm^2，其中 66.7 hm^2 以上示范基地达到 60 个，袁州区、丰城市、高安市各打造 1 个 666.7 hm^2 以上相对集中连片示范基地，樟树市、奉新县、上高县、宜丰县、万载县各打造 1 个 333.3 hm^2 以上相对集中连片示范基地，靖安县、铜鼓县、明月山风景区以及全市硒资源分布区域重点乡镇各打造 1 个 66.7 hm^2 以上示范基地。

2）全面开展基地检测认证

对全市富硒大米、中药材、果蔬、畜禽、茶品等规模基地及其产品进行硒含量检测认证，对检测合格的统一设立固定标识牌，逐步使宜春富硒产品"源头可溯、程序可溯"。

市农业农村局采用政府购买方式，已逐步对全市富硒产业基地及其产品进行全面检测，并制定授牌工作方案，设计标识牌。争取中国地质调查局南京地质调查中心、江西省地质调查研究院支持，在铜鼓县三都镇、大塅镇开展 80 km^2 1：50 000 土地质量地球化学调查；在袁州区彬江镇、西村镇一季稻上实施富硒资源区镉元素超标农田土壤修复；启动靖安、上高、宜丰、铜鼓、万载 5 县约 8000 km^2 1：250 000 土地质量地球化学调查。

18.3.3 大龙头进展

1）培育壮大龙头企业

鼓励涉硒企业扩张改造、股权重组，扶持壮大"星火农林""珍硒米业""绿万佳""乡意浓""隆平有机"等市内企业，力争用 2~3 年时间打造出几个在全国有影响力的产业龙头，培育一批国家、省"单品冠军"。市农业农村局积极鼓励相关硒经营主体申报国家级龙头企业和国家农业科技示范展示基地，组织仁和（集团）发展有限公司、江西省天玉油脂有限公司等企业分别申报全省第二批农产品加工"领军企业""成长企业""雏鹰企业"。同时，统筹整合各部门相关项目资金，依托宜春市富硒产业协会，集中力量打造出多个在全国具有影响力的龙头企业。

2）大力开展产业招商

瞄准"世界 500 强""中国企业 500 强""全国农业产业化龙头企业 100 强"等国内外品牌企业，着力引进一批有资金、有渠道、有标准的大企业到宜春开发富硒资源，推进富硒产业铸链、强链、壮链、补链。经过市农业农村局与中粮集团有限公司、汇源集团有限公司、江西中德生物工程股份有限公司等洽谈，中粮集团有限公司已在袁州区、万载县落实 666.7 hm^2 富硒水稻基地共 2000 t 富硒大米采购订单。丰城市签约引进北京水投富硒科技有限公司投资 1 亿元建设富硒食品工程技术中心。2019 年，袁州区、樟树市、丰城市、高安市力争引进 1 个投资亿元以上富硒产业项目，其他县（市、区）力争引进 1 个投资 5000 万元以上富硒产业项目。

3）建设宜春富硒产业园

市农业农村局初步选址在明月山风景区温汤镇社埠村建设宜春富硒产业园，并聘请江西省地质调查研究院对基地水土进行全面取样检测。同时，出台配套扶持政策，按照"飞地经济"模式，举全市之力招引一批产业龙头入驻，在产业园中建设富硒产品交易中心和仓储物流中心，逐步形成"园区推动、集群发展"效应。

18.3.4 大品牌进展

1）全力打造"世界硒养之都"品牌

按照"统一规划、高标建设、促进协同、统筹发展"的思路，深度挖掘宜春市硒资源优势、富硒温泉优势、农业和旅游资源优势，推动宜春市富硒产业向科技创新、高标准万亩示范、富硒食品加工及农、旅、养融合方向发展，将宜春打造成"世界硒养之都"，策划建立"世界硒养之都"CI 体系（整体形象识别系统），对宜春市富硒产品品牌进行系统设计包装和传播推介（张勇和曾庆标, 2018）。

2）加快构建"1+N+N"品牌体系

即"1 个统一标识（logo）+N 个区域公用品牌+N 个企业品牌"富硒产业品牌体系。其中，统一标识由市富硒产业协会完成注册管理，对全市范围内经检测可以稳定达到富硒标准的富硒产品，经协会认证许可后在外包装上进行统一标识；区域公用品牌由相关事业单位负责注册，并授权富硒产业协会下属相关品牌联盟负责管理，经联盟认证许可的区域范围内所有符合条件、有意愿的经营主体可统一使用；企业品牌由企业自主注册管理。

3）率先打响宜春大米品牌

按照"南宜春、北五常"的目标定位，集中力量打响宜春大米品牌，打造"宜春模式"，引领带动全市富硒产业发展。采用统一优良品种、统一土壤改良、统一生产规程、统一社会化服务、统一订单收购等方式，确保产品质量，夯实品牌基础。与中粮集团有限公司等国内外大型米业加工企业合作，推进精深加工，提升品牌效益（汤小明等，2019）。在市内机场、高铁、火车站、汽车站、旅游景点、城区主干道、社区楼宇等公共场所，以及宜春日报、宜春广播电视台等传媒平台开展高密度宣传推广，让宜春人吃宜春米，让宜春富硒大米成为宜春人的馈赠佳品。在中央电视台开展广告投放，在今日头条、腾讯视频、爱奇艺等网络媒体开展专题宣传，在广州、上海等重点城市开展线下宣传推广活动。

18.3.5　大市场进展

1）举办"中国（宜春）国际硒养大会"

2019 年 11 月，在国际硒研究学会和省委、省政府支持下，成功举办"首届中国（宜春）国际硒养大会"。会议邀请国际知名硒研究专家 5 人、国内知名硒研究领域专家 10 人组建中国（宜春）国际硒养大会科学委员会。科学委员会根据宜春市富硒资源（土壤、温泉等）、富硒产品（种植、养殖、深加工等）、富硒养生（旅居、疗养、体验等）等与"硒养"主题相关的材料进行评审论证；由国际硒养大会科学委员会主席、副主席签署授予宜春"世界硒养之都"的称号；同时，举行"好硒在宜春"中国（宜春）世界硒养高峰论坛，由国际硒养大会科学委员会特邀专家作主题报告，分别侧重针对"硒的国际研究进展""富硒功能农业在中国""富硒油料作物的研究""富硒功能食品研究进展""硒与人体健康"等主题进行交流。

2）抓好重点市场营销

在北上广深等一线城市和长沙、南昌、香港等重点城市定期举办推介会，面向沿海地区、缺硒地区、高收入群体开展重点推介。实施富硒产品直销"百城千店"工程，统一门店设计、标识和监管，精心挑选、重点推介富硒大米、富硒菊花、富硒茶叶、富硒中药材、富硒猕猴桃等特色富硒产品；在机场、高铁站、以及与大型商超合作开设宜春富硒产品专柜；积极开展线上营销，在天猫、京东等电商平台开设宜春富硒产品旗舰店。

3）全方位宣传推介富硒产业

注册"世界硒养之都"专属域名，充分利用政府官方网站、官方微博、微信公众号等平台宣传推介宜春富硒产业；冠名"宜春富硒号"高铁和航班。在明月山等重点旅游区打造富硒产品体验店、"硒养馆"、"硒养街"等；在城市建设中体现硒元素，将宜春富硒水、富硒大米、富硒食品等作为市内重要接待、重要会议、重大活动指定用品。大力开展富硒科普知识进机关、进学校、进社区、进宾招、进企业"五进"活动，印发宣传册，张贴宣传画，开设"硒讲堂"，设立"硒餐厅"，推出"富硒宴"，评选"硒姑娘"，让宜春市民更加深入认识富硒、了解富硒、认可富硒、宣传富硒，让外地游客一到宜春就能感受到"世界硒养之都"的活力与魅力。

参 考 文 献

丁永电, 刘瑛, 颜雪梅, 等. 2019. 宜春市富硒功能农业发展 SWOT 分析和发展策略. 宜春学院学报, 41(12): 84-91.

刘慧婷. 2016. 宜春温汤富硒温泉水资源与环境保护研究. 能源与环境, (5): 48, 50.

汤小明, 黄启华, 潘灵. 2019. 发展绿色有机富硒大米产业打造"宜春大米"品牌. 江西农业, (7): 54-55.

张勇, 曾庆标. 2018. 稀以为贵宜春硒. 江西农业, (5): 22-23.

第19章 我国功能农业的展望与发展建议

在联合国粮食及农业组织 2019 年公布的数据中,全球 70 亿人中有约 20 亿人存在营养素摄入不足导致的"隐性饥饿"问题,《2020 年世界粮食及农业统计年鉴》(联合国粮食及农业组织,2021)公布营养不足人口数量仍在增加,而早在 2008 年,中国科学院赵其国院士就提出了旨在解决这一问题的"中国方案"——功能农业。近年来,地质调查发现我国拥有大面积富硒、富锌、富锶等特色土壤,各地政府非常希望利用这些特色土壤,提高农产品品质,发展功能农业。这也符合推进农业供给侧结构性改革和实施质量兴农、健康中国战略的要求,有助于促进乡村产业振兴。

在过去的十多年中,功能农业致力于解决"隐性饥饿",不断推动自身的发展,逐步形成了特有的功能农业学科体系和产业实践体系,并走出了一条别具特色的"政产学研用"联合发展的道路。我国功能农业发展也由初期探索阶段进入了一个高质量、高速度的发展阶段。"十四五"是功能农业发展的又一个关键时期,功能农业的学科体系和产业体系将进一步完善,从事该领域的科研人员和学生都将呈规模性地增加,功能农业产业的从业人员数量和功能农业经济产值也将呈规模性地增加。

19.1 功能农业的重大意义

19.1.1 功能农业的发展机遇

功能农业作为实现农业供给侧结构性改革的重要路径之一,是我国农业农村改革的一大亮点。研究发展功能农业,对深化农业供给侧结构性改革,助力质量兴农与乡村振兴战略,重点解决营养物质缺乏带来的"隐性饥饿"问题,服务健康中国和乡村振兴战略都具有十分重大的意义。通过大力推进功能农业理念方法、技术规范和产业应用,借助"一带一路"倡议走向世界,也是实现我国农业换道超车,不断夯实国际领先优势,奠定行业领导地位的技术手段与有力保障。

2019 年 6 月 17 日,《国务院关于促进乡村产业振兴的指导意见》(国发〔2019〕12 号)文件第四部分提出,促进产业融合发展,增强乡村产业聚合力。第(十五)条发展多类型融合业态中提出:"推进农业与文化、旅游、教育、康养等产业融合,发展创意农业、功能农业等。"

2016 年 12 月 31 日，《中共中央、国务院关于深入推进农业供给侧结构性改革 加快培育农业农村发展新动能的若干意见》发布，此文件第 15 条明确提出："加强现代生物和营养强化技术研究，挖掘开发具有保健功能的食品。"功能农业有关表述首次写入中央一号文件意义重大。各地在面对农业供给侧结构性改革这个新命题时，路子不多、缺乏突破，而功能农业则很好地适应了人们"吃出健康"的新趋势，可以有力地提升农产品的"质"，做实"特"字文章，是农业供给侧结构性改革的一条新路。

2017 年，党中央、国务院确立了健康中国、质量兴农和乡村振兴的导向，提高国民健康和农业结构改革刻不容缓。农业农村部 2017 年印发《关于深入实施主粮加工业提升行动的通知》，文件第（二）条提出"开发多元产品"。此条中"以功能化、营养化、便捷化消费需求为主导"和"加强现代生物和营养强化技术研究，针对老人、儿童、学生、孕妇、'三高'病人等特定人群，开发营养均衡、药食同源等功能性主食产品"，均强调了功能农业的科学内容。

国家粮食和物资储备局开展的中国好粮油、科技兴粮两大行动旨在鼓励开发功能粮油产品。2018 年 5 月，国家发展和改革委员会、国家粮食和物资储备局、科技部印发《关于"科技兴粮"的实施意见》（国粮发〔2018〕100 号）文件，提出了"鼓励企业申请新建一批粮食行业重点实验室、技术创新中心，培育粮食领域国家级重点实验室、工程研究中心、技术创新中心，鼓励各地依托科研机构、科技型企业等建立科技服务平台，构建多领域、多层次粮食科技创新平台体系，促进创新资源高效配置，进一步增强粮食产业创新能力"，在"推进粮油适度加工技术和深加工技术与产品创新，促进新进粮油加工技术产业化"中提出"开发小麦、稻谷、大豆、杂粮、特色植物油脂等功能性、专用性新产品，开展工业化传统主食生产技术研发，开展稻米、食用油适度加工产业示范"等，以提高粮食企业的科技水平。

19.1.2　功能农业当前特性与发展要求

据国际锌协会（International Zinc Association）研究，目前全球 1/3 人群面临矿物质锌缺乏问题，中国人已经处于"中度缺锌"状态（Alloway, 2008）。瑞士联邦水科学与技术研究所 Lenny Winkel 团队研究结果显示，在 100 年内，全球大部分地区土壤硒含量将更低，部分地区下降幅度将达到 10%（Jones et al., 2017）。有研究表明，酸雨等过程导致了土壤中水溶性钙离子含量逐渐降低（Wei et al., 2019）。美国农产品中蛋白质、钙、磷、铁、核黄素和维生素 A 等功能成分含量自 1950 年以来的半个世纪显著下降（Davis et al., 2004）。而根据《中国居民营养与健康状况监测报告（2010—2013）》，我国居民膳食维生素 A、维生素 B_1、维生素 B_2 和维生素 C 存在摄入不足风险的比例均较高，分别有 77.0%、77.8%、90.2%

和 67.7%的人群摄入量低于平均需要量（estimated average requirement, EAR），与 2002 年相比，摄入量均呈现下降趋势；我国有 96.6%的人群膳食钙摄入量低于 EAR，显示绝大多数人群都存在着膳食钙摄入不足的风险；约有 35.6%的人群锌的摄入量低于 EAR，达到或超过每日营养摄入推荐量水平的人群占 46.5%，与 2002 年相比，未见明显改善。《中国居民膳食指南科学研究报告（2021）》（中国营养学会，2021）公布，我国居民营养不足状况得到根本改善，但不合理的膳食依然是导致慢性病的主要危险因素。基于全球研究，人群面临矿物质及有益植物化合物缺乏的问题将越来越严重，这将加大中国居民潜在健康风险。功能农业发展的特性有以下几点：

紧迫性：农业需要新技术支撑质量再提升，"隐性饥饿"问题日益受到关注；

重要性：服务于质量兴农和健康中国战略；

必要性：功能农业可满足我国消费者对农产品优质化、营养化和功能化的需求；

现实性：与当前农业生产、人们的生活紧密相连，紧扣"三农"问题；

社会性：可促进农业提质增效，具有"农民增收、农业增效、人民增寿"的三增效应，有利于提高国民生活质量与健康水平，具有重大社会意义；

发展性：农业从追求"量"到追求"质"的新需求；

前景性：支撑食品的营养保健性和科技发展，是中国至 2050 年农业科技发展的新需求；

国际性：功能农业是世界农业发展趋势，我国率先布局将大大提升农业国际竞争力。

功能农业的发展需要向以下五个方向推进：

深化：功能农业概念及研究的深化；

实化：从概念、理论到产业实践的落实；

样板化：高标准打造一批功能农业样板；

规模化：实现功能农业的规模化示范与推广；

系统化：研究方法及产业创新、社会化服务体系建设的系统化。

功能农业发展应面向国家重大需求，并以面向科技前沿和产业发展急需为导向。面向国家重大需求是指面向国家农业转型升级需求与人民健康消费需求，以服务乡村振兴、健康中国、"一带一路"为重点，大力推进功能主粮科技创新与示范。面向科技前沿是指面向世界粮食科技发展前沿，致力于功能农业（粮食）新学科建设、发展与完善。面向产业发展急需是指聚焦功能粮食产业发展的关键性科学与工程问题，开展联合攻关，推动产业科学、高效、可持续发展。

19.2　功能农业发展预测与展望

全国功能农业产业应着力打造全产业链（图 19-1），发挥农业多种功能，提

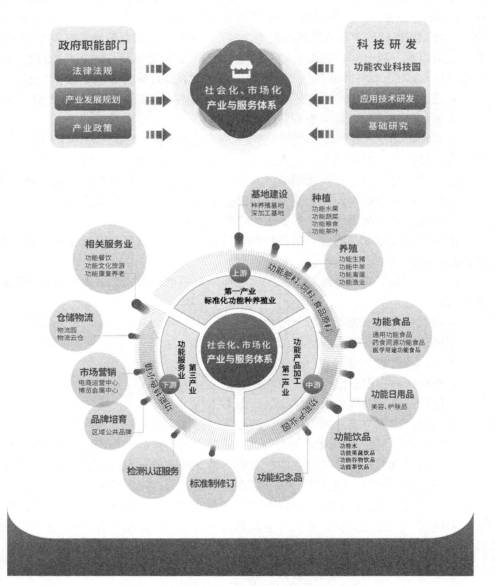

图 19-1 功能农业全产业链图谱

升农业多元价值，以社会化、市场化的产业与服务体系为中心，依托政府职能部门，制定功能农业产业法律法规、产业发展规划及产业政策；以功能农业科技园为核心科创区，开展应用技术研发和基础研究，提供功能农业全产业链技术支撑。贯彻一二三产业融合发展理念（图 19-1），以标准化功能农业种植养殖、功能产品加工、功能农业相关服务业为链条开展三产融合发展，拓宽产业增值增效空间，服务社会、市场增值收益。

第一产业：标准化功能种植养殖业。以建设种植养殖基地及深加工基地为基础，在种植基地发展功能水果、功能蔬菜、功能粮食、功能茶叶等种植业产业，在养殖基地发展功能生猪、功能牛羊、功能禽蛋、功能渔业等养殖业产业，结合种植业及养殖业生产功能肥料、饲料、食品原料，为功能农业全产业链提供关键功能性肥料、功能食材和功能饲材原料。

第二产业：功能产品加工产业。以功能产业园为创新及加工平台，研发具有通用功能、药食同源功能、医学用途功能等功能的功能食品，美容、护肤品等功能日用品，功能水、功能果蔬饮品、功能谷物饮品、功能茶饮品等，以及功能纪念品，保障功能农业产品高质高效，推动功能农业产业向价值链跃升。

第三产业：功能服务业。依托相关部门共同完善标准制修订及检测认证服务，培育公共区域品牌，打造区域品牌建设，利用电商运营中心及博览会展中心进行市场营销，通过物流园、物流云仓进行仓储流通，拓展功能餐饮、功能文化旅游、功能康复养老等服务行业，融合旅游、健康、文化等元素形成多业态，打造功能特色小镇，传承农业文化，推进产业创新。

打造功能农业全产业链，也是打造功能农业核心优势，围绕社会化、市场化产业与服务体系，抓好一产基础，提升二产增值，创新三产升华，通过建立公共化平台，打造上中下游体系，解决农业产业价值链总产值低的问题，提升功能农业全产业链现代化水平，顺应消费升级需求，保障产业发展有机衔接、协同联动。

19.2.1　功能农业发展预测

功能农业学科发展方面将呈现三化特点：体系化、智慧化和"营养化+功能化"。体系化是指随着时间的推移，学科体系将建设得更加完善。智慧化是指产品设计与质量的过程性控制将实现智慧化，并形成一定的特色数据库。营养化+功能化是指功能产品以营养化为主，并开始探索其功能化的可能性和可行性。

功能农业整体发展预测如图 19-2 所示。产业发展方面，2020 年功能农业高质量发展部分的产值达到 200 亿元，示范规模约 20 万 hm^2，至 2035 年，预计规模将达到 133 万 hm^2，2050 年将达到 2000 万 hm^2。产值则相应分别增长到 1500 亿元、3 万亿元。其中，2035 年，除中国以外，沿着"一带一路"的国际产值将占到万亿元产业的 30%左右，种植规模约 670 万 hm^2。

面向2050年功能农业发展预测

📖 学科发展

体系化	学科体系基本形成
智慧化	产品设计与质量控制更加智慧
营养化+功能化	以营养化（缺啥补啥）为主，探索开展功能化（吃啥治啥）

产业发展

2020	2035	2050
功能农业产值：**200亿**	功能农业产值：**3万亿**	功能农业产值：**5万亿**
规模：**20亿平方米**	规模：**1300亿平方米**	规模：**6700亿平方米**

👤 科研人员

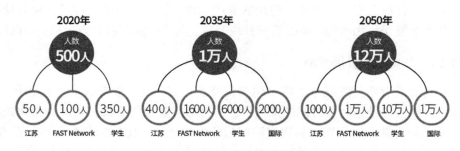

2020年 人数 **500人**：江苏 50人、FAST Network 100人、学生 350人

2035年 人数 **1万人**：江苏 400人、FAST Network 1600人、学生 6000人、国际 2000人

2050年 人数 **12万人**：江苏 1000人、FAST Network 1万人、学生 10万人、国际 1万人

图 19-2　功能农业发展预测

　　科研人员方面，人数也会从 2020 年的 500 人，扩大到 2035 年的 1 万人，2050 年的 12 万人。其中，江苏地区人数会从 50 人，扩展到 2035 年的 400 人，到 2050 年形成 1000 人的规模。同时，苏州实验室会通过 FAST Network 以及青年访问学者、人才培养、中长期与短期培训等不同途径，向全国和全球输送高水平功能农

业专业人才，预计将占到总人才数的 20% 以上。

19.2.2　功能农业发展总体规划

至"十四五"结束，打造功能农业领域"国家队"。多方联合建立农业农村部功能农业（学科群）重点实验室、国家粮食和物资储备局国家粮食产业（功能稻米）技术创新中心，并合作共建功能农业国家重点实验室、工程技术研究中心等国家中心。

至"十五五"结束，打造功能农业领域"国际中心"。发挥苏州已有的国际合作优势，联合"一带一路"国家建立一批国际联合实验室、合作中心，组建功能农业国际研究中心（Institute of Functional Agriculture Science & Technology iFAST），形成创新网络。

19.2.3　功能农业发展战略目标

助力乡村振兴战略：以中国科学技术大学苏州高等研究院为中心，加快合作建设农业农村部功能农业（学科群）重点实验室与国家粮食和物资储备局国家粮食产业（功能稻米）技术创新中心两个国家平台，在 15 个以上省份试点推进农业走向生态高值型功能农业，实现质量兴农，支撑农业高质量发展。

助推健康中国建设：通过科技创新发展功能农业与食品，实现人们对"吃出健康"的美好愿望，提升国人健康水平。

支撑"一带一路"建设：充分发挥中国科学技术大学苏州高等研究院已具备的基础与国际合作优势，与东盟、欧盟、非洲、美洲以及东北亚地区建立全球功能农业科技创新网络（FAST Network），建立国际合作的国家不少于 50 个，其中开展深入实质性合作的国家不少于 15 个，大力推进功能农业理念方法、技术规范与产业合作借助"一带一路"走向世界，通过功能农业的创新发展实现我国农业换道超车，不断夯实国际领先优势，奠定行业领导地位。

完善功能农业体系：完善功能农业学科体系包括完善功能农业研究方法体系、应用与示范体系在内的产业创新体系；形成功能农业标准体系、认证与监管体系、法律法规体系、产业及联盟体系等在内的社会化服务与产业支撑体系。其中功能农业标准体系包括如功能农业产地环境标准、种植生产技术规程、检测标准、产品标准等。功能农业认证与监管体系的建立应包括功能农业的产品认证与监管体系，其中功能粮油等农产品认证与监管体系应首先建立。

19.2.4　功能农业优先发展领域

"十四五"期间，功能农业主要有发展以下四个方向：

（1）以功能农业为目的的土壤资源调查；

（2）关键科技问题的研究与集成示范；

（3）产品健康效应的评估研究与示范；

（4）研究关键的方法体系与设施研制。

19.2.5　功能农业的发展推进方向

为了实现功能农业的发展目标，我们需要从以下方向进行工作推进。

加强顶层设计：做好顶层设计，分阶段做好发展的网络框架图，提出具体路线图、行动方案以及实施措施。

安排重大专项：国家相关部委将国家生态高值功能农业综合研发任务列入国家重点研发计划及中长期发展规划，省、市、县等制定功能农业的发展规划。

搭建国家平台：依托中国科学技术大学苏州高等研究院联合全国各机构、地方政府在全国代表性区域建设功能农业重点研究平台以及功能农业研究观测中心。

成立咨询机构：建议依托中国科学院学部建立国家生态高值功能农业研究咨询委员会，指导建设功能农业研究网络，并提出结构性设置、布局与管理方案。

建立示范体系：建立功能农业应用与示范体系，针对重要作物及重要区域，高标准建设若干功能农业研究基地、应用示范区及产业园。

加快人才培养：制订功能农业学科建设与人才培养计划，基于研究方法体系，设置功能农业相关学科，培养功能农业研究人才。

建立健全标准法规：考虑到功能农业属于我国牵头推动的原始创新领域，我国必须在建立功能农业标准体系、认证与监管体系、法律法规体系等方面率先布局，保障功能农业有序发展，并借机抢占制高点。

建立学会联盟：应支持成立功能农业相关学会、协会、产业联盟，搭建科研与地方政府、龙头企业交流合作平台，建立高效协同的功能农业科技创新网络——FAST Network。

19.3　面向 2035 年我国功能农业产业发展的建议

功能农业作为我国科学家提出的全新概念，其学科体系和产业已经实现了从"0"到"1"的突破，在中国产业应用的地域上初步形成了"10+1"模式，从理论到实践取得初步成效。下一步，要实现从"1"到"100"、从"1"到"10 000"的跨越式发展，重点需要从功能农业学科建设、科技创新、产业应用和人才培养四大板块，开展前瞻性布局，进一步理顺从理论到实践的创新传导，使我国在功能农业这一战略性新兴产业科技竞争中占据有利地位。

19.3.1　以学科交叉和国际化推进功能农业学科建设

功能农业的诞生就是学科交叉的结果。因此，功能农业未来的理论创新和学科建设，也离不开学科交叉。功能农业学科建设要以其创新的目标为导向，逆向寻找可以交叉的学科，比如，土地中的特色健康元素因子分布情况、动态变化，这些与地质学，特别是国家地质调查局推进的健康地质紧密相关，未来可以开展"地调+功能农业"的交叉创新。再比如，土壤到作物中的转运机制，需要现代生物学的技术手段，了解其转运的通道，影响的关键基因，以及品种间差异、可编辑的情况等，也有赖于现代分析化学和现代检测技术和装置，帮助重现或是实时掌握矿质元素离子的运移路径和形态变化，结合数值模型，还能够以已有的大数据为基础开展模拟研究。又比如，功能农业研究的食源矿质元素，对生命体的功能评价、医学和营养学发展，都是非常重要的基础。这些都离不开学科交叉。

国际科技合作也非常重要。每个国家都有着自己科技创新前沿的优势方向，有很多对于功能农业学科拓展非常宝贵的理论、技术或方法，需加强国际合作。功能农业学科发展，需要国际合作精神。为促进功能农业国际合作，在此，建议全国同行协作，及早筹建国际功能农业学会作为科学家群体的交流平台，并举办全球功能农业学术大会，让不同国家、不同领域专家，分享对功能农业的新认识、新发现、新技术、新手段。并可利用国际、国家、地方和产业界等各类科技合作基金，开展实质性合作。

19.3.2　以"政产学研用"组建功能农业科技创新"国家队"

在第 669 次香山科学会议的推动下，我国功能农业科技平台建设取得长足发展。在农业农村部支持下，依托南京国家农创中心联合中国科学技术大学苏州高等研究院，建立了国家功能农业科技创新联盟，作为我国功能农业科技力量联合并面向服务产业发展的主流平台。在国家粮食和物资储备局支持下，依托南京国家农创中心联合中国科学技术大学苏州高等研究院、中粮健康研究院等 30 余家机构、龙头企业，组建了国家粮食产业（功能稻米）技术创新中心，并进一步成立了国家功能粮油科技创新联盟，正成为引领我国粮油产品功能化的中坚力量。与此同时，农业农村部还正在南京国家农创中心布局建设农业农村部功能农业公共研发平台，作为带动国家功能农业产业技术创新的头部平台。这些平台的建设中，充分结合了江苏省大力推进的新型研发机构，即发挥"政产学研用"组合优势，突出产业创新导向，致力于解决科技创新和经济发展"两张皮"问题。

面向 2035 年，我国功能农业科技"国家队"的建设，预计还将走过三个阶段。"十四五"时期是重要的平台建设期，在前述平台基础上，还将不断推动农业农村部功能农业（学科群）重点实验室建设，使我国功能农业的科技创新网络化，构建覆盖全国多类型农产品功能化的技术创新网络，能够基本满足各地发展功能农业的科技支撑需求。进一步请求国家粮食和物资储备局支持建设国家粮食产业（功能面制品）技术创新中心，与国家粮食产业（功能稻米）技术创新中心联动，实现主粮功能化，进而支撑我国主食功能化。"十五五"期间，着力推动科技部布局国家功能农业（功能粮油）技术创新中心，建议启动功能农业江苏省实验室。"十六五"期间，建议国家以智慧功能农业方向，探索布局国家实验室，并推进国际功能农业研究中心。

发挥国家功能农业科技创新联盟、国家功能粮油科技创新联盟等行业组织的作用，负责协同创新链、产业链合作，推进成立中国功能农业技术标准化委员会，负责研究制定标准，服务产业规范化发展；在一些地区试行可全程追溯的万亩功能农业示范基地，先行先试，开展有关认证工作，并逐步推广到全国。同时，适时成立牵头的国际功能农业产业联盟，推进国际标准制定工作。

19.3.3 加快进行具有国际竞争力的功能农业产业体系建设

基于功能农业过去十余年的发展基础和经验，我们建议"十四五"期间及面向 2035 年发展需求，我国功能农业的产业创新，可按照"两张网"+"六条链"来分步布局国际竞争力的功能农业产业体系。

创新网络通过农业科技创新能力条件建设项目，高水平建设南京国家农创中心的农业农村部功能农业公共研发平台，作为统领、支撑我国功能农业产业链创新的中心平台。在此基础上，为逐步构建覆盖全国的功能农业创新网络，建议支持依托农业农村部功能农业公共研发平台，建设农业农村部功能农业（学科群）重点实验室，包括功能农业专业性重点实验室、区域性重点实验室和科学试验基地。

推广网络在农业农村部设立功能农业产业体系，并与农业农村部批准设立的国家现代农业产业园区、国家农业现代化示范区等紧密衔接，支撑其产品优质化、特色化，与国家农高区、产业链龙头企业，特别是农业产业链服务的头部企业对接，形成覆盖、服务我国功能农业高质量发展的推广网络。

未来，功能农业将围绕功能农业的"产业链"，着力构建"创新链"+"服务链"，积累"数据链"，培育"人才链"，最终提升"价值链"。并遴选重点地区，以"六条链"打造为抓手，搭建区域特色的功能农业产业生态圈，打造功能农业产业体系样板。

在此基础上，国家功能农业科技创新联盟将大力推进"数一数二"战略，以国家名牌和省区知名商标为承载载体，瞄准"单品冠军"，重点认定、培育一批"全国功能农业知名品牌"，保持功能农业"第一方阵"的代表性；按照"联合第一做第一"的发展理念，推进功能农业技术第一品牌与产品第一品牌的紧密融合。

希望一些"国字号"功能农产品可以走出国门，走向世界。

19.3.4　大力培养多层次功能农业人才

功能农业人才培养可以多层次开展。一方面，培养功能农业高层次专业人才，侧重功能农业新技术攻关，这部分人才需要通过设立功能农业专业等方式来专门培养。在山西农业大学和广西北部湾大学已开设功能农业本科专业，并已正式开始招生。安徽科技学院、宜春学院、武汉轻工大学等农业教育机构都在推动设立功能农业学科研究方向，开展研究生教育和人才培养。另一方面要培养功能农业实用人才，服务在产业一线，支撑科技规范能够顺利落地。考虑到功能农业仍是一个农业发展的新概念，从事功能农业领域的人员数量较少，公众的认知并不足够。针对不同人群，开设不同程度相关的讲座是需要的，也是必要的。针对民众开展科普类的讲座，加强普通民众对功能农业的了解；针对功能农业科研人员，开展前沿的学术和产业讲座，不断提高其自身的专业素养；针对技术推广人员，开展功能农业短期培训，增强功能农业基础科学知识的普及和传播。

参 考 文 献

联合国粮食及农业组织. 2020. 《2020 年世界粮食及农业统计年鉴》.

中国营养学会. 2021. 中国居民膳食指南科学研究报告(2021).

Alloway B J. 2008. Zinc in Soil and Crop Nutrition. 2nd ed. Paris: IZA and IFA.

Davis D R, Epp M D, Riordan H D, et al. 2004. Changes in USDA food composition data for 43 garden crops, 1950 to 1999. Journal of the American College of Nutrition, 23(6): 669-682.

Jones G D, Droz B, Greve P, et al. 2017. Selenium deficiency risk predicted to increase under future climate change. Proceedings of the National Academy of Sciences of the United States of America, 114(11): 2848-2853.

Wei X H, Liu S J, Müller K, et al. 2019. Urbanization-induced acid rain causes leaching loss of calcium from limestone-derived soil in South China. Journal of Soils and Sediments, 19(11): 3797-3804.